教育部人文社会科学重点研究基地重大项目
“211工程”重点学科建设项目
湖北省学术著作出版专项资金资助项目

湖北方言研究丛书

顾问：邢福义　张振兴
主编：汪国胜

阳新方言研究

黄群建 / 著

華中師範大學出版社

序　言

汉语方言研究，意义重大。可以帮助我们追溯古代语音、语汇和语法之源流，更好地了解古代汉语，释读经典，研究中国文化，认识汉民族的发展；可以帮助我们全面了解“整体汉语”，有效地促进现代汉语共同语的发展，推进华语的全球化传播，加强全球华人的相互团结和寻根意识，提高华语在国际交往中的精确性和表述力。

湖北省有多种方言，包括西南官话、江淮官话、赣方言等，情况复杂多样，而且有相当大的代表性。多年来，学者们十分关注湖北方言。《湖北方言调查报告》，应是系统性很强的关于湖北方言的第一部重要著作。1936年，赵元任、丁声树、杨时逢、吴宗济等几位先生调查了当时湖北省的71个市县中的64个市县，于1948年由商务印书馆出版了《湖北方言调查报告》。序言中，作者们希望此书“成为方言调查报告的一个模型”，表达了老一辈著名语言学家对发展湖北方言研究的期盼。

湖北省智者众多，人才辈出。多位学者，从不同范围、不同角度，对湖北方言研究的推进作出了令人瞩目的贡献。在以往的研究基础上，由汪国胜教授领头，组织编写一套大型的“湖北方言研究丛书”，有二三十部。这是一个浩瀚的工程，将使湖北方言研究进入一个新的阶段。

这套丛书，由张振兴先生和我担任顾问。由于我比振兴先生大几岁，他一定要我来写序言。所知甚少，不敢多言。借用苏轼诗句，为这篇短序作结：“山鸣谷应，风起水涌。”

邢福义

2014年9月16日

前　言

湖北地处我国中部，处于汉语南北方言（官话和非官话）的交汇过渡地带，语言状况相当复杂。根据目前学界关于汉语方言的分区，湖北境内分布有赣语（鄂东南）和属于官话系统的江淮官话（鄂东北）及西南官话(其他地区)。就境内的赣语来说，相邻市县之间有的难以通话，可见内部差异之大。研究湖北方言，无论是对方言史、汉语史和语言（方言）接触问题的研究，还是对湖北地域文化的开发，和谐语言生活的建构，都有着重要的意义。

1936年，赵元任等先生全面调查了湖北方言，并于1948年出版了划时代的不朽之作《湖北方言调查报告》；同时，赵先生还重点调查了湖北钟祥方言，于1939年出版了方言重点调查的样本《钟祥方言记》，为我们留下了宝贵的方言史料。时隔70多年，湖北方言发生了哪些变化？赵先生当年的调查，重点是在语音，湖北方言在词汇、语法方面具有哪些特点？随着普通话的推广，特别是改革开放以来，人际交往的频繁，语言生活的活跃，给方言带来了怎样的影响？这些既是语言学关注的问题，也是社会学研究的课题。尤其是经济快速发展的城镇区域，方言面貌也在快速变化，有的甚至处于濒危状态。记录方言事实，抢救方言资源，已经成为语言学界的当务之急。上世纪90年代以来，湖北的语言学者就拟对湖北方言展开全面深入的调查和研究，特别是周边省份方言调查研究成果的不断推出，更增添了我们的使命感和紧迫感。但限于人力和财力等方面条件，工作难以推进，直到2007年才开始启动。2007年12月1日，华中师范大学“语言与语言教育研究中心”召开“湖北方言研究”项目会议，正式提出研究计划，并邀请张振兴先生到会讲学，就方言调查研究的有关问题提出具体要求。我们的设想是，通过调查研究，弄清湖北语情。力求做到两个结合：一是“点”“面”结合，以“点”见“面”，通过重点方言的调查，反映当今湖北方言的基本面貌；二是“语”“文”结合，以“语”观“文”，透过方言现象，发掘方言背后的文化内涵，展示地方文化的自然生态。项目的实施拟分两个阶段。第一阶段：方言重点调查；第二阶段：综合比较研究。先期启动第一阶段工程，计划选择20～30个市县方言点，进行全面深入的调查，形成系列成果“湖北方言研究丛书”。

为了便于第二阶段的比较研究，“丛书”在内容和体例上做了统一的规定，并制定了详细的内容大纲和体例规范。特别是语法方面，要求具有相对的系统性，既能显示方言语法的基本格局，又能突出方言语法的主要特点。当然，统一是相对的，在保证基本内容的前提下，作者可以根据各地点方言的实际情况做出适当的变通。比如，“方言的现代发展”要求写成一章，但如果觉得可写内容不多，难以成章，也可放在“导言”部分来叙述。全部书稿，哪怕是后记，要求风格统一，力求朴实，体现良好的学风和文品，反映湖北语言学者一贯坚持的崇实主张。

项目的实施和“丛书”的出版得到了多方面的大力支持。邢福义先生和张振兴先生作为顾问，身体力行，自始至终关心项目和“丛书”的进展，给予具体全面的指导。邢先生还亲自为“丛书”作序，表明对本项工作的高度重视和积极回应。张先生认真审读了每一部书稿，提出了非常详细的修改意见。项目由华中师范大学“语言与语言教育研究中心”组织实施，武汉大学、华中科技大学、中南民族大学等湖北高校的一批方言学者参与合作，得到教育部人文社会科学重点研究基地重大项目和“211工程”重点学科建设项目的资助。“丛书”被列入华中师范大学出版社重点图书出版计划，并得到湖北省学术著作出版专项资金的资助。出版社社领导为“丛书”的出版花费了不少心血。对于各方面的支持，我们在此表示衷心的感谢。“丛书”力求客观反映方言事实，揭示方言特点，期望成为一部有价值的作品，能够得到学界的关注和肯定，但能否真正实现这一目标，还有待实践的检验。我们期盼着读者的批评和建议。

汪国胜

2014年10月6日

目　　录

第一章　导　言

一、阳新县概况

（一）地理人口

阳新县位于湖北省东南部，长江中游南岸，幕阜山脉北麓，处东经114°43′至115°30′，北纬29°30′至30°09′。东西长75.5公里，南北宽68.5公里，总面积2782.77平方公里。东北与蕲春县、东与武穴市隔江相望，东南与江西的瑞昌市和武宁县毗邻，西与通山县、咸宁市咸安区接壤，北与大冶市分野。地势西南高、东北低，最高海拔862.7米，最低海拔8.7米。大小山峰有411座，除局部峰峦外，多为海拔300米左右的丘陵，丘陵约占全境面积的60%。全县大小湖泊109个，面积达209平方公里。大小河流365条，总长985公里，河网密度达0.36公里/平方公里。最大的河流富水源于通山县，自西向东贯穿全境，流长79.6公里，由富池镇注入长江。长江水道自北而南在县东北边境流过。

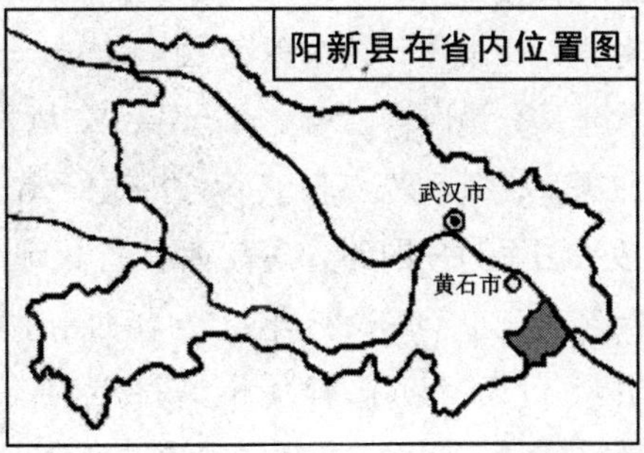

阳新县属亚热带大陆性气候，具有四季分明的特点。全县以农林经济为主，主要出产水稻、红薯、油菜、苎麻、柑橘、茶叶、竹木等，矿产资源主要有铜、铁、煤、石灰石等。

阳新有铁路、公路连接武汉、九江和南昌，是鄂赣两省往来的重要通道。县治兴国镇位于县域中东部，西北距武汉市150公里，东距九江 109 公里，是一座有千余年历史的古镇。

按 2014 年的统计，全县户籍有 30.09 万户，人口为 105.94 万。民族以汉族为主，占总人口的 99.98%。少数民族人数极少，有蒙古族、回族、苗族等[①]。

阳新远在石器时代就有人类聚居，境内已发现新石器时代遗址十多处，遗存有大量的石刀、石斧、陶片等文物。

阳新古代介于吴头楚尾，战略地位十分重要。据清代顾祖禹《读史方舆纪要》记载：阳新“有鸡笼山，相传伍子胥曾驻兵于此，今遗址尚存”。《汉书》载，汉武帝时淮南王刘安谋反，其臣伍被进言说：“有寻阳之船，守下雉之城，结九江之浦，绝豫章之口。”该处“下雉”即阳新。阳新在唐代名永兴，属鄂州，《读史方舆纪要》云：“唐天复二年，淮南将李神福击杜洪于武昌，时洪为武昌节度使，得永兴，曰：‘永兴大县，馈饷所仰，已得鄂之半矣。’”清咸丰四年（1854 年）太平军为确保天府，曾在阳新半壁山、富池等地设营，铁链锁江，以阻击清军水师。抗日战争时期，阳新则成了鄂南敌后抗日根据地。

（二）历史沿革

阳新县历史悠久，夏、商隶属荆州，西周为鄂王辖地，春秋归楚，秦属南郡。汉高祖六年（前 201 年）分南郡始置下雉县，属江夏郡。三国初，下雉为孙权辖地。魏黄初二年（221 年）孙吴析下雉置阳新县，与下雉并隶武昌郡。晋惠帝永兴二年（305 年）改属浔阳郡。东晋义熙八年(412 年)下雉并入阳新，属武昌郡。隋开皇九年（589 年）废阳新、安昌、奉新等县，合置富川县，属鄂州。开皇十八年，富川改名永兴，属江夏郡。唐沿称永兴，隶鄂州。宋乾德二年（964 年）分永兴境内之通羊镇置通山县，次年又分境内青山场置大冶县。宋太平兴国三年（978 年），以年号为名置兴国军，领永兴、通山、大冶三县，属江南西道。元至元十四年（1277 年）改兴国军为兴国路，属江西行省。元至元十九年（1282 年），属江西道。元至元三十年（1293 年），自江西割隶湖广行省。明初，改为兴国府。洪武九年（1376 年）降府为州，属武昌府。清仍为兴国州，属武昌府，但康熙三年（1664 年）后，不再领通山、大冶二县。民国初，改兴国州为兴国县，隶

---

① 见《阳新县志》（崇文书局 2012 年版）。

湖北省江汉道。1914年，复名阳新县，隶湖北省鄂东道。1949年7月，人民解放军四野至阳新建立政权，隶属大冶专区。1952年6月改属黄冈专区，1965年7月改属咸宁地区，1997年1月1日划归黄石市管辖至今。

（三）行政区划

阳新县1985年划分为11个区、4镇、3农场，即海口、太子、白沙、七峰、陶港、王英、三溪、排市、木港、枫林、洋港11区，兴国、富池、浮屠、龙港4镇，综合、荆头山、半壁山3农场。1987年9月撤区，设16镇10乡3农场1经济开发区，即兴国镇、富池镇、黄颡口镇、沛源口镇、太子镇、大王镇、陶港镇、白沙镇、浮屠镇、三溪镇、富水镇、龙港镇、洋港镇、排市镇、木港镇、枫林镇16镇，筠山乡、潘桥乡、七峰乡、宏卿乡、国和乡、王英乡、东源乡、后山乡、东春乡、大德乡10乡，综合、荆头山、半壁山3农场和1个宝塔湖经济开发区。

1991年4月增设网湖开发区，1998年3月增设金海开发区。1999年10月调整行政区划：将筠山乡并入太子镇、七峰乡并入白沙镇、宏卿乡并入浮屠镇、大德乡并入枫林镇，网湖、宝塔湖两开发区合并为网湖开发区。2001年4月再次调整行政区划：将东源乡和国和乡并入王英乡，富水镇并入龙港镇，撤潘桥乡分别划入白沙镇和陶港镇，撤网湖开发区分别划入陶港镇和兴国镇。调整后为15个镇、1个乡、3个农场以及1个开发区。2002年4月，王英乡改王英镇。2005年4月境内原属黄石市管辖的军垦农场划归县辖。

2005年4月，全县行政区划为16个镇、4个农场和1个开发区，即兴国镇、富池镇、黄颡口镇、沛源口镇、太子镇、大王镇、陶港镇、白沙镇、浮屠镇、三溪镇、王英镇、龙港镇、洋港镇、排市镇、木港镇、枫林镇16个镇，综合、荆头山、半壁山、军垦4个农场和1个金海开发区。

2013年5月，阳新县的太子镇、大王镇和金海开发区以及黄颡口镇、沛源口镇下属的部分村庄划归了黄石市。本书为了强调方言的继承性，在行政区划和方言地图的绘制上仍依照旧制。

（四）语言使用状况

阳新人基本上都讲本地方言，但近年来会讲普通话的人越来越多。中小学老师普通话基本上都已达标，五十岁以上的高中老师如果确实不会讲普通话可以通融，其余的则都用普通话教学。社会上，银行、宾馆等所谓“窗口行业”，对外地人都说普通话。政府机关，事业单位对外联系都讲普通话。在庄重的场合，如大型会议、协议签订等，发言都要用普通话。

二、阳新方言的内部差异

阳新在晋、宋、元时期曾隶属江西，在经济、文化等方面的交往至今与江西仍很密切。阳新不仅在行政区划上有长期隶属江西的历史，而且居民也多祖籍江西。阳新以前是血吸虫病严重疫区，据一些老人讲，南宋时阳新发瘟疫，当地人十室九空。所谓瘟疫，可能就是血吸虫病流行。江西人也就是在这个时期开始迁往阳新的。从县志和大量的氏族谱牒上看，这种人口的迁徙几乎是如入无人之境的“占据”，而且繁衍至今一般已有三十余代，以致现在竟然找不到土著氏族。

由于以上原因，阳新方言接近赣语，具有与西南官话交界的赣方言边缘地区的语音特征。但是，当时的江西移民是从不同的地区以宗族关系为纽带组成社团先后来阳新各占一方的，所以阳新方言内部又很复杂，素有“九板十三腔”之称。按照区域的差异，全县大致可分为六个方言片：①县中南部兴国镇（县城）及浮屠镇、三溪镇、木港镇、排市镇为一片。②县北部的太子镇、大王镇、韦源口镇、黄颡口镇及金海开发区为一片。③县中北部的白沙镇和陶港镇为一片。④县西部的王英镇为一片。⑤县西南部的龙港镇、洋港镇为一片。⑥县东部的富池镇、枫林镇为一片。以上六个片分别简称为兴国片、太子片、白沙片、王英片、龙港片、富池片。兹将各片语音情况分述如下。

（一）兴国片

兴国片以县治兴国镇为中心，兴国镇话是阳新的代表方言。该片面积最大，占全县面积的40%以上；人口最多，将近占全县人口的一半。兴国片方言内部的共同特点是：只有阴平、阳平、上声、入声四个声调，古去声字以及古全浊声母上声字在兴国镇皆归入今阴平。声调只有四个的，仅限于兴国片，其余五个片都是五个声调，这是兴国片区别于其他地区的最大特点。其次是古全浊声母字今读塞音、塞擦音时，不论平仄，都读为送气清音。这一点，和太子、白沙、王英三片一致，而有别于龙港片和富池片。

兴国片的内部差别主要表现在兴国镇话与本片其他地区方言的差异上。这些差异是：

①兴国镇将北京读［ie］韵的古精组字读为［i］韵，而本片其他地区读［iɛ］韵，如“且谢姐接节切捷窃截泄屑泻”。

②兴国镇把北京读［iau］韵的古效摄细音帮端组及来母字读为［i］韵，而本片其他地区读［ɩe］韵，如“标表票庙苗钓跳聊疗”。

③兴国镇读［iĩ］韵的字，本片其他地区读［iɛ̃］韵，如“箭贱电天线变片面”。

④兴国镇读［œ̃ uœ̃］韵的字，本片其他地区读［ɛ̃ uɛ̃］韵，如“半看男短算官管宽缓换”。

兴国话虽然是阳新县的代表方言，但真正的兴国话只限于兴国镇，离兴国镇西边15公里的浮屠镇比起兴国话来，与本片的其他地区有更多的共性。

（二）太子片

北部地区方言以太子镇为代表点，太子话的声母与兴国片一致，古全浊声母今读塞音、塞擦音的字亦读为送气清音，而韵母则比较特殊：把兴国话一部分［ɛ］韵字如“赵招”读为［ə］韵，把兴国话一部分［iɛ］韵字如“要叫”读为［iə］韵。把兴国话一部分［ɐn］韵字读为［ɛ̃］韵，如“恩”；或读成［iɛ］韵，如“冷”。把兴国话的［ɛ uɛ］韵读为［æ uæ］韵，如“麦德”读［æ］韵、“国惑”读［uæ］韵，这一点与相邻的大冶县方言相同。

太子话的声调与兴国话亦有差异，兴国话四个声调，而太子话五个声调，有去声，去声字来源于古去声清声母字和少数古去声浊声母字，但古全浊上声字太子话归阴平。

（三）白沙片

白沙片介于太子片和兴国片之间，方言的特征不太明显。声调有五个，有阴平、阳平、上声、去声、入声。去声字来源于古去声和一部分古全浊上声字。

本片包括白沙镇和陶港镇，两镇之间也有差异，如陶港镇话古去声字今归类与白沙不完全相同，白沙话古去声字全归今去声，而陶港话古去声字一部分今归阴平，如“味旱阵”。

（四）王英片

县西部的王英片，声调有五个，阴平、阳平、上声、去声、入声。今去声字不多，只限于古去声清声母字，古去声浊声母字和古上声全浊声母字今读阴平。王英片声母系统与兴国片没多大区别，古全浊声母的今读塞音、塞擦音的字一般读送气清音。韵母与兴国话有别，如兴国话读［ɛ］韵的北京［au］韵字“赵招”，王英镇读为［ə］韵。

本方言片内部也有差异，主要是靠近咸宁市的国和，其声调与王英镇有些不同，除古去声清声母字今读去声外，一部分古浊声母去声字和一部分古全浊上声字今也读去声。

（五）龙港片

县西南部的龙港片韵母与相邻的通山话有些相似，而与阳新其他地区的方言迥异。龙港话的特点是：

（1）古全浊声母字今读塞音、塞擦音的字时，不论平仄，皆读不送气清音，与阳新其他地区刚好相反。

（2）声母［f x］相混，一部分古晓匣母字如“魂黄花”读为［f］声母。

（3）有［ɛu］和［iɛu］韵母，如：韶［sɛu˩］、要［iɛu˥］。阳新其他地区没有这两个韵母。

（4）一部分古流摄开口一等字有介音［i］，如：头［tiɛu˩］、沟［kiɛu˥］。

（5）把兴国话的［ɐn］韵字读为［ɛ̃］韵，如“等能省根恩”。

龙港话有阴平、阳平、上声、去声、入声五个声调，调值与其他地区有很大的区别，其阴平为高调，阳平为降调，颇具特色。

（六）富池片

县东部的富池镇与武穴市隔江相望，颇受武穴方言的影响，与兴国镇话相去甚远。声调有五个，即阴平、阳平、上声、去声、入声，其阳平为降调。在韵母方面，兴国镇的［ɐn］韵，富池读为［ən］韵；兴国镇的［ɔŋ］韵，富池读为［aŋ］韵。富池话的声母包括零声母有20个，与阳新其他地区一致，但古全浊声母字今读塞音、塞擦音的字时，绝大部分平声字读送气清音、仄声字读不送气清音，与西南官话接近。

除了以上六个方言片以外，阳新境内还有四个国营农场：综合农场、半壁山农场、荆头山农场和率洲军垦农场。这几个农场规模都不很大，最大的军垦农场面积也只有 46 平方公里。上世纪五十年代建场时，江苏及本省黄冈、英山一些移民迁到这些农场，使这些农场形成一种糅合江苏、黄冈、英山话的新方言，特别是这几个农场的场部，形成了几个方言岛，与阳新本地方言迥然有别。

总之，阳新方言内部复杂，不但有几个语音不同的方言片，而且各个方言片内部也有语音的差异。不过，无论阳新方言内部怎样复杂，阳新县治兴国镇话作为代表方言的地位是确定无疑的。本书以下各章的记音皆以兴国镇话为准。

三、关于阳新方言的研究

阳新县地处鄂东南，阳新方言与大冶方言、通山方言、咸宁方言、崇阳方言、通城方言、嘉鱼方言、赤壁方言一起统称为鄂东南方言。鄂东南方言内部颇为复杂，在方言区划的问题上一直存有争议。不过阳新县处于鄂东南的东部，只与江西毗邻，与江西的历史渊源深厚，赣语特征较为明显，比起鄂东南其他的县市来，其语音面貌要清晰得多。

赵元任等先生 1936 年曾调查湖北方言，并根据这次调查编纂了《湖北方言调查报告》(以下简称《报告》)。该报告第 1201—1224 页是阳新方言的记音部分，上面明载调查阳新方言的选点是阳新三溪镇，但是《报告》所记与今三溪方言的实际有很大的距离。最明显的是,《报告》说三溪话有六个声调，而实际上整个阳新县都没有六个声调，今三溪话和阳新县治兴国镇话一样，只有阴平、阳平、上声、入声四个声调，古去声字及全浊声母上声字皆归阴平。为了慎重起见，我们于 1992 年对三溪方言进行了复查核实，结论仍然如此。当然，事隔半个多世纪，我们不敢说三溪方言一点细微的变化也没有，但是在这么短的时间内语音系统竟发生如此巨大的变化，那是不可思议的；而且，我们复查的对象都是世居本地的七十多岁的老人，他们的语音与《报告》的记录具有共时性。遗憾的是，我们曾多方打听当年调查的对象的下落，但没有结果。但是，我们从《报告》记录的韵母和声调系统来看，可以确定当年调查的方言很可能是西部边境的咸宁话。因为咸宁话刚好六个声调，调值与《报告》所记大体相同；同时韵母系统也与《报告》基本一致。三溪镇西部的国和（今改称王英镇）与湖北咸宁市接壤，长期以来，在行政区划上为三溪镇所辖，所以当年调查的对象即使是王英镇西部边境的人，如果他自称是三溪籍亦无可厚非，于是乎《报告》就将渗透到王英镇西部边境的咸宁话当作三溪话了，其实这种被调查的方言与真正的王英话有别，与三溪话更是大相径庭。

近半个世纪以来，方言调查研究工作有了很大的进展，相比之下，阳新方言似乎没有得到应有的重视，虽然它的语音实际一直翘首盼望着人们的关注，但几次来阳新调查的专业人士也都是行色匆匆，不遑深入，以致前些年学术界在谈及阳新方言时，仍然只是引用《报告》的记录，而对于其中的出入则全然不知。对于这种状况，我们深感忧虑。我们觉得，科学研究只能面对事实，事实才最具权威性，方言研究必须把语言实际当作唯一的依据。作为一个阳新籍人，笔者有义务、有责任对阳新方言作一些介绍，于是自1989年以后，陆续发表了几篇关于阳新方言的文章：

《阳新方言说略》，《湖北师范学院学报》1989年第2期。

《湖北阳新方言的小称音变》，《方言》1993年第1期。

《阳新方言古牙喉音及泥母对云母的影响》，《湖北师范学院学报》1997年第5期。

《湖北阳新方言的代词》，《湖北师范学院学报》2002年第2期。

《湖北阳新方言的“把”字句》，《汉语学报》2002年下卷（总第6期）。

此外，笔者还参与编写了《阳新县志》（新华出版社1993年版）“社会”篇中有关方言的专章。在该县志方言专章里，除了记录阳新方言的语音系统外，还简略介绍了阳新话不同于普通话的语法特征，也记述了不少词汇和有地方特色的谚语、歇后语等。

1995年出版了《阳新方言志》（黄群建主编，中国三峡出版社1995年版），这是一本研究阳新方言的专著。该书第一次全面介绍了阳新方言的语音系统、同音字汇、语法和词汇。

2002年又出版了《鄂东南方言音汇》（黄群建主编，华中师范大学出版社 2002 年版)，书中记录了包括阳新县在内的鄂东南八县市的方言音系，并分别整理出各自的语音特点，进而归纳出同音字表，全面勾勒出鄂东南方言的语音面貌。书中关于阳新方言语音的记录与拙著《阳新方言志》并无二致。

除笔者之外，专门讨论或论及阳新方言的文章不多，截至目前，主要有（以时间为序）：

陈有恒：《鄂东南方言的特征》，《咸宁师专学报》1979 年第 2 期。

陈有恒、刘兴策：《鄂东南方言的内部分歧与外部联系》，《咸宁师专学报》1986 年第 3 期。

祝敏鸿：《鄂东南方言东片山咸摄舒声字》，《咸宁学院学报》2004 年第 2 期。

程时用：《湖北阳新方言中“到”字的用法》，《现代语文》2008 年第 10 期。

陈晓云：《阳新方言的有标记被动句》，《语文学刊》2008 年第 10 期。

陈晓云：《阳新方言被动标记“把”的发展和形成分析》，《语文学刊》2008 年第 24 期。

佘娟娟：《湖北阳新方言表进行或持续的助词“得”》，《现代语文》2009 年第 9 期。

何烨：《湖北阳新方言中的“父亲”称呼研究》，《文学教育（下）》2009 年第 12 期。

胡洁：《阳新方言的“把”》，《大观周刊》2013 年第 1 期。

李佳：《鄂东南方言蟹假果摄的主要元音及相关问题》，《方言》2010 年第 2 期。

刘晓艳：《湖北阳新方言研究综述》，《现代语文》2014 年第 8 期。

以上陈有恒、刘兴策、祝敏鸿、李佳的文章主要是针对鄂东南方言而言的，对阳新方言涉及不多，而其他谈论阳新方言的文章似乎皆未遑深入，且有些表述尚可商榷。

从以上研究的内容来看，阳新方言的语音研究还比较有系统，而语汇方面还没有从整体上揭示出基本特点和一般规律，语法方面的研究则更显得不足，还有待进一步深入。

四、音标和符号

（一）辅音

本书所用辅音符号如下表。

方法＼部位		双唇	唇齿	舌尖前	舌尖中	舌尖后	舌面前	舌面后（舌根）
塞	不送气	p			t			k
	送　气	pʻ			tʻ			kʻ
塞擦	不送气			ʦ		tʂ	ʨ	
	送　气			tsʻ		tʂʻ	tɕʻ	
鼻		m			n		ȵ	ŋ
边					l			
擦	清		f	s		ʂ	ɕ	x
	浊			z		ʐ		

m̩ 表示 m 自成音节，n̩ 表示 n 自成音节。

零声母必要时用［ø］表示。

（二）元音

本书所用舌面元音符号如下图。

元音舌位图

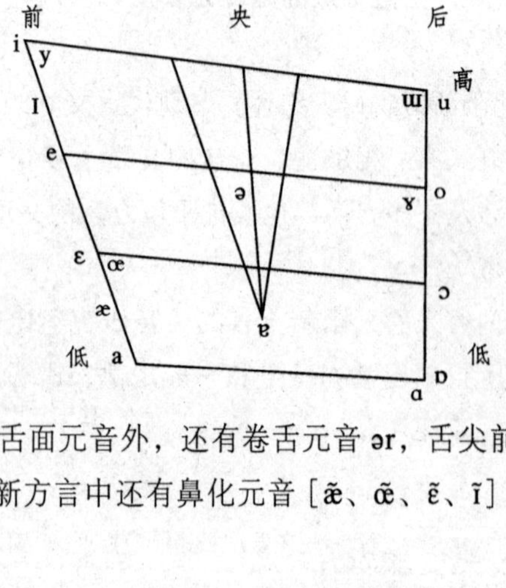

除图中标示的舌面元音外，还有卷舌元音 ər，舌尖前元音［ɿ］和舌尖后元音［ʅ］；在阳新方言中还有鼻化元音［æ̃、œ̃、ɛ̃、ĩ］（鼻化元音用在元

音音标上加“～”符号表示）。

（三）声调

本书采用通行的五度制声调符号，即把字调的平均相对音高分成“低、半低、中、半高、高”五度，分别用“1、2、3、4、5”表示。调号的竖线为比较线，竖线左边的线条表示声调高低升降的变化。本书一般所用声调符号如下：

˧ 33 调 （阳新话阴平）	˥ 55 调（北京话阴平）
˨˩˨ 212 调（阳新话阳平）	˧˥ 35 调（北京话阳平）
˨˩ 21 调 （阳新话上声）	˨˩˦ 214 调（北京话上声）
˦˥ 45 调 （阳新话入声）	˥˩ 51 调（北京话去声）

五、发音合作人

蔡华春，男，1946 年生，世代居住兴国镇，高中文化程度，原阳新电影公司职工，从不说普通话。

黄为楚，男，1946 年生，兴国镇居民，世代居住兴国镇，初中文化程度，不会说普通话。

第二章　阳新方言语音

一、语音系统

（一）声韵调分析

1. 声母

声母有 20 个，包括零声母在内。

p 布邦本百　p'彭旁办白　m 马明门没　f 方分夫福

t 当灯多德　t'定堂夺铁　l 拉宁奶落

ts 张尖子接　ts'常渐自贼　s 思是西石　z 人让柔若

tɕ 金江继结　tɕ'穷技近缺　ȵ 语年娘捏　ɕ 乡戏休歇

k 桂感高隔　k'开空抗客　ŋ 我昂饿额　x 号汗恨黑

ø 衣杨文益

2. 韵母

韵母有 49 个，包括自成音节的 m̩、n̩。

ʅ 指子迟日　i 几秒表级　u 顾户扶哭　y 煮鱼除出

ɒ 怕查麻搭　iɒ 加夏假恰　uɒ 夸华挂滑　yɒ 抓耍

o 过河多泼　io 药脚雀学　uo 涡倭蜗莴

ɔ 高帽套造　iɔ 胶巧孝校

ɛ 赵某走热　iɛ 叫晓桥业　uɛ 喂获国惑　yɛ 决缺说月

æ 盖来菜在　iæ 街介谐懈　uæ 怪快坏外　yæ 揣喘摔甩

ɑu 都努图丑　iɑu 九球休欲

	iu 酒秋秀粟		
əi 杯里醉粒		uəi 贵亏微会	yəi 追吹水锐
æ̃ 办胆蛋谈	iæ̃ 奸限颜减	uæ̃ 关环万晚	
œ̃ 半短段断		uœ̃ 官款缓碗	
	iɛ̃ 见欠年烟		yɛ̃ 赚传悬元
	iĩ 千连剪先		
ɐn 能吞任硬	iɐn 京英今因	uɐn 棍魂困文	yɐn 春运军纯
	in 青明新进		
ɐŋ 东桐红皱	iɐŋ 穷雄用拥	uɐŋ 翁	
ɔŋ 当房杭港	iɔŋ 强乡两向	uɔŋ 光网黄矿	yɔŋ □yɔŋ˥: 闪动
m̩ 母			
n̩ 你			

[iæ] 韵仅限文读，[iæ] 韵字白读音皆为 [æ] 韵。

阳新方言有小称音变现象，[ɛn uɛn yɛn əu] 4 个韵母是音变以后新产生的韵母，本韵母表不包括这 4 个音变韵母（详见本章“小称音变”）。

3. 声调

声调 4 个。

阴平	˧	33	光高天春正骂静界
阳平	˨˩˨	212	难凡田迟梅民穷鱼
上声	˨˩	21	马反坦耻每敏且语
入声	˦˥	45	法热玉鹤月曲识肉

（二）声韵调配合关系

1. 声韵配合关系表

阳新方言的声韵配合关系如下表。表的左边是声母，表头是韵母，按四呼排列。开口呼把 [ɿ] 单独列出来，齐齿呼和合口呼分别把 [i]、[u] 单独列出来。表中有例字的表示声韵能够相拼，空格表示声韵无拼合关系。

声母＼韵母	开口呼		齐齿呼		合口呼		撮口呼
	ɿ	其他	i	其他	u	其他	
p p‘		巴趴办朋	表瘪票别	变饼片瓶	补不铺		
m		麻买忙	庙妙灭	棉明民			
f		飞风发			扶妇服		
t t‘ l		打断嫩	吊跳劣	顶厅柳			
ts ts‘ s	知痴思	渣车沙	焦俏小	酱秋修			
z	二而耳	让任弱					
tɕ tɕ‘ ȵ ɕ			几期泥希	家巧牛修			居决抓
k k‘ x		根抗好			姑枯湖	关宽环	
ŋ		藕眼安恶					
ø			衣移椅	优阳因	乌吴舞	蛙汪温	遇锐云

说明：

(1) [p、p‘] 可拼开口呼、齐齿呼和合口呼的 [u]。

(2) [m] 只拼开口呼、齐齿呼。

(3) [f] 可拼开口呼和合口呼的 [u]。

(4) [t、t‘、l] 只拼开口呼、齐齿呼。

(5) [ts、ts‘、s] 只拼开口呼和齐齿呼。

(6) [z] 只与开口呼相拼。

(7) [tɕ、tɕ‘、ɕ、ȵ] 只与齐齿呼、撮口呼相拼。

(8) [k、k‘、x] 只拼开口呼和合口呼。

(9) [ŋ] 只与开口呼相拼（有一个特殊字可与 [i] 相拼，见下面的声韵调配合表一）。

(10) 除开口呼外，其余三呼均有零声母音节。

2. 声韵调配合关系表

本表的左边是声母，表头是韵母和声调，表中是例字，空格表示不存在声韵调配合关系。自成音节的 m̩、n̩ 未列入表中。表中楷体字表示是白读音。有音无字或暂时写不出的字用圆圈数码①②③④⑤等表示，并在表下加注。表中需要说明的字，用黑体字表示，也在表下加注。先注圆圈数码代表的字，再注黑体字。

本表优先收录阳新方言常用字。

本表不包括小称音变的读音。

阳新方言声韵调配合表一

	ɿ				i				u				y			
	阴平˧	阳平˩	上声˩	入声˥	阴平˧	阳平˩	上声˩	入声˥	阴平˧	阳平˩	上声˩	入声˥	阴平˧	阳平˩	上声˩	入声˥
p					标		表	瘪	布		补	不				
pʻ					票	瓢	瞟	别	铺	菩	普	扑				
m					妙	苗	秒	灭								
f									夫	扶	斧	福				
t					吊		屌	跌								
tʻ					跳	条	斢	贴								
l					料	聊	了	列								
ts	枝		子	汁												
tsʻ	自	迟	此	尺												
s	私	时	死	失												
z	二	而	尔	入												
tɕ					记		几	急					居		举	局
tɕʻ					欺	奇	起	及					区	除	娶	出
ȵ					艺	尼	蚁	逆							女	
ɕ					稀	携	喜	吸					书	徐	许	术
k									故		古	谷				
kʻ									库	跍	苦	哭				
ŋ								①								
x									户	胡	虎	忽				
ø					衣	移	椅	益	乌	吴	五	屋	遇	如	羽	玉

i 韵

①ŋi˥，～樫虫：蝉。

斢 tʻi˩，交换。

u 韵

跍 kʻu˩，蹲。

阳新方言声韵调配合表二

	ɒ				iɒ				uɒ				yɒ			
	阴平˧	阳平˩	上声˩	入声˥	阴平˧	阳平˩	上声˩	入声˥	阴平˧	阳平˩	上声˩	入声˥	阴平˧	阳平˩	上声˩	入声˥
p	巴		靶	八				壁								
p‘	怕	爬		拔				劈								
m	妈	麻	马	抹												
f				法												
t	大		打	答			①	②								
t‘	他			塔				③								
l	拉	拿		那				沥								
ts	渣	①	②	砸	借		姐	脊								
ts‘	杈	茶	扯	插	④			⑤								
s	沙	蛇	洒	杀	斜		写									
z			惹													
tɕ					加		假	甲					抓			
tɕ‘					掐		卡	恰					①			②
ȵ					夏	霞		侠								
ɕ													靴			③
k	家		贾	夹					瓜		寡	刮				
k‘	掐$_1$	③	卡	掐$_2$					夸		垮	括				
ŋ	桠	芽	哑	压												
x	虾			瞎					花	华		滑				
ø					丫	崖	雅	压	蛙		瓦	挖			④	⑤

ɑ韵

①tsɒ˩，烂眼急～：眼角溃烂。

②tsɒ˩，挤～：儿童在墙角相挤的游戏。

③k‘ɒ˩，跨过去。

掐$_1$ k‘ɒ˧，白读音，掐脖子。

掐$_2$ k‘ɒ˥，白读音，用指甲掐皮肤。

iɒ韵

①tiɒ˩，撒娇、故作多情。

②tiɒ˥，突然用力拉扯。

③t‘iɒ˥，捆扎，打结。

④ts‘iɒ˧，尿布。

⑤ts‘iɒ˥，令人讨厌。

假 tɕiɒ˩ 放假、真假的“假”同音。

yɒ韵

①tɕ‘yɒ˧，不收拾，脏乱。

②tɕ‘yɒ˥，鞋～：鞋帮。

③ɕyɒ˥，用竹条、竹竿打人。

④yɒ˩，裂开嘴，裂开口子；呕吐。

⑤yɒ˥，哄小孩子。

阳新方言声韵调配合表三

	o				io				uo			
	阴平 ˧	阳平 ˨˩	上声 ˩	入声 ˥	阴平 ˧	阳平 ˨˩	上声 ˩	入声 ˥	阴平 ˧	阳平 ˨˩	上声 ˩	入声 ˥
p	波		簸	剥								
p‘	破	婆	剖	薄								
m	暮	蘑	么	莫								
f												
t	多		朵	掇								
t‘	拖	驼	妥	脱								
l	糯	罗	裸	落				略				
ts	啄		左	桌								
ts‘	坐	戳		昨				爵				
s	梭		锁	索				削				
z				弱								
tɕ								脚				
tɕ‘								却				
ȵ								疟				
ɕ								学				
k	锅		果	郭								
k‘	科		可	壳								
ŋ	卧	鹅	我	恶								
x	货	禾	火	活								
ø								药	涡			斡

阳新方言声韵调配合表四

	ɔ				iɔ			
	阴平 ˧	阳平 ˨˩˨	上声 ˩	入声 ˥	阴平 ˧	阳平 ˨˩˨	上声 ˩	入声 ˥
p	包		宝					
p‘	炮		跑					
m	帽	毛	卯	猫				
f								
t	刀	岛						
t‘	套	逃	讨					
l	闹	劳	老	①				
ts	遭		早					
ts‘	造	曹	草					
s	骚		扫					
z								
tɕ					胶		绞	
tɕ‘					敲		巧	
ȵ								
ɕ					孝	淆		
k	高		搞					
k‘	靠		考					
ŋ	傲	熬	袄					
x	蒿	豪	好	好				
ø						肴		

ɔ韵

①lɔ˥，打听；看望、探望。

好 xɔ˥，嗜好：～一口酒；～老：了不起。

阳新方言声韵调配合表五

	ε				iε				uε				yε			
	阴平˧	阳平˨˩˨	上声˨˩	入声˥	阴平˧	阳平˨˩˨	上声˨˩	入声˥	阴平˧	阳平˨˩˨	上声˨˩	入声˥	阴平˧	阳平˨˩˨	上声˨˩	入声˥
p				北	标		表	瘪								
p‘				白	票	瓢	瞟	别								
m	茂	谋	亩	墨	妙	苗	秒	灭								
f		浮	否													
t	斗		抖	德												
t‘	豆	头	敨	特												
l	漏	楼	搂	勒			了									
ts	照		走	则												
ts‘	召	愁	扯	策												
s	烧	韶	少	舌												
z		饶	惹	热												
tɕ					骄		缴	结								决
tɕ‘					翘	桥	撬	怯								缺
ȵ					尿		鸟	业								
ɕ					嚣	晓		歇					靴			说
k	沟		狗	隔								国				
k‘	扣	渠	口	克												
ŋ	欧	藕		额												
x	后	猴	吼	黑								或				
ø	欸				腰	摇	野	叶								月

ε 韵

斗，～争；接骨～榫。

渠，白读音，人称代词，他、她。

iε 韵

了，助词。

阳新方言声韵调配合表六

	æ				iæ				uæ				yæ			
	阴平˧	阳平˩	上声˩	入声˥	阴平˧	阳平˩	上声˩	入声˥	阴平˧	阳平˩	上声˩	入声˥	阴平˧	阳平˩	上声˩	入声˥
p	拜		摆													
pʻ	派	排														
m	卖	埋	买													
f																
t	呆		歹						乖		拐					
tʻ	态	台							快		块					
l	耐	来	乃						坏	怀						
ts	斋		宰													
tsʻ	猜	才	彩													
s	晒	①														
z																
tɕ					皆		解						拽		①	②
tɕʻ													踹		揣	
ȵ																
ɕ					懈	偕							③		甩	
k	该		改													
kʻ	开	楷														
ŋ	哀	埃	矮													
x	亥	孩	海	挟												
ø						岩			歪							

æ韵

①sæ˩，理睬。

挟，xæ˥，白读音，夹持；夹在腋下：把伢崽～倒跑。

岩，ŋæ˩，～石。

yæ韵

①tɕyæ˩，摆架子。

②tɕyæ˥，～手～脚：手脚有残疾，不灵便。

③ɕyæ˥，～气：疝气。

阳新方言声韵调配合表七

	ɑu				iɑu				iu			
	阴平 ˧	阳平 ˩	上声 ˩	入声 ˥	阴平 ˧	阳平 ˩	上声 ˩	入声 ˥	阴平 ˧	阳平 ˩	上声 ˩	入声 ˥
p												
p‘												
m									谬			
f												
t	都		堵	督					丢			①
t‘	兔	图	土	秃								
l	路	奴	鲁	鹿					溜	流	柳	
ts	周		肘	粥					揪		酒	②
ts‘	初	锄	楚	族					秋	囚		③
s	收		手	熟					秀			粟
z		柔		肉								
tɕ					究		九	菊				
tɕ‘					丘	求		曲				
ȵ					忸	牛	妞	狱				
ɕ					休		朽	蓄				
k												
k‘												
ŋ												
x												
ø					优	油	有	育				

iu 韵

①tiu˥，赤子阴。

②tsiu˥，蜷缩；皱。

③ts‘iu˥，挨近、凑拢。

阳新方言声韵调配合表八

	əi				uəi				yəi				æ			
	阴平˧	阳平˨	上声˩	入声˥	阴平˧	阳平˨	上声˩	入声˥	阴平˧	阳平˨	上声˩	入声˥	阴平˧	阳平˨	上声˩	入声˥
p	杯		比	逼									班		板	
p‘	被	皮	痞	鼻									攀	瓣		
m	妹	梅	美	密									漫	蛮		
f	飞	肥	匪	①									翻	烦	反	
t	堆		底	滴									丹		胆	**旦**
t‘	推	题	体	笛									蛋	谈	坦	
l	利	离	李	立									烂	蓝	懒	
ts	最		嘴	②									站		斩	
ts‘	催	齐	取	漆									餐	残	产	
s	岁	随	洗	息									山		伞	
z																
tɕ									追							
tɕ‘									炊	垂						
ȵ																
ɕ									睡	谁	水					
k					归		鬼						间		①	②
k‘					亏	葵	跪						堪	③	砍	
ŋ													晏	④	眼	
x					会	回	毁						馅	衔	喊	
ø					味	违	委	①	锐							

əi 韵

①fəi˥，拂、揩拭。

②tsəi˥，聪明、机灵。

uəi 韵

①uəi˥，把物体扭弯或把竹木微烤扭成物件：～椅子。

ǣ韵

①kǣ˩，把碗里的食物扒掉一部分：把饭～落一半。

②kǣ˥，眠床～：床架的横木；荞麦～：荞麦粑。

③k‘ǣ˨，～菜：夹菜。

④ŋǣ˨，缝隙、沟缝：指甲～、太胯～（腹股沟）。

旦tǣ˥，马～：头发辫子。

阳新方言声韵调配合表九

	iæ̃				uæ̃				œ̃				uœ̃			
	阴平˧	阳平˩˨	上声˩	入声˥	阴平˧	阳平˩˨	上声˩	入声˥	阴平˧	阳平˩˨	上声˩	入声˥	阴平˧	阳平˩˨	上声˩	入声˥
p									搬							
pʻ									潘	盘						
m									漫	①	满					
f																
t									端		短					
tʻ									贪	团						
l									乱	男	暖					
ts									占		展					
tsʻ									窜	缠	惨					
s									善	蝉	闪					
z										然						
tɕ	奸		简													
tɕʻ	艰															
ȵ																
ɕ	限	闲														
k					关				甘		敢		官		管	
kʻ							①		看		砍		宽		款	
ŋ									安		揞					
x					幻	环		②	鼾	寒	罕		欢	**完**	缓	
ø	雁	颜	眼		弯	玩	晚						换	丸	碗	

uæ̃ 韵

①kʻuæ̃˩，挑担子。

②xuæ̃˥，略看一下。

œ̃ 韵

①mœ̃˩˨，疑问代词，谁。

uœ̃ 韵

完 xuœ̃˩˨，白读音：～全。

阳新方言声韵调配合表十

	iẽ				yẽ				iĩ				ɐn			
	阴平˧	阳平˩	上声˩	入声˥	阴平˧	阳平˩	上声˩	入声˥	阴平˧	阳平˩	上声˩	入声˥	阴平˧	阳平˩	上声˩	入声˥
p									边		匾		奔		本	
p'									篇	便			烹	彭		
m									面	棉	免		闷	门	①	
f													分	坟	粉	
t									店		点		敦		等	
t'									天	田	舔		吞	藤		②
l									练	连	脸		论	伦	冷	③
ts									尖		剪		尊		枕	
ts'									迁	钱	浅		村	存	惩	
s									仙	涎	选		孙	绳	损	甚
z													任	仁	忍	
tɕ	肩		茧		专	卷										
tɕ'	件	钳	遣		川	船	犬									
ȵ	砚	年	碾				软									
ɕ	县	贤	险		萱	悬										
k													根		梗	
k'													坑		肯	
ŋ													恩		④	
x													恨	痕	狠	
ø	燕	炎	演		渊	元	远									

yẽ 韵

卷tɕyẽ˩，～曲。

iĩ 韵

便 p'iĩ˩，～宜。

ɐn 韵

①mɐn˩，纺织品因年久生虫而腐烂。

②tɐn˥，兜～：幼儿的围兜。

③lɐn˥，从束缚自己的东西里抽身而出。

④ŋɐn˩，身体压住坚硬的物体而感到疼痛。

阳新方言声韵调配合表十一

	ien				in				uen				yen			
	阴平˧	阳平˩	上声˩	入声˥	阴平˧	阳平˩	上声˩	入声˥	阴平˧	阳平˩	上声˩	入声˥	阴平˧	阳平˩	上声˩	入声˥
p					兵		丙									
pʻ					拼	贫	品									
m					命	明	敏									
f																
t					丁		顶									
tʻ					厅	停	挺									
l					令	林	岭									
ts					津		井	①								
tsʻ					亲	情	寝	②								
s					新	旬	醒	性								
z																
tɕ	今		锦										军		准	①
tɕʻ	轻	琴						③					春	唇	蠢	
ȵ	凝			①												
ɕ	兴	形	②										训	纯	迥	
k									棍		滚					
kʻ									昆	①	捆					
ŋ																
x									昏	魂	②					
ø	音	营	饮						温	文	稳	③	润	云	永	

ien 韵

①ȵien˥，一点：慢～，慢一点。

②ɕien˩，～子：傻子。

in韵

①tsin˥，鸟（一般指小鸟）：一只～飞过来了。

②tsʻin˥，打击乐器，小钹。

③tɕʻin˥，木～底：木屐。

uen 韵

①kʻuen˩，完整的、整个儿的：～蛋。

②xuen˩，糊涂、傻。

③uen˥，瞪。

yen 韵

①tɕyen˥，睁大眼睛：眼一～倒。

阳新方言声韵调配合表十二

	eŋ				ieŋ				ueŋ			
	阴平˧	阳平˩	上声˩	入声˥	阴平˧	阳平˩	上声˩	入声˥	阴平˧	阳平˩	上声˩	入声˥
p	蹦		凸	嘣								
p‘	①	朋	捧	碰								
m	孟	蒙	猛									
f	风	逢	讽									
t	东		懂	②								
t‘	通	同	桶									
l	弄	浓	拢	齈								
ts	宗		总	皱								
ts‘	聪	从	宠									
s	松	③	耸									
z		绒										
tɕ							①	②				
tɕ‘						穷	③					
ȵ												
ɕ					兄	雄						
k	公		巩									
k‘	空		孔									
ŋ	④											
x	轰	红	哄	哄								
ø					用	容	涌		翁			

eŋ 韵

①p‘eŋ˧，灰尘飞扬。

②teŋ˥，怂恿、唆使。

③seŋ˩，笨、呆头呆脑。

④ŋeŋ˧，蒙住、盖住：被窝把头一～倒。

嘣 peŋ˥，打～，接吻。

哄 xeŋ˥，白读音，骗。

ieŋ 韵

①tɕieŋ˩，撅屁股：屁股～得闷高箇。

②tɕieŋ˥，臀部不断往前拱。

③tɕ‘ieŋ˩，使人害怕：～人。

阳新方言声韵调配合表十三

	ɔŋ				iɔŋ				uɔŋ				yɔŋ			
	阴平˧	阳平˩	上声˩	入声˥	阴平˧	阳平˩	上声˩	入声˥	阴平˧	阳平˩	上声˩	入声˥	阴平˧	阳平˩	上声˩	入声˥
p	帮		榜		饼											
p'	蚌	旁	髈	胖	病	平	坪									
m	①	忙	莽		命											
f	方	房	访													
t	当		党		钉											
t'	汤	堂	躺		听											
l	浪	狼	朗	②												
ts	张		掌		将		奖									
ts'	仓	藏	闯		枪	墙	抢	①								
s	商	尝	爽		箱		想									
z	让	瓤	壤		酿											
tɕ					江		讲									
tɕ'					腔	强							①			
ȵ																
ɕ					香	降	响									
k	钢		港						光		广					
k'	康	扛	③						况	狂						
ŋ	肮	昂														
x	夯	杭							荒	黄	谎					
ø					央	羊	痒		汪	王	网		②			③

ɔŋ 韵

①mɔŋ˧，生～，发霉。

②lɔŋ˥，～颈，马鞍形。

③k'ɔŋ˩，食物变质，有霉烂气味。

iɔŋ 韵

①tɕ'iɔŋ˥，小步慢行：走路慢慢得果～。

降 ɕiɔŋ˩，投～。

yɔŋ 韵

①tɕ'yɔŋ˧，数落、斥责。

②yɔŋ˧，缠绕：～毛线。

③yɔŋ˥，闪动；把东西拿在手里晃动。

（三）语音特点

1. 声母特点

(1) 古全浊声母字今读塞音、塞擦音时，不论平仄，都读为送气清音。如：排 p‘æ˩ | 钱 ts‘iĩ˩ | 驼 t‘o˩ | 技 tɕ‘i˧ | 备 p‘əi˧ | 定 t‘in˧ | 在 ts‘æ˧ | 旧 tɕ‘iɑu˧ | 逐 ts‘ɑu˥ | 帛 p‘ɛ˥ | 杰 tɕ‘iɛ˥ | 集 ts‘əi˥。有极个别的例外字读不送气，如：寨 tsæ˧ | 盾 tɐn˧ | 段 tœ̃˧。

(2) 无卷舌音。古知系的知组、庄组、章组也读 [ts　ts‘　s]，与精组洪音相混。下列各组字前一个是古知系知组、庄组、章组字，后一个是古精组字：知＝资 tsɿ˧ | 耻＝此 ts‘ɿ˩ | 世＝斯 sɿ˧ | 罩＝灶 tsɔ˧ | 巢＝曹 ts‘ɔ˩ | 捎＝臊 sɔ˧ | 馋＝残 ts‘æ̃˩ | 生＝僧 sɐn˧。也有读 [tɕ　tɕ‘　ɕ] 的，主要是古遇摄一二等字和止山臻三摄的少数合口字，如：主 tɕy˩ | 谁 ɕyəi˩ | 专 tɕyẽ˧ | 春 tɕ‘yɐn˧。

(3) 分尖团。下面各组例子中，前一个是尖音，后一个是团音：相 siɔŋ˧≠香 ɕiɔŋ˧ | 雀 ts‘io˥≠却 tɕ‘io˥ | 瞧 ts‘i˩≠其 tɕ‘i˩。也有些是韵母不完全相同的尖团音对立，如：酒 tsiu˩≠九 tɕiɑu˩ | 新 sin˧≠欣 ɕiɐn˧ | 煎 tsiĩ˧≠见 tɕiẽ˧ | 些 si˥≠歇 ɕiɛ˥。

(4) 古泥母洪音字今读音与来母同，都读成 [l]。如：怒＝路 lɑu˧ | 内＝累 ləi˧ | 脑＝老 lɔ˩ | 难＝兰 læ̃˩。而古泥母细音字除个别字外今读 [ȵ]，如：尼 ȵi˩ | 女 ȵy˩ | 年 ȵiẽ˩ | 娘 ȵiɔŋ˩。

(5) 影疑两母开口洪音字及果摄一等疑母字今读 [ŋ] 声母。如：

影母	哀 ŋæ˧	安 ŋœ̃˧	恶 ŋo˥	恩 ŋɐn˧
疑母	偶 ŋɛ˩	额 ŋɛ˥	讹 ŋo˩	昂 ŋɔŋ˩

(6) 影疑两母的合口字（果摄一等字除外）及影母开口细音字今读[∅]声母。如：

疑母	误 u˧	魏 uəi˧	遇 y˧	愿 yẽ˧
影母	污 u˧	威 uəi˧	意 i˧	央 iɔŋ˧

(7) 疑母开口细音字今读 [ȵ] 声母，如：言 ȵiẽ˩ | 迎 ȵiɐn˩ | 牛 ȵiɑu˩ | 义 ȵi˧ | 业 ȵiẽ˥ | 逆 ȵi˥。在阳新话中，古疑母开口细音字和影母开口细音字分划犁然，下面各组例子中，前一个是疑母字，后一个是影母字：义 ȵi˧≠意 i˧ | 宜 ȵi˩≠移 i˩ | 砚 ȵiẽ˧≠燕 iẽ˧ | 业 ȵiɛ˥≠咽 iɛ˥。

（8）日母字开口读［z］声母，如：尔 zʅ˩｜日 zʅ˥｜人 zən˩｜柔 zɑu˩｜让 zɔŋ˧；合口则今读［ø］声母，如：软 yẽ˩｜蕊 yəi˧｜儒 y˩｜乳 y˩。

2. 韵母特点

（1）北京［a］韵和［ia ua］韵中的主要元音［a］，阳新话读为圆唇后元音［ɒ］，如：巴 pɒ˧｜霞 ɕiɒ˩｜夸 k'uɒ˧｜抓 tɕyɒ˧。

（2）北京读［iau］韵的效摄细音帮、精、端组及来母字，阳新今读［i］韵。如：表 pi˩｜票 p'i˧｜焦 tsi˧｜樵 ts'i˩｜萧 si˧｜钓 ti˧｜挑 t'i˧｜聊 li˩。其余读［ɛ iɛ］韵，读［ɛ］韵的如：招 tsɛ˧｜超 ts'ɛ˧｜饶 zɛ˩；读［iɛ］韵的如：骄 tɕiɛ˧｜晓 ɕiɛ˩｜摇 iɛ˩。

（3）北京读［i］韵的字，除牙喉音和泥母字外，其余阳新话都读［əi］韵。如：比 pəi˩｜笔 pəi˥｜皮 p'əi˩｜匹 p'əi˥｜迷 məi˩｜密 məi˥｜低 təi˧｜滴 təi˥｜地 t'əi˧｜踢 t'əi˥｜里 ləi˩｜立 ləi˥｜挤 tsəi˩｜积 tsəi˥｜齐 ts'əi˩｜漆 ts'əi˥｜西 səi˧｜息 səi˥，由此形成了牙喉音和非牙喉音字［əi］韵和［i］韵的严格对立，如：绩 tsəi˥≠急 tɕi˥｜齐 ts'əi˩≠其 tɕ'i˩｜洗 səi˩≠喜 ɕi˩。

（4）北京读［ou］韵的流摄一等字，阳新今读［ɛ］韵。如：头 t'ɛ˩｜楼 lɛ˩｜走 tsɛ˩｜狗 kɛ˩｜扣 k'ɛ˧｜厚 xɛ˧｜欧 ŋɛ˧。

（5）北京读［u］韵的遇摄模韵字，逢端泥组和精组声母今读为［ɑu］韵。如：赌 tɑu˩｜兔 t'ɑu˧｜图 t'ɑu˩｜奴 lɑu˩｜路 lɑu˧｜租 tsɑu˧｜醋 ts'ɑu˧｜素 sɑu˧。

（6）流摄三等字今逢牙喉音和泥母读［iɑu］韵，逢精组声母读［iu］韵，形成了［iɑu］韵和［iu］韵的尖团音对立。如：九 tɕiɑu˩≠酒 tsiu˩｜丘 tɕ'iɑu˧≠秋ts'iu˧｜休 ɕiɑu˧≠修siu˧。

（7）北京读［iɛ］韵源于古入声的字，除牙喉音和泥母字阳新话也读［iɛ］韵，其余均读为［i］韵入声。如：瘪 pi˥｜别 p'i˥｜篾 mi˥｜跌 ti˥｜铁 t'i˥｜劣 li˥｜接 tsi˥｜切 ts'i˥｜屑 si˥。因此，见晓组今读［iɛ］韵的入声字与古精组今读［i］韵的入声字形成了韵母不同的尖团音对立。如：结 tɕiɛ˥≠节 tsi˥｜怯 tɕ'iɛ˥≠切 ts'i˥｜歇 ɕiɛ˥≠屑 si˥。

（8）北京读［ian］韵源于山咸两摄的细音字，逢牙喉音及泥母阳新话今读［iẽ］韵，其余读为［iĩ］韵，形成了［iẽ］韵和［iĩ］韵的严格对立。如：剑 tɕiẽ˧≠箭 tsiĩ˧｜谦 tɕ'iẽ˧≠签 ts'iĩ˧｜钳 tɕ'iẽ˩≠前 ts'iĩ˧｜现 ɕiẽ˧≠线 siĩ˧。

（9）端泥组合口一等字，今读开口呼。如：土 t'ɑu˩｜路 lɑu˧｜短 tœ̃˩｜

推 t‘əi˧ | 暖 lœ̃˩ | 顿 tɐn˧ | 突 t‘ɑu˥。这一点与北京话迥异，北京除“内、雷”等个别字外，都读合口呼。

(10) 曾梗两摄舒声字除少数如“弘猛棚轰兄”混入通摄外，其余与深臻两摄舒声字相混，皆收n尾。以下各组分别依序为深臻曾梗摄字：深＝身＝升＝声 sɐn˧ | 沉＝尘＝承＝成 ts‘ɐn˩ | 针＝真＝蒸＝争 tsɐn˧ | 林＝邻＝陵＝零 lin˩。

(11) 深臻曾梗四摄细音舒声字，逢牙喉音阳新话今读 [iɐn] 韵，逢精组读 [in] 韵，形成了 [iɐn] 韵和 [in] 韵的尖团音对立。如：今京 tɕiɐn˧ ≠ 津精 tsin˧ | 钦轻 tɕ‘iɐn ≠ 亲清 ts‘in˧ | 欣兴 ɕiɐn˧ ≠ 新星 sin˧。

(12) 北京读 [an　uan] 韵源于古山摄的舒声字，除少数例外字“栓撰”外，阳新今保留了一、二等分立的遗迹：一等桓韵读 [œ̃　uœ̃]，二等删韵读 [æ̃　uæ̃]，彼此不混。如：搬 pœ̃˧ ≠ 班 pæ̃˧ | 潘 p‘œ̃˧ ≠ 攀 p‘æ̃˧ | 瞒 mœ̃˩ ≠ 蛮 mæ̃˩。又如：官 kuœ̃˧ ≠ 关 kuæ̃˧ | 换 xuœ̃˧ ≠ 患 xuæ̃˧ | 完 uœ̃˩ ≠ 玩 uæ̃˩。

(13) 古山咸两摄开口一等舒声寒谈两韵字，逢牙喉音今读 [œ̃] 韵（“喊” xæ̃˩ 例外），如：甘 kœ̃˧ | 看 k‘œ̃˧ | 酣 xœ̃˧ | 汉 xœ̃˧ | 岸 ŋœ̃˧；逢端泥组和精组读 [æ̃] 韵，如：丹 tæ̃˧ | 难 læ̃˩ | 谈 t‘æ̃˩ | 兰 læ̃˩ | 惭 ts‘æ̃˩ | 珊 sæ̃˧ | 三 sæ̃˧，彼此不混。

3. 声调特点

阳新话只有四个声调，即阴平、阳平、上声、入声。

阳新话的阴平字来源较广，它包括古平声清声母字和古去声字以及古全浊声母上声字。因此，北京话的去声字，除古入声字外，阳新话都读为阴平。如：妇＝夫 fu˧ | 唱＝昌 ts‘ɔŋ˧ | 骂＝妈 mɒ˧。此外，古平声浊声母字今读阳平，古非全浊上声字今读上声，古入声字今仍读入声，少数阳声韵字也有读入声音，如：甚 sɐn˥、性 sin˥。

二、音　变

（一）文白异读

文白异读，现在一般认为是方言中的两种不同语音系统，这两个不同的语音系统有严格的对应条例，并且在词汇中有体系性的表现。这种文白异读跟方言中由于受到北京音的影响而产生的多音现象不同。但是，如果这样严格加以区别，口语音和读书音的异读现象就无法反映出来了。为此，我们采取了折中的态度。这里讨论的文白异读（严格来说应该说是新老异读），要略为宽泛一些，主要包括：(1) 同一个字有两个读音，一个是书面上的读音，一个是日常口语中的读音，前者叫文读音，后者叫白读音。如“麦”文读为［mɛ˥］，白读为［mɒ˥］。(2) 同一个字，在口语中同时有两个读音，其中一个是当地传统的读音，叫白读；另一种比传统读音产生得晚一些，比传统读音更接近共同语，这种读音叫文读。如“争取”的“取”，［tɕʻy˩］是文读音，［tsʻəi˩］是白读音。一般来说，白读音的历史比较悠久，具有传统的特质，不大适应表达现代的概念。而文读音大多是后起音，它一方面受共同语的影响，使自身在音色或腔调上与共同语语音相接近；另一方面又要就范于自身的语音系统，不增加方言语音系统的异质成分，使自身具有鲜明的地域性。

阳新方言异读的现象比较复杂，有的声母或韵母不同，有的声母和韵母都不同，有的声韵调三个方面都有差异。文白异读字分类列举如下：

1. 声母不同

	寻	袖	束	像相似	着～急	揭
文读	sin˩	siu˧	sɑu˥	siɔŋ˧	tso˥	tɕiɛ˥
白读	tsʻin˩	tsʻiu˧	tsʻɑu˥	tsʻiɔŋ˧	tsʻo˥	tɕʻiɛ˥

	钝	伏	吭
文读	ten˧	fu˥	ɕyen˩
白读	tʻen˧	pʻu˥	yen˩

2. 韵母不同

(1) 文读为［ɿ］韵，白读为［ɒ］韵：

	只量词	炙～火：烤火	尺赤	石
文读	tsɿ˥	tsɿ˥	tsʻɿ˥	sɿ˥
白读	tsɒ˥	tsɒ˥	tsʻɒ˥	sɒ˥

(2) 文读为［i］韵，白读为［iɒ］韵：

	借	姐	斜	写
文读	tsi˧	tsi˩	si˩	si˩
白读	tsiɒ˧	tsiɒ˩	siɒ˩	siɒ˩

(3) 文读为［əi］韵，白读为［iɒ］韵：

	壁	劈	脊	沥
文读	pəi˥	p'əi˥	tsəi˥	ləi˥
白读	piɒ˥	p'iɒ˥	tsiɒ˥	liɒ˥

(4) 文读为［ɛ］韵，白读为［ɒ］韵：

	射赊	佘	舍~不得	舌~头	遮蔗	轭牛~	麦
文读	sɛ˧	sɛ˩	sɛ˩	sɛ˥	tsɛ˧	ŋɛ˥	mɛ˥
白读	sɒ˧	sɒ˩	sɛ˩	sɒ˥	tsɒ˧	ŋɒ˥	mɒ˥
	摘	扯	车水~	吓	拍	惹	
文读	tsɛ˥	ts'ɛ˩	ts'ɛ˧	xɛ˩	p'ɛ˥	zɛ˩	
白读	tsɒ˥	ts'ɒ˩	ts'ɒ˧	xɒ˩	p'ɒ˥	zɒ˩	

(5) 文读为［iɛ］韵，白读为［iɒ］韵：

	野也	夜
文读	iɛ˩	iɛ˧
白读	iɒ˩	iɒ˧

(6) 文读为［yəi］韵，白读为［y］韵：

	吹	锤捶	水
文读	tɕ'yəi˧	tɕ'yəi˩	ɕyəi˩
白读	tɕ'y˧	tɕ'y˩	ɕy˩

(7) 一部分古梗摄开口细音舒声字文读为［in］韵，白读为［iɔŋ］韵：

	饼	病	平	坪	命	听	钉	零
文读	pin˩	p'in˧	p'in˩	p'in˩	min˧	t'in˧	tin˧	lin˩
白读	piɔŋ˩	p'iɔŋ˧	p'iɔŋ˩	p'iɔŋ˩	miɔŋ˧	t'iɔŋ˧	tiɔŋ˧	liɔŋ˩
	岭领	井	晴	清	请	星腥	醒	
文读	lin˩	tsin˩	ts'in˩	ts'in˧	ts'in˩	ɕin˧	ɕin˩	
白读	liɔŋ˩	tsiɔŋ˩	ts'iɔŋ˩	ts'iɔŋ˧	ts'iɔŋ˩	ɕiɔŋ˧	ɕiɔŋ˩	
	铃							
文读	lin˩							
白读	liɔŋ˥ 小铃铛							

（“坪”字白读不读本调而读上声，“铃”字白读不读本调而读入声，例外。）

(8) 文读为［ɐn］韵，白读为［ɔŋ］韵：

	生～疏	挣争	鞔～鼓	硬	冷	坑（名词）
文读	sɐn˧	tsɐn˧	mɐn˧	ŋɐn˧	lɐn˩	k'ɐn˧
白读	sɔŋ˧	tsɔŋ˧	mɔŋ˧	ŋɔŋ˧	lɔŋ˩	k'ɔŋ˧

(9) 还有一些非成系列的：

	颈	轻	去	漫	胯	谬	盟	靴	跌
文读	tɕiɐn˩	tɕ'iɐn˧	tɕ'y˧	mæ̃˧	k'uɒ˧	miu˧	mɐŋ˩	ɕyɛ˧	ti˥
白读	tɕiɔŋ˩	tɕ'iɔŋ˧	tɕ'i˧	mœ̃˧	k'ɒ˧	mi˧	min˩	ɕyɒ˧	tɒ˥

	割	霉生～	郁	饺	拳	母姆拇	衫～袖，衣袖	拂	拌
文读	ko˥	məi˧	y˥	tɕiɔ˩	tɕ'yɛ̃˩	mo˩	sæ̃˧	fu˥	p'œ̃˧
白读	kɛ˥	mɔŋ˧	iɑu˥	tɕiɛ˩	tɕ'y˩	m̩˩	sɐn˧	fəi˥	p'ɐn˧

3. 声母韵母皆不同

主要表现在：有些古牙喉音字，今文读有介音［i］，白读无介音；声母［tɕ tɕ' ɕ ø］和［k k' x ŋ］分别两两对应。

(1) 文读为［iɒ］韵，白读为［ɒ］韵：

	家嫁稼驾架	贾～家桥，地名	夹荚甲指～	掐	卡	下虾
文读	tɕiɒ˧	tɕiɒ˩	tɕiɒ˥	tɕ'iɒ˧	tɕ'iɒ˩	ɕiɒ˧
白读	kɒ˧	kɒ˩	kɒ˥	k'ɒ˧	k'ɒ˩	xɒ˧
	吓瞎狭	桠轧	丫脚趾～	芽	哑	压押鸭
文读	ɕiɒ˥	iɒ˧	iɒ˧	iɒ˩	iɒ˩	iɒ˥
白读	xɒ˥	ŋɒ˧	ŋɒ˧	ŋɒ˩	ŋɒ˩	ŋɒ˥

(2) 文读为［iæ］韵，白读为［æ］韵：

	街皆阶介疥界届戒诫	解	懈	鞋	岩	碍隘
文读	tɕiæ˧	tɕiæ˩	ɕiæ˧	ɕiæ˩	iæ˩	iæ˧
白读	kæ˧	kæ˩	xæ˧	xæ˩	ŋæ˩	ŋæ˧

(3) 文读为［iɔ］韵，白读为［ɔ］韵：

	教交跤	较	搅	敲	咬
文读	tɕiɔ˧	tɕiɔ˧	tɕiɔ˩	tɕ'iɔ˧	iɔ˩
白读	kɔ˧	kɔ˧ ～秤	kɔ˩	k'ɔ˧	ŋɔ˩

(4) 文读为 [io] 韵，白读为 [o] 韵：

	角	确
文读	tɕio˥	tɕʻio˥
白读	ko˥	kʻo˥

(5) 文读为 [iæ̃] 韵，白读为 [æ̃] 韵：

	间一～房	嵌	馅苋陷～进去了	衔动词咸～淡	闲	眼
文读	tɕiæ̃˧	tɕʻiæ̃˧	ɕiæ̃˧	ɕiæ̃˩	ɕiæ̃˩ 悠～	iæ̃˩
白读	kæ̃˧	kʻæ̃˧	xæ̃˧	xæ̃˩˧	xæ̃˩˧ 不得～	ŋæ̃˩

(6) 文读为 [iɔŋ] 韵，白读为 [ɔŋ] 韵：

	巷	项
文读	ɕiɔŋ˧	ɕiɔŋ˧
白读	xɔŋ˧	xɔŋ˧

(7) 文读为 [y] 韵，白读为 [əi] 韵：

	蛆	取娶	序絮叙需婿胥	徐
文读	tɕʻy˧	tɕʻy˩	ɕy˧	ɕy˩
白读	tsʻəi˧	tsʻəi˩	səi˧	səi˩

(8) 还有一些非成系列的：

	锯	慰	吹	换	完	挟
文读	tɕy˧	uəi˧	tɕʻyəi˧	xuœ̃˧	uœ̃˩	ɕiɛ˥
白读	kɛ˧	y˧	tɕʻy˧	uœ̃˧	xuœ̃˩	xæ˥

4. 声调不同

	指手～甲	十拾数目	耳～朵	凿	炸油～	忘
文读	tsɿ˩	sɿ˩	zɿ˩	tsʻo˥	tsɒ˧	uɔŋ˩˧
白读	tsɿ˥	sɿ˥	zɿ˧	tsʻo˩˧	tsɒ˥	uɔŋ˧

5. 声母声调不同、韵母声调不同

	自～家	眠	蒂	削用刀～
文读	tsʻɿ˧	miĩ˩˧	tʻəi˩˧	sio˥
白读	tsɿ˩	min˧～床，木床	təi˥	si˧

6. 声韵调皆不同

	铅～笔	给	牙～齿	凸	铰
文读	tsʻiĩ˧	kɛ˩	iɒ˩˧	tʻɑu˥	tɕiɔ˩
白读	iɛ̃˩˧	tɕi˥	ŋɔ˧	pəŋ˩˧	kɔ˧ ～剪，剪刀

文白两读的现象在阳新方言中是比较突出的，但随着时间的推移，白读使用的范围有逐渐缩小的趋势，甚至有些白读音在渐渐消失。如“警觉”一词，现在都读［tɕiɐn˩ tɕio˥］，其实它的白读音［tɕiɔŋ˩ ko˥］在口语中还存在，但两者之间一般人已经联系不起来了。又如，阳新人把饭烧糊了形容成[xu˩ tɕiɔŋ˧ tɛ˥]，人们只知道这样说，但不知其来历。其实［tɕiɔŋ˧］是“敬”［tɕiɐn˧］的白读，［xu˩ tɕiɔŋ˧ tɛ˥］就是“胡敬德”。唐代尉迟恭又叫尉迟敬德，是鲜卑人，民间说他是胡人；又因为他的脸很黑，所以叫他“胡敬德”，用以形容饭烧糊了的颜色。

阳新话中有些字的文读音和白读音现在还可以任意置换，如“谬”在“荒谬”一词中可以读［mi˧］（白读），也可以读［miu˧］（文读）。但大多数不能任意置换了，如“射”有文白两读，说“射箭”时，“射”可以用文读音［sɛ˧］，也可以用白读音［sɒ˧］，但说“射击”时，“射”只能用文读音［sɛ˧］。此外，有些白读音具有传统的特质，它不可能和文读音出现在统一的环境里，如“壁”作为单音词只能读白读音［piɒ˥］，而在双音节词或在成语中它才读文读音［pəi˥］。

（二）小称音变

小称音变是阳新方言一种特殊的音变形式，为了区别事物的大小、表示事物或动作的短时少量，或者表示亲切、轻松、诙谐、贬斥等感情，有些用来作名词、代词、形容词和动词（或者上述各类词的词素）的平声或上声字，可变读为入声字。

1. 小称音变的形式

阳新话小称音变的形式有两种：一种是只变声调，韵母不发生变化，声调由平声的［˧］、［˩］或上声的［˩］，变成入声的［˥］。另一种情形是在声调发生变化的同时，韵母也发生变化，声调的变化与上述的变调相同，而韵母的变化则较为复杂。

（1）变调不变韵的小称音变

阳新话有49个韵母，能变调而成为小称音变形式的有29个：

ɿ ɒ o u ɔ ɛ æ əi æ̃ œ̃ ɐn ɐŋ ɔŋ iɒ iɔ iɑu iu iĩ iɐn in iɐŋ iɔŋ uæ̃ uœ̃ uɐn uɐŋ uɔŋ yɐn n̩

这29个变调韵母分别举例如下。标在前面的是本音，标在后面的是变音；右上角有*号的字表示口语只用变音，不用本音。

ʅ　指* tsʅ˩ → tsʅ˥ 手～头

只 tsʅ˩ → tsʅ˥ ～有，～好

ɒ　掐白读 k'ɒ˧ → k'ɒ˥

卡白读 k'ɒ˩ → k'ɒ˥ 卡住了

炸 tsɒ˧ → tsɒ˥ 油～

岔 ts'ɒ˧ → ts'ɒ˥ 打～

o　哥* ko˧ → ko˥

我 ŋo˩ → ŋo˥ 我的，作定语

戳* ts'o˩ → ts'o˥ 合交

佐 tso˩ → tso˥ ～料

u　呼* xu˧ → xu˥ ～暖

ɔ　猫* mɔ˧ → mɔ˥

傲* ŋɔ˧ → ŋɔ˥

糕 kɔ˧ → kɔ˥

敲 k'ɔ˧ → k'ɔ˥

燥 tsɔ˧ → tsɔ˥

泡 p'ɔ˧ → p'ɔ˥ 气～

冒 mɔ˧ → mɔ˥ ～火

帽 mɔ˧ → mɔ˥ 戴高～，恭维

骚 sɔ˧ → sɔ˥

靠 k'ɔ˧ → k'ɔ˥

抱 p'ɔ˧ → p'ɔ˥

铐* k'ɔ˧ → k'ɔ˥

包 pɔ˧ → pɔ˥ 小疖包

爆 p'ɔ˧ → p'ɔ˥ 米～

ɛ　渠* k'ɛ˩ 他 → k'ɛ˥ 他的，作定语

æ　奶* læ˩ → læ˥ 母乳

袋 t'æ˧ → t'æ˥

əi　妹* məi˧ → məi˥

弟* t'əi˧ → t'əi˥

眯* məi˧ → məi˥ ～一下，睡一下

蒂* təi˧→təi˥ 瓜～

æ̃ 间 kæ̃˧→kæ̃˥ 一～房，量词

篮 læ̃˩→læ̃˥ 提～

担 tæ̃˧→tæ̃˥ 扁～

担 tæ̃˧→tæ̃˥ 一～谷

旦 tæ̃˧→tæ̃˥ 小～，戏剧角色

襻* pʻæ̃˧→pʻæ̃˥ 鞋～

餐 tsʻæ̃˧→tsʻæ̃˥ 一～饭，量词

摊* tʻæ̃˧→tʻæ̃˥

嵌 kʻæ̃˧→kʻæ̃˥

蛋* tʻæ̃˧→tʻæ̃˥ 卵～，睾丸

栏 læ̃˩→læ̃˥ 猪～

贩* fæ̃˧→tʻæ̃˥ ～子

探* tʻæ̃˧→tʻæ̃˥ ～子

瓣 pʻæ̃˧→pʻæ̃˥ 一～花，量词

œ̃ 坛 tʻœ̃˩→pʻœ̃˥ 菜～

钻 tsʻœ̃˧→tsœ̃˥ ～子

算 sœ̃˧→sœ̃˥ ～了

窜 tsʻœ̃˧→tsʻœ̃˥

ɐn 樽* tsɐn˧→tsɐn˥ 酒～

灯 tɐn˧→tɐn˥

凳 tɐn˧→tɐn˥

盆 pʻɐn˩→pʻɐn˥

门* mɐn˩→mɐn˥

吞* tʻɐn˧→tʻɐn˥ 侵占

孙 sɐn˧→sɐn˥ 老～

炖 tɐn˧→tɐn˥

墩 tɐn˧→tɐn˥

秤 tsʻɐn˧→tsʻɐn˥

庚 kɐn˧→kɐn˥ 老～，同年

寸 tsʻɐn˧→tsʻɐn˥

分 fen˧→fen˥ 一～钱

根 ken˧→ken˥ 一～棍子

升 sen˧→sen˥ 一～米，量词

闷 men˧→men˥ 默不作声

筋 tɕien˧→tɕien˥ 瘦～～

□我们 xen˩→xen˥ 我们的，作定语

eŋ 蹦 peŋ˧→peŋ˥

嘣* peŋ˧→peŋ˥ 打～，亲嘴

朦* meŋ˩→meŋ˥ 天～～亮

蠓* meŋ˩→meŋ˥ ～子，小飞虫

舂* tseŋ˧→tseŋ˥ ～头，点头

盅 tseŋ˧→tseŋ˥ 茶～

空 k'eŋ˧→k'eŋ˥ 钻～子

拱 keŋ˩→keŋ˥ 往前～

哄* xeŋ˩→xeŋ˥ 诓骗；～小孩

聋* leŋ˩→leŋ˥ ～子

哝* leŋ˩→leŋ˥ 耳语

笼* leŋ˩→leŋ˥ ～手，袖手

充* ts'eŋ˧→ts'eŋ˥ ～人，充能

弓* keŋ˧→keŋ˥ 弯腰

冻* teŋ˧→teŋ˥ 鱼～

动 t'eŋ˧→t'eŋ˥ 动弹

ɔŋ 趟 t'ɔŋ˧→t'ɔŋ˥ 走一～

趟* t'ɔŋ˧→t'ɔŋ˥ 闲逛

浪* lɔŋ˧→lɔŋ˥ 到处游逛

巷 xɔŋ˧→xɔŋ˥

当 tɔŋ˧→tɔŋ˥ 上～

凼 tɔŋ˧→tɔŋ˥ 水～

撞 ts'ɔŋ˧→ts'ɔŋ˥

缸 kɔŋ˧→kɔŋ˥

杠* kɔŋ˧→kɔŋ˥ 抬～

杠 kɔŋ˧ → kɔŋ˥ ～子，书写标记

刚* kɔŋ˧ → kɔŋ˥ 倔强

尚 sɔŋ˧ → sɔŋ˥ 和～

棒 pɔŋ˧ → pɔŋ˥ 冰～

梆 pɔŋ˧ → pɔŋ˥ 硬～～

iɒ 姐* 白读tsiɒ˩ → tsiɒ˥

iɔ 效* ɕiɔ˧ → ɕiɔ˥ 不～，不中用

iɑu 求 tɕʻiɑu˩ → tɕʻiɑu˥

扭 ȵiɑu˩ → ȵiɑu˥

忸 ȵiɑu˩ → ȵiɑu˥ 磨蹭、拖拉

阄 tɕiɑu˩ → tɕiɑu˥ ～嘴，撅着嘴

釉 iɑu˧ → tɕiɑu˥ ～光，锃亮

iu 溜* liu˧ → liu˥

鬏 tsiu˧ → tsiu˥ 头毛～，发髻

iĩ 踮* tiĩ˧ → tiĩ˥

颠 tiĩ˧ → tiĩ˥ 得意，胡闹

iɐn 劲* tɕiɐn˧ → tɕiɐn˥ ～头

筋 tɕiɐn˧ → tɕiɐn˥ 瘦～～

兴 ɕiɐn˧ → ɕiɐn˥ 高～

幸 ɕiɐn˧ → ɕiɐn˥ ～好

斤 tɕiɐn˧ → tɕiɐn˥ 一～米

巾* tɕiɐn˧ → tɕiɐn˥ 手～，手帕

茵 iɐn˧ → iɐn˥ 萝卜～，萝卜菜

蝇* iɐn˩ → iɐn˥ 麻～，小苍蝇

喑* iɐn˧ → iɐn˥ 缄默，性格内向

in 瓶 pʻin˩ → pʻin˥

拼 pʻin˧ → pʻin˥ ～命

林 lin˩ → lin˥ 竹～

丁* tin˧ → tin˥ 一～，一点

冰* pin˧ → pin˥ ～人，使人感到寒冷

清 tɕʻin˧ → tɕʻin˥ ～早，一大早

抿 min˩→min˥ ～一口酒

抿 min˩→min˥ 甜～～

津 tsin˧→tsin˥ 酸～～

iɐŋ 凶 ɕiɐŋ˧→ɕiɐŋ˥ 逞强

雄* ɕiɐŋ˩→ɕiɐŋ˥ 比……高一些

iɔŋ 犟* tɕiɔŋ˧→tɕiɔŋ˥

箱 siɔŋ˧→siɔŋ˥

钉白读 tiɔŋ˧→tiɔŋ˥

坪白读 pʻiɔŋ˩→pʻiɔŋ˥

星白读 siɔŋ˧→siɔŋ˥ 秤～

饼白读 piɔŋ˩→piɔŋ˥

将 tsiɔŋ˧→tsiɔŋ˥ 麻～

枪* tsʻiɔŋ˧→tsʻiɔŋ˥ 玩具枪

酱 tsiɔŋ˧→tsiɔŋ˥

筐$_1$白读 tsʻiɔŋ˧→tsʻiɔŋ˥ 晒～

娘* ȵiɔŋ˩→ȵiɔŋ˥ 姨妈

uæ̃ 弯 uæ̃˧→uæ̃˥

uœ̃ 碗 uœ̃˩→uœ̃˥

官 kuœ̃˧→kuœ̃˥

罐 kuœ̃˧→kuœ̃˥

uɐn 棍 kuɐn˧→kuɐn˥

睏 kʻuɐn˧→kʻuɐn˥ 睡觉

捆 kʻuɐn˩→kʻuɐn˥ 一～秧，量词

混 xuɐn˧→xuɐn˥ ～日子

温* uɐn˧→uɐn˥ 一～热，不冷不热

uɐŋ 瓮 uɐŋ˧→uɐŋ˥

uɔŋ 筐$_2$ kʻuɔŋ˧→kʻuɔŋ˥ 箩～

光 kuɔŋ˧→kuɔŋ˥ 形容词

逛* kuɔŋ˧→kuɔŋ˥

晃 xuɔŋ˩→xuɔŋ˥

yɐn 训 ɕyɐn˧→ɕyɐn˥ 训斥

顺 ɕyɐn˧ →ɕyɐn˥

醺 ɕyɐn˧ →ɕyɐn˥ 醉～～

裙 tɕʻyɐn˧ →tɕʻyɐn˥ 围～，儿童用的

yæ 拽 tɕyæ˧ →tɕyæ˥ ～子：手肘有残疾者

n̩ 你白读 n̩˩ →n̩˥ 你的，作定语

(2) 韵调皆变的小称音变

韵调皆变的小称音变，其韵母的变化比较复杂。阳新话 49 个韵母能成为韵调皆变的小称音变形式的有 25 个。这 25 个韵母是：

ɿ ɒ i u y o ɛ ɔ œ̃ ɑu ɐn ɐŋ ɔŋ iɛ iɐn iɑu iɛ̃ iĩ in iɔŋ uɒ uæ uo uœ̃ yɛ̃

这 25 个韵母音变后可变成 14 个韵母，其中有 4 个韵母即 [ɛn uɛn yɛn əu]，是音变后新产生的韵母。14 个音变韵母（括弧中是对应的本音韵母）如下：

ɐn(←ɿ uɑ uɐŋ)

iɐn(←i iɑu)

uɐn(←u)

yɐn(←y)

ɛn(←o ɛ ɔ ɐn œ̃ ɔŋ) 这个 [ɛn] 韵母是音变后新产生的

uɛn(←uœ̃ uo) 这个 [uɛn] 韵母是音变后新产生的

yɛn(←yɛ̃) 这个 [yɛn] 韵母是音变后新产生的

œ̃(←ɛ ɔ)

æ̃(←ɒ)

uæ̃(←uɒ uæ)

iu(←i iɛ)

in(←i iɛ iɛ̃ iĩ iɔŋ)

iɔŋ(←i in iɐn)

əu(←ɛ) 这个 [əu] 韵母是音变后新产生的

下面分类列举。标在前面的是本音，标在后面的是变音；右上角有 * 号的字表示口语只用变音，不用本音；□表示写不出本字。

①韵母变为 [ɐn iɐn uɐn yɐn]。

ɿ→ɐn 儿* zɿ˩ →zɐn˥ 用在名词后面，指小

i →iɐn　鸡 tɕi˧ →tɕiɐn˥
　　　箕 tɕi˧ →tɕiɐn˥ 筲～
u →uɐn　裤 k'u˧ →k'uɐn˥
　　　箍 k'u˧ →k'uɐn˥ 铁～
　　　壶 xu˩ →xuɐn˥ 酒～
　　　胡 xu˩ →xuɐn˥ ～子
　　　鼓 ku˩ →kuɐn˥ 圆～～
　　　跍蹲 k'u˩ →kuɐn˥（声母也发生了变化）
u →ɐn　铺 p'u˧ →p'ɐn˥ ～子
　　　妇* fu˧ →fɐn˥ 媳～，妻子
　　　夫* fu˧ →fɐn˥ 姐～，丈夫
y →yɐn　鱼 y˩ →yɐn˥
　　　猪 tɕy˧ →tɕyɐn˥
　　　橱 tɕ'y˩ →tɕ'yɐn˥
　　　锤白读 tɕ'y˩ →tɕ'yɐn˥ 铁～
　　　书 ɕy˧ →ɕyɐn˥
ɑu →ɐn　炉* lɑu˩ →lɐn˥ 火～，手炉
　　　芦 lɑu˩ →lɐn˥ 葫～
ɐŋ →ɐn　桶 t'ɐŋ˩ →t'ɐn˥
　　　筒 t'ɐŋ˩ →t'ɐn˥ 竹～
　　　笼 lɐŋ˩ →lɐn˥ 灯～
　　　棚 p'ɐŋ˩ →p'ɐn˥ 茅～
iɑu →iɐn　牛 ȵiɑu˩ →ȵiɐn˥
　　　球 tɕ'iɑu˩ →tɕ'iɐn˥ 枫树～

②韵母变为［ɛn　uɛn　yɛn］，这三个韵母是音变后新产生的。

o →ɛn　歌 ko˧ →kɛn˥
　　　锅 ko˧ →kɛn˥
　　　个 ko˧ →kɛn˥ 一～人，量词
　　　哥* ko˧ →kɛn˥ 八～
　　　箩 lo˩ →lɛn˥
　　　锣 lo˩ →lɛn˥ 小锣

坨 t'o˩ → t'ɛn˥ 量词

窠 k'o˩ → k'ɛn˥ 摇～，摇篮

ɛ → ɛn 篼 tɛ˧ → tɛn˥

兜 tɛ˧ → tɛn˥

豆 t'ɛ˧ → t'ɛn˥

头 t'ɛ˩ → t'ɛn˥ 手指～

头* t'ɛ˩ → t'ɛn˥ 椅兀～，小椅子

沟 kɛ˧ → kɛn˥

篓 lɛ˩ → lɛn˥ 字纸～

ɔ → ɛn 刀* tɔ˧ → tɛn˥ 小刀

包* pɔ˧ → pɛn˥ 小疖包

ɐn → ɛn 绳 sɐn˩ → sɛn˥ 小绳索

œ̃ → ɛn 汉* xœ̃˧ → xɛn˥ 老～

看 k'œ̃˧ → k'ɛn˥

干* kœ̃˧ → kɛn˥ 萝卜～

竿 kœ̃˩ → kɛn˥ 竹～

伴* p'œ̃˧ → p'ɛn˥ 妻子

算 sœ̃˧ → sɛn˥ ～了

钻 tsœ̃˧ → tsɛn˥

窜 ts'œ̃˧ → ts'ɛn˥

坛* t'œ̃˩ → t'ɛn˥* 菜～

ɔŋ → ɛn 狼 lɔŋ˩ → lɛn˥ 黄鼠～

港 kɔŋ˩ → kɛn˥

凼 tɔŋ˧ → tɛn˥ 酒～，酒窝

uœ̃ → uɛn 碗 uœ̃˩ → uɛn˥

腕 uœ̃˩ → uɛn˥

官 kuœ̃˧ → kuɛn˥

罐 kuœ̃˧ → kuɛn˥ 药～

uo → uɛn 窝 uœ̃˧ → uɛn˥

yɛ̃ → yɛn 转 tɕyɛ̃˧ → tɕyɛn˥ 转动

圈 tɕ'yɛ̃˧ → tɕ'yɛn˥

船 tɕʻyɛ̃˩→tɕʻyɛn˥

□弯曲，动词 yɛ̃˧→yɛn˥

③韵母变为［œ̃］。

ɛ→œ̃ 豆 tʻɛ˧→tʻœ̃˥

ɔ→œ̃ 刀* tɔ˧→tœ̃˥ 小刀

④韵母变为［æ̃ uæ̃］。

ɒ→æ̃ 伢* 白读 ŋɒ˩→ŋæ̃˥

把 pɒ˩→pæ̃˥ 一～筷子，量词

巴* pɒ˧→pæ̃˥ 泥～，小孩子玩的泥巴

下白读 xɒ˧→xæ̃˥ 一～子，量词

虾白读 xɒ˧→xæ̃˥ 麻～，小虾

蟆 mɒ˩→mæ̃˥ 蛤～，青蛙

卡白读 kʻɒ˩→kʻæ̃˥ 卡住了

uɒ→uæ̃ 褂* kuɒ˧→kuæ̃˥

画 xuɒ˧→xuæ̃˥ 图画

uæ→uæ̃ 块 kuæ˩→kuæ̃˥ 一～豆腐，量词

块 kuæ˩→kuæ̃˥ 一～钱

⑤韵母变为［iu］。

i→iu 漂 pʻi˧→pʻiu˥ 浮

瞄 mi˩→miu˥

吊 ti˧→tiu˥ 落尾～，末名

跳 tʻi˧→tʻiu˥

猋 pi˧→piu˥ 快跑

iɛ→iu 鸟* tiɛ˩→tiu˥ 赤子阴

翘 tɕʻiɛ˧→tɕʻiu˥

尿 ȵiɛ˧→ȵiu˥

⑥韵母变为［in］。

i→in 悄 tsʻi˧→tsʻin˥ ～～得过来

瓢 pʻi˩→pʻin˥

条 tʻi˩→tʻin˥ 滑扫～，竹条

iɛ→in 桥 tɕʻiɛ˩→tɕʻin˥

iɛ̃ →in　钳* tɕʻiɛ̃˩ →tɕʻin˥ 夹针～

年 ȵiɛ̃˩ →ȵin˥ 同～

肩 tɕiɛ̃˧ →tɕin˥ 打马～：小孩骑在大人的脖子上

iĩ →in　尖 tsiĩ˧ →tsin˥

点 tiĩ˩ →tin˥ 一～，一点儿

踮 tiĩ˧ →tin˥

颠 tiĩ˧ →tin˥ 得意，胡闹

偏 pʻiĩ˧ →pʻin˥ ～头

iɔŋ →in　娘* ȵiɔŋ˩ →ȵin˥ 姨妈

⑦韵母变为［iɔŋ］。

i →iɔŋ　腻 ȵi˧ →ȵiɔŋ˥ ～人，食肉伤人口胃

in →iɔŋ　铃 lin˩ →liɔŋ˥

饼 pin˩ →piɔŋ˥ 薯～

星 ɕin˧ →ɕiɔŋ˥ 火～，火花

iɐn →iɔŋ　萤 iɐn˩ →iɔŋ˥ ～火虫

⑧韵母变为［əu］，这个韵母是音变后新产生的。

ɛ →əu　钩 kɛ˧ →kəu˥ 动词

钩 kɛ˧ →kəu˥ 铁弯～

抠 kʻɛ˧ →kʻəu˥ 吝啬，抠门

眍 kʻɛ˧ →kʻəu˥

□气喘 xɛ˩ →xəu˥

(3) 入声字的小称音变

除上述情况外，还有一种特殊的小称音变，那就是极少数的入声调字，不变声调，只变韵母，音变后也有指小和区分不同事物的作用。如：

萨　sɒ˥ 菩～：被人供奉的菩萨 →sæ̃˥ 菩～：小人画中的人物或小型的人物雕像

角　ko˥ 布～：布片、布条 →kɛn˥ 布～：小布片、小布条

索　so˥ 麻～：绳子 →sɛn˥ 麻～：小麻～

2. 小称音变形式的特点

(1) 有些字有两种小称音变的形式，一种是只变调不变韵，一种是韵调皆变。同一个字的两种音变形式可以随意变换。如：

œ̃～ɛn　坛 tʻœ̃˩ →tʻœ̃˥～tʻɛn˥

钻 tsœ̃˧ →tsœ̃˥～tsɛn˥

算 sœ̃˧ →sœ̃˥～sɛn˥～了

窜 ts‘œ̃˧ →ts‘œ̃˥～ts‘ɛn˥

uœ̃～uɛn 碗 uœ̃˩ →uœ̃˥～uɛn˥

官 kuœ̃˧ →kuœ̃˥～kuɛn˥

罐 kuœ̃˧ →kuœ̃˥～kuɛn˥ 药～

ɒ～æ̃ 卡白读 k‘ɒ˩ →k‘ɒ˥～k‘æ̃˥

ɔ～ɛn 包 pɔ˧ →pɔ˥ ～pɛn˥ 小疖包

iĩ～in 踮 tiĩ˧ →tiĩ˥ ～tin˥

颠 tiĩ˧ →tiĩ˥ ～tin˥

iɔŋ～in 娘 ȵiɔŋ˩ →ȵiɔŋ˥ ～ȵin˥ 姨妈

（2）有个别字小称音变有两种韵调皆变的形式。如：

ɛ →œ̃～ɛn 豆 t‘ɛ˧ →t‘œ̃˥ ～t‘ɛn˥

ɔ →œ̃～ɛn 刀 tɔ˧ →tɔœ̃˥～tɛn˥ 小刀

（3）韵母相同的字，发生小称音变后，有的韵母可能不发生变化，有的可能发生变化。变化与否，只是约定俗成，并无一定的规律。下面的例子，每组前一个字韵母不发生变化，后一个字韵母发生变化。

哥 ko˧ →ko˥ ｜歌 ko˧ →kɛn˥

掐白读 k‘ɒ˧ →k‘ɒ˥ ｜伢* 白读 ŋɒ˩ →ŋæ̃˥

哄 xɐŋ˩ →xɐŋ˥ 诓骗 ｜桶 t‘ɐŋ˩ →t‘ɛn˥

箱 siɔŋ˧ →siɔŋ˥｜娘 ȵiɔŋ˩ →ȵin˥ 姨妈

糕 kɔ˧ →kɔ˥｜包 pɔ˧ →pɛn˥ 小疖包

求 tɕ‘iɑu˩ →tɕ‘iɑu˥｜牛 ȵiɑu˩ →ȵiɛn˥

（4）小称音变可用于人名。

人名的小称音变一般用于单名或双名的后一个字，而且一般只变调不变韵。如：

旺 uɔŋ˧ →uɔŋ˥｜松 sɐŋ˧ →sɐŋ˥

秀 ɕiu˧ →ɕiu˥｜慧 xuəi˧ →xuəi˥

金龙 tɕiɛn˧ lɐŋ˩ →tɕiɛn˧ lɐŋ˥

也有个别字既变调又变韵的，如：

花 xuɒ˧ →xæ̃˥｜细伢 səi˧ ŋɒ˩ →səi˧ ŋæ̃˥

有些姓也可以用小称音变来称呼，音变的姓，一般是在普通话读去声的，如：郑 ts'ɐn˧→ts'ɐn˥ | 向 ɕiɔŋ˧→ɕiɔŋ˥ | 戴 tæ˧→tæ˥，但姓的音变不能变韵，只能变调。

3. 小称音变的作用

(1) 阳新话小称音变可以区别词义。

①表示小称，音变后有指小的作用。如：

瓶 p'in˩ 通称→p'in˥ 小瓶子

锅 ko˧ 通称→kɛn˥ 小锅

碗 uœ̃˩ 通称→uɛn˥ 小碗

裤 k'u˧ 通称→k'uɐn˥ 专指小孩的裤子

绳 sɛn˩ 通称→sɛn˥ 小绳索

关于小称音变的指小作用，阳新县流传着一首顺口溜："太盆叫[p'ɐn˩]，细盆叫［p'ɐn˥］；太桶叫［t'ɐŋ˩］，细桶叫［t'ɐn˥］；太牛叫［ȵiɑu˩］，细牛叫［ȵiɐn˥］；太鱼叫［y˩］，细鱼叫［yɐn˥］；太鸡叫［tɕi˧］，细鸡叫[tɕiɐn˥]；太猪叫［tɕy˧］，细猪叫［tɕyɐn˥］。"可见用小称音变来指小，是阳新话的一个特征。

②表示短时少量。如：

下一～子 xɒ˧ 时间较长→xæ̃˥ 时间短～

把一～米 pɒ˩ 数量多→pæ̃˥ 数量少

寸几～长 ts'ɐn˧ 较长→ts'ɐn˥ 较短

根几～竹篙 kɐn˧ 较多→kɐn˥ 较少

③区分不同的事物，其作用无异于在原词的基础上派生出一批新词。如：

姐白读夫 tsiɒ˩ fu˧ 姐之夫→tsiɒ˩ fɐn˥ 丈夫

媳妇 si˥ fu˧ 儿媳→si˥ fɐn˥ 妻子

伴 p'œ̃˧ 伙伴→p'ɛn˥ 妻子

火炉 xo˩ lɑu˩ 火炉→xo˩ lɐn˥ 手炉

手巾 sɑu˩ tɕiɐn˧ 洗脸毛巾→sɑu˩ tɕiɐn˥ 手帕

掐白读 k'ɒ˧ 用虎口掐脖子或掐其他物体→k'ɒ˥ 用指甲掐皮肤；掐指（算命）

枪 ts'iɔŋ˧ 武器→ts'iɔŋ˥ 玩具枪

蛋 t'æ̃˧ 鸡～→t'æ̃˥ 卵～，睾丸

娘　　ȵiɔŋ˩ 妈→ȵiɔŋ˥ 姨妈

泥巴　　ȵi˩ pɒ˧ 泥巴→ȵi˩ pæ̃˥ 小孩子玩的泥巴，可以雕塑造型

④从本音所表示的具体意义中引申出抽象的意义。如：

敲 k'ɔ˧ 敲打→k'ɔ˥ 教训、惩罚

吞 t'en˧→t'en˥ 侵吞、独吞

翘 tɕ'iɛ˧→tɕ'iu˥ 生气、闹别扭

箍 k'u˧ 铁～→k'uen˥ 圈套

喑 ien˧ 缄默→ien˥ 性格内向、心机很深、暗地使坏

(2) 阳新话小称音变可以区别不同的语法功能。

①动词音变后可变为名词。如：

贩 fæ̃˧ 贩卖→t'æ̃˥ 贩子

摊 t'æ̃˧ 摊开→t'æ̃˥ 摊子，摆～

画 xuɒ˧ 绘画→xuæ̃˥ 图画

②名词音变后可变为动词。如：

冰 pin˧→pin˥ ～人，使人感到寒冷

弓 keŋ˧→keŋ˥ 弯腰

浪 lɔŋ˧→lɔŋ˥ 到处游逛

铐 k'ɔ˧ 镣铐→k'ɔ˥ 给人戴上手铐

③人称代词音变后可直接作定语，不需要结构助词。如：我 ŋo˩→ŋo˥ 我的｜你 n̩˩→n̩˥ 你的｜渠 k'ɛ˩ 他→k'ɛ˥ 他的｜很我们 xen˩→xen˥ 我们的。

阳新话的人称代词不变音作定语，必须加助词“箇”[ko˧]（相当于普通话的“的”），如“我箇书”[ŋo˩ ko˧ ɕy˧]，但如果“我”发生小称音变后，就不需要“箇”了，就直接说成 [ŋo˥ ɕy˧]。

(3) 阳新话小称音变能表示亲昵、轻松、诙谐、调侃等感情，以加强表达效果。

①表示亲昵、娇宠的感情的小称音变多用于与儿童的交际语，如：

困睡觉 k'uen˧ 通称→k'uen˥ 对儿童用语

尿 ȵiɛ˧ 成人用语→ȵiu˥ 对儿童用语

跳 t'i˧→t'iu˥ 形容儿童蹦蹦跳跳的走路姿势

尖 tsĩ˧ 鼻子～→tsin˥ 多指小孩的鼻尖

②表示轻松、诙谐、友好的感情。如：

哄 xɐŋ˩ 诓骗→xɐŋ˥ 带有开玩笑的语气

胡 xu˩ ～子→xuɐn˥ 带有诙谐的语气

求 tɕʻiɑu˩ 带有乞求的语气→tɕʻiɑu˥ 带有友好地请求的语气

混 xuɐn˧→xuɐn˥ 有自我嘲解或互相慰藉的口气

训 ɕyɐn˧ 训斥→ɕyɐn˥ 善意的批评或训斥得不厉害

③表示厌恶、贬斥的语气。如：

骚 sɔ˧→sɔ˥ ～货

充 tsʻɐŋ˧→tsʻɐŋ˥ ～人，充能

颠 tiĩ˧→tin˥ 得意，胡闹

浪 lɔŋ˧→lɔŋ˥ 无所事事，到处游逛

(4) 阳新话小称音变可以用来强调某种状态或情态的程度。如：

幸好 ɕiɐn˧ xɔ˩→ɕiɐn˥ xɔ˩

清早 tɕʻin˧ tsɔ˩→tɕʻin˥ tsɔ˩

悄悄 tsʻi˧ tsʻi˧→tsʻin˥ tsʻin˥

朦朦 mɐŋ˩ mɐŋ˩→mɐŋ˥ mɐŋ˥ 天～～亮

小称音变还可以用重叠的形式放在形容词后面，强调某种状态的程度。如：

硬梆梆 ŋɐn˧ pɔŋ˧ pɔŋ˧→ŋɐn˧ pɔŋ˥ pɔŋ˥

酸津津 sœ̃˧ tsin˧ tsin˧→sœ̃˧ tsin˥ tsin˥

脆蹦蹦 tsʻəi˧ pɐŋ˧ pɐŋ˧→tsʻəi˧ pɐŋ˥ pɐŋ˥

甜抿抿 tʻiĩ˩ min˩ min˩→tʻiĩ˩ min˥ min˥

瘦筋筋 sɛ˧ tɕiɐn˧ tɕiɐn˧→sɛ˧ tɕiɐn˥ tɕiɐn˥

胖墩墩 pʻɔŋ˥ tɐn˧ tɐn˧→pʻɔŋ˥ tɐn˥ tɐn˥

醉醺醺 tsəi˧ ɕyɐn˧ ɕyɐn˧→tsəi˧ ɕyɐn˥ ɕyɐn˥

圆鼓鼓 yɛ̃˩ ku˩ ku˩→yɛ̃˩ kuɐn˥ kuɐn˥

(5) 阳新话小称音变有些已经成为口语的习惯音读。

阳新话有些小称音变并无区别词义和词性的作用，但在社会上已经使用习惯了，在口语中其本音倒很少用了。如："伢"只读变音［ŋæ˥］，"哥"只读变音［ko˥］，"妹"只读变音［məi˥］，"犟"只读变音［tɕiɔŋ˥］。又如许多形容词后面的重叠式大多已不读其本音。如："醉醺醺"口语不说［tsəi˧ ɕyɐn˧ ɕyɐn˧］，而是说［səi˧ ɕyɐn˥ ɕyɐn˥］。

（三）“儿”尾

阳新话没有北京话那样的儿化音节，北京话表示小的意义的儿化词，在阳新话表现为在原词的后面加上一个“儿”［zʅ˨˩］的小称变音［zɐn˥］。因此，在阳新话中，一些不发生小称音变的音节，如果要表示小的意义，就在音节后面加上“儿”尾［zɐn˥］。如：

板凳儿　pæ̃˩ tɐn˧ zɐn˥　　　　狗儿　kɛ˩ zɐn˥

桌子儿　tso˥ zʅ˨˩ zɐn˥　　　　屋儿　u˥ zɐn˥

在阳新话中，音节小称音变后就有了指小的功能，但为了进一步强调，还可以在其后面加上“儿”尾［zɐn˥］。如：

细鸡 səi˧ tɕi˧→səi˧ tɕiɐn˥→细鸡儿 səi˧ tɕiɐn˥ zɐn˥

碗厨 uœ̃˩ tɕʻy˨˩→uœ̃˩ tɕʻyɐn˥→碗厨儿 uœ̃˩ tɕʻyɐn˥ zɐn˥

以上两例中的“鸡”、“厨”已由本音［tɕi˧］、［tɕʻy˨˩］变成了［tɕiɐn˥］、［tɕʻyɐn˥］，但为了进一步强调小的意义，后面又加上了“儿”尾［zɐn˥］。可以说，“儿”尾是对小称音变指小作用的一种强调和补充。

（四）合音

阳新话没有明显的连读变调现象，连读音变主要表现为两字组的语音脱落和合音，如阳新话的“这样”，在口语中是“得样”［tɛ˥ iɔŋ˧］或“阁样”［ko˥ iɔŋ˧］，但“得样”、“阁样”常常读成了［tɛ˥ ɔŋ˧］、［ko˥ ɔŋ˧］；有时［ko˥ ɔŋ˧］还合读为［kɔŋ˧˥］。这种合读显然是语音脱落的表现。脱落一般是弱化的结果，如果说［tɛ˥ ɔŋ˧］、［ko˥ ɔŋ˧］的［ɔŋ˧］前面的介音［i］可能是弱化成流音的话，那么在合音［kɔŋ˧˥］中，应该说介音［i］是完全脱落了。

在阳新话中，两字组的合音，声调也往往同时发生变化。声调的变化没有一定的规律，有时是后一个字变调，有时是前一个字变调，有时两个字都变调。在下面的例子中，合音字的读音是一个音节，但字形上仍写成两个汉字，读音和相应的字形下面均加上横线。有音无字的，就用同音字代替，如“嵌蛮”；找不到同音字的用□表示。

哪里　læ˥ ləi˨˩→læi˧˥

别人　pʻi˥ zɐn˨˩→pʻiɐn˧˥

第一最，特别 tʻəi˧ i˥→tʻəi˥

么人谁，什么人 mo˨˩ zɐn˨˩→们 mɐn˨˩（mɐn˨˩ 还可音变成 mœ̃˩）

嵌蛮刚才 k'æ̃˥ mæ̃˩→k'æ̃˥˧

嵌眼刚好、刚刚 k'æ̃˥ ŋæ̃˩→k'æ̃˥˧

阁样这样 ko˥ iɔŋ˧→kɔŋ˥

照理说 tsɛ˧ ləi˩ ɕyɛ˥→嘴说 tsəi˩ ɕyɛ˥

是何样 sɿ˧ xo˩ iɔŋ˧→是项 sɿ˧ xɔŋ˧

阳新话中还有极个别的三字组合音，三字组合音的特点是中间一个字的读音脱落。如：

么东西什么，什么东西 mo˩ tɐŋ˧ səi˧→mo˩ səi˧→眛 məi˧

三、同音字汇

凡 例

(1) 本表先按韵母分类，同韵字再按声母排列，同声同韵字再按声调排列。

韵母的顺序是：

ɿ i u y

ɒ iɒ uɒ yɒ o io uo ɔ iɔ ɛ iɛ uɛ yɛ æ iæ uæ yæ ɑu iɑu iu əi uəi yəi

æ̃ iæ̃ uæ̃ œ̃ uœ̃ iɛ̃ yɛ̃ iĩ ɐn iɐn uɐn yɐn in

ɐŋ iɐŋ uɐŋ ɔŋ iɔŋ uɔŋ yɔŋ

m̩ n̩

声母的顺序是：

p p' m f t t' l ts ts' s z tɕ tɕ' ȵ ɕ k k' ŋ x ø

声调的顺序是：

阴平［˧］　阳平［˩］　上声［˩］　入声［˥］

(2) 阳新话许多单音字有小称音变，本表只记本音，不记小称变音的音读。

(3) 有的字不止一个读音，就在字的右下角再加小数码"₁ ₂"表示。

(4) 有文白异读的字，分别在字的右下角标明"文"或"白"。

(5) 需要说明的字，在字后用小字体加以注释或注明义例，例中用"～"代替原字。

（6）有音无字的或本字暂无考的用方框“□”标记。

ʅ

ts [˧] 资姿咨兹滋孳知支翅枝吱肢蜘之芝制智置致至志痣脂$_1$胭～孳孜辎

[˨˩˧] 紫姊子籽梓秭纸脂$_2$油～旨指文滓止址趾只$_1$～有凿

[˥] 汁织执指白隻文，一～鸟质职掷只$_2$～有炙文挚鸷蛰惊～

ts‘ [˧] 自字痴稚治疵次刺赐雌柿～子差参～笞饬蚩嗤栀滞叱痔恃对峙饲～料□～人，恼人、使人恶心

[˨˩˧] 慈磁糍瓷池驰弛迟持词辞祠踟治～鱼，剖鱼

[˩] 此耻齿侈奢～

[˥] 尺文赤文秩敕斥侄直植殖窒□～人，潮湿侵入身体，使人不舒服

s [˧] 是示世视施嗜士仕师试饰式拭轼弑市事势斯柿氏誓逝尸蛳狮撕私司寺思丝四肆豉豆～柿西红～似驷侍祀寺巳祀饲嗣俟

[˨˩˧] 时匙十文拾文，数目

[˩] 死矢屎史使驶始豕

[˥] 室实失适释食湿石十白石文拾～取识蚀拾白，数目

z [˧] 二贰耳白

[˨˩˧] 而儿

[˩] 尔饵耳文

[˥] 日入

i

p [˧] 标彪镖膘猋□喷射

[˩] 表裱婊扁瘪$_1$干～

[˥] 瘪$_2$～三屄

p‘ [˧] 飘票缥漂～亮

[˨˩˧] 瓢嫖剽殍

[˩] 瞟漂～白□～断，折断

[˥] 别憋鳖撇瞥鼻$_1$～孔屁～股

m [˧] 妙庙谬白

[˨˩˧] 苗描瞄

[˩] 秒杪渺藐

[˥] 灭篾蔑

t [˧] 刁$_1$貂调～动、音～凋碉雕钓掉叼爹吊的助词

[˩] 鸟文，赤子阴刁$_2$刁钻、油滑、散漫

[˥] 跌文

t‘ [˧] 跳挑

[˨˩˧] 条迢调～和

[˩] 斢～换，交换、调换

[˥] 叠迭铁贴帖蝶碟谍牒喋

l [˧] 料廖敹缝

[˨˩˧] 聊疗辽撩僚燎缭镣瞭

[˩] 了～结、～解

[˥] 列劣裂烈猎咧冽捩

ts [˧] 焦蕉椒礁借文藉慰～

[˩] 姐文剿

[˥] 节接疖

ts‘ [˧] 悄峭锹□缝鞘

[˨˩˧] 樵瞧

[˩] 且

[˧˥] 切妾窃砌绝截睫捷

s [˧] 笑萧消肖销霄箫啸潇卸谢削白

[˧˩] 邪斜文

[˩] 写文小

[˧˥] 些屑雪泄泻薛楔媳1

tɕ [˧] 机鸡叽讥肌饥姬基箕冀系带子既记寄继季计奇数畸屐稽骥罽～鱼，鳜鱼

[˩] 几麂己纪

[˧˥] 急及级击吉激给供～戟棘楫

tɕʻ [˧] 溪奚蹊欺契企技妓忌器弃气汽去白

[˧˩] 其奇期骑旗棋崎祈祁蕲麒

[˩] 启岂起

[˧˥] 乞亟迄讫及圾极吃

ȵ [˧] 义艺议腻毅力

[˧˩] 谊仪疑尼泥霓倪

[˩] 蚁拟

[˧˥] 昵匿逆溺怩忸～呢

ɕ [˧] 兮熙系关～希浠稀奚曦戏牺嬉

[˧˩] 携□手脚疲劳发酸

[˩] 喜徙玺

[˧˥] 泣吸隙熻～饭，煮饭

ŋ [˧˥] □～桠虫，蝉

ø [˧] 衣依裔医易容～伊意异忆亿翼瘪

[˧˩] 移遗～失怡饴夷姨爷1白，父亲

[˩] 椅倚以已矣

[˧˥] 乙邑亦益缢奕弈抑液腋译噎易姓逸壹一揖

u

p [˧] 布怖

[˧˩] 补□烂疮～，癞蛤蟆

[˧˥] 不

pʻ [˧] 铺部步簿捕埠沿～头，阳新地名

[˧˩] 蒲菩脯胸～葡潽液体沸溢

[˩] 普谱哺浦圃甫埔𤞑～气，嘴大声出气

[˧˥] 扑朴仆瀑璞卜勃脖伏白，～倒

f [˧] 夫麸敷付赋傅讣父附咐富副妇负

[˧˩] 肤俘扶抚芙符孵文浮文

[˩] 府腑俯斧釜腐辅抚□傻

[˧˥] 弗复腹佛拂文服幅福覆伏三～天伏文，袱□宰杀：～猪，杀猪□捆：～草

k [˧] 孤姑咕辜固故顾雇菇箍搂抱

[˩] 鼓古估牯股贾商～蛊诂臌

[˧˥] 骨谷

kʻ [˧] 箍铁～，～桶库裤枯骷

[˧˩] 跍蹲

[˩] 苦

[˧˥] 哭窟酷

x [˧] 呼户护沪互扈瓠戽取水灌田□迷糊、不聪明

[˧˩] 乎胡湖糊壶狐弧蝴猢葫和～牌

[˩] 虎浒唬琥

[˧˥] 忽鹄斛笏

ø [˧] 乌污呜坞钨梧焐唔巫诬务

雾悟恶厌～戊误捂
[˩] 吴无芜妩蜈吾毋
[˩] 五伍武舞午侮鹉鹦～焐～饭，做饭
[˥] 勿物屋沃握喔兀杌椅～头，小椅子龌～龊

y

tɕ [˧] 居拒据锯文句踞猪诸朱珠诛蛛株注蛀著～名咀～嚼驻铸
[˩] 举主煮矩渚
[˥] 局桔橘剧遽□倔
tɕ‘ [˧] 区躯驱岖枢袪去文吹白巨拒距炬炷具俱惧柱住聚文趣文蛆文伫～立处～所
[˩] 渠水～瞿除厨橱储苎～麻锤白捶白拳白贮杵
[˩] 取文娶文处相～拄□刀口钝了□顶撞、反驳
[˥] 出屈
ȵ [˩] 女语
ɕ [˧] 虚墟嘘吁气喘～～书树输舒抒庶恕戍竖墅黍絮文婿文胥文叙文序文需文须文
[˩] 徐文殊薯
[˩] 许水白暑署曙鼠绪文，情～、头～
[˥] 术述恤
ø [˧] 淤迂驭御誉预妪豫遇裕慰白尉～迟，姓榆愉愈喻逾寓～言芋～头吁呼～□喂：～奶，～饭□①器物久用表面被磨光②锋刃变钝
[˩] 如儒茹孺濡蠕鱼渔余寓～教于乐愚禺于予娱舆舆虞
[˩] 乳汝与介词雨予羽屿禹宇吕侣铝旅隅
[˥] 玉域郁文役疫瘟～

ɒ

p [˧] 巴爸笆芭～蕉扒～开坝霸叭喇～把刀～
[˩] 把①～握②～得渠：给他③介词靶屉屎，多指小孩的屎
[˥] 八捌把①介词，被②动词，～渠：给他
p‘ [˧] 罢怕趴耙
[˩] 爬扒～手杷枇～琶琵～
[˥] 拔跋拍白
m [˧] 妈骂
[˩] 麻蟆蛤～
[˩] 马码蚂～蟥
[˥] 抹～布麦白
f [˥] 发法乏罚伐阀筏
t [˧] 大
[˩] 打
[˥] 搭答跌白瘩疙～□掼，摔
t‘ [˧] 他她它
[˥] 达踏塔塌搨獭遢邋～□沾，～一身泥巴
l [˧] 拉
[˩] 拿
[˩] 喇～叭
[˥] 那哪文呐纳捺衲娜邋～遢辣

腊蜡癞□舔□～尿，遗尿□睡觉时不断动弹□挨近火头发或眉毛被烧□强迫别人接受东西□急着办事

ts [˧] 渣楂喳榨诈炸～弹炸文，油～查姓吒遮白蔗白乍诈

[˨˩] □烂眼急～，眼角溃烂

[˩] □挤～，儿童在墙角相挤的游戏

[˥] 闸眨砸扎札咂炸白，油～铡着摘白隻白，一～鸟栅匝炙白，～火，烤火

ts' [˧] 差叉岔杈扬～车白，水～姹诧

[˨˩] 查茶搽

[˩] 扯白□大钹

[˥] 杂插察搽擦尺白赤白，～膊刹佛寺：古～

s [˧] 沙纱杉□～手，张开手指射白赊白裟袈～

[˨˩] 蛇白佘白

[˩] 洒撒傻舍白，～得

[˥] 杀靸～鞋，把鞋后帮踩在脚跟下煞萨刷歃～血石白舌白刹止住：～车撴捂：～被子

z [˩] 惹白

k [˧] 家白稼白嫁白驾白架白

[˩] 贾白，～家桥，地名

[˥] 夹白荚白，马齿～

k' [˧] 胯白掐$_1$白，～颈，掐脖子

[˨˩] □跨蛤～蟆，青蛙

[˩] 卡

[˥] 掐$_2$白，用指甲掐皮肤

ŋ [˧] 轧白桠白轧白丫白，脚趾～

[˨˩] 牙$_1$白，太～，门～芽白，豆～

[˩] 哑白

[˥] 压白押白鸭白轭白，牛～

x [˧] 下白虾白□用手脚翻晒谷物□～痒，挠痒

[˥] 吓白瞎白狭白

iɒ

p [˥] 壁白

p' [˥] 劈白

t [˩] 嗲□倾斜：～肩膀

[˥] □用力拉扯

t' [˥] □捆扎，打结□茅～，茅草

l [˥] 沥白□～树，一种质地坚硬的树□生小孩，詈词

ts [˧] 借白

[˩] 姐白

[˥] 脊白

ts' [˧] □尿布□不收拾，脏乱

[˥] □～人，令人讨厌□密缝：～袜底

s [˨˩] 斜白

[˩] 写白

tɕ [˧] 加嘉佳枷茄雪～家文稼文嫁文驾文架文

[˩] 假贾文

[˥] 甲胛颊夹文荚文

tɕ' [˧] 掐文

[˥] 恰洽喫～饭

ȵ [˧] □撒娇、亲热

ɕ [˧] 下文虾文夏暇
[˩] 霞瑕遐
[˥] 峡侠辖匣狭文吓2文瞎文
ø [˧] 鸦轧文丫文，~头亚桠文
[˩] 涯衙崖芽文牙文爷2白，同年~：父亲的同年
[˩] 雅哑文也白野白迓讶
[˥] 压文鸭文押文

uɒ

k [˧] 瓜挂褂卦
[˩] 寡剐□~嘴，讲客套话□~人，胃里纤维食物太多，使人不舒服
[˥] 刮聒~耳朵，声音刺耳
kʻ [˧] 夸跨挎胯文
[˩] 胯太~，大腿垮侉~子，不修边幅的人
[˥] 括咵能说会道；信口开河；乱说；~天，聊天□嘴不断开合
x [˧] 花哗化华姓话画划计~
[˩] 华中~划~船桦
[˥] 猾滑
ø [˧] 蛙娃洼哇剜凹□播种：~麦
[˩] 瓦搲①用器皿取物②哄抢
[˥] 袜挖

yɒ

tɕ [˧] 抓
tɕʻ [˧] □不收拾，脏乱
[˥] □鞋~，鞋帮
ɕ [˧] 靴白
[˩] 耍
[˥] □用竹条、竹竿打人
ø [˩] □咧开嘴；裂开口子□口里流出液体
[˥] □哄小孩

o

p [˧] 波玻播菠
[˩] 跛簸~箕
[˥] 拨博膊薄剥驳钵缚钹
pʻ [˧] 坡破
[˩] 婆
[˩] 颇叵剖
[˥] 泼泊薄箔
m [˧] 幕墓慕募暮摸1磨~子
[˩] 磨~刀魔模摩膜馍蘑漠
[˩] 么（麽）母文姆文拇文
[˥] 没木末莫摸2漠沙~寞沐沫抹~煞茉牧穆睦目歿摩~托车
t [˧] 多跺剁哆~嗦
[˩] 朵躲垛
[˥] 掇端物沰~雨，淋雨
tʻ [˧] 拖堕舵坨唾惰
[˩] 驼驮佗鸵坨陀沱砣跎
[˩] 妥椭鞸下垂
[˥] 夺铎托拓脱铎度揣~
l [˧] 糯摞懦啰~嗦□筛~，筛粉的筛子
[˩] 罗萝箩锣螺骡脶~纹挪挼~菜，揉菜
[˩] 裸卵白，男阴□踩
[˥] 洛烙骆络落乐快~□得到、剩下
ts [˧] 啄琢诼
[˩] 左佐辅~

[˥] 作着～力着文，～急祚捉桌卓拙酌茁灼斫浞～泥佐～料

ts‘ [˧] 坐座搓措错锉厝一太～，一大截

[˩] 戳～穿凿文

[˥] 昨凿白撮戳合交龊龌～辍浊绰着白，～急

s [˧] 梭唆蓑嗦□歪斜

[˩] 锁琐唢所

[˥] 索朔硕烁塑嗍数频～

z [˥] 弱若诺喏

k [˧] 哥歌锅戈个过

[˩] 果裹馃

[˥] 割各阁搁葛鸽郭廓割文角牛～桷

k‘ [˧] 科柯苛轲课棵窝₁坷坎～窠

[˩] 颗可□用器物反扣：用筲箕把饭～倒

[˥] 磕瞌嗑壳渴扩阔渴

ŋ [˧] 饿卧

[˩] 鹅蛾俄娥讹□白喉病

[˩] 我

[˥] 恶鄂鳄遏愕腭鳄

x [˧] 呵～欠祸贺货和附～荷负～

[˩] 何河荷～花和～平禾□捆：～柴

[˩] 火伙

[˥] 喝豁霍鹤活盒合壑郝□用余烬使熟食保温

io

l [˥] 略掠

ts‘ [˥] 爵雀鹊

s [˥] 削文

tɕ [˥] 觉脚角～色

tɕ‘ [˥] 确却

ȵ [˥] 疟虐

ɕ [˥] 学

ø [˥] 约药跃岳钥乐音～

uo

ø [˧] 屙窝₂涡蜗挝莴倭

[˥] 斡～旋烷烫，热

ɔ

p [˧] 包胞苞鲍报豹龅

[˩] 保宝饱堡褒煲葆

p‘ [˧] 抛泡炮抱咆爆暴雹疱脬尿～孵白

[˩] 跑刨袍庖

m [˧] 猫文冒帽貌冇没有

[˩] 毛茅矛锚袤

[˩] 卯铆

[˥] 猫白

t [˧] 刀到倒～茶

[˩] 岛捣祷倒～台

t‘ [˧] 道稻盗导涛滔套蹈掏

[˩] 桃逃陶淘涛萄葡～

[˩] 讨

l [˧] 闹捞₁痨～药□借

[˩] 劳捞₂牢涝痨寒～

[˩] 老佬脑恼垴瑙

[˥] □探望□借□偷

ts [˧] 遭糟罩灶躁燥噪

[˩] 早澡枣找爪蚤藻
ts‘ [˧] 皂操造糙抄钞耖仯幼小
[˨˩˧] 巢曹槽嘈漕吵
[˩] 草炒
s [˧] 骚瘙搔臊艄扫～帚哨捎梢潲猪～
[˩] 嫂稍扫～地
k [˧] 高教白糕羔篙膏告睾窖交白较白，～秤铰白，～剪：剪刀□播种□爻，占卜用具
[˩] 搞稿缟搅白□连词：和、与
k‘ [˧] 敲白靠铐烤犒
[˩] 考拷
ŋ [˧] 奥澳傲拗坳嗷凹牙₂白，～齿
[˨˩˧] 敖熬鳌遨
[˩] 袄咬白
x [˧] 蒿薅号～码好爱～浩耗皓□往怀里捞；乱抓
[˨˩˧] 豪毫壕嚎篙捕鱼器号呼～
[˩] 好～坏

iɔ

tɕ [˧] 交文郊胶教文校～对较文觉睡～
[˩] 搅文饺文绞姣铰文□～伙，结伙
tɕ‘ [˧] 敲文
[˩] 巧
ɕ [˧] 孝效酵校学～
[˨˩˧] 淆
ø [˨˩˧] 肴
[˩] 咬文

ɛ

p [˥] 北百伯佰柏
p‘ [˥] 白帛迫魄拍文舶帕
m [˧] 茂贸□唤牛声
[˨˩˧] 谋牟眸缪绸～
[˩] 某亩
[˥] 默墨陌脉麦文
f [˧] 缶阜白
[˨˩˧] 浮白
[˩] 否
t [˧] 斗～争，～榫兜篼蔸□～水，舀水
[˩] 斗量具抖陡
[˥] 得德嘚
t‘ [˧] 逗豆痘窦偷透
[˨˩˧] 头投
[˩] 敨～气，透透气□～衣，清洗衣服
[˥] 特忒忑忐～□从别人手中抢夺东西□拔取：～鸡毛
l [˧] 陋漏镂
[˨˩˧] 楼娄髅蝼
[˩] 了₁助词篓搂喽偻佝～
[˥] 勒肋仂
ts [˧] 朝～夕照招昭沼诏邹奏揍钊遮文蔗文□塞住
[˩] 走者赭□撒娇、扭捏
[˥] 这责则浙折褶哲窄责啧翟姓摘文谪仄侧₁
ts‘ [˧] 赵超肇兆车文召凑趋骤肇搊推
[˨˩˧] 愁朝～鲜嘲潮晁

[˩] 扯文
[˥] 贼辙撤彻澈掣择泽策册恻侧₂厕拆□用瓢、锹等器具铲东西：～谷，～龌龊
s [˧] 烧绍少～年邵社～会舍宿～射文赊文奢瘦馊搜艘□咧开
[˩] 蛇文佘文苕韶
[˩] 少多～舍文，～得叟
[˥] 舌摄设涉折～本塞堵～色涩虱
z [˩] 尧饶娆挠铙
[˩] 惹文扰绕
[˥] 热
k [˧] 沟够勾钩构购垢诟篝媾佝～偻□踮起身子去高处的物品；尽量把手伸长取物
[˩] 狗苟给文
[˥] 割白格隔革胳嗝骼槅疙～瘩
k' [˧] 叩扣寇抠₁眍蔻
[˩] 渠他，她，它
[˩] □～痒，身体磨擦物体以止痒口
[˥] 克刻客咳恪
ŋ [˧] 欧讴殴鸥怄沤抠₂
[˩] 偶呕藕
[˥] 额厄呃扼轭文□咬牙
x [˧] 后厚候
[˩] 侯猴喉
[˩] 吼齁哮喘
[˥] 核阂赫黑吓₁文

iɛ

l [˩] 了₂助词
tɕ [˧] 骄娇矫浇叫
[˩] 缴矫饺白
[˥] 洁结劫揭文拮～据
tɕ' [˧] 翘～尾巴窍轿跷蹊～
[˩] 翘不平桥乔侨荞跷高～
[˩] 撬
[˥] 杰揭白竭碣怯挈
ȵ [˧] 尿
[˩] 鸟
[˥] 业聂捏孽涅蘖
ɕ [˧] 枭嚣
[˩] 晓
[˥] 歇血协胁蝎穴挟文
ø [˧] 腰要邀耀夭妖夜文幺
[˩] 摇遥瑶谣姚窑姚耶爷文
[˩] 椰舀也文野文冶
[˥] 曳烨叶页晔掖腋咽哽～□嘶哑：喉咙～了腌₁～鱼

uɛ

k [˥] 国帼
x [˥] 或惑获

yɛ

tɕ [˥] 决诀抉倔掘厥崛噘撅蹶
tɕ' [˥] 缺阙阕瘸
ɕ [˧] 靴文
[˥] 说
ø [˥] 月曰悦阅越粤□喊，大声说话

æ

p [˧] 拜□脚崴了
[˩] 摆

p‘ [˧] 败稗派
[˨˩˧] 牌排簰徘~徊
m [˧] 卖
[˨˩˧] 埋
[˩] 买
t [˧] 戥~子带戴大~夫
[˩] 歹
t‘ [˧] 待代袋贷胎殆怠苔舌~太态汰泰
[˨˩˧] 台抬薹菜~
l [˧] 赖奶祖母
[˨˩˧] 来
[˩] 乃奶母乳□爬行□扒□辛苦劳作
[˥] 哪白
ts [˧] 灾斋再栽载~装债寨哉
[˨˩˧] 宰崽载年
ts‘ [˧] 在差出~钗菜蔡猜$_1$□任随、任凭
[˨˩˧] 才材财裁柴豺猜$_2$
[˩] 睬采彩踩
s [˧] 腮鳃筛晒帅衰率塞边~赛□赖~，脏□~酒，斟酒
[˨˩˧] □理睬□抖动：~胯子
k [˧] 该赅盖丐钙芥皆白街白阶白介白界白疥白届白戒白械诫白□~钱，欠钱
[˩] 改解白
k‘ [˧] 开揩慨溉概忾
[˩] 凯楷铠
ŋ [˧] 哀挨~拢艾碍爱隘暧
[˨˩˧] 呆~板挨~打埃捱癌岩白
[˩] 矮蔼
x [˧] 亥害懈白骇骸□角落~，角落
[˨˩˧] 孩还~有鞋白
[˩] 海蟹
[˥] 挟白

iæ

tɕ [˧] 皆文街文阶文介文界文疥文届文戒文诫文
[˩] 解文
ɕ [˧] 懈文
[˨˩˧] 偕谐鞋文
ø [˨˩˧] 岩文

uæ

k [˧] 怪乖
[˩] 拐□坏
k‘ [˧] 快筷刽会~计侩市~
[˩] 块蒯傀~儡
x [˧] 坏怀
[˨˩˧] 淮槐踝徊徘~□差、劣：~货
ø [˧] 外歪崴

yæ

tɕ [˧] 拽拉扯
[˩] □摆架子：~味
[˥] 拽~子：手肘残疾者
tɕ‘ [˧] 踹□在地上乱爬，多指小孩
[˩] 揣喘~气
ɕ [˧] □~气：疝气
[˩] 摔甩

ɑu

t [˧] 妒都蠹

[˧˩] 赌堵睹肚
[˥] 督笃渎启～底：底下□竖放，直立□用尖锐物刺人
t‘ [˧] 杜度渡镀兔
[˨˩˧] 图涂途屠徒
[˧˩] 土吐
[˥] 读独毒秃突犊牍□堂前，客厅
l [˧] 路露鹭～鸶怒赂
[˨˩˧] 农奴卢芦庐炉颅驴
[˧˩] 努弩鲁橹卤虏噜□把含在嘴里的东西吐出来□说话急促而流利
[˥] 鹿陆六录绿禄碌漉麓戮□轻浮、狂妄
ts [˧] 周州洲舟租咒昼做
[˧˩] 组祖阻诅肘帚
[˥] 足卒祝竹筑烛嘱粥□打□堵塞□把物体填充结实镯蜀
ts‘ [˧] 助粗初醋宙臭抽
[˨˩˧] 锄筹畴仇稠酬绸雏惆踌
[˧˩] 楚础丑
[˥] 逐触族簇促束白畜～生
s [˧] 苏酥稣蔬梳疏诉素嗉鸡食～，嗉囊数～字售寿兽收受授
[˧˩] 首手守数～一～
[˥] 俗速宿谡肃夙缩续赎叔属蜀淑束文熟孰塾
z [˨˩˧] 柔揉糅蹂
[˥] 肉辱褥

iɑu

tɕ [˧] 究纠赳疚咎鸠阄
[˧˩] 灸久九韭
[˥] 菊鞠掬
tɕ‘ [˧] 臼旧舅丘邱蓲～头蚯～蚓
[˧˩] 球求
[˥] 曲麯
ȵ [˧] 忸～怩□拖拉；慢性子□食物受潮不脆了
[˨˩˧] 牛
[˧˩] 扭妞纽
[˥] 狱
ɕ [˧] 休
[˧˩] 朽
[˥] 旭畜～牧蓄
ø [˧] 又优忧右幽悠佑幼柚釉□脸上块状暗斑
[˨˩˧] 由油游尤邮犹
[˧˩] 有友诱酉
[˥] 育郁白欲毓浴鬻煜

iu

m [˧] 谬文
t [˧] 丢
[˥] 鸟白，赤子阴
l [˧] 溜遛
[˨˩˧] 刘流硫留浏硫琉榴瘤
[˧˩] 柳绺
ts [˧] 揪～斗鬏$_1$发髻□扭、拧
[˧˩] 酒□绞、捆：～一把草
[˥] 揫蜷缩鬏$_2$皱、卷曲状：～头毛
ts‘ [˧] 就秋袖白鳅熘烟熏
[˨˩˧] 囚泅
[˥] □挨近、靠过去

s [˧] 修羞秀绣锈袖文
[˥] 粟宿星～

əi

p [˧] 背～脊碑悲卑杯辈贝狈箅蒸～，蒸锅中隔物的器具
[˨˩] 比妣彼婢
[˥] 臂逼笔滗必秘～密臂毕碧璧壁文
p‘ [˧] 背～书被备避倍敝蔽币毙毖庇屁打～惫披毗批陛砒胚坯配沛佩譬匕蓖～麻鐾磨刀
[˨˩] 陪培赔裴蓓皮疲陂脾枇～杷琵～琶
[˩] 痞痹鄙婢
[˥] 鼻$_2$～子辟僻癖弊辔霹匹弼劈文
m [˧] 袂谜妹昧眯妹魅寐黴（霉）文，长～□动物喝水：牛～水
[˨˩] 迷梅眉霉倒～煤媒枚玫弥莓楣媚靡糜猕靡牡～丹
[˩] 每美米
[˥] 蜜密觅秘～书
f [˧] 非飞吠霏扉菲芳～妃废费肺沸痱绯
[˨˩] 肥
[˩] 匪诽菲～薄
[˥] 拂白
t [˧] 堆对兑队碓帝低
[˩] 抵砥底邸
[˥] 滴嫡的目～蒂白

t‘ [˧] 推退蜕梯地第弟涕递替剃屉抽～
[˨˩] 颓题提堤江～啼蹄蒂文
[˩] 腿体
[˥] 敌迪笛狄荻剔惕踢
l [˧] 内例累劳～厉励砺莅痢唳丽隶泪利类吏擂～桌子：捶桌子荔～枝虑滤□砻
[˨˩] 犁梨黎离篱厘垒擂～鼓；打～台儡傀～磊雷蕾狸
[˩] 屡馁累积～礼诔里理李鲤娌妯～你文
[˥] 立粒笠栗力历律率频～沥文雳
ts [˧] 最醉祭际济剂
[˩] 嘴挤
[˥] 积脊文迹绩即鲫唧□聪明，机灵
ts‘ [˧] 罪催崔脆翠摧萃碎粹璀淬妻栖凄蛆白聚白趣白娶白
[˨˩] 齐荠脐□任随、任凭
[˩] 取白
[˥] 七柒漆膝寂籍藉狼～抑擦拭踖用脚擦拭辑疾集辑戚姓
s [˧] 虽岁秽遂绥隧邃穗祟西细絮白叙白序白婿白胥白需白须白绪白，光～皇帝
[˨˩] 随隋徐白
[˩] 髓洗
[˥] 息熄习袭悉惜夕析席锡戌戚亲～媳$_2$童养～

uəi

k [˧] 归规瑰龟圭硅桂贵闺鳜
[˩] 鬼诡轨
k‘ [˧] 亏窥盔魁溃愧柜匮
[˩] 葵奎夔逵癸
[˩] 跪
x [˧] 灰恢诙挥辉晖惠慧蕙汇会绘彗讳徽荟烩晦诲
[˩] 回蛔茴
[˩] 毁悔卉贿
ø [˧] 威偎煨猥胃谓卫位畏喂未味为介词魏巍伪尉蔚
[˩] 为作~危桅唯惟维帷围违韦微薇
[˩] 委萎尾伟苇纬诿娓
[˥] □蔫了；没精打采；萎靡不振□脚崴了□使物体弯曲：~竹椅子

yəi

tɕ [˧] 追锥椎坠缀赘
tɕ‘ [˧] 吹文炊
[˩] 垂捶文锤文
ɕ [˧] 瑞税睡
[˩] 谁
[˩] 水文
ø [˧] 锐蕊睿

ǣ

p [˧] 扳班斑颁扮瘢
[˩] 板版
p‘ [˧] 办攀襻盼
[˩] 瓣
m [˧] 慢幔漫文馒
[˩] 蛮
f [˧] 翻番帆犯饭贩畈范泛梵
[˩] 凡烦繁蕃藩樊矾
[˩] 反返
t [˧] 丹单耽眈旦但担诞惮弹子~
[˩] 掸胆疸
[˥] 旦马~：头发辫子
t‘ [˧] 淡蛋滩瘫摊坍叹探炭弹动~
[˩] 谈弹~弓谭潭痰檀
[˩] 坦毯袒忐~忑
l [˧] 烂难灾~滥耐奈
[˩] 兰拦栏阑篮蓝岚难困~
[˩] 懒览揽缆
ts [˧] 赞站蘸栈
[˩] 斩崭~新盏攒錾
ts‘ [˧] 暂餐参~加掺粲灿忏绽潺
[˩] 搀残惭馋□唾液
[˩] 产铲阐
s [˧] 三叁衫文山散解~删珊姗汕
[˩] 伞散拆~
k [˧] 间白，~开：隔开间白，一~房
[˩] 拣白□把碗里的食物扒掉一部分
k‘ [˧] 刊堪勘嵌
[˩] □~菜：夹菜
[˩] 坎~坷砍槛门~
ŋ [˧] 晏迟、晚
[˩] □缝隙：指甲~，太胯~（腹股沟）
[˩] 眼白
x [˧] 陷白苋馅白□~了：糟了
[˩] 闲白衔白
[˩] 喊

iæ̃

tɕ [˧] 监间文奸鉴
[˩] 简减碱涧柬
tɕʻ [˧] 艰
ɕ [˧] 限陷文馅文
[˩] 闲文衔文娴
ø [˧] 雁
[˩] 颜
[˩] 眼文

uæ̃

k [˧] 关惯鳏
kʻ [˩] □~担子：挑担子□谈天
x [˧] 幻患宦
[˩] 环桓还~原寰鬟
[˥] □~一眼：略看一下
ø [˧] 豌~豆万弯湾
[˩] 玩顽
[˩] 晚挽

œ̃

p [˧] 半般搬
pʻ [˧] 伴潘判叛绊拌文
[˩] 盘磐
m [˧] 漫白
[˩] □谁
[˩] 瞒满
t [˧] 段端锻~炼□骂
[˩] 短□在路上把人拦住
tʻ [˧] 断贪缎
[˩] 坛团
l [˧] 乱
[˩] 男南楠婪峦
[˩] 卵暖
ts [˧] 簪沾钻粘1毡占战颤詹瞻
[˩] 展攒辗~转□用尖锐的东西刺人
tsʻ [˧] 篡窜氽~汤□打：~两巴掌
[˩] 蚕缠
[˩] 惨□铲去表层：~草皮
s [˧] 扇善膳鳝酸算蒜栓拴闩
[˩] 蝉蟾禅婵单姓
[˩] 闪陕
z [˩] 然燃
[˩] 染冉
k [˧] 乾~湿甘肝柑干~事赣苷疳
[˩] 感敢赶杆秆擀竿
kʻ [˧] 龛神~看□生小孩□养：~猪
[˩] 坎
ŋ [˧] 安鞍庵鹌~鹑按暗谙案岸黯淹白，~水
[˩] 揞收敛、隐蔽
x [˧] 憨鼾汗汉旱焊捍翰瀚憾撼
[˩] 函涵寒含韩
[˩] 罕

uœ̃

k [˧] 官棺倌灌罐贯冠观盥□化脓
[˩] 管馆
kʻ [˧] 宽
[˩] 款
x [˧] 唤焕痪涣欢獾换文
[˩] 完白
[˩] 缓
ø [˧] 换白

[˩˧] 完文丸纨

[˩] 碗宛婉腕惋皖

iɛ̃

tɕ [˧] 兼肩坚建见剑键谏

[˩] 检捡拣文茧

tɕ‘ [˧] 件健键俭牵谦歉欠

[˩˧] 乾~坤钳

[˩] 遣谴

ȵ [˧] 念验酽拈砚谚彦

[˩˧] 年严言妍粘₂鲶阎

[˩] 碾捻俨撵研

ɕ [˧] 掀现宪献县轩

[˩˧] 贤嫌弦舷□边~：旁边

[˩] 显险

ø [˧] 烟燕焉宴厌蔫嫣腌₂~菜阉淹文，~水胭~脂奄艳焰堰湮咽吞~

[˩˧] 炎沿盐延檐铅白，~笔

[˩] 演掩衍

yɛ̃

tɕ [˧] 专砖篆赚转~动赚卷试~捐涓娟镌~刻

[˩] 转~变卷~起袖子

tɕ‘ [˧] 圈圆~；猪~传~记穿川钏串券劝倦疲~

[˩˧] 传~达船椽权拳文

[˩] 犬

ȵ [˩] 阮软

ɕ [˧] 楦~头喧文揎打：~一耳巴炫

[˩˧] 悬玄眩

ø [˧] 冤怨渊愿院鸳苑筦~篼：箕畚□缝纫时把布边卷到夹层里去

[˩˧] 员元圆园缘原源援媛袁猿辕垣

[˩] 远

iĩ

p [˧] 边鞭变

[˩] 扁匾蝙贬緶衣~

p‘ [˧] 编辫辨辩卞姓汴偏翩篇便~利片骗遍徧~地

[˩˧] 便~宜

m [˧] 面麺

[˩˧] 棉绵眠

[˩] 免勉娩缅冕腼沔

t [˧] 踮掂惦颠巅癫滇电店奠垫殿淀玷

[˩] 点典碘

t‘ [˧] 佃天添垫簟

[˩˧] 田填甜

[˩] 舔

l [˧] 练炼恋链

[˩˧] 联连莲廉镰怜帘鲢

[˩] 脸敛

ts [˧] 尖煎荐箭

[˩] 剪

ts‘ [˧] 贱溅践饯渐歼千签迁纤~维铅文

[˩˧] 前钱泉潜虔全痊揃拔除

[˩] 浅

s [˧] 先仙鲜新~宣喧白线羡□阉割：~鸡

[˩˧] 涎

[˩] 癣选鲜朝～藓冼姓

ɐn

p [˧] 奔笨崩1
[˩] 本
p‘ [˧] 烹拌白
[˩] 盆彭膨澎
m [˧] 闷焖□裂开鞔文
[˩] 门们□么人（谁）
[˩] □纺织品因年久而腐朽
f [˧] 份分纷芬吩～咐氛忿奋粪愤喷
[˩] 坟焚
[˩] 粉
t [˧] 敦墩蹲灯凳顿钝文吨炖盾瞪凳登蹬
[˩] 等戥趸□鼓状的坐具：草～
t‘ [˧] 邓吞钝白囤用竹篾编成的贮粮器具
[˩] 腾疼滕誊藤囤～积屯臀豚□类似鹅但脖子短的一种家禽
[˩] □颠簸□打～：停顿
l [˧] 嫩论□捻
[˩] 能轮伦沦仑
[˩] 冷文□灯～：灯芯□纸～：火纸卷成的小筒，可以点旱烟
[˥] □从被束缚的地方抽身而出
ts [˧] 增憎曾姓尊遵樽针真贞侦珍斟臻争峥筝蒸甑罾憎赠镇震睁挣文净正征政证症朕徵砧～板震圳深～
[˩] 怎枕振赈诊疹拯整赈
ts‘ [˧] 阵郑村皴撑称秤抻～手寸衬忖趁蹭睁白参～差皴
[˩] 岑曾～经层存陈臣尘沉忱成城诚澄橙呈程承丞骋乘～客
[˩] 惩
s [˧] 身森深孙狲逊僧生文甥文牲笙升声申参人～伸绅肾渗慎圣盛丰～胜剩衫白，～袖
[˩] 神绳盛～饭娠乘加减～除辰晨塍田～□垫高□经受□嬉闹；滑稽
[˩] 沈审婶省损笋榫
[˥] 甚
z [˧] 扔仍认妊任～务
[˩] 人仁壬任姓
[˩] 刃忍韧纫□布或纸把水吸干
k [˧] 跟根亘耕羹庚更～加更打～
[˩] 梗哽耿埂粳□完整的：～日
k‘ [˧] 坑文
[˩] 肯啃恳垦
ŋ [˧] 恩硬文
[˩] □身体压住坚硬物体而感到不适或疼痛
x [˧] 亨哼恨
[˩] 痕衡恒
[˩] 狠很

iɐn

tɕ [˧] 金斤今矜巾筋襟噤惊京鲸荆径经劲胫禁竟镜竞敬兢旌
[˩] 景境警锦紧仅谨槿瑾颈文

tɕʻ [˧] 钦轻文近氢卿衾庆磬
[˩] 勤琴禽擒芹芩
ȵ [˩] 迎银吟凝龈颖
ɕ [˧] 欣鑫兴幸衅馨行品~杏忻
[˩] 行~走形型刑邢
[˩] □傻
ø [˧] 音阴殷因茵姻荫婴缨应映英鹰樱莺印胤殷鹦~鹉喑缄默；性格内向
[˩] 寅淫盈楹赢营蝇萤茔
[˩] 引饮隐影文瘾蚓蚯~

uɐn

k [˧] 棍
[˩] 滚磙
kʻ [˧] 昆坤琨鲲困睏
[˩] □完整的：~蛋
[˩] 捆
x [˧] 昏婚荤浑~浊混~账
[˩] 浑~身魂横
[˩] 混~沌□傻
ø [˧] 温瘟问
[˩] 闻文纹蚊
[˩] 稳吻紊刎
[˥] 揾~水：投水自杀□瞪

yɐn

tɕ [˧] 均钧军君菌郡谆筠₁肫鸡~□堰
[˩] 准
[˥] □睁大眼睛看
tɕʻ [˧] 春椿
[˩] 唇群裙琼窘
[˩] 蠢倾顷
ȵ [˩] 囡女儿
ɕ [˧] 勋熏醺训顺舜
[˩] 纯醇淳鹑鹌~
[˩] 瞬吮文迥炯扃
ø [˧] 晕韵运孕闰润蕴泳咏熨~斗
[˩] 匀云耘芸莹晶~陨荣嵘筠₂
[˩] 永允尹姓吮白

in

p [˧] 宾滨缤槟殡鬓彬斌冰兵并
[˩] 丙柄炳禀秉饼文
pʻ [˧] 病文拼聘姘
[˩] 频贫颦平文苹萍评坪文凭瓶屏
[˩] 品
[˥] 乒~乓
m [˧] 命文眠白，~床□~荠，荸荠
[˩] 民悯名明盟白鸣铭冥瞑螟酩
[˩] 敏闽抿皿悯
t [˧] 丁叮钉文盯疔订
[˩] 顶鼎
tʻ [˧] 定锭听文厅
[˩] 亭停廷庭霆婷蜓蜻~
[˩] 挺艇
l [˧] 吝另令凌~冰
[˩] 宁邻灵龄零文狞咛林临琳淋磷鳞麟凌~乱菱绫陵玲铃羚苓楞佞
[˩] 凛檩领文岭文
ts [˧] 津晶精睛进晋俊竣骏靖浸

～谷种
[˩] 尽老是，总是井文
ts‘ [˧] 尽～力净静亲青蜻～蜓清文沁侵浸～透
[˩] 秦情晴文寻白
[˩] 寝请文
[˥] □小钹
s [˧] 心新薪辛锌星文猩腥文信姓讯汛迅
[˩] 寻文旬询荀循巡殉旋
[˩] 省反～醒文擤
[˥] 性

ɐŋ

p [˧] 绷蹦崩2□苍蝇之类聚集在食物上面
[˩] 凸
[˥] 嘣打～：亲嘴
p‘ [˧] 埲尘土扬起胖很：～臭
[˩] 朋棚蓬篷鹏
[˩] 捧怦
[˥] 碰乓乒～
m [˧] 梦孟懵发～
[˩] 萌朦檬蒙～童盟文
[˩] 猛锰懵～懂蒙捂住
f [˧] 风疯枫封丰峰蜂锋烽奉俸凤缝衣～
[˩] 缝裁～逢冯
[˩] 讽
t [˧] 东冬冻～疮栋
[˩] 董懂
[˥] □怂恿冻鱼～
t‘ [˧] 动洞通痛
[˩] 同筒铜桐恫童瞳彤
[˩] 桶统□在水或泥里面踩捅
l [˧] 弄哝低声絮语，表示埋怨或不满□刺巴～：刺丛
[˩] 农浓侬脓龙聋笼隆拢陇
[˩] 垄拢窿窟～□～气：肚内运气鼓劲
[˥] 齉鼻子因感冒不通气、多涕哝低声耳语□柔软
ts [˧] 宗棕综踪粽鬃中忠钟衷盅终纵众舂种～菜
[˩] 总种～子肿
[˥] 皱绉
ts‘ [˧] 重～量仲聪葱匆冲忡充铳囱
[˩] 从丛重～复崇虫□～树：松树
[˩] 宠
s [˧] 松嵩送颂宋讼诵
[˩] 怂软弱无能
[˩] 耸怂～恿扨
z [˩] 茸戎绒
k [˧] 供宫公蚣工功攻弓躬龚恭贡
[˩] 拱汞巩
k‘ [˧] 共空控
[˩] 孔恐
ŋ [˧] 壅白，蒙住、盖住：～土
x [˧] 轰烘哄起～
[˩] 宏弘红洪鸿虹
[˩] 哄～骗□擤：～鼻涕

iəŋ

tɕ [˩] □撅屁股
[˥] □臀部不断往前拱
tɕ‘ [˩] 穷
[˩] □～人：使人害怕
ɕ [˧] 兄凶匈胸汹芎川～
[˩] 熊雄
ø [˧] 用佣臃～肿雍壅文
[˩] 雍蓉容庸融熔溶榕
[˩] 勇涌蛹拥恿怂～

uəŋ

ø [˧] 瓮翁嗡

ɔŋ

p [˧] 邦梆帮□追赶傍磅
[˩] 蚌榜绑膀肩～
[˥] 泵
p‘ [˧] 棒蚌髭
[˩] 旁滂庞彷膀～胱螃～蟹
[˩] 髈猪大腿□用身体碰别人
[˥] 胖
m [˧] 鞔白，在棉衣上加穿外衣；绷紧黴（霉）白，长～□～杵：洗衣棒
[˩] 忙芒茫盲氓
[˩] 莽蟒□很长
f [˧] 方芳放
[˩] 房防妨
[˩] 仿访纺坊
t [˧] 当裆凼水～档大排～
[˩] 党挡档～案
t‘ [˧] 荡汤烫趟蹚
[˩] 唐堂镗膛糖塘搪棠□凹陷□抵挡：～风
[˩] 倘躺淌
l [˧] 浪
[˩] 郎狼榔
[˩] 廊朗囊冷白□晃动容器内的液体，使之清洁
[˥] □马鞍形：～颈□不～心：不甘心□～鼻子：塌鼻
ts [˧] 桩脏赃张章障樟彰瘴葬帐胀账装庄壮妆仗挣白踭脚～：脚后跟
[˩] 长生～涨掌
ts‘ [˧] 丈仗杖状仓舱沧苍疮畅撞脏心～昌娼唱倡怅惆～窗创
[˩] 长～短肠藏隐～场量词；屋～（晒谷场）床常日～
[˩] 敞厂闯场打～子
z [˧] 让
[˩] 瓤
[˩] 嚷壤攘酿
s [˧] 丧伤商尚上霜孀双绱～鞋生白甥白
[˩] 尝裳嫦～娥偿常平～，时～
[˩] 桑嗓赏爽□数落，责骂
k [˧] 冈刚钢纲豇杠肛缸岗
[˩] 港
k‘ [˧] 康糠抗炕亢园坑白
[˩] 扛
[˩] 慷□用盖子把东西盖上□食物变质，有霉烂的气味
ŋ [˧] 肮～脏盎～然硬白□嚎叫

[˩] 昂
x [˧] 夯巷白项白
[˩] 航杭行银~绗

iɔŋ

p [˩] 饼白
p' [˧] 病白
[˩] 平白
[˩] 坪白
m [˧] 命白
t [˧] 钉白
t' [˧] 听白
l [˧] 亮晾谅量力~
[˩] 粮良量商~凉梁粱零白
[˩] 两辆领白岭白
[˥] 铃白
ts [˧] 将浆酱
[˩] 奖桨蒋井白
ts' [˧] 匠枪呛像白，相似□先生（专指教师）清白，衣服洗完后再清洗一遍
[˩] 墙翔祥详晴白
[˩] 抢请白
[˥] □慢慢走
s [˧] 镶箱襄相湘厢象橡像文，相似像画~、人~星白腥白
[˩] 想醒白
tɕ [˧] 江姜僵疆缰犟绛降~落
[˩] 讲颈白
tɕ' [˧] 腔羌轻白筐1晒~框1门~□~嘴：顶嘴
[˩] 强~大
[˩] 强勉~

ȵ [˩] 娘
[˩] 仰
ɕ [˧] 香乡向巷文项文
[˩] 降投~□在人前炫弄
[˩] 响享饷飨
ø [˧] 秧央鸯鸳~殃怏样鞅看护、看守
[˩] 羊阳杨扬疡洋佯
[˩] 养痒氧影白鞅牛~：系住牛轭两端的绳子
[˥] □晃：人影子一~就过去了

uɔŋ

k [˧] 光逛胱膀~
[˩] 广□禾秆、菜秆：高粱~，白菜~
k' [˧] 旷矿况匡眶框2边~筐2箩~
[˩] 狂诳
x [˧] 荒慌肓
[˩] 黄簧磺皇煌惶隍凰蝗蟥蚂~
[˩] 谎晃
ø [˧] 汪望妄旺忘白
[˩] 王亡忘文
[˩] 枉往网

yɔŋ

tɕ' [˧] □数落、斥责
ø [˧] □缠绕：~毛线
[˥] □把东西拿在手里晃动

m̩

[˩] 母白拇白姆白

n̩

[˩] 你白嗯

四、阳新音系与北京音系比较

本书在进行阳新音系与北京音系比较时，为避免复杂化，不考虑文白异读的问题。

(一) 声母比较

阳新方言有 20 个声母（包括零声母），普通话有 22 个声母（包括零声母）。

二者相同的声母有：p pʻ m f t tʻ l ts tsʻ s tɕ tɕʻ ɕ k kʻ x ø

不同的是：阳新方言没有卷舌音声母［tʂ、tʂʻ、ʂ、ʐ］，但又有北京所没有的［ȵ、z、ŋ］。阳新方言的［l］和［n］混读，一般读作［l］；而北京的［l］和［n］分划犁然。

阳新话声母和北京话声母的对应情况如下表。

阳新方言与北京话声母比较表

（比较时阳新方言白读音未列入）

阳新	北京	例 字	例外字及说明
p	p	瘪补巴帮崩把包比保班兵宝豹波播壁不北	p 秘～密：北京 m
pʻ	pʻ	怕配劈泡披盘偏破骗品平铺旁胖盆朋碰迫	pʻ哺捕：北京 p
	p	步部抱暴败备棒避办瓣病伴遍薄白鼻帛别	pʻ甫：北京 f
m	m	麻蛮卯亩秒买米密美慢命棉忙闷明麦木灭	
f	f	夫否非凡饭芳分腐风方法浮肥负扶服佛福	f 喷：北京 pʻ
t	t	迭打答刀到多队都单旦当端店等吨丁东跌	
tʻ	tʻ	滔桃讨偷投土图途贪摊汤腾唐通同铁踏踢	
	t	堤道夺豆邓代蛋但垫定动洞地第达笛独读	
l	l	拉劳连浪辽料来龙雷李丽柳立洛六绿列历	
	n	尼乃泥你拟拿脑闹奶耐奴农南难暖宁佞糯	
ts	ts	资子总宗走左组遵再脏早钻赞怎则增作砸	
	tʂ	知执中种周茁债张照站战镇遮争啄粥扎祝	ts 春：北京 tʂʻ
	tɕ	将奖酱酒揪节接借津进姐尖箭剪晶精俊焦	

续表

阳新	北京	例　　字	例外字及说明
ts‘	ts‘	擦才猜糙餐醋层从聪草操催苍此词错促册	ts‘膝：北京 ɕ ts‘翔祥详：北京 ɕ ts‘拄：北京 tʂ ts‘碎饲：北京 s ts‘柿～子：北京 ʂ
	ts	暂贼造皂自字在坐座罪凿昨族杂泽择脏心～	
	tʂ	绽丈杖赵召治助宙胄纣郑状撞辙直值秩逐	
	tʂ‘	迟唱成陈雏锄虫充丑巢愁抄超车赤触撤戳	
	tɕ	就渐贱践溅歼尽匠静净聚捷集疾籍寂绝缉	
	tɕ‘	秋千沁枪情青亲且妻蛆齐栖趣七漆戚切鹊	
s	s	斯桑扫森赛洒搜虽随伞三僧酸锁苏色萨索	
	ɕ	西先箱笑心秀写婿旬雪须需序绪席锡昔续	
	ʂ	生身帅商双诗拴烧手尝社梳申刷杀湿舌熟	
	tʂ‘	常尝偿嫦辰晨乘塍盛～饭	
z	ʐ	惹柔戎然染让嚷瓤仁仍认任热日肉辱褥入	z 酿：北京 n
	ø	儿而耳二贰尔饵迩	
tɕ	tɕ	鸡今姐江九京建加井军居娟脚决甲菊局急	
	tʂ	抓猪注主煮珠诸蛛诛著砖专准追坠赘缀锥	
tɕ‘	tɕ‘	期奇区桥丘牵钦穷群劝庆腔强犬乞雀屈缺	tɕ‘溪蹊：北京 ɕ tɕ‘枢：北京 ʂ tɕ‘屹：北京 ø
	tɕ	旧舅技妓健键件近倦券具窘巨轿竭极及杰	
	tʂ	柱住拄篆伫苎～麻传自～	
	tʂ‘	除储厨处杵出垂锤炊春唇蠢吃川穿船传～说	
ȵ	n	尼腻倪念粘娘尿鸟聂牛扭女凝软疟捏匿逆	ȵ 软阮：北京 ʐ
	ø	宜疑蚁义毅艺业研言严阎验砚谚仰银迎狱	
ɕ	ɕ	喜希戏夏县享效虚型兄幸欣香向显学歇匣	ɕ 酵：北京 tɕ ɕ 炯迥扃：北京 tɕ ɕ 泣：北京 tɕ‘ ɕ 瑞：北京 ʐ
	ʂ	要谁水税顺舜输书殊暑鼠树竖摔甩术述说	
	tʂ‘	纯醇淳鹑鹌～	
k	k	姑瓜高归更根果勾盖公敢贵钢谷各刮格割	k 粳窖：北京 tɕ
k‘	k‘	枯可夸考靠棵可科慨空愧扣开哭壳咳渴客	
	k	柜跪共概溉剑癸	
x	x	化蒿火荒汉换黄喊很祸后核海酣喝霍黑合	
ŋ	ø	卧饿我讹熬傲矮欧偶哀硬恩安暗岸昂恶轭	
ø	ø	衣威吴要于锐优用云温网文因益袜叶玉月	ø 吕侣铝旅：北京 l
	ʐ	如茹汝儒孺濡蠕乳锐蕊闰润容蓉融荣	

通过上表的比较，我们可以看出：

(1) 阳新方言没有卷舌音［tʂ、tʂʻ、ʂ、ʐ］，北京话读［tʂ、tʂʻ、ʂ］声母的字，除［u、uei、uen］韵字和［uai、ua、uan］韵的个别字以及［uo］韵的“说”字在阳新方言中读［tɕ、tɕʻ、ɕ］声母外，其余在阳新方言中都读［ts、tsʻ、s］；北京话的［ʐ］声母字阳新话读为［z］和［ø］声母（“软、阮”读［ȵ］声母，例外）。

(2) 北京话中源于古疑泥两母今读［n］和［ø］声母的齐齿呼和撮口呼字，在阳新话中读［ȵ］声母（北京读［ʐ］声母的古合口细音字“软、阮”，阳新今亦读为［ȵ］声母，属例外）。

(3) 阳新的［ŋ］声母字源于北京读［ø］声母的中古影疑两母开口一二等及疑母果摄一等字。

(4) 阳新的［z］声母字，除来自北京一部分［ʐ］声母字外，还有北京读零声母的er韵字。

(5) 北京话读［p、m、f、t、k、x］声母的字，阳新话也分别读［p、m、f、t、k、x］声母。

(6) 北京话凡遇塞音和塞擦音的古全浊声母字，平声读送气清音、仄声读不送气清音；而在阳新话中，无论平仄都读为送气清音。也就是说，北京话中今读不送气音［p、t、k、tɕ、ts、tʂ］的字，若中古为全浊声母仄声字，阳新方言都读送气清音。因此，阳新话读塞音和塞擦音的送气音字包含有一部分北京的不送气清音字。如阳新的［pʻ］声母字不但包含有北京的［pʻ］声母字，还包含有北京部分［p］声母字。

(7) 阳新话有尖团音的对立。所谓尖团音，就是把北京齐齿呼和撮口呼念［ts、tsʻ、s］声母的叫尖音，念［tɕ、tɕʻ、ɕ］声母的叫团音。北京没有尖团音的区别，因此，北京念［tɕ、tɕʻ、ɕ］声母的字，在阳新则读为［ts、tsʻ、s］和［tɕ、tɕʻ、ɕ］两套声母。如“酒、九”北京都读［tɕ］声母，但在阳新，“酒”读［ts］声母，而“九”读［tɕ］声母。

(8) 北京的［ø］声母分派到了阳新话的［z、ȵ、ŋ、ø］声母字里；而阳新的［ø］声母字除有一部分北京的［ø］声母字外，还有北京的一部分［ʐ］声母字。

（二）韵母比较

从数量上看，阳新话的韵母有 49 个，除开自成音节的［m̩］、［n̩］，还有 47 个韵母，其中［yɔŋ］有音无字。北京话不含儿化韵有 39 个韵母，（本书将汉语拼音方案的 ong 和 ueng 合为 uŋ，因此实际只有 38 个韵母），其中 ê 很少单独使用。

从读音上看，和北京话韵母的读音基本相同或相近的阳新话韵母有 13 个：

ɿ　i　u　y　o　ɛ　əi　io　uo　iɛ　yɛ　uəi　in

和北京韵母的对应关系完全相同的阳新韵母只有 2 个，即 iɒ、iɔŋ，分别相当于北京韵母 ia、iaŋ。阳新话其余的韵母与北京的韵母在统字上都是相互交叉的关系，阳新话韵母和北京话韵母的对应关系见下表。

阳新方言与北京话韵母比较表

（比较时阳新方言白读音未列入）

阳新	北京	例字
ɿ	ɿ	兹资子自词此次思私斯死寺
	ʅ	知纸志职施史事逝质斥实日
	ər	而儿二尔饵迩
	u	入
i	i	衣义几起鸡期戏泥腻及吸急
	ie	爹铁贴别灭猎列接妾节迭些
	iau	标表票苗吊跳条聊焦瞧俏笑
	ye	雪绝薛
u	u	乌步普苦夫姑枯谷服物不哭
	uo	握沃龌
y	y	女居举许虚区余距雨局屈玉
	u	主儒乳书除处输树如竖出述
ɒ	a	巴爬麻沙打他拉茶法砸踏杀
	ua	刷
	an	杉

续 表

阳新	北京	例字
iɒ	ia	加价假家恰夏雅狭瞎
uɒ	ua	蛙娃瓜夸花化挂刮跨
	uo	括
	uan	剜
yɒ	ua	抓耍
o	o	波剥播博破坡婆泼摸磨莫末
	uo	多坐作罗落舵火所夺若郭索
	ɤ	歌个哥各阁课颗可渴河荷合
	u	慕幕暮墓目木穆牧睦模沐
	ei	褙
	ou	剖
	au	郝凿
	u	塑
	iau	角牛～
io	ye	约谑虐削略掠学却鹊雀岳角～色
	iau	钥药
uo	uo	涡蜗莴窝倭斡
	ɤ	屙
ɔ	au	宝桃毛刀闹讨劳高考熬好皂
iɔ	iau	交较皎巧淆孝效校
ɛ	ɤ	车社者撤德得特额设惹热泽
	ou	谋否斗头走凑楼漏勾抠欧后
	au	茂召招照潮超韶烧绍扰饶尧
	o	伯帛迫魄墨默脉陌
	ai	白百柏拍麦拆摘窄
	ei	北贼黑
	u	亩
	a	帕
	ʅ	虱

续　表

阳新	北京	例　　字
iɛ	ie	也且茄耶业聂捏孽结怯歇劫
	iao	鸟尿叫娇缴浇桥窍翘晓要摇
	ye	血穴
uɛ	uo	国或惑
yɛ	ye	决诀倔撅厥噘缺阙瘸月越阅
	uo	说
æ	ai	拜排买台乃来灾赛柴改开哀
	uai	帅衰率~领
iæ	ie	皆街介届界阶戒解懈鞋偕谐
	ian	岩
uæ	uai	怪乖拐快块筷坏怀淮外歪崴
	uei	傀刽
yæ	uai	揣踹摔甩
	uan	喘
ɑu	ou	都周粥舟州帚丑抽收手柔肉
	u	度土路租梳苏锄读足肃陆辱
	y	绿驴
	uo	做
	uŋ	农
	iou	六
iɑu	y	菊鞠掬曲旭续畜蓄育欲浴毓
	iou	九旧舅丘求休朽牛扭妞又有
iu	iou	酒就囚秋揪鬏鳅修羞秀绣袖
	u	粟
əi	i	比皮米密低敌弟立李齐细昔
	ei	悲背备陪雷累梅每美妹非内
	uei	对队退罪最醉催嘴岁虽崇遂
	u	牡
	y	取娶趣聚须婿絮戌屡虑履律
uəi	uei	归鬼贵亏愧回灰威危伟胃味
yəi	uei	追坠吹谁水税睡锐瑞蕊

续表

阳新	北京	例字
æ̃	an	班单散反谈站产砍山喊蓝
	ai	奈耐
iæ̃	ian	监减艰简限陷雁
uæ̃	uan	关惯还环幻患桓宦寰鬟晚玩
œ̃	an	搬潘满贪战占簪男看汉安暗
	uan	端断团暖乱卵峦篡窜算钻
uœ̃	uan	贯观灌管宽款欢换缓碗丸
iɛ̃	ian	见检键欠年言县贤燕烟焉
	yan	轩
yɛ̃	yan	娟卷倦劝楦玄悬院元远
	uan	专撰赚穿船串软阮
iĩ	ian	边骗免面天潜钱连甜剪箭线
	yan	宣喧选癣泉全
ɐn	ən	本门分怎神森真晨趁任根恩
	əŋ	彭灯等藤能增层争蒸成更恒
	uən	敦盾吞囤论轮尊遵寸孙损笋
	iŋ	硬粳
	an	鞔
iɐn	in	今近锦巾金琴勤欣鑫音银因
	iŋ	京荆轻庆兴形应英蝇迎影凝
uɐn	uən	棍滚坤困昆浑魂婚温问文稳
	əŋ	横
yɐn	yn	军君均群裙训熏云运韵允孕
	uən	谆肫准春蠢纯唇舜顺润闰吮
	yŋ	咏永泳琼窘扃炯迥
	iŋ	顷倾
	in	尹
	uŋ	荣嵘

续　表

阳 新	北 京	例　　字
in	in	宾贫林吝进津尽亲新敏民心
	iŋ	兵平灵另精静井情星命明姓
	yn	俊骏竣峻旬讯迅巡循寻
	əŋ	盟
	yan	旋
ɐŋ	uŋ	东董同弄龙宗从松中红戎茸
	əŋ	崩泵
	ou	皱
iɐŋ	yŋ	穷雄兄凶熊用庸勇拥壅
	uŋ	容榕溶蓉融冗
uɐŋ	uŋ	翁瓮
ɔŋ	aŋ	当房杭港
	uaŋ	装撞床疮窗创闯双爽霜
	əŋ	蚌
	iaŋ	酿
iɔŋ	iaŋ	娘江酱强枪乡相两亮向仰央
uɔŋ	uaŋ	光广矿狂煌荒黄望网忘
m̩	u	母姆
n̩	i	你

通过上表的比较，我们可以看出：

(1) 阳新话的单元音、鼻化韵较多，北京话没有鼻化韵。

(2) 阳新话没有韵母［ʅ］，北京的［tʂʅ　tʂʻʅ　ʂʅ　ʐʅ］，阳新均读为［tsɿ　tsʻɿ　sɿ　zɿ］；北京的ər韵，阳新亦读为［ɿ］。

(3) 北京的［i］韵字，在阳新话中，古牙喉音及泥母字今仍读［i］韵，其余都读［əi］韵。

(4) 北京读［ie］韵的来源于古入声的字，在阳新话中，遇古牙喉音及泥母字今读［iɛ］韵，其余都读［i］韵。

(5) 北京读［an］韵母的字，在阳新话中分为两类，一类读为［æ̃］韵，一类读为［œ̃］韵。

(6) 北京读［ian］韵母的字，在阳新话中除开个别例外字，韵母分为三类，分别读为［iæ̃］、［iɛ̃］、［iĩ］。

(7) 北京有一部分读［au］和［ou］韵的字在阳新读成了［ɛ］韵，北京读［au］韵的如：茂 mɛ˧｜照 tsɛ˧｜烧 sɛ˧；北京读［ou］韵的如：谋 mɛ˩｜走 tsɛ˩｜瘦 sɛ˧。

(8) 北京的［iŋ］韵母，在阳新读为［-n］尾；北京的［əŋ］韵母，在阳新话中除开与［p、p'、m、f］相拼的字读［ɐŋ］韵外，其余读为［-n］尾的［ɐn］韵母。

(9) 北京的合口呼字，有相当一部分在阳新变成了开口呼和撮口呼，其对应关系如下（箭头左边为北京韵母，箭头右边为阳新韵母）：

u→au、y　uo→o　uai→æ、yæ　uei→əi、yəi　uan→œ̃、yẽ　uən→ɐn、yɐn　uaŋ→ɔŋ

(10) 在阳新话中，有一种韵母不完全相同的尖团音对立，北京话的同一个韵母的字，在阳新就因为尖团音对立而分化为两个不同的韵母，见下表。

北京	阳新	例　字	说　明
in	in	津浸进亲尽秦心新	精组字
	iɐn	巾今禁琴芹勤欣鑫	见晓组字
iŋ	in	精清请井青情星醒	精组字
	iɐn	京轻庆颈卿擎兴形	见晓组字
ian	iĩ	箭煎尖前潜浅线先	精组字
	iɛ̃	见兼坚欠钳谴县贤	见晓组字
ie	i	接节捷妾切些屑泄	精组字
	iɛ	结劫杰怯竭歇协蝎	见晓组字
iau	iu	酒就秋囚鳅修秀羞	精组字
	iɑu	九旧舅丘裘求休朽	见晓组字
iau	i	焦蕉椒礁樵俏峭消	精组字
	iɛ	叫娇浇轿桥窍翘晓	见晓组字
i	əi	积集挤齐漆妻洗锡	精组字
	i	激急几奇乞欺喜吸	见晓组字

（三）声调比较

阳新方言和北京话都是 4 个声调，但调类不同。北京话有阴平、阳平、上声、去声 4 个声调。阳新话没有去声，北京话的去声舒声字在阳新读阴平。阳新话虽然没有去声，但多了个入声调，阳新话的入声字虽已无塞音尾，但仍自成一类。

从调值来看，阳新方言和北京话相同声调的调值不一样。阳新方言的阴平调值为33，而北京话为55；阳新方言阳平调值为212，北京话阳平调值为35；阳新上声调值为21，北京上声214；北京话有一个去声，调值为51，阳新方言却有一个入声，是个高升而且短促调，调值为45。

阳新方言和北京话的声调对应关系如下表所示。

阳新方言和北京话声调比较表

阳 新	北 京	例　　字
阴平˧ 33	阴平˥ 55	高衣居夫光开西天归分交村休香亲官班关专灯
	去声˥˩ 51	志记据配众送胜向见务父部对距下道幕坐爱浪
	阳平˧˥ 35	雌哝潺绥骸梧~桐
	上声˨˩˦ 214	匕捕矫忸咏泳蕊蒯导蹈缶俭勤~
阳平˨˩˨ 212	阳平˧˥ 35	词桃林移吴眉容逢文田民情门狼能年仁条牛阳
	阴平˥ 55	埃乎藩眍期揶~揄提~防堤掏微薇危庸涛殊搀
	上声˨˩˦ 214	抚妩癸
	去声˥˩ 51	瓣漠绕媚愣桦袤广~
上声˨˩ 21	上声˨˩˦ 214	止举美脑顶以孔怂等捆景手仰品粉讨犬碾舔躺
	阴平˥ 55	颇倾颗扃拥桑
	阳平˧˥ 35	瞒囊研惩
	去声˥˩ 51	境跪贿蟹晃吐卉痹刃韧纫诱腕讶肚人~块方~纪~律
入声˦˥ 45	阴平˥ 55	一激接屋积剥喝拍哭拆粥压督黑鞠缺八七劈昔
	阳平˧˥ 35	食失佛得读阁国合及菊决舌熟学敌急局博核责
	上声˨˩˦ 214	北笔法铁渴脚谷窄尺甲塔百雪辱乙匹索乞卜蜀
	去声˥˩ 51	必迫麦纳力聂绿鹤密剧握切却脉设式厄玉月立

只要把上表的例外字撇开，就可以看出阳新方言的声调和北京话的声调有着比较整齐的对应关系：

(1) 阳新话的阴平：包括北京话的阴平舒声字和去声舒声字（不包括例外字）。

(2) 阳新话的阳平：包括北京话的阳平舒声字和部分阴平舒声字（不包括例外字）。

(3) 阳新话的上声：包括北京话的上声舒声字和部分去声舒声字（不包括例外字）。

(4) 阳新话的入声：包括北京话派入到阴平、阳平、上声、去声中的古入声字。

五、阳新音系与中古音系比较

（一）声母的古今比较

1. 阳新话声母与中古音声母的对应关系

阳新话声母与中古音声母比较表

		清		全浊		次浊			清		全浊	
				平	仄						平	仄
帮组		帮p	滂pʻ	並pʻ	並pʻ	明m						
非组						微ø			非敷	f	奉f	
端泥组	今洪	端t	透tʻ	定tʻ	定tʻ	泥	l	来l				
端泥组	今细	端t	透tʻ	定tʻ	定tʻ	泥	ȵ	来l				
精组		精ts	清tsʻ	从tsʻ	从tsʻ				心s		邪s	邪s
庄组		庄ts	初tsʻ	崇tsʻ	崇tsʻ				生s			
知组	今开	知 ts	彻 tsʻ	澄 tsʻ	澄 tsʻ							
知组	今合	知 tɕ	彻 tɕʻ	澄 tɕʻ	澄 tɕʻ							
章组	今开	章 ts	昌 tsʻ	船 s	船 s				书	s	禅 s tsʻ	禅 s tsʻ
章组	今合	章 tɕ	昌 tɕʻ	船 tɕʻ	船 ɕ				书	ɕ	禅 ɕ	禅 ɕ
日母						日	今开 z					
日母						日	今合 ø					
见晓组	今洪	见 k	溪 kʻ	群 kʻ	群 kʻ	疑	今开 ŋ 今合 ø		晓	x	匣 x	匣 x
见晓组	今细	见 tɕ	溪 tɕʻ	群 tɕʻ	群 tɕʻ tɕ	疑	今开 ȵ 今合 ø		晓	ɕ	匣 ɕ	匣 ɕ
影组	今洪	影	今开 ŋ 今合 ø			云 ø	以 ø					
影组	今细	影	今开 ø 今合 ø			云 ø	以 ø					

从以上阳新话声母与中古音声母的比较表上大体可以看出中古各声母在今阳新话的读音。下面再分别举例字加以说明，例外字单独注阳新话读音。

帮母：p 包巴悲补摆杯保八板变搬逼本北表饼

例外：鄙痹 pʻəi˩｜谱 pʻu˩｜庇 pʻəi˧｜爆 pʻɔ˧｜卜 pʻu˥｜迫 pʻɛ˥｜瞥 pʻəi˥｜绊 pʻœ̃˧｜遍 pʻĩ˧

滂母：pʻ 坡怕铺派盼喷屁配披泡品襻片判劈拍

例外：玻 po˥ | 扳 pæ̃˧ | 怖 pu˧ | 喷 fɐn˧

並母：pʻ婆爬培皮袍盘贫盆旁朋凭跑 /部败抱病被暴办伴薄白帛鼻

例外：笨 pɐn˧ | 阪 pæ̃˩ | 膑 pin˧

明母：m 麻魔埋米妹毛庙慢棉篾密门忙命木莫

例外：戊 u˧

非母：f 斧废府匪飞富法反分方放风贩丰封腹

例外：甫 pʻu˩ | 不 pu˥

敷母：f 费肺麸副赴翻芬纺蜂丰服

例外：捧 pʻɐŋ˩

奉母：f 腐肥妇犯饭坟房冯逢凤复

例外：缚 po˥

微母：ø 无味晚问网袜蚊闻

端母：t 多都带低堆刀钓陡答胆店当打钉东

透母：tʻ贪土偷贷替腿讨铁吞汤听脱贴惕秃

定母：tʻ题图桃条头谈甜团堂疼停同 /代第队道豆蛋荡邓洞帛夺独

例外：段 tœ̃˧ | 大 tɒ˧ | 大大夫 tæ˧ | 遁 tɐn˧ | 盾 tɐn˧ | 沌 tɐn˧ |

调声～ ti˧ | 跌 ti˥

泥母：l（今洪音）奴耐内脑南暖嫩拿糯浓乃耐

例外：酿 zɔŋ˩

ȵ（今细音）尿女泥扭念聂尼腻鲶碾年捏

例外：宁 lin˩ | 佞 lin˩

来母：l 来老犁累锣炉料柳篮镰卵轮浪零龙怜

精母：ts 左祖最子早走增总焦酒尖井接鲫剪祭

例外：雀 tsʻio˥ | 歼 tsʻiĩ˧

清母：tsʻ菜催此草擦村仓聪秋签寝亲七枪青侵

从母：tsʻ裁慈蚕存层齐樵前秦藏墙情 /坐在罪自造就贱尽杂集截嚼

心母：s 酥岁私酸孙桑碎写西小修先信想姓雪

例外：栖 tsʻəi˧

邪母：s 似巳寺随松俗续饲邪谢寻习羡颂涎夕

庄母：ts 爪诈阻斋债邹斩壮捉窄争责仄捉

例外：抓 tɕyɒ˧ | 侧 tsʻɛ˥

初母：tsʻ叉楚初钗吵插铲创窗篡衬策册察

例外：揣 tɕʻyæ˩ | 栅 tsɒ˥ | 铛 tɔŋ˧
崇母：tsʻ乍锄雏豺柴巢崇愁床馋潺 /助寨栈状骤
生母：s 沙梳双所数筛师搜森史山杀洒刷霜色
例外：产 tsʻæ̃˩
知母：ts（今开口）追罩站展珍镇张桌摘智肘贞中哲桌
tɕ（今合口）著驻猪潴蛛株诛追缀
例外：拄 tɕʻy˩
彻母：tsʻ（今开口）痴耻超抽丑撤趁逞宠畅戳撑畜 -牲
例外：侦 tsɐn˧
tɕʻ（今合口）椿褚
澄母：tsʻ（今开口）茶虫池迟持肠潮绸沉橙缠陈 /稚滞杖阵赵丈直郑择宙逐择
例外：瞪 tɐn˧
tɕʻ（今合口）厨橱除储躇柱住杼苎锤槌椽
例外：赚 tɕyɛ̃˧
章母：ts（今开口）遮枝指招洲针战真掌蒸帚种祝嘱
tɕ（今合口）朱珠侏诸主煮蛀注赘坠锥准专肫
昌母：tsʻ（今开口）车齿臭唱厂阐称秤充尺赤触绰叱
tɕʻ（今合口）春蠢穿串川吹喘出枢处~所
例外：姝 ɕy˧
船母：s（今开口）塍乘绳蛇神 /射示实食赎舌
例外：盾 tɐn˧
tɕʻ/ ɕ（今合口）船唇 /顺
书母：s（今开口）赊兽世试水烧手闪深湿扇身伤叔菽
例外：翅 tsʻɿ˧ | 舂 tsɐŋ˧
ɕ（今合口）鼠舒抒税水说
禅母：s（今开口）晨常尚韶蝉时 /社是绍寿善上石熟
例外：仇酬 tsʻɑu˩ | 臣承成 tsʻɐn˩ | 殖植 tsʻɿ˥ | 蜀 tsɑu˥
ɕ（今合口）谁殊纯树睡瑞
例外：茱铢 tɕy˧ | 垂 tɕʻyəi˩
日母：z（今开口）而耳二惹饶揉染仁让燃绒热日弱肉
ø（今合口）如茹汝闰润蕊芮乳儒孺濡

例外：软 ȵyɛ̃˩

见母：k（今洪音）哥过寡该怪贵高勾敢割管根骨钢光

例外：概溉 k‘æ˧｜刽桧 k‘uæ˧｜愧 k‘uəi˧｜矿 k‘uɔŋ˧｜昆 k‘uɐn˧｜蜗 uo˧

tɕ（今细音）加举鸡几娇叫九劫今急简结卷斤军

例外：酵 ɕiɔ ˧

溪母：k‘（今洪音）可枯开块亏口看宽阔捆糠肯刻坑空

例外：恢 xuəi˧

tɕ‘（今细音）区溪欺气巧牵劝筐轻曲圈圆~

群母：k‘（今洪音）葵逵夔馗狂 /跪柜共

tɕ‘（今细音）茄其渠裙桥求钳琴权强穷 /具技轿旧舅件倦近瘸杰极

例外：菌郡 tɕyɐn˧｜局剧 tɕy˥｜倔崛 tɕyɛ˥｜柩咎 tɕiɑu˧ ｜屐 tɕi˧

疑母：ŋ（今开口洪音）我饿卧牙讹艾熬奥偶藕眼硬岸昂额

ȵ（今开口细音）严言砚牛义宜阮虐疟吟迎银仰业逆

ø（今合口）瓦鱼外魏玩顽原愿误遇岳月玉

晓母：x（今洪音）好火吓辉海花吼轰喊欢昏荒黑喝

例外：歪 uæ˧｜况 k‘uɔŋ˧

ɕ（今细音）虚喜险熏香胸孝休轩欣勋蓄吸血

匣母：x（今洪音）红河魂划回坏华厚汗缓活滑或

例外：完丸 uœ̃˩｜溃 k‘uəi˧｜皖 uœ̃˩｜械 kæ˧｜汞 kəŋ˩

ɕ（今细音）霞衔嫌校贤悬幸形协辖穴学峡

例外：茎 tɕiɐn˧｜洽 tɕ‘iɒ˥

影母：ŋ（今开口洪音）爱哀矮蔼隘挨袄坳熬懊暗庵鞍遏鄂厄扼恶

ø（今开口细音及合口）窝淤衣烟阴碗冤隐秧忧屋蛙挖屋益

例外：娟 tɕyɛ̃˧

云母：ø 雨卫谓围有圆远往韵王永荣炎熊域越

例外：汇 xuəi˧

以母：ø 易姨摇油盐野引匀尹羊缘赢用锐悦欲

例外：捐 tɕyɛ̃˧

2. 阳新话声母的来源

根据上述古今声母的对应关系，我们以逆向的方式加以整理，就能得到阳新话 20 个声母的来源（不计较少数的例外字），如下表所示：

阳新话今音与中古声母对应关系表

p	帮母
pʻ	滂母、並母
m	明母
f	非母、敷母、奉母
t	端母
tʻ	透母、定母
l	泥母（今洪音）、来母
ts	精母、庄母、知母（今开口）、章母（今开口）
tsʻ	清母、从母、初母、崇母、彻母（今开口）、澄母（今开口）、昌母（今开口）、禅母（今开口，少数）
s	心母、邪母、生母、船母（今开口）、书母（今开口）、禅母（今开口）
z	日母（今开口）
tɕ	知母（今合口）、章母（今合口）、见母（今细音）、群母（今细音，少数）
tɕʻ	彻母（今合口）、澄母（今合口）、昌母（今合口）、船母（今平声合口）、溪母（今细音）、群母（今细音）
ȵ	泥母（今细音）、疑母（今开口细音）
ɕ	船母（今合口）、书母（今合口）、禅母（今合口）、晓母（今细音）、匣母（今细音）
k	见母（今洪音）
kʻ	溪母（今洪音）、群母（今洪音）
ŋ	疑母（今开口洪音）、影母（今开口洪音）
x	晓母（今洪音）、匣母（今洪音）
ø	微母、日母（今合口）、疑母（今合口）、影母（今开口洪音、今合口）、云母、以母

（二）韵母的古今比较

1. 阳新话韵母与中古音韵母的对应关系

下面用简表的形式将中古音的韵类和阳新话韵母进行比较。

我们依照中国社会科学院语言研究所的《方言调查字表》（商务印书馆1999年版）中所列的16摄，依照顺序在表的左右两端竖列；同一摄的先列开口呼，后列合口呼。同摄同韵的，则在表的上端列出一二三四等，每等之下列出中古声母的系组，再举例字。然后，在例字下面分别标出阳新话韵母的音读（白读和文读分开列出），与例字的中古的音韵地位形成对应。

阳新方言音系与中古音系韵母比较表之一

		一等			二等			
		帮系	端系	见系	帮系	泥组	知庄组	见系
果开	例字		多	歌				
	白读		o	o				
	文读							
果合	例字	婆	朵	锅				
	白读	o	o	o				
	文读							
假开	例字				巴　帕	拿	茶	家　芽
	白读				ɒ　ɛ	ɒ	ɒ	ɒ
	文读							iɒ
假合	例字						傻	瓜　蜗
	白读						ɒ	uɒ　uo
	文读							
遇合	例字	布　暮	土	姑				
	白读	u　o	ɑu	u				
	文读							
蟹开	例字	贝	待	开	买　罢	奶	柴	介　骇
	白读	əi	æ	æ	æ　ɒ	æ	æ	æ　æ
	文读							iæ
蟹合	例字	陪	堆	灰　外				怪
	白读	əi	əi	uəi　uæ				uæ
	文读							
止开	例字							
	白读							
	文读							
止合	例字							
	白读							
	文读							

阳新方言音系与中古音系韵母比较表之一（续）

三四等									
帮系	端组	泥组	精组	庄组	知章组	日母	见系		
							茄	例字	果开
							iɛ	白读	
								文读	
							瘸 靴	例字	果合
							yɛ yɒ	白读	
							yɛ	文读	
			借 邪		蛇	惹	夜	例字	假开
			iɒ i		ɒ	ɒ	iɒ	白读	
			i		ɛ	ɛ	iɛ	文读	
								例字	假合
								白读	
								文读	
府		庐女虑	徐	初 所	猪	如	居 去	例字	遇合
u		ɑu y əi	əi	ɑu o	y	y	y i	白读	
			y				y y	文读	
米	低	泥 礼	济		世		计	例字	蟹开
əi	əi	i əi	əi		ʅ		i	白读	
								文读	
废			脆		税	芮	桂	例字	蟹合
əi			əi		yəi	yəi	uəi	白读	
								文读	
皮	地	尼 犁	此	师 筛	知	儿	奇	例字	止开
əi	əi	i əi	ʅ	ʅ æ	ʅ	ʅ	i	白读	
								文读	
飞		泪	嘴	帅	追	蕊	规	例字	止合
əi		əi	əi	æ	yəi	yəi	uəi	白读	
								文读	

阳新方言音系与中古音系韵母比较表之二

		一等			二等			
		帮系	端系	见系	帮系	泥组	知庄组	见系
效开	例字	保	刀	高	包	挠　闹	巢　抓	敲
	白读	ɔ	ɔ	ɔ	ɔ	ɛ　ɔ	ɔ　yɒ	ɔ
	文读							iɔ
流开	例字	亩　母	头	狗				
	白读	ɛ　m̩	ɛ	ɛ				
	文读							
咸舒开	例字		贪	甘　喊			斩	馅
	白读		œ̃	œ̃　æ̃			æ̃	æ̃
	文读							iæ̃
咸舒合	例字							
	白读							
	文读							
深舒开	例字							
	白读							
	文读							
山舒开	例字		丹	肝	班	难	山	眼
	白读		æ̃	œ̃	æ̃	æ̃	æ̃	æ̃
	文读							iæ̃
山舒合	例字	半	端	官　玩			闩　撰	关
	白读	œ̃	œ̃	uœ̃　uæ̃			œ̃　yɛ̃	uæ̃
	文读							
臻舒开	例字		吞	根				
	白读		ɐn	ɐn				
	文读							
臻舒合	例字	本	敦	困				
	白读	ɐn	ɐn	uɐn				
	文读							

阳新方言音系与中古音系韵母比较表之二（续）

三四等									
帮系	端组	泥组	精组	庄组	知章组	日母	见系		
标	雕	尿 聊	焦		超	绕	骄	例字	效开
i	i	iɛ i	i		ɛ	ɛ	iɛ	白读	
								文读	
谋 富 彪	丢	纽 流	酒	愁	周	柔	九	例字	流开
ɛ u i	iu	iɑu iu	iu	ɛ	ɑu	ɑu	iɑu	白读	
								文读	
贬	点	念 帘	尖		沾	染	严	例字	咸舒开
iĩ	iĩ	iɛ̃ iĩ	iĩ		œ̃	œ̃	iɛ̃	白读	
帆								文读	
æ̃								例字	咸舒合
								白读	
								文读	
品		林	心	森	针	任	琴	例字	深舒开
in		in	in	ɐn	ɐn	ɐn	iɐn	白读	
								文读	
变	天	年 连	箭		缠	然	见	例字	山舒开
iĩ	iĩ	iɛ̃ iĩ	iĩ		œ̃	œ̃	iɛ̃	白读	
								文读	
翻		恋	全		专	软	劝 沿	例字	山舒合
æ̃		iĩ	iĩ		yɛ̃	yɛ̃	yɛ̃ iɛ̃	白读	
								文读	
贫		邻	亲	衬	珍	认	巾	例字	臻舒开
in		in	in	ɐn	ɐn	ɐn	ɐn	白读	
								文读	
分		轮	遵 旬		春 盾	闰	君	例字	臻舒合
ɐn		ɐn	ɐn in		yɐn ɐn	yɐn	yɐn	白读	
								文读	

阳新方言音系与中古音系韵母比较表之三

		一等			二等			
		帮系	端系	见系	帮系	泥组	知庄组	见系
宕舒开	例字	旁	唐	康				
	白读	ɔŋ	ɔŋ	ɔŋ				
	文读							
宕舒合	例字			光				
	白读			uɔŋ				
	文读							
江舒开	例字				邦		撞	讲
	白读				ɔŋ		ɔŋ	iɔŋ
	文读							
曾舒开	例字	朋	登	肯				
	白读	ɐŋ	ɐn	ɐn				
	文读							
曾舒合	例字			弘				
	白读			ɐŋ				
	文读							
梗舒开	例字				彭 盲 孟	冷	争	耕 幸
	白读				ɐn ɔŋ ɐŋ	ɐn	ɐn	ɐn iɐn
	文读							
梗舒合	例字							矿 横 宏
	白读							uɔŋ uɐn ɐŋ
	文读							
通舒合	例字	蒙	东	公				
	白读	ɐŋ	ɐŋ	ɐŋ				
	文读							

阳新方言音系与中古音系韵母比较表之三（续）

三四等									
帮系	端组	泥组	精组	庄组	知章组	日母	见系		
		娘	墙	床	张	让	强	例字	宕舒开
		iɔŋ	iɔŋ	ɔŋ	ɔŋ	ɔŋ	iɔŋ	白读	
								文读	
芳 忘							狂	例字	宕舒合
ɔŋ uɔŋ							uɔŋ	白读	
								文读	
								例字	江舒开
								白读	
								文读	
冰		陵			惩	仍	凝 孕	例字	曾舒开
in		in			ɐn	ɐn	iɐn yɐn	白读	
								文读	
								例字	曾舒合
								白读	
								文读	
兵	定	令	醒		政		京	例字	梗舒开
in	in	in	iɔŋ		ɐn		iɐn	白读	
			in					文读	
							兄 永	例字	梗舒合
							iɐŋ yɐn	白读	
								文读	
梦		龙	松	崇	终	绒	宫 穷	例字	通舒合
ɐŋ		ɐŋ	ɐŋ	ɐŋ	ɐŋ	ɐŋ	ɐŋ iɐŋ	白读	
								文读	

阳新方言音系与中古音系韵母比较表之四

		一等			二等			
		帮系	端系	见系	帮系	泥组	知庄组	见系
咸入开	例字		答	磕			插	夹
	白读		ɒ	o			ɒ	ɒ
	文读							iɒ
咸入合	例字							
	白读							
	文读							
深入开	例字							
	白读							
	文读							
山入开	例字		达	渴 割	八		察	瞎
	白读		ɒ	o ɛ	ɒ		ɒ	ɒ
	文读			o				iɒ
山入合	例字	泼	脱	活 括			刷	刮
	白读	o	o	o uɒ			ɒ	uɒ
	文读							
臻入开	例字							
	白读							
	文读							
臻入合	例字	勃 没	突	骨				
	白读	u o	ɑu	u				
	文读							

阳新方言音系与中古音系韵母比较表之四（续）

三四等									
帮系	端组	泥组	精组	庄组	知章组	日母	见系		
	贴	猎	接		涉		业	例字	咸入开
	i	i	i		ɛ		iɛ	白读	
								文读	
法								例字	咸入合
ɒ								白读	
								文读	
		立	集	涩	执	入	急	例字	深入开
		əi	əi	c	ɿ	ɿ	i	白读	
								文读	
灭	铁	列	节		设	热	杰	例字	山入开
iɛ	i	i	i		ɛ	ɛ	iɛ	白读	
								文读	
伐		劣	绝		说 拙		决 血	例字	山入合
ɒ		i	i		yɛ o		yɛ iɛ	白读	
								文读	
笔		栗	疾	瑟	质	日	乞	例字	臻入开
əi		əi	əi	ɛ	ɿ	ɿ	i	白读	
								文读	
物		律	戌		出		屈 掘	例字	臻入合
u		əi	əi		y		y yɛ	白读	
								文读	

阳新方言音系与中古音系韵母比较表之五

		一等			二等			
		帮系	端系	见系	帮系	泥组	知庄组	见系
宕入开	例字	莫	托	各				
	白读	o	o	o				
	文读							
宕入合	例字			郭				
	白读			o				
	文读							
江入开	例字				剥 朴 雹		桌	确 饺 壳
	白读				o u ɔ		o	io iɔ o
	文读							
曾入开	例字	北	德	刻				
	白读	ε	ε	ε				
	文读							
曾入合	例字			国				
	白读			uε				
	文读							
梗入开	例字				百		择	客
	白读				ε		ε	ε
	文读							
梗入合	例字							获 划
	白读							uε uɒ
	文读							
通入合	例字	卜 木	独	谷				
	白读	u o	ɑu	u				
	文读							

阳新方言音系与中古音系韵母比较表之五（续）

三四等									
帮系	端组	泥组	精组	庄组	知章组	日母	见系		
		略	雀		酌	弱	脚	例字	宕入开
		io	io		o	o	io	白读	
								文读	
缚								例字	宕入合
o								白读	
								文读	
								例字	江入开
								白读	
								文读	
逼		力	息	色	直		极	例字	曾入开
əi		əi	əi	ɛ	ʅ		i	白读	
								文读	
							域	例字	曾入合
							y	白读	
								文读	
碧	敌	历 溺	绩		尺 射		益 剧	例字	梗入开
əi	əi	əi i	əi		ʅ ɛ		i y	白读	
								文读	
							役	例字	梗入合
							y	白读	
								文读	
福 目		陆	肃 粟	缩	竹	肉	菊 玉	例字	通入合
u o		ɑu	ɑu iu	ɑu	ɑu	ɑu	ɑu y	白读	
								文读	

2. 阳新话韵母的来源

根据上面古今韵母的对应关系表，我们可以进一步整理出阳新话韵母的来源，以下举例说明。下表中古音列摄、开合、等，并注《广韵》韵目(舒声除蟹摄外举平声以赅上去)。例字注出阳新话的读音（白读音未列入本表比较)。

阳新话	中古音	例字
(1) ʅ	蟹开三（祭）	滞制世势誓逝
	止开三（支）	紫雌此刺疵斯知纸池枝侈翅是施儿差参~
	止开三（脂）	资姊次瓷私四旨致迟稚指示尸视师狮
	止开三（之）	兹子字慈丝词置耻治痣齿寺时事史而
	深开三（缉）	执汁湿十拾入蛰惊~
	臻开三（质）	窒侄秩质实失室日
	曾开三（职）	直值植织职食蚀识式饰
	梗开三（昔）	掷炙赤斥尺适释石
(2) i	假开三（麻）	些邪斜且写泻卸借嗟姐爹爷
	蟹开三（祭）	艺呓
	蟹开四（齐）	泥鸡溪兮倪霓启系缢诣
	蟹合四（齐）	携
	止开三（支）	寄企骑奇议宜戏移易徙
	止开三（脂）	腻尼肌饥冀器弃祁伊夷
	止开三（之）	基记欺疑熙喜医以异怡
	止开三（微）	机既岂气祈沂毅稀希衣
	效开三（宵）	标飘表漂瓢苗庙焦椒樵悄俏消霄小笑
	效开四（萧）	刁钓掉挑条聊疗廖料啸
	流开三（幽）	彪
	咸开三（叶）	猎切接捷妾
	咸开四（帖）	迭碟贴
	深开三（缉）	急级及泣吸邑揖
	山开三（薛）	鳖别灭列烈裂
	山合三（薛）	绝薛雪劣
	山开四（屑）	憋撇蔑篾跌铁截切窃屑节

	臻开三（质）	吉乙壹一昵逸溢
	臻开三（迄）	讫乞屹
	曾开三（职）	匿棘极抑翼亿忆
	梗开三（陌）	戟逆
	梗开三（昔）	益亦译液
	梗开四（锡）	溺击激吃
(3) u	遇合一（模）	布补部步簿铺普菩姑固古苦吴虎壶乌
	遇合三（虞）	夫肤孵俘符府斧甫无抚腐赋付父赴务
	流开一（侯）	戊
	流开三（尤）	富副妇负复
	臻合一（没）	勃骨窟忽兀
	臻合三（物）	不弗佛物
	江开二（觉）	璞朴~素
	通合一（屋）	卜扑仆谷哭斛屋
	通合一（沃）	酷沃
	通合三（屋）	福幅覆服伏腹
	通合三（烛）	袱
(4) y	遇合三（鱼）	女吕旅居举巨渠虚许絮余语驭除如儒
	遇合三（虞）	拘矩句具区须迂于雨遇裕恕曙树乳厨
	臻合三（术）	橘述出术戌卫~
	臻合三（物）	屈
	曾合三（职）	域
	梗开三（陌）	剧
	梗合三（昔）	役疫
	通合三（烛）	局玉
(5) ɒ	果开一（歌）	大他它
	假开二（麻）	巴把霸怕爬麻骂拿茶榨诈叉查沙洒
	假合二（麻）	傻
	蟹开二（佳）	罢
	咸开一（合）	搭踏纳拉杂
	咸开一（盍）	塔腊塌榻

咸开二（洽） 眨插闸
咸开二（咸） 杉
咸合三（乏） 法乏
山开一（曷） 獭达捺辣砸擦萨
山开二（黠） 八拔抹札扎察杀煞
山开二（辖） 铡刹古~
山合二（辖） 刷
山合三（月） 发罚伐
梗开二（庚） 打
梗开二（麦） 栅

(6) iɒ 假开二（麻） 加家贾假芽虾下夏暇霞雅亚牙鸦丫
蟹开二（佳） 佳崖涯
咸开二（洽） 夹夹恰洽掐峡狭
咸开二（狎） 甲胛匣鸭
咸开四（帖） 荚颊侠
山开二（黠） 轧
山开二（辖） 瞎辖

(7) uɒ 假合二（麻） 瓜寡剐夸跨瓦花化哗华蛙
蟹合二（佳） 挂卦画
蟹合二（夬） 话
山合一（末） 括
山合一（桓） 豌
山合二（黠） 滑猾挖
山合二（辖） 刮
山合三（月） 袜
梗合二（麦） 划

(8) yɒ 效开二（肴） 抓（耍）

(9) o 果开一（歌） 多拖驮舵饿挪罗左搓歌可我荷贺河
果合一（戈） 波婆磨簸破朵妥惰糯骡坐锁锅科火祸
遇合一（模） 模墓摹慕募措错
遇合三（语） 所

流开一（侯） 剖

咸开一（合） 喝合盒鸽

咸开一（盍） 磕

山开一（曷） 割葛渴喝遏

山合一（末） 钵泼钹末沫掇脱夺撮阔豁活

山合三（薛） 拙

臻合一（没） 没

宕开一（铎） 博薄暮莫搁胳托落诺作凿索各鄂郝鹤恶善

宕开三（药） 酌绰若弱着附~

宕合一（铎） 郭扩霍

宕合三（药） 缚

江开二（觉） 剥驳卓桌戳捉朔角~落壳

梗开三（昔） 硕

通合一（屋） 木沐

通合三（屋） 目牧睦穆

(10) io 宕开三（药） 掠略雀鹊削却爵跃虐疟约药脚钥~匙

江开二（觉） 确岳学角~色乐音~觉感~

(11) uo 果合一（戈） 窝蜗涡倭

山合一（末） 斡~旋

(12) ɔ 效开一（豪） 保袍毛刀桃脑老早草嫂高考熬脑豪袄

效开二（肴） 包饱炮抛猫貌闹罩找炒巢梢坳爪

流开三（尤） 矛

江开二（觉） 雹

(13) iɔ 效开二（肴） 交郊狡搅咬巧孝教校敲淆肴效酵敲觉睡~

(14) ɛ 假开二（麻） 帕

假开三（麻） 遮者车扯赊蛇赊社射惹蔗

效开二（肴） 嘲

效开三（宵） 朝~夕召超赵潮招烧绍韶饶扰绕朝~代

流开一（侯） 陡偷头楼篓亩茂贸走凑嗽狗扣吼藕欧

流开三（尤） 否浮谋邹骤愁瘦搜

咸开三（叶） 折~迭摄涉

深开三（缉） 涩

	山开三（薛）	哲彻辙折～断舌设热
	臻开三（栉）	瑟虱
	曾开一（德）	得特北墨勒则贼刻黑
	曾开三（职）	仄侧测啬色
	梗开二（陌）	百拍白陌拆泽窄格客额吓恐～
	梗开二（麦）	麦摘责策册革核轭
（15）iɛ	果开三（戈）	茄～子
	假开三（麻）	也夜椰耶
	效开三（宵）	骄轿桥嚣腰妖夭摇遥舀
	效开四（萧）	尿浇缴皎叫窍晓杳
	咸开三（叶）	镊聂叶页
	咸开三（业）	劫怯业胁
	咸开四（帖）	协挟惬箧
	山开三（月）	揭竭谒碣歇
	山开三（薛）	杰孽
	山开四（屑）	结洁捏涅咽拮～据
	山合四（屑）	血穴
（16）uɛ	曾合一（德）	国或惑
	梗合二（麦）	帼获
（17）yɛ	果合三（戈）	瘸靴
	山合三（薛）	悦阅说蹶
	山合三（月）	月越曰粤阙厥
	山合四（屑）	决诀抉缺阕
	臻合三（物）	倔崛
（18）æ	蟹开一（咍）	戴待代黛抬耐态乃来栽菜才赛猜该开呆海亥爱
	蟹开一（泰）	带太奈癞蔡盖艾害蔼泰
	蟹开二（皆）	拜排埋斋豺揩挨芥
	蟹开二（佳）	摆派牌买奶债钗柴筛晒捱矮
	蟹开二（夬）	败迈寨
	止合三（脂）	衰率～领帅
	山合二（删）	还～是
（19）iæ	蟹开二（皆）	皆阶介界疥届戒诫偕谐

	蟹开二（佳）	街解鞋
	咸开二（衔）	岩
(20) uæ	蟹合一（灰）	傀~儡块徊徘~
	蟹合一（泰）	会~计刽侩外
	蟹合二（皆）	乖怪蒯怀槐淮坏崴
	蟹合二（佳）	拐歪
	蟹合二（夬）	快筷
(21) yæ	止开三（支）	揣
	止合三（脂）	摔
	山合三（仙）	喘
(22) ɑu	遇合一（模）	都露堵妒杜度途图土奴炉卢路租祖粗苏素
	遇合三（鱼）	庐阻助初锄楚梳
	遇合三（虞）	雏数
	流开三（尤）	肘帚宙抽绸周臭酬收手寿柔揉
	臻合一（没）	突卒兵~
	通合三（屋）	独读粥轴肉六秃陆族速肃逐筑祝叔熟
	通合三（烛）	录绿足促续俗烛嘱触束辱
	通合一（沃）	督毒
(23) iɑu	流开三（尤）	牛扭究九救舅旧丘求休朽忧悠友又
	流开三（幽）	纠幽幼
	通合三（屋）	菊鞠掬育毓蓄
	通合三（烛）	曲欲浴旭
(24) iu	流开三（尤）	流刘柳溜酒就秋囚泅修羞袖
	流开三（幽）	谬
	通合三（烛）	粟
	通合三（屋）	宿星~
(25) əi	遇合三（虞）	屡聚
	遇合三（鱼）	虑
	蟹开一（泰）	贝沛
	蟹开一（咍）	倍
	蟹开三（祭）	蔽毙脆岁

	蟹开四（齐）	闭陛迷低梯提犁挤妻齐西/蓖~麻批谜
	蟹合一（灰）	杯辈陪配梅每堆腿队内馁雷催罪碎对
	蟹合一（泰）	蜕兑最
	蟹合三（废）	废肺吠秽
	止开三（支）	彼譬皮靡离臂被披/碑披被
	止开三（脂）	比屁琵地梨备/悲备眉履
	止开三（之）	李你
	止合三（支）	累嘴髓随
	止合三（脂）	垒类泪醉翠粹虽
	止合三（微）	飞菲费肥匪
	深开三（缉）	立集习
	臻开三（质）	笔匹布~弼密栗漆疾膝
	臻合三（術）	律戌
	曾开三（职）	逼力鲫熄
	梗开三（陌）	碧
	梗开三（昔）	璧僻辟脊籍惜席
	梗开四（锡）	壁劈觅嫡踢笛历绩戚寂锡
(26) uəi	蟹合一（灰）	瑰盔桅恢贿汇回煨
	蟹合一（泰）	会开~绘
	蟹合三（祭）	卫
	蟹合四（齐）	闺桂奎惠
	止合三（支）	规亏诡跪危毁委为
	止合三（脂）	龟轨葵逵位维
	止合三（微）	归贵鬼挥威胃味畏
(27) yəi	蟹合三（祭）	缀赘税锐睿
	止合三（支）	吹炊垂睡蕊瑞
	止合三（脂）	追椎坠锤谁水
(28) æ̃	咸开一（谈）	胆毯淡蓝览惭暂三喊
	咸开一（覃）	耽滥潭堪坎
	咸开二（咸）	站斩谗杉
	咸开二（衔）	搀衫嵌

咸合三（凡） 泛帆凡范
山开一（寒） 丹诞但坦叹滩懒难栏赞餐残散珊
山开二（山） 扮盼瓣绽盏产山苋
山开二（删） 班板办攀盼蛮慢删晏晚、迟
山开三（仙） 阐
山合三（元） 反翻饭烦繁反蔓

(29) iæ̃ 咸开二（咸） 减碱咸陷馅
咸开二（衔） 监衔
山开二（山） 简柬请~艰眼闲限
山开二（删） 奸颜雁

(30) uæ̃ 山合一（桓） 豌
山合二（山） 鳏顽幻
山合二（删） 惯关患宦环还~原弯湾顽玩
山合三（元） 晚万

(31) œ̃ 咸开一（覃） 贪南簪惨蚕感龛含暗
咸开一（谈） 柑酣
咸开二（咸） 战
咸开三（盐） 沾占闪蟾染冉
山开一（寒） 肝看岸鼾寒安
山开三（仙） 展缠毡扇善
山合一（桓） 般半潘盘瞒端短段断团暖乱钻窜酸算
山合二（删） 篡闩

(32) uœ̃ 山合一（桓） 官管灌宽款欢缓欢换完丸碗惋腕
山合三（元） 宛婉

(33) iɛ̃ 咸开二（咸） 淹~没
咸开三（盐） 淹~留粘检俭钳验险掩炎艳盐
咸开三（严） 剑欠严腌
咸开四（添） 鲇念兼谦嫌歉
山开三（元） 建健键言掀堰献宪
山开三（仙） 碾遣谴件践贱乾~坤谚焉延演衍谚
山合三（仙） 沿

	山开四（先）	肩坚见茧牵砚现显贤年烟燕
(34) yẽ	咸开二（咸）	赚
	山合二（删）	撰
	山合三（仙）	专捐倦川泉砖穿串船卷权员圆缘软
	山合三（元）	劝元喧冤怨原园阮元远愿
	山合四（先）	犬玄悬渊
(35) iĩ	咸开三（盐）	贬镰廉脸敛尖签潜
	咸开四（添）	店添甜
	山开三（仙）	鞭变篇骗便~宜棉连煎剪迁钱仙涎
	山合三（仙）	恋全选旋浅
	山开四（先）	边匾片辫面眠颠天田年练怜荐千前先
(36) ɐn	深开三（侵）	砧枕针沉森深甚任参~差
	臻开一（痕）	吞跟恳恨痕恩
	臻开三（真）	镇尘晨趁身神巾银衅因寅珍衬人忍认
	臻合一（魂）	本喷盆门墩钝盾/嫩论尊村寸存孙损
	臻合三（文）	分芬焚粉坟
	臻合三（谆）	轮遵笋榫
	曾开一（登）	灯等疼能增层僧恒肯
	曾开三（蒸）	征蒸拯证称澄乘承绳升仍
	梗开二（庚）	烹彭冷撑生庚坑亨衡硬
	梗开二（耕）	争耕橙
	梗开三（清）	贞侦程呈征整郑成声圣
(37) iɐn	深开三（侵）	今锦禁钦琴吟音阴淫
	臻开三（真）	巾紧仅银寅因姻引印
	臻开三（殷）	斤谨勤欣近殷隐
	曾开三（蒸）	凝兴应鹰蝇
	梗开二（庚）	行~为
	梗开二（耕）	幸莺鹦~鹉樱
	梗开三（庚）	京景警惊境荆庆竟敬迎英映影杏行品~彭
	梗开三（清）	颈劲轻婴赢盈营
	梗开四（青）	经馨形萤

(38) uɐn	臻合一（魂）	昆坤困昏浑混魂温稳
	臻合三（文）	蚊问荤文
	梗合二（庚）	横
(39) yɐn	臻合三（谆）	均菌匀润闰 /椿肫准春蠢顺舜纯
	臻合三（文）	军君群熏熨云训
	臻开三（真）	窘
	梗合三（庚）	荣永泳咏
	梗合三（清）	倾顷琼
	梗合三（青）	炯迥扃
(40) in	深开三（侵）	禀品林侵心寻寝
	臻开三（真）	宾斌贫敏民吝津进尽亲秦信新讯
	臻合三（谆）	俊荀巡询旬迅殉
	曾开三（蒸）	冰凭菱陵
	梗开三（庚）	兵秉丙病平明鸣命
	梗开三（清）	饼聘名领岭令精晶晴情性姓
	梗开四（青）	瓶铭暝丁顶鼎定听停宁灵青腥醒
(41) ɐŋ	江开二（江）	虹
	曾开一（登）	崩朋鹏
	曾合一（登）	弘
	梗开二（庚）	猛孟盟
	梗开二（耕）	棚萌
	梗合二（耕）	宏泓轰
	通合一（东）	动蓬蒙通弄笼拢总聪从公汞空红烘
	通合一（冬）	冬统农宗综
	通合三（东）	风丰冯梦隆嵩中终众虫充崇讽绒茸弓
	通合三（钟）	捧封奉逢浓垅龙纵宠从松宠容恭共恐
(42) iɐŋ	梗合三（庚）	兄
	通合三（东）	穹穷雄熊融
	通合三（钟）	胸凶雍拥庸用容溶熔
(43) uɐŋ	通合一（东）	翁瓮嗡
(44) ɔŋ	宕开一（唐）	帮旁忙当汤堂囊郎葬仓脏桑缸康昂行~列

宕开三（阳）　张章畅昌厂商上瓤让/庄疮床闯创霜爽

宕合三（阳）　方芳纺房防放

江开二（江）　帮邦棒蚌港夯项巷/桩撞窗双

梗开二（庚）　盲

梗开二（耕）　氓流～浜

(45) iɔŋ　宕开三（阳）　奖酱枪香强墙娘凉浆箱祥僵羌仰秧羊

宕合三（阳）　框门～

江开二（江）　讲江腔降～伏降下～项巷

(46) uɔŋ　宕合一（唐）　光广旷荒谎肓黄汪

宕合三（阳）　亡芒网逛眶框边～匡狂况往望王

梗合二（庚）　矿

(47) m̩　流开一（侯）　母姆拇

说明：今［yɔŋ］韵母有音无字，［n̩］韵母无对应的古音，均未列入表中。

（三）声调的古今比较

1. 阳新话韵母与中古音声调的对应关系

阳新话的声调与中古音声调的对应关系可用下表表示。

阳新方言声调与中古音系声调比较表

古＼今		阴平 [˧] 33	阳平 [˨˩˨] 212	上声 [˨˩] 21	入声 [˦˥] 45
平	清	波都光山春	肤娘	粳萎	些
	次浊	馒	麻鹅流奴娘		
	全浊	酣奚	婆图茶池渠	皖惩	瘸
上	清	殴悄	癸	保品手海果	
	次浊		靡燎	老马女软雨	
	全浊	部坐巨在户		很缓	
去	清	怕醉报众放	虹	簸腕	性臂
	次浊	味饿误卖裕	媚疗	刃讶	
	全浊	旧画树饭事	殉	哺署	鼻
入	清	式错			笔八答哲夹
	次浊	翼拉	膜漠	撇	物劣肉六业
	全浊	屐划			白拔碟读局

说明：表中的小字（楷体字）都是例外字，不能形成规律。

2. 阳新话声调的来源

根据上面古今声调比较表，我们可以看出，除例外字外，阳新话声调的来源是：

阴平：来源于古清声母平声和古去声以及古全浊声母上声。

阳平：来源于古浊声母（包括全浊和次浊）平声。

上声：来源于古清声母上声、古次浊声母上声。

入声：来源于古入声。

以下是例外字总汇：

(1) 古清声母平声字今读例外（今应读阴平而未读阴平）：

今读阳平：肤（虞韵非母平声） 孵（虞韵敷母平声）
奎（齐韵溪母平声） 娠（真韵书母平声）
滂（唐韵滂母平声） 肪（阳韵非母平声）
孵（虞韵敷母平声） 扛（江韵见母平声）
荀（谆韵心母平声）

今读上声：竿（寒韵见母平声） 脂~肪（脂韵章母平声）
粳（庚韵见母平声） 蝙~蝠（先韵帮母平声）
萎（支韵影母平声） 闽（真韵明母平声）

今读入声：些（麻韵心母平声）

(2) 古全浊声母上声字今读例外（今应读阴平而未读阴平）：

今读上声：很（很韵匣母上声） 混~同（混韵匣母上声）
迥（迥韵匣母上声） 艇（迥韵定母上声）
缓（缓韵匣母上声） 窘（轸韵群母上声）
婢（纸韵並母上声） 腐釜辅（麌韵奉母上声）

(3) 古去声字今读例外（今应读阴平而未读阴平）：

今读阳平：虹（绛韵见母去声） 殉（稕韵邪母去声）
疗（笑韵来母去声） 玩游~（换韵疑母去声）
媚（至韵明母去声） 泥拘~（霁韵泥母去声）

今读上声：柄（映韵帮母去声） 假放~（祃韵並母去声）
痹（至韵帮母去声） 偶~然（候韵疑母去声）
哺（暮韵並母去声） 腕惋（换韵影母去声）
统（宋韵透母去声） 蔼霭（泰韵影母去声）

簸（过韵帮母去声）　块（队韵溪母去声）
刃（震韵日母去声）　署（御韵禅母去声）
讶（祃韵疑母去声）　纬（未韵云母去声）
稍（效韵生母去声）　佐（箇韵精母去声）
薯（御韵禅母去声）　饵（志韵日母去声）
绕（笑韵日母去声）　仅（震韵群母去声）
访（漾韵敷母去声）　涧（谏韵见母去声）
今读入声：赫（祃韵书母去声）　鼻（寘韵並母去声）
性（劲韵心母去声）　塑（暮韵心母去声）
缢（霁韵影母去声）　帕（祃韵滂母去声）
胖（绛韵滂母去声）　皱绉（宥韵庄母去声）
臂（寘韵帮母去声）　吓~跳（祃韵晓母去声）

（4）古浊声母（包括全浊、次浊）平声字今读例外（今应读阳平而未读阳平）：

今读阴平：疵（支韵从母平声）　蹲（魂韵从母平声）
帆（凡韵奉母平声）　鲸（庚韵群母平声）
松（钟韵邪母平声）　酣（谈韵匣母平声）
兮（齐韵匣母平声）　奚（齐韵匣母平声）
馒（桓韵明母平声）　捐（仙韵以母平声）
猫（宵韵明母平声）　榆逾愉（虞韵以母平声）
今读上声：惩（蒸韵澄母平声）　皖（桓韵匣母平声）
今读入声：瘸（戈韵群母平声）

（5）古清声母、次浊声母上声字今读例外（今应读上声而未读上声）：

今读阴平：坞（姥韵影母上声）　殴（厚韵影母上声）
悄（小韵清母上声）　坷坎~（哿韵溪母上声）
矿（梗韵见母上声）　愈病~（麌韵以母上声）
今读阳平：癸（旨韵见母上声）　靡（纸韵明母上声）
燎（小韵来母上声）　瞭（筱韵来母上声）

（6）古入声字今读例外（今应读入声而未读入声）：

今读阴平：拉（合韵来母入声）　翼（职韵以母入声）
屐（陌韵群母入声）　轧（黠韵影母入声）

划（麦韵匣母入声）　错（铎韵清母入声）
雹（觉韵並母入声）　啄琢（觉韵知母入声）
饬（职韵彻母入声）　忆亿翼（职韵影母入声）
式饰轼拭（职韵书母入声）
今读阳平：膜漠（铎韵明母入声）
今读上声：撒（曷韵心母入声）

第三章　阳新方言词汇

一、概　述

（一）构词方式

构词方式就是词素组合的方式和方法。同北京话相比，阳新方言的构词方式有如下特点：

1. 单音节单纯词较多

同北京话相比，阳新方言词汇单音节单纯词较多，许多北京话的复音词，在阳新方言中是单音节词。如：

北京话	墙壁	想念	脖子	嘴巴	上衣	吝啬	拖拉	低垂
阳新话	壁	欠	颈	嘴	褂	嘣	忸	觽

表示亲属称谓的名词更是以单音节词居多。如：

北京话	爸爸	妈妈	爷爷	奶奶	哥哥	姐姐	弟弟	妹妹
阳新话	爷	母	公	婆	哥	姐	弟	妹

2. 名词性重叠式少见

在北京话和其他一些方言中，利用两个相同的词素重叠可以构成名词性重叠式，但这种名词性重叠式在阳新方言中较为罕见。例如外地所说的“星星”，阳新话叫“星”；外地所说的“娃娃”，阳新话叫“伢”。特别是表示亲属称谓的名词，无一例外地不用重叠式。

3. 构词语素的特点

阳新方言的某些词与北京话词义相同，但词形不同，有的是语素的排列顺序不同，有的是构词语素不同。

(1) 阳新方言的某些词的构词语素与北京话相同，但语素排列的顺序不同。如：

人客 zɐn˩ k‘ɛ˥ 客人	后背 xɛ˧ pəi˧ 背后
鸡公 tɕi˧ kɐŋ˧ 公鸡	背脊 pəi˧ tsiɒ˥ 脊背
鸭公 ŋɒ˥ kɐŋ˧ 公鸭	么什 mo˩ sɿ˥ 什么
仔鸡 tsɿ˩ tɕi˧ 鸡仔	齐整 ts‘əi˩ tsɐn˩ 整齐
菜蔬 ts‘æ˧ sɑu˧ 蔬菜	闹热 lɔ˧ zɛ˥ 热闹
气力 tɕ‘i˧ ləi˥ 力气	欢喜 xuœ̃˧ ɕi˩ 喜欢（高兴）
兄弟 ɕiɐŋ˧ t‘əi˧ 弟兄	解劝 kæ˩ tɕ‘yɛ̃˧ 劝解
言语 ȵiɛ̃˩ ȵy˩ 语言	去回 tɕ‘i˧ xuəi˩ 回去
钱纸 ts‘iĩ˩ tsɿ˩ 纸钱	来往 læ˩ uɔŋ˩ 往来

（2）构词语素与北京话不同。

有些词的语素组成与北京话有部分不同，下面例子中，不带括号的是阳新方言词，带括号的是北京话词。如：

中时（中午）　落雨（下雨）　王鹰（老鹰）　中饭（晚饭）
杠身（身体）　过细（细心）　窗孔（窗户）　飞蝶（蝴蝶）
被单（床单）　围颈（围巾）　失措（失手）　着力（用力）

还有些词的语素组成与北京话完全不同，这些词最能体现词汇的地方色彩。下面例子中，不带括号的是阳新话，带括号的是北京话。如：

名词

性家（男人）　囡家（妇女）　日头（太阳）　定安（地方）
屋下（村庄）　滚子（轮子）　溜子（漏斗）　脚砣（膝盖）
太胯（大腿）　蛤蟆（青蛙）

形容词

甜面（漂亮）　灵醒（聪明）　骚扎（利索）　齐扎（整齐）
罗连（啰嗦）　赖晒（肮脏）　金赞（娇气）　细毛（节约）
效莽（勤快）　带厌（调皮）

动词

打白（撒谎）　搁落（放下）　驳嘴（吵架）　听唧（吱声）
码谱（估计）　纳得（需要）　告试（开始）　劳慰（感谢）
打摞（收拾）　眼浅（羡慕）

4. 音变构词

阳新方言的音变构词有两种方式：

(1) 小称音变构词。阳新方言的音变构词主要是通过小称音变来完成的。

阳新方言的小称音变是一种特殊的音变形式，它把有些用来作名词、代词、形容词和动词（或者上述各类词的词素）的平声或上声字变读为入声，其作用除了指小、表示事物或动作的短时少量外，还可以改变词义使原词蜕变成一个新的词（见本书第二章第二节“小称音变”）。如：

姐夫 tsiɒ˩ fu˧ 是姐之夫的意思→音变为tsiɒ˩ fɐn˥，词义变成了“丈夫”。

媳妇 si˥ fu˧ 是儿媳的意思→音变为si˥ fɐn˥，词义变成了“妻子”。

手巾 sɑu˩ tɕiɐn˧ 是洗脸毛巾的意思→音变为sɑu˩ tɕiɐn˥，词义变成了“手帕”。

这种音变构词的特点是：新词和原词的意义不是引申和被引申的关系，而是通过词义别解来完成的。所谓别解，就是对原词在字面上从另一个角度来阐释。

(2) 对原词的意义进行引申，同时改变声调，从而构成新词。如：

硬 ŋɐn˧ 坚硬→硬 ŋɐn˩ 硬物使人体不适。如：不穿鞋走路脚板硬得疼。

冲 ts‘ɐŋ˧ 向前冲→冲 ts‘ɐŋ˥ 往上冒

韵 yɐn˧ 韵味→韵 yɐn˥ 品味。如：韵了二两酒。

阻止 zɑu˩ tsʅ˩→做制（阻止） zɑu˧ tsʅ˧ 惩罚、教训。如：你果不听话，非要做制（阻止）你不可。

这种音变构词有别于小称音变构词，音变不限于变读为入声，而且新词和原词的意义是引申和被引申的关系。

（二）词汇的地方色彩

所谓“地方色彩”是相对于普通话而言的，下面仅从词义角度上来举例说明。

1. 阳新方言有些词普通话不说，这些词往往与普通话词的意义没有一对一的关系，也就是说，这些词有诸多意项，在普通话中找不到对应的词。如：

贼物（调皮捣蛋、恶作剧）

抻度（平整、漂亮、大方、顺利）

撇脱（轻松、无责任、不麻烦）

乐愉（满意、放心、心里踏实）

插掐（坏心眼、不安好心、故意挑事）

2. 阳新方言和普通话有些词的词形相同，但词义有差异。如：

例词	普通话	阳新方言
姑娘	未婚女性	姑妈
对手	竞赛或斗争的对方	帮手
零碎	细碎的东西	零食
疏落	稀疏零落	素淡、素雅

（三）特殊词语

1. 称谓词语

(1) 亲属称谓

阳新人称父亲为“爷”i˩，称干爹为“干爷”kœ̃˧ iɒ˩（“干爷”的“爷”不读i˩)。称祖父为“公”kɐŋ˧。称呼父亲的兄弟，则在“爷”的前面加排行：太爷、二爷、三爷，老幺叫“细爷”；称亲父不加排行，不论他行几。称呼祖父辈仿此。“叔佬”sɑu˥ lɔ˩ 只用以称呼别人家里与自己的父母同辈的男性。称姑父为“姑爷”ku˧ i˩，称姨父为“姨爹”i˩ ti˧，称舅父为“舅爷”tɕʻiɑu˧i˩。“老伯”lɔ˩ pɛ˥，只用来称呼兄弟的岳父。称曾祖父为“太公”tʻæ˧ kɐŋ˧；或简称“太”，“太”音变作tʻæ˥。

阳新人称母亲为“母”m̩˩，“娘”ȵiɔŋ˩ 可以指母亲，但不用作面称。称祖母为“婆”pʻo˩。父亲的姊妹，无论年龄比父亲大还是小，都称“姑娘”ku˧ ȵiɔŋ˩，也可简称为“姑”ku˧。母亲的姊妹，无论年龄比母亲大还是小，都称“姨娘”i˩ ȵiɔŋ˩；不过年龄比母亲小的，可以用小称音变称为“娘”ȵiɔŋ˥。称伯父、叔父的妻子多半是在“母”的前面加排行：太母、二母、三母，老幺叫“细母”，称母亲不加排行；伯父的妻子可称“伯母”pɛ˥ m̩˩，叔父的妻子可称“婶娘”sɐn˩ ȵiɔŋ˩，但面称的很少。“老伯母”lɔ˩ pɛ˥ m̩˩，只用以称呼兄弟的岳母。称舅妈为“舅娘”tɕʻiɑu˧ ȵiɔŋ˩。称曾祖母为“太婆”tʻæ˧ pʻo˩，也简称“太”。

阳新人称外祖父为“高公”kɔ˧ kɐŋ˧，称外祖母为“高婆”kɔ˧ pʻo˩，面称、背称都这么叫。其实，“高公”、“高婆”的“高 kɔ˧”应该是“家 kɒ˧”的音变。

妻子的父亲叫“丈老”tsʻɔŋ˧ lɔ˩，妻子的母亲叫“丈母”tsʻɔŋ˧ m̩˩，也叫“丈母娘”ts‘ɔŋ˧ m̩˩ n̩iɔŋ˩。以上都是背称，面称跟妻子一样叫。丈夫的父亲和母亲没有背称，面称跟丈夫一样叫“爷”i˩、“母”m̩˩。岳父、岳母之父均面称“增公”ts‘ɐn˧ kɐŋ˧，岳父、岳母之母均面称“增婆”ts‘ɐn˧ p‘o˩。

儿媳称作“媳妇”si˥ fu˧，“女婿”n̩y˩ səi˧和“媳妇”都是背称，当面公婆皆直呼其名。入赘的女婿叫“坐堂女婿”ts‘o˧ t‘ɔŋ˩ n̩y˩ səi˧，“坐堂女婿”也是背称。夫妻之间的称谓比较随便，丈夫可用“媳妇”si˥ fu˧（儿媳）的小称音变si˥ fɐn˥ 指妻子，妻子可用“姐夫”sip˩ fu˧（姐之夫）的小称音变tsip˩ fɐn˥ 指丈夫；丈夫对外人可把“妻子”叫“屋里”。

同胞兄弟姐妹之间，通常是叫名字，或者叫小名。姻亲兄弟姐妹之间的称呼比同胞兄弟姐妹之间要拘礼一些，年纪小的称呼年纪长的是在名字后面加“哥”、“姐”，年纪长的称呼年纪小的则叫名字。

几个弟兄的妻子之间，面称随孩子叫“太母”、“二母”、“细母”。几个姐妹的丈夫之间，面称随孩子叫“姨爹”。丈夫背称妻子的兄弟为“舅子”，面称随孩子叫“舅爷”。

几个弟兄是“兄弟伙”ɕiɐŋ˧ t‘əi˧ xo˩，几个姐妹是“姊妹伙”tsɿ˩ məi˧ xo˩,几个弟兄的妻子是“妯娌伙”ts‘ɑu˥ ləi˧ xo˩，男子和妻子的弟兄是“郎舅伙”lɔŋ˩ tɕ‘iɑu˧ xo˩。

(2) 社会称谓

阳新旧时称教师为“匠”ts‘iɔŋ˧，这个“匠”是“先生”的意思，与称手艺人的“匠”意思不同；现在称教师为“老师”lɔ˩ sɿ˧。旧时称接生的产婆叫“洗高婆”səi˩kɔ˧ p‘o˩，称中医为“郎中”lɔŋ˩ tsɐŋ˧，也可以称“匠”；现在不论中医、西医都称“医生”i˧ sɐn˧。

对手艺人，面称称“师傅”sɿ˧ fu˧，背称称做衣服的为“裁缝”ts‘æ˩ fɐŋ˩，理发的称“剃头师傅”t‘əi˧ t‘ɛ˩ sɿ˧ fu˧，木工称“木匠”mo˥ ts‘iɔŋ˧，泥工称“封匠”fɐŋ˧ ts‘iɔŋ˧，打铁的称“铁匠”t‘i˥ ts‘iɔŋ˧，杀猪的称“杀猪佬”sɒ˥ tɕy˧ lɔ˩，其余补锅的、阉割猪的都没有专门的称呼，就叫“补锅箇”pu˩ ko˧ ko˧ 、“割猪箇”kɛ˥ tɕy˧ ko˧。

2. 婚丧词语

(1) 婚事词语

婚姻介绍人早先叫“媒人”məi˩ zɐn˩，男性媒人叫“月老”yɛ˥ lɔ˩。

现在把“媒人”叫“介绍人”kæ˧ sɛ˧ zɐn˩。给女孩子找对象叫“找人家”tsɔ˩ zɐn˩ kɒ˧，订婚叫“定亲”t‘in˧ ts‘in˧，旧时结婚叫“成亲”ts‘ɐn˩ts‘in˧。新娘叫“新媳妇”sin˧ ɕi˥ fu˧。新郎随新娘回娘家拜见父母叫“回门”xuəi˩ mɐn˩。

(2) 丧事词语

为表示对死者的尊重，把“死”叫作“过身”ko˧ sɐn˧。棺材叫“方子”fɔŋ˧ tsʅ˩，又叫“寿木”sau˧ mo˥，用薄木板钉成的简陋的棺材（装殓小孩的）叫“匣子”ɕiɒ˥ tsʅ˩。

做丧事时死者后辈男性统称“孝子”ɕiɔ˧ tsʅ˩。死者入棺后道士做道场念经叫“做祭”tsau˧ tsəi˧，人死后要做七天道场叫作“做七” tsau˧ ts‘əi˥。出殡叫“出柩”ts‘y˥ tɕiau˧，出殡前主持丧事仪式和念祭文的人叫“礼生”ləi˩ sɐn˧，礼生念完祭文后还要念“孝券单” ɕiɔ˧ tɕ‘yɛ̃˧ tæ̃˧，所谓“孝券单”，就是参加出殡仪式的晚辈名单。抬棺材的八个人叫“八脚” pɒ˥ tɕio˥，出殡之后在路上做祭叫“做路祭”tsau˧ lau˧ tsəi˧。

（四）近若干年词汇方面出现的变化

词汇与社会生活直接发生联系，社会在发展变化，词汇也跟着发展变化。很多词汇随着社会的发展被淘汰了，同时也不断有新词语产生。这里仅列举一些陈旧的词语。

旧时阳新把稻谷去壳变成米的加工工具叫“类子” ləi˧tsʅ˩，就是“砻”，这种东西大约在上世纪六十年代以后就不用了。

旧时照明主要用油灯，叫“灯盏” tɐn˧ tsæ̃˩；上世纪五十年代，照明主要用以煤油为燃料的“洋油灯” iɔŋ˩ iau˩ tɐn˧。这类词语年轻人觉得很陌生。

从前洗衣服用“草饼”ts‘ɔ˩ pin˩帮助去污，“草饼”就是榨油后的下脚料。后来有了肥皂和洗衣粉，年轻人就不知“草饼”为何物了。

从前有一种雨鞋叫“钉鞋” tin˧ xæ˩，鞋底钉有圆头铁钉，底和帮都较普通布鞋厚实，而且刷了桐油可以防雨，这种鞋现在已经找不到了。

过去少儿有一种游戏叫“搭别” tɒ˥ p‘i˥，“别”是用纸（主要是香烟包装纸）折成的三角形，游戏时把“别”用力往地上掼，使对方放在地上的“别”翻过面来算赢。

过去小孩子生病，大人就认为是孩子在外面受了惊吓，把魂吓掉了，于是拿着一碗米从外面一直撒到小孩的病床边，一边撒，一边叫着孩子的名字，意思是要把魂叫回来，人们把这称作“叫吓” tɕiɛ˧ xɒ˥。

以上这些词语已经进入了“博物馆”，成了“历史词”，代之而起的是纷繁复杂的新词语。特别是网络时代，新词语更是层出不穷。

二、分类词语表

凡 例

(1) 本表据中国社会科学院语言研究所方言研究室资料室编《汉语方言词语调查条目表》(载《方言》2003 年第 1 期) 调查整理而成。为反映方言特色，在某些地方有所增删。

(2) 每条词语先写出汉字，然后用国际音标注音。与北京话差异较大的词在音标后面加以简单的注释，少数条目举出用例。注文中的代替号“～”代替所注的字。如：

灵醒　lin˩ sin˩ 聪明

失措　sʅ˥ ts'o˧ 失手：我～把茶杯打破了

(3) 意义大体相同的词排列在一起，第一条顶格排，其他各条后退一格另行排列。如：

结命　tɕiɛ˥ miɔŋ˧ 拼命

　匹命　p'əi˥ miɔŋ˧

(4) 多义词的不同义项用圆圈数码①②③分开。

(5) 有些本字参考古代文献拟定，并在词条下加以说明。如：

奓　tsɒ˧　张开：～嘴。《广韵·麻韵》：“～，张也”，陟加切

(6) 有些本字读音发生了变化，仍然列其本字，另在字后加以说明。如：

治读阳平，音迟鱼　ts'ʅ˩ y˩

眠读阴平床　min˧ ts'ɔŋ˩

(7) 少数方言词有音无字，或暂时未考出本字，则用同音字代替，在同音字下面加波浪线“﹏﹏”，如果没有合适的同音字代替，则用方框“□”表示。如：

弦壳 ɕiɛ̃˩ k'o˥ 蚌壳

□ k'uæ˩ 挑担子：～一担谷

(8) 标音下加波浪线“ ”的，表示是小称音变，如果小称音变在口语中常用，而其本音已不常用，则只列其变音，其本音见第二章《同音字汇》；也有本音和小称音变平常都用的，则在其本音后用括号再标出其变音。如：

褂 kuæ˥

腻 ȵi˧（ȵiɔŋ˥）～人：食品中油脂过多，使人厌食

分类词语表目录如下：

(一) 天文

(二) 地理

(三) 时令 时间

(四) 农业

(五) 植物

(六) 动物

(七) 房舍

(八) 器具 用品

(九) 称谓 人品

(十) 亲属

(十一) 身体

(十二) 疾病 医疗

(十三) 衣服 穿戴

(十四) 饮食

(十五) 红白大事

(十六) 日常生活

(十七) 讼事

(十八) 交际

(十九) 商业 交通

(二十) 文化教育

(二十一) 文体活动

(二十二) 动作

（二十三）位置
（二十四）代词等
（二十五）形容词
（二十六）副词、介词等
（二十七）量词
（二十八）数字等

（一）天　文

1. 日月星辰

日头 zʅ˥ t'ɛ˩
日头眼 zʅ˥ t'ɛ˩ ŋæ̃˩
太日头 t'æ˧ zʅ˥ t'ɛ˩　烈日
日头影 zʅ˥ t'ɛ˩ iɔŋ˩
日头地 zʅ˥ t'ɛ˩ t'əi˧　太阳底下
阴定安 iɐn˧ t'in˧ ŋœ̃˧　阳光照射不到的地方
天狗喫食 t'iĩ˧ kɛ˩ tɕ'iɔ˥ sʅ˥　日蚀
月亮 yɛ˥ liɔŋ˧
月亮地 yɛ˥ liɔŋ˧ t'əi˧　月亮照到的地方
天狗喫月 t'iĩ˧ kɛ˩ tɕ'iɔ˥ yɛ̃˥　月蚀
月亮生毛 yɛ˥ liɔŋ˧ sɐn˧ mɔ˩　月晕
星 ɕin˧（ɕiɔŋ˧）
北斗星 pɛ˥ tɛ˩ ɕin˧
天河 t'iĩ˧ xo˩
星屙屎 ɕiɔŋ˧ uo˧ sʅ˩　流星
扫帚星 sɔ˧ tsɑu˩ ɕin˧　彗星

2. 风雨雷电云

风 fɐŋ˧
太风 t'æ˧ fɐŋ˧
细风 səi˧ fɐŋ˧
迁头风 tɕ'iĩ˧ t'ɛ˩ fɐŋ˧　旋风
顺风 ɕyɐn˧ fɐŋ˧
倒风 tɔ˧ fɐŋ˧
冷风 lɐn˩ fɐŋ˧
热风 zɛ˥ fɐŋ˧
起风 tɕ'i˩ fɐŋ˧
风停了 fɐŋ˧ t'in˩ liɛ˩
东风 tɐŋ˧ fɐŋ˧
南风 lœ̃˩ fɐŋ˧
西风 səi˧ fɐŋ˧
北风 pɛ˥ fɐŋ˧
霜风 sɔŋ˧ fɐŋ˧　霜季刮的风
云 yɐn˩
乌云 u˧ yɐn˩
　黑云 xɛ˥ yɐn˩
雷 ləi˩
打太雷 tɒ˩ t'æ˧ ləi˩
炸雷 tsɒ˧ ləi˩
豁闪 xo˥ sœ̃˩　闪电
打豁闪 tɒ˩ xo˥ sœ̃˩　打闪
雨 y˩
落雨 lo˥ y˩　下雨
细雨 səi˧ y˩　小雨
毛纷雨 mɔ˩ fɐn˥ y˩　毛毛雨
飘风雨 p'i˧ fɐŋ˧ y˩
太雨 t'æ˧ y˩

太暴雨 tʻæ˧ pʻɔ˧y˩　暴雨

风暴雨 fɐŋ˧ pʻɔ˧ y˩

雨脚 y˩ tɕio˥

长脚雨 tsʻɔŋ˩ tɕio˥ y˩　长时间下雨

阵头雨 tsʻɐn˧ tʻɛ˩ y˩

雷阵雨 ləi˩ tsʻɐn˧ y˩

雨停了 y˩ tʻin˩ liɛ˩

马影 mɒ˩ iɐn˩（mɒ˩ iɔŋ˩）　虹

沰雨 to˥ y˩　淋雨

沰湿了 to˥ sʅ˥ liɛ˩　淋湿了

3. 冰雪霜露雾

冰 pin˧

凌冰 lin˧ pin˧　冰

结冰 tɕiɛ˥ pin˧

　起凌 tɕʻi˩ lin˧

雪籽 si˥ tsʅ˩　冰雹

落雪籽 lo˥ si˥ tsʅ˩

雪 si˥

落雪 lo˥ si˥

鹅毛大雪 ŋo˩ mɔ˩ tɒ˧ si˥

雨夹雪 y˩ tɕiɒ˥ si˥

落雪落凌 lo˥ si˥ lo˥ lin˧　形容天气极度寒冷

融雪 iɐŋ˩ si˥

雪水 si˥ ɕy˩

露水 lɑu˧ ɕy˩

霜 sɔŋ˧

打霜 tɒ˩ sɔŋ˧

起霜凌 tɕʻi˩ sɔŋ˧ lin˧

雾 u˧

太雾 tʻæ˧ u˧

起雾 tɕʻi˩ u˧

落黄沙 lo˥ xuɔŋ˩ sɒ˧　霾

4. 气候

天气 tʻiĩ˧ tɕʻi˧

作世界 tso˥ sʅ˧ kæ˧　变天

好世界 xɔ˩ sʅ˧ kæ˧　好天气

晴天 tɕʻin˩ tʻiĩ˧

　晴世界 tɕʻin˩ sʅ˧ kæ˧

阴天 iɐn˧ tʻiĩ˧

霉天 məi˩ tʻiĩ˧ 黄梅天

进伏 tsin˧ fu˥

出伏 tɕʻy˥ fu˥

头伏 tʻɛ˩ fu˥

二伏 zʅ˧ fu˥

三伏大 sæ̃˧ fu˥ tʻiĩ˧

天干 tʻiĩ˧ kœ̃˧　天旱

高（交）秋 kɔ˧ tɕʻiu˧　入秋

秋老虎 tɕʻiu˧ lɔ˩ xu˩

三九 sæ̃˧ tɕiɑu˩

倒春寒 tɔ˧ tɕʻyen˧ xœ̃˩

小阳春 si˩ iɔŋ˩ tɕʻyen˧

（二）地　理

1. 山垴田地

山 sæ̃˧

柴山 tsʻæ˩ sæ̃˧

茅山 mɔ˩ sæ̃˧

荒山 xuɔŋ˧ sæ̃˧

坟山 fɐn˩ sæ̃˧

祖坟山 tsɑu˩ fɐn˩ sæ̃˧

山尖 sæ̃˧ tsiĩ˧

山顶 sæ̃˧ tin˩
山垴 sæ̃˧ lɔ˩ 小山包
山颈 sæ̃˧ tɕiɔŋ˩
半山腰 pœ̃˧ sæ̃˧ iɛ˧
山沟 sæ̃˧ kɛ˧
山脚下 sæ̃˧ tɕio˥ xɒ˧
田 t'iĩ˩
水田 ɕy˩ t'iĩ˩
烂泥田 læ̃˧ ȵi˩ t'iĩ˩
沙田 sɒ˧ t'iĩ˩ 沙质且易断水的田
湖田 xu˩ t'iĩ˩
冷浸田 lɐn˩ tsin˧ t'iĩ˩ 浸冬的田
过水丘 ko˧ ɕy˩ tɕ'iɑu˧
田缺口 t'iĩ˩ tɕ'yɛ˥ k'ɛ˩
田塍 t'iĩ˩ sɐn˩
田坎 t'iĩ˩ k'œ̃˩
田畈 t'iĩ˩ fæ̃˧
田畈垅 t'iĩ˩ fæ̃˧ lɐŋ˩
地 t'əi˧
地坎 t'əi˧ k'œ̃˩
湖地 xu˩ t'əi˧
菜地 ts'æ˧ t'əi˧
旱地 xœ̃˧ t'əi˧
荒地 xuɔŋ˧ t'əi˧
熟地 sɑu˥ t'əi˧
平地 p'iɔŋ˩ t'əi˧

2. 江河湖海

江 tɕiɔŋ˧
长江 ts'ɔŋ˩ tɕiɔŋ˧
河 xo˩
河下 xo˩ xɒ˧ 河边
河堤 xo˩ t'əi˩
堰 iɛ̃˧
石堰 sɒ˥ iɛ̃˧
海 xæ˩
湖 xu˩
湖坪 xu˩ p'iɔŋ˩
潭 t'œ̃˩
塘 t'ɔŋ˩
沟 kɛ˧
水沟 ɕy˩ kɛ˧
港 kɔŋ˩ 小河或稍大的小溪
水凼 ɕy˩ tɔŋ˧
水 ɕy˩
清水 ts'iɔŋ˧ ɕy˩
浑水 xuɐn˧ ɕy˩
泥巴水 ȵi˩ pɒ˧ ɕy˩
河水 xo˩ ɕy˩
江水 tɕiɔŋ˧ ɕy˩
湖水 xu˩ ɕy˩
海水 xæ˩ ɕy˩
港水 kɔŋ˩ ɕy˩
雨水 y˩ ɕy˩
洪水 xɐŋ˩ ɕy˩
发太水 fɒ˥ t'æ˧ ɕy˩ 水灾
泉水 ts'iĩ˩ ɕy˩
井水 tɕiɔŋ˩ ɕy˩
地下水 t'əi˧ xɒ˧ ɕy˩
冷水 lɐn˩ ɕy˩
开水 k'æ˧ ɕy˩ 煮沸的水
热水 zɛ˥ ɕy˩
温笃水 uɐn˧ tɑu˥ ɕy˩ 温水

潲水 sɔ˧ ɕy˩

洗米水 səi˩ məi˩ ɕy˩

3. 石沙、土块、矿物

石头 sʅ˥ tʻɛ˩

　石垒 sɒ˥ ləi˩

石垒婆 sɒ˥ ləi˩ pʻo˩　拳头大的石头

石板 sɒ˥ pæ̃˩

沙 sɒ˧

黄沙 xuɔŋ˩ sɒ˧

河沙 xo˩ sɒ˧

土 tʻau˩

　土巴 tʻau˩ pɒ˧

泥 ȵi˩

泥巴 ȵi˩ pɒ˧

泥巴坨 ȵi˩ pɒ˧ tʻo˩

泥巴胨 ȵi˩ pɒ˧ teŋ˥　泥浆

砖 tɕyɛ̃˧

土砖 tʻau˩ tɕyɛ̃˧　未烧制的砖

火砖 xo˩ tɕyɛ̃˧　经火烧制的砖

青砖 tsʻin˧ tɕyɛ̃˧　老式砖

红砖 xeŋ˩ tɕyɛ̃˧

瓦 uɒ˩

瓦扎 uɒ˩ tsɒ˥　破碎瓦片

灰 xuəi˧　①灰尘 ②柴灰

　灰尘 xuəi˧ tsʻen˩

　柴灰 tsʻæ˩ xuəi˧　柴草烧成的灰

玉 y˥

金 tɕien˧

银 ien˩

铜 tʻeŋ˩

铁 tʻi˥

锡 səi˥

铝 y˩

钢 kɔŋ˧

钢筋 kɔŋ˧ tɕien˧

煤 məi˩

煤灰 məi˩ xuəi˧

水泥 ɕyəi˩ ȵi˩

　洋灰 iɔŋ˩ xuəi˧

石灰 sɒ˥ xuəi˧

吸铁石 ɕi˥ tʻi˥ sʅ˥　磁铁

煤油 məi˩ iau˩

汽油 tɕʻi˧ iau˩

柴油 tsʻæ˩ iau˩

桐油 tʻeŋ˩ iau˩

桐油灰 tʻeŋ˩ iau˩ xuəi˧　石灰加桐油调和而成，用来填补木器缝隙

硬炭 ŋen˧ tʻæ̃˧　专指用硬木烧成的炭

付炭 fu˧ tʻæ̃˧　木柴燃烧后的余烬

4. 城乡、处所

定安 tʻin˧ ŋœ̃˧　地方

村 tsʻen˧

　屋下 u˥ xɒ˧　村庄

屋场 u˥ tsʻɔŋ˩　晒谷场

烟 iɛ̃˧　多少人家叫多少烟

　人烟 zen˩ iɛ̃˧

街 kæ˧

石板街 sɒ˥ pæ̃˩ kæ˧

街上 kæ˧ sɔŋ˧　①镇、城镇 ②大街上

城门洞 tsʻen˩ men˩ tʻeŋ˧

祠堂 ts‘ɿ˩ t‘ɔŋ˩
太堂前 t‘æ˧ t‘ɔŋ˩ ts‘iĩ˩ 祠堂的大厅
巷道 xɔŋ˧ t‘ɔ˧ 巷子
乡下 ɕiɔŋ˧ xɒ˧
老屋 lɔ˩ u˥
新屋 sin˧ u˥
老家 lɔ˩ tɕiɒ˧ 故乡
山角落 sæ̃˧ ko˥ lo˥
路 lɑu˧
走路 tsɛ˩ lɑu˧
太路 t‘æ˧ lɑu˧
小路 si˩ lɑu˧
岔路 ts‘ɒ˧ lɑu˧
　椏岔路 ŋɒ˧ ts‘ɒ˧ lɑu˧
山路 sæ̃˧ lɑu˧
旱路 xœ̃˧ lɑu˧
水路 ɕy˩ lɑu˧
桥 tɕ‘iɛ˩

（三）时令 时间

1. 季节

四季 sɿ˧ tɕi˧
春 tɕ‘yɐn˧
春天 tɕ‘yɐn˧ t‘iĩ˧
夏 ɕiɒ˧
夏天 ɕiɒ˧ t‘iĩ˧
　热天 zɛ˥ t‘iĩ˧
　热世界 zɛ˥ sɿ˧ kæ˧ 热天
秋 ts‘iu˧
秋天 ts‘iu˧ t‘iĩ˧
冬 tɐŋ˧
冬天 tɐŋ˧ t‘iĩ˧
　冷天 lɐn˩ t‘iĩ˧
　冬世界 tɐŋ˧ sɿ˧ kæ˧ 冬天
日历 zɿ˥ ləi˥
阴历 iɐn˧ ləi˥ 农历
阳历 iɔŋ˩ ləi˥ 公历
立春 ləi˥ tɕ‘yɐn˧
雨水 y˩ ɕyəi˩
惊蛰 tɕiɐn˧ tsɿ˥
春分 tɕ‘yɐn˧ fɐn˧
清明 tɕ‘in˧ min˩
谷雨 ku˥ y˩
立夏 ləi˥ ɕiɒ˧
小满 si˩ mœ̃˩
芒种 mɔŋ˩ tsɐŋ˧
夏至 ɕiɒ˧ tsɿ˧
小暑 si˩ ɕy˩
大暑 tɒ˧ ɕy˩
立秋 ləi˥ ts‘iu˧
处暑 tɕ‘y˩ ɕy˩
白露 p‘ɛ˥ lɑu˧
秋分 ts‘iu˧ fɐn˧
寒露 xœ̃˩ lɑu˧
霜降 sɔŋ˧ tɕiɔŋ˧
立冬 ləi˥ tɐŋ˧
小雪 si˩ si˥
大雪 tɒ˧ si˥
冬至 tɐŋ˧ tsɿ˧
小寒 si˩ xœ̃˩

大寒 tɒ˧ xœ̃˩

2. 节日

节日 tsi˥ zʅ˥

时节头 sʅ˩ tsi˥ t'ɛ˩

小年 si˩ ȵiɛ̃˩ 农历十二月二十四

年三十 ȵiɛ̃˩ sæ̃˧ si˩

三十夜 sæ̃˧ si˥ iɒ˧ 除夕

过年 ko˧ ȵiɛ̃˩

年初一 ȵiɛ̃˩ ts'ɑu˧ i˥

年初二 ȵiɛ̃˩ ts'ɑu˧ zʅ˧

年初三 ȵiɛ̃˩ ts'ɑu˧ sæ̃˧

拜年 pæ˧ ȵiɛ̃˩

老历年 lɔ˩ ləi˥ ȵiɛ̃˩

新历年 sin˧ ləi˥ ȵiɛ̃˩

正月十五 tsɐn˧ yɛ˥ sʅ˥ u˩ 元宵节

正月半 tsɐn˧ yɛ˥ pœ̃˧

汤圆 t'ɔŋ˧ yɛ̃˩

三月三 sæ̃˧ yɛ˥ sæ̃˧

当午 tɔŋ˧ u˩ 端午节

端阳 tœ̃˧ iɔŋ˩

粽子 tsɐŋ˧ tsʅ˩

粽叶 tsɐŋ˧ iɛ˥ 箬叶

六月六 lɑu˥ yɛ˥ lɑu˥ "六月六，晒红绿"，谓这天晒衣物可避虫咬

七月半 ts'əi˥ yɛ˥ pœ̃˧ 七月十五

当秋 tɔŋ˧ tɕ'iu˧ 中秋节

中秋 tsɐŋ˧ ts'iu˧

重阳 ts'ɐŋ˩ iɔŋ˩

元旦 yɛ̃˩ tæ̃˧

国庆节 kuɛ˥ tɕ'iɐn˧ tsi˥

放爆竹 fɔŋ˧ p'ɔ˧ tsɑu˥

放烟花 fɔŋ˧ iɛ̃˧ xuɒ˧

3. 年

年 ȵiɛ̃˩

今年 tɕiɐn˧ ȵiɛ̃˩

去年 tɕ'y˧ ȵiɛ̃˩

旧年 tɕ'iɑu˧ ȵiɛ̃˩ 去年

往年 uɔŋ˩ ȵiɛ̃˩

往什年 uɔŋ˩ sʅ˥ ȵiɛ̃˩ 往些年

先前年 siĩ˧ ts'iĩ˩ ȵiɛ̃˩

明年 min˩ ȵiɛ̃˩

后年 xɛ˧ ȵiɛ̃˩

年年 ȵiɛ̃˩ ȵiɛ̃˩ 每年

开年 k'æ˧ ȵiɛ̃˩ 新年伊始

年头 ȵiɛ̃˩ t'ɛ˩

年初 ȵiɛ̃˩ ts'ɑu˧

年尾 ȵiɛ̃˩ uəi˩

年底 ȵiɛ̃˩ təi˩

上半年 sɔŋ˧ pœ̃˧ ȵiɛ̃˩

下半年 xɒ˧ pœ̃˧ ȵiɛ̃˩

年下 ȵiɛ̃˩ xɒ˧

一年四季 i˥ ȵiɛ̃˩ sʅ˧ tɕi˧

一年到头 i˥ ȵiɛ̃˩ tɔ˧ t'ɛ˩ 整年

蛮多年 mæ̃˩ to˧ ȵiɛ̃˩ 好多年

4. 月

月 yɛ˥

闰月 yɐn˧ yɛ˥

月初 yɛ˥ ts'ɑu˧

月底 yɛ˥ təi˩

上个月 sɔŋ˧ ko˧ yɛ˥

下个月 xɒ˧ ko˧ yɛ˥

月月 yɛ˥ yɛ˥ 每月

上旬 sɔŋ˧ sin˩

中旬 tsɐŋ˧ sin˩
下旬 xiɒ˧ sin˩
月大 yɛ˥ tɒ˧　阳历有三十一天的月份
月小 yɛ˥ si˩　阳历没有三十一天的月份
正月 tsɐn˧ yɛ˥　农历一月
冬月 tɐŋ˧ yɛ˥　农历十一月
腊月 lɒ˥ yɛ˥　农历十二月
寒冬腊月 xœ̃˩ tɐŋ˧ lɒ˥ yɛ˥
个把月 ko˧ pɒ˩ yɛ˥　一个月左右

5. 日、时

日 zʅ˥
今日 tɕiɐn˧ zʅ˥
明日 min˩ zʅ˥
后日 xɛ˧ zʅ˥
老后日 lɔ˩ xɛ˧ zʅ˥　大后天
万后日 uæ̃˧ xɛ˧ zʅ˥　大后天的后一天
昨日 ts‘o˥ zʅ˥
前日 ts‘iĩ˩ zʅ˥
先前日 siĩ˧ ts‘iĩ˩ zʅ˥
前几日 ts‘iĩ˩ tɕi˩ zʅ˥
初一 ts‘ɑu˧ i˥
十五 sʅ˥ u˩
星期 sin˧ tɕ‘i˩
　礼拜 ləi˩ pæ˧
星期六 sin˧ tɕ‘i˩ lɑu˥
星期日 sin˧ tɕ‘i˩ zʅ˥
　星期天 sin˧ tɕ‘i˩ t‘iĩ˧
一星期 i˥ sin˧ tɕ‘i˩
一日到黑 i˥ zʅ˥ tɔ˧ xɛ˥　整日
　梗日 kɐn˩ zʅ˥
　长日 ts‘ɔŋ˩ zʅ˥
每日 məi˩ zʅ˥
　日日 zʅ˥ zʅ˥
半日 pœ̃˧ zʅ˥
上半日 sɔŋ˧ pœ̃˧ zʅ˥
下半日 xɒ˧ pœ̃˧ zʅ˥
上昼 sɔŋ˧ tsɑu˧　上午
下昼 xɒ˧ tsɑu˧　下午
日夜 zʅ˥ iɒ˧　日日夜夜
通宵 t‘ɐŋ˧ si˧
鸡啼 tɕi˧ t‘əi˩　鸡鸣的时候
朦亮 meŋ˥ liɔŋ˧　天朦朦亮
天亮 t‘iĩ˧ liɔŋ˧
□早 xɛn˥ tsɔ˩　早晨
　清早 ts‘in˥ tsɔ˩
中时 tsɐŋ˧ sʅ˩　中午
中时过 tsɐŋ˧ sʅ˩ ko˧
下昼边 xɒ˧ tsɑu˧ piĩ˧　傍晚
下昼黑 xɒ˧ tsɑu˧ xɛ˥
　一煞黑 i˥ sɒ˥ xɛ˥
黑密眼 xɛ˥ məi˥ ŋæ̃˩
漆黑 ts‘əi˥ xɛ˥
　漆抹黑 ts‘əi˥ mɒ˥ xɛ˥
日分 zʅ˥ fɐn˧　白天
夜分 iɒ˧ fɐn˧　夜里
半夜 pœ̃˧ iɒ˧
半夜三更 pœ̃˧ iɒ˧ sæ̃˧ kɐn˧
上半夜 sɔŋ˧ pœ̃˧ iɒ˧
下半夜 xɒ˧ pœ̃˧ iɒ˧
梗夜 kɐn˩ iɒ˧　整夜
每日夜分 məi˩ zʅ˥ iɒ˧ fɐn˧　每天

晚上
时候 sʅ˩ xɛ˧ 时间
好命盏 xɔ˩ min˧ tsæ̃˩ 好晚了
比时 pəi˩ sʅ˩ 当时
一刻时 i˥ k'ɛ˥ sʅ˩ 一会儿
一下 i˥ xɒ˧（xæ̃˥）
过下 ko˧ xæ̃˥ 过一会
过下时 ko˧ xæ̃˥ sʅ˩
么命盏 mo˩ min˧ tsæ̃˩ 什么时候
先前 siĩ˧ ts'iĩ˩
往日 uɔŋ˩ zʅ˥
来日 læ˩ zʅ˥
现在 ɕiẽ˧ ts'æ˧
如今 y˩ tɕiɐn˧
眼前 ŋæ̃˩ ts'iĩ˩
目前 mo˥ ts'iĩ˩

（四）农 业

1. 农事

种庄稼 tsɐŋ˧ tsɔŋ˧ kɒ˧
种田 tsɐŋ˧ t'iĩ˩
犁田 ləi˩ t'iĩ˩
耙田 p'ɒ˧ t'iĩ˩
犁地 ləi˩ t'əi˧
挖地 uɒ˥ t'əi˧
浸谷种 tsin˧ ku˥ tsɐŋ˩
下秧 xɒ˧ iɔŋ˧
扯秧 ts'ɒ˩ iɔŋ˧
洗秧 səi˩ iɔŋ˧
捆秧 k'uɐn˩ iɔŋ˧ 把扯好的秧苗捆扎起来
丢秧 tiu˧ iɔŋ˧ 把秧把甩到田里
插田 ts'ɒ˥ t'iĩ˩
插秧 ts'ɒ˥ iɔŋ˧
发棵 fɒ˥ k'o˧ 分蘖
打拍脚 tɒ˩ p'ɛ˥ tɕio˥ 耘田
薅田 xɔ˧ t'iĩ˩
扯稗 ts'ɒ˩ p'æ˧
撒肥 sɒ˩ fəi˩ 施肥
□担子 k'uæ̃˩ tæ̃˧ tsʅ˩ 挑担子
□粪 k'uæ̃˩ fɐn˧ 挑粪
出牛栏粪 tɕ'y˥ ȵiɑu˩ læ̃˩ fɐn˧
捡粪 tɕiẽ˩ fɐn˧
滴粪 təi˥ fɐn˧ 浇粪
沃粪 u˥ fɐn˧
沤肥 ŋɛ˧ fəi˩
垩肥 ŋo˥ fəi˩
打湖草 tɒ˩ xu˩ ts'ɔ˩ 割湖草以之做肥料
打草滚 tɒ˩ ts'ɔ˩ kuɐn˩ 把湖草压进泥里
泥缺 tso˥ tɕ'yɛ˥ 堵田缺口
鞅水 iɔŋ˧ ɕy˩ 看管田里的水
搭沟 tɒ˥ kɛ˧ 挖泥开沟
挖地 uɒ˥ t'əi˧
开荒 k'æ˧ xuɔŋ˧
做堤 tsɑu˧ t'əi˩ 筑堤
泥堰 tso˥ iẽ˧ 筑堰
打硪 tɒ˩ ŋo˩ 打夯
围湖 uəi˩ xu˩
围垦 uəi˩ k'ɐn˩
开塘 k'æ˧ t'ɔŋ˩

挖塘泥 uɒ˥ tʻɔŋ˩ ȵi˩
车水 tsʻɒ˧ ɕy˩
戽水 xu˧ ɕy˩
放水 fɔŋ˧ ɕy˩　为田加水或把水从田里放走
滴水 təi˥ ɕy˩　浇水
　沃水 u˥ ɕy˩
割谷 kɛ˥ ku˥
搭谷 tɒ˥ ku˥　使谷穗脱粒
搭斗 tɒ˥ tɛ˩　谷穗脱粒的器具
晒谷 sæ˧ ku˥
薅谷 xɔ˧ ku˥　用手脚把谷扒散翻晒
扇谷 sœ̃˧ ku˥　用风车把杂物从稻谷中扇出
搭谷堆 tɒ˥ ku˥ təi˧
窖黄豆 kɔ˧ xuɔŋ˩ tʻɛ˧　种黄豆
洼麦 uɒ˧ mɒ˥　播种小麦
锄麦 tsʻɑu˩ mɒ˥
割麦 kɛ˥ mɒ˥
洼芝麻 uɒ˧ tsʅ˧ mɒ˩　种芝麻
敲芝麻 kʻɔ˧ tsʅ˧ mɒ˩
锄棉花草 tsʻɑu˩ mĩ˩ xuɒ˧ tsʻɔ˩
摘棉花 tsɒ˥ mĩ˩ xuɒ˧
轧棉花 ŋɒ˧ mĩ˩ xuɒ˧
弹棉花 tʻæ̃˩ mĩ˩ xuɒ˧
剥麻 po˥ mɒ˩
浸麻 tsin˧ mɒ˩
打麻 tɒ˩ mɒ˩
窖薯种 kɔ˧ ɕy˩ tsɐŋ˩　把红薯种种到地里
插薯 tsʻɒ˥ ɕy˩　把剪好的薯种藤迁插到地里
翻薯藤 fæ̃˧ ɕy˩ tʻɐn˩
挖薯子 uɒ˥ ɕy˩ tsʅ˩
晒薯丝 sæ˧ ɕy˩ sʅ˧
磨薯粉 mo˧ ɕy˩ fɐn˩
兴菜园 ɕiɐn˧ tsʻæ˧ yɛ̃˩　种菜园
　兴菜 ɕiɐn˧ tsʻæ˧
洼菜籽 uɒ˧ tsʻæ˧ tsʅ˩　播种菜籽
栽菜 tsæ˧ tsʻæ˧
插豆壳参 tsʻɒ˥ tʻɛ˧ kʻo˥ tsʻæ̃˧　插挂豇豆的杆子
榨油 tsɒ˧ iɑu˩
夹米 tɕiɒ˥ məi˩　用机器碾米
　筛米 sæ˧ məi˩
教牛 kɔ˧ ȵiɑu˩
舍牛 sɛ˩ ȵiɑu˩　使唤牛干活
鞅牛 iɔŋ˧ ȵiɑu˩　放牛
鞅鸭 iɔŋ˧ ŋɒ˥　放养鸭子
鞅鸡 iɔŋ˧ tɕi˧　晒粮食时防止鸡来啄食
封山 fɐŋ˧ sæ̃˧
　禁山 tɕiɐn˧ sæ̃˧
鞅山 iɔŋ˧ sæ̃˧　看管山林
　看山 kʻœ̃˧ sæ̃˧
打铳 tɒ˩ tsʻɐŋ˧　打猎
　打野物 tɒ˩ iɒ˩ u˥
斫柴 tso˥ tsʻæ˩
伏柴 fu˥ tsʻæ˩　捆柴
割草 kɛ˥ tsʻɔ˩
伏草 fu˥ tsʻɔ˩
挛草 lœ̃˩ tsʻɔ˩　把草收拢
□柴麻须 læ˩ tsʻæ˩ mɒ˩ səi˧　把地上的干松针扒拢当柴烧

挖树遮 uɒ˥ ɕy˧ tsɛ˧　挖树蔸
劈柴 p'əi˥ ts'æ˩
打草鞋 tɒ˩ ts'ɔ˩ xæ˩
搓草绳 ts'o˧ ts'ɔ˩ sɐn˩
□ t'iɒ˥　①捆东西②打结
系牛桊□ tɕi˧ ȵiɑu˩ tɕyɛ̃˧ t'iɒ˥　用系牛桊的打结法捆东西
驾船 kɒ˧ tɕ'yɛ̃˩
摆渡 pæ˩ t'ɑu˧
撒网 sɒ˩ uɔŋ˩
捉鱼 tso˥ y˩
摸鱼 mo˥ y˩
戽鱼 xu˧ y˩　把水舀干捉鱼
搭麻虾 tɒ˥ mɒ˩ xɒ˧　用篾制的器具捞虾子
烧窑 sɛ˧ iɛ˩
烧石灰 sɛ˧ sʅ˥ xuəi˧
做屋 tsau˧ u˥　做房子
打屋脚 tɒ˩ u˥ tɕio˥　打屋基
泥泥 tso˥ ȵi˩　用人或牛将泥巴踩成泥浆供砌房用
行墙 ɕiɐn˩ ts'iɔŋ˩　砌墙
山头 sæ̃˧ t'ɛ˩　墙顶
圆尖 yɛ̃˩ tsiĩ˧　砌完山头最后一块砖
摊梁 t'æ̃˧ liɔŋ˩　架大梁

2. 农具

水车 ɕy˩ ts'ɒ˧
板车 pæ̃˩ ts'ɛ˧
滚子 kuɐn˩ tsʅ˩　轮子
犁 ləi˩
犁辕 ləi˩ yɛ̃˩
犁头 ləi˩ t'ɛ˩
犁盘 ləi˩ p'œ̃˩
耙 p'ɒ˧
牛轭 ȵiɑu˩ ŋɒ˥
牛鞅 ȵiɑu˩ iɔŋ˩　系在牛轭两端的绳子，《说文》："颈靼也。"
牛桊 ȵiɑu˩ tɕyɛ̃˧
挖锄 uɒ˥ ts'ɑu˩　挖地用
角锄 ko˥ ts'ɑu˩　有两只角的挖锄
板锄 pæ̃˩ ts'ɑu˩
挖锄脑 uɒ˥ ts'ɑu˩ lɔ˩
挖锄楔 uɒ˥ ts'ɑu˩ si˥
洋镐 iɔŋ˩ kɔ˧
锄头 ts'ɑu˩ t'ɛ˩　锄草用
锹子 ts'i˧ tsʅ˩
方锹 fɔŋ˧ ts'i˧
圆锹 yɛ̃˩ ts'i˧
草滚 ts'ɔ˩ kuɐn˩　把湖草压进泥里的农具
秧马 iɔŋ˧ mɒ˩　扯秧用的坐具
扯秧凳 ts'ɒ˩ iɔŋ˧ tɐn˥
压浪篙 iɒ˥ lɔŋ˧ kɔ˧　把秧田的泥浆赶平的竹篙
泥船 ȵi˩ tɕ'yɛ̃˩　船形的装秧的器具
风车 fɐŋ˧ ts'ɒ˧　利用风力扬除糠秕的器具
磨 mo˧
磨子 mo˧ tsʅ˩
磨盘 mo˧ p'œ̃˩
类子 ləi˧ tsʅ˩　砻
碓 təi˧

碓臼 təi˧ tɕʻiɑu˧
石碾 sɒ˥ ȵiẽ˩
石磙 sɒ˥ kuen˩
箩柜 lo˩ kʻuəi˧ 用脚踩动机关可筛粉的器具
筛子 sæ˧ tsɿ˩
格筛 kɛ˥ sæ˧ 孔较大的米筛
米筛 məi˩ sæ˧ 孔稍小的米筛
筛摞 sæ˧ lo˧ 用来筛粉的筛子
晒筐 sæ˧ tɕʻiɔŋ˧
晒簟 sæ˧ tʻiĩ˧ 晒粮食的竹器
菩篮 pʻu˩ lã˥ 圆形平底竹制器具，用来晒农作物
篾箦 mi˥ tsɛ˥ 篾制的晒农作物的器具
梿枷 liĩ˩ tsʻiɔŋ˧ 梿杖
扬叉 iɔŋ˩ tsʻɒ˧
扒梳 pʻɒ˩ sɑu˧
柴扒 tsʻæ˩ pʻɒ˩
箩 lo˩
皮箩 pʻəi˩ lo˩ 用较宽的篾制成的箩筐
篾丝箩 mi˥ sɿ˧ lo˩ 用细篾条制成的箩筐
五斗箩 u˩ tɛ˩ lo˩ 大箩
苑篼 yẽ˧ tɛ˧ 箕畚
藤篼 tʻen˩ tɛ˧
苑篼系 yẽ˧ tɛ˧ ɕi˧ 篼襻
硬系 ŋen˧ ɕi˧ 篾系
软系 yẽ˩ ɕi˧ 绳系
砖夹 tɕyẽ˧ kɒ˥ 挑砖的工具

打麻凳 tɒ˩ mɒ˩ ten˧
打麻刀 tɒ˩ mɒ˩ tɔ˧
柴刀 tsʻæ˩ tɔ˧
斫柴刀 tso˥ tsʻæ˩ tɔ˧
茅柴刀 mɔ˩ tsʻæ˩ tɔ˧
斧头 fu˩ tʻɛ˩
镰刀 liĩ˩ tɔ˧
草镰 tsʻɔ˩ liĩ˩
铡刀 tsɒ˥ tɔ˧
竹杠 tsɑu˥ kɔŋ˧
扁担 piĩ˩ tã˧
楤担 tsʻɐŋ˧ tã˧ 《广韵·东韵》："～，尖头担也。"
绳子 sen˩ tsɿ˩
麻绳 mɒ˩ sen˩
棕绳 tsɐŋ˧ sen˩
麻索 mɒ˩ so˥ 小麻绳
钩绳 kɛ˧ sen˩ 一头系有钩子的绳子
箩盘绳 lo˩ pʻœ̃˩ sen˩ 箩绳
牛绳 ȵiɑu˩ sen˩ 粗绳子
草绳 tsʻɔ˩ sen˩
草腰 tsʻɔ˩ iɛ˧ 用草临时扭成的绳子
油榨 iɑu˩ tsɒ˧ 榨油的器具
鱼网 y˩ uɔŋ˩
鱼罩 y˩ tsɔ˧ 用来罩鱼的器具
扳罾 pã˧ tsen˧
泊 pʻo˥ 像竹帘横插水中，可捕鱼
壕 xɔ˩ 竹制捕鱼器具，放在水中，鱼只能进不能出
搭壕 tɒ˥ xɔ˩ 有把的竹篓，可用来捞鱼

（五）植　物

1. 农作物

庄稼 tsɔŋ˧ kɒ˧

谷 ku˥

早谷 tsɔ˩ ku˥　早稻

　早稻 tsɔ˩ t‘ɔ˧

　头季稻 t‘ɛ˩ tɕi˧ t‘ɔ˧

晚谷 uæ̃˩ ku˥ 晚　稻

　二季稻 zʅ˧ tɕi˧ t‘ɔ˧

中谷 tsɐŋ˧ ku˥　又叫中稻，一年只长一季

晚生 uæ̃˩ sɐn˧　稻禾割后长出的谷

谷种 ku˥ tsɐŋ˩　稻种

谷吊 ku˥ ti˧　谷穗

谷草 ku˥ ts‘ɔ˩

稗 p‘æ˧

米 məi˩

占米 tsœ̃˧ məi˩　粳米

晚粳 uæ̃˩ kɐn˩

糯米 lo˧ məi˩

糠 k‘ɔŋ˧

糠头 k‘ɔŋ˧ t‘ɛ˩

米细 məi˩ səi˧

麦 mɒ˥

　小麦 si˩ mɒ˥

小麦粉 si˩ mɒ˥ fɐn˩　面粉

太麦 t‘æ˧ mɒ˥

荞麦 tɕ‘iɛ˩ mɒ˥

燕麦 iɛ̃˧ mɒ˥　野麦

麦草 mɒ˥ ts‘ɔ˩

麦麸 mɒ˥ fu˧

玉芦 y˥ lau˩　玉米

玉芦芯 y˥ lau˩ sin˧

玉芦须 y˥ lau˩ səi˧

高粱 kɔ˧ liɔŋ˩

高粱广 kɔ˧ liɔŋ˩ kɔŋ˩　高粱杆

薯子 ɕy˩ tsʅ˩

　苕 sɛ˩

红心薯 xɐŋ˩ sin˧ ɕy˩

薯叶 ɕy˩ iɛ˥

薯藤 ɕy˩ t‘ɐn˩

棉花 miĩ˩ xuɒ˧

芝麻 tsʅ˧ mɒ˩

麻 mɒ˩　苎麻

麻骨 mɒ˩ ku˥　去皮的麻杆

向日葵 ɕiɔŋ˧ zʅ˥ k‘uəi˩

葵花籽 k‘uəi˩ xuɒ˧ tsʅ˩

蓖麻 p‘əi˧ mɒ˩

洋芋 iɔŋ˩ y˧

　土豆 t‘au˩ t‘ɛ˧

芋头 y˧ t‘ɛ˩

芋头娘 y˧ t‘ɛ˩ ȵiɔŋ˩　分蘖出其他芋头的芋头

芋头伢 y˧ t‘ɛ˩ ŋɒ˩　小芋头

芋头禾 y˧ t‘ɛ˩ xo˩　芋头的杆子，可食

山药 sæ̃˧ io˥

甘蔗 kœ̃˧ tsɒ˧

花生 xuɒ˧ sɐn˧

命荠 min˧ ts'əi˩ 荸荠
  菩荠 p'u˩ ts'əi˩
藕 ŋɛ˩
荷叶 xo˩ iɛ˥
藕带 ŋɛ˩ tæ˧
粉藕 fɐn˩ ŋɛ˩ 用来煨汤的藕
菜藕 ts'æ˧ ŋɛ˩ 用来清炒的藕
莲蓬 liĩ˩ p'ɐŋ˩
莲子 liĩ˩ tsɿ˩
菱角 lin˩ ko˥
菱角藤 lin˩ ko˥ t'ɐn˩
菱角米 lin˩ ko˥ məi˩

2. 豆类、菜蔬

豆 t'ɛ˧
黄豆 xuɔŋ˩ t'ɛ˧
绿豆 lɑu˥ t'ɛ˧
番豆 fæ̃˧ t'ɛ˧ 类似绿豆，呈红色
八粒 pɒ˥ ləi˥ 绿豆的变种，坚硬似铁，不可食用，晒绿豆时要把它清除
豆壳 t'ɛ˧ k'o˥ 豇豆
蚕豆 ts'œ̃˩ t'ɛ˧
豌豆 uæ̃˧ t'ɛ˧
扁豆 piĩ˩ t'ɛ˧
四季豆 sɿ˧ tɕi˧ t'ɛ˧
毛豆 mɔ˩ t'ɛ˧
茄子 tɕ'iɛ˩ tsɿ˩
黄瓜 xuɔŋ˩ kuɒ˧
丝瓜 sɿ˧ kuɒ˧
苦瓜 k'u˩ kuɒ˧
番瓜 fæ̃˧ kuɒ˧ 南瓜
  风瓜 fɐŋ˧ kuɒ˧
  金瓜 tɕiɐn˧ kuɒ˧
冬瓜 tɐŋ˧ kuɒ˧
葫芦 xu˩ lɑu˩
瓠子 xu˧ tsɿ˩
葱 ts'ɐŋ˧
洋葱 iɔŋ˩ ts'ɐŋ˧
太蒜 t'æ˧ sœ̃˧ 大蒜
太蒜柳 t'æ˧ sœ̃˧ liu˩
马齿苋 mɒ˩ ts'ʅ˩ xæ̃˧
  马齿荚 mɒ˩ ts'ʅ˩ kɒ˥
藠头 tɕ'iɑu˧ t'ɛ˩
番茄 fæ̃˧ tɕ'iɛ˩
姜 tɕiɔŋ˧
洋姜 iɔŋ˩ tɕiɔŋ˧ 类似姜，可食、无辣味
金针 tɕiɐn˧ tsiɐn˧ 黄花
辣□ lɒ˥ tɕ'in˥ 辣椒
  尖嘴辣 tsiĩ˧ tsəi˩ lɒ˥
高笋 kɔ˧ sɐn˩
白菜 p'ɛ˥ ts'æ˧
水白菜 ɕy˩ p'ɛ˥ ts'æ˧
太白菜 t'æ˧ p'ɛ˥ ts'æ˧ 大白菜
包心白 pɔ˧ sin˧ p'ɛ˥ 一种大白菜，以其心白得名
油菜 iɑu˩ ts'æ˧
油菜籽 iɑu˩ ts'æ˧ tsɿ˩
菠菜 po˧ ts'æ˧
芹菜 tɕ'iɐn˩ ts'æ˧
包菜 pɔ˧ ts'æ˧
芥菜 kæ˧ ts'æ˧

苋菜 xæ̃˧ ts'æ˧

苦马菜 k'u˩ mɒ˩ ts'æ˧

花菜 xuɒ˧ ts'æ˧

雪里蕻 si˧ ləi˩ xɐŋ˩

榨菜 tsɒ˧ ts'æ˧

茼蒿 t'ɐŋ˩ xɔ˧

韭菜 tɕiɑu˩ ts'æ˧

萝卜 lo˩ p'u˥

泡心萝卜 p'ɔ˧ sin˧ lo˩ p'u˥

萝卜菜 lo˩ p'u˥ ts'æ˧

萝卜缨 lo˩ p'u˥ iɐn˥ 初生的萝卜叶子

红萝卜 xɐŋ˩ lo˩ p'u˥

白萝卜 p'ɛ˥ lo˩ p'u˥

菜薹 ts'æ˧ t'æ˩

红菜薹 xɐŋ˩ ts'æ˧ t'æ˩

白菜薹 p'ɛ˥ ts'æ˧ t'æ˩

地菜 t'əi˧ ts'æ˧ 荠菜

3. 树木

树 ɕy˧

树叶 ɕy˧ iɛ˥

树枝 ɕy˧ tsɿ˧

树桠 ɕy˧ ŋɒ˧

树桩 ɕy˧ tsɔŋ˧

树遮 ɕy˧ tsɛ˧ 树荫

枞树 ts'ɐŋ˩ ɕy˧ 松树

柏树 pɛ˥ ɕy˧

杉树 sɒ˧ ɕy˧

桑叶 sɔŋ˧ iɛ˥

椿吊树 tɕ'uɐn˧ ti˧ ɕy˧ 椿树

椿吊 tɕ'uɐn˧ ti˧ 椿树上的嫩芽

枫树 fɐŋ˧ ɕy˧

枫树球 fɐŋ˧ ɕy˧ tɕ'iɑu˩

株树 tɕy˧ ɕy˧

樟树 tsɔŋ˧ ɕy˧

□树 liɒ˥ ɕy˧ 一种硬木树

槐树 xuæ˩ ɕy˧

黄连树 xuɔŋ˩ liĩ˩ ɕy˧

杨树 iɔŋ˩ ɕy˧

柳树 liu˩ ɕy˧

梧桐 u˧ t'ɐŋ˩

王荆 uɔŋ˩ tɕiɐn˧ 黄荆

王荆条 uɔŋ˩ tɕiɐn˧ t'i˩

棕子树 tsɐŋ˧ tsɿ˩ ɕy˧

棕叶 tsɐŋ˧ iɛ˥

山茶 sæ̃˧ ts'ɒ˩

茶树 ts'ɒ˩ ɕy˧

梨树 ləi˩ ɕy˧

枣树 tsɔ˩ ɕy˧

桃树 t'ɔ˩ ɕy˧

李树 ləi˩ ɕy˧

杏树 ɕiɐn˧ ɕy˧

枇杷树 p'əi˩ p'ɒ˩ ɕy˧

冬青树 tɐŋ˧ ts'in˧ ɕy˧

竹子 tsɑu˥ tsɿ˩

楠竹 lœ̃˩ tsɑu˥

水竹 ɕy˩ tsɑu˥

乌蹄竹 u˧ t'əi˩ tsɑu˥

竹鞭 tsɑu˥ piĩ˧ 竹根

笋子 sɐn˩ tsɿ˩

竹笋 tsɑu˥ sɐn˩

毛竹笋 mɔ˩ tsɑu˥ sɐn˩

水竹笋 ɕy˩ tsau˥ sɐn˩
笋壳叶 sɐn˩ k‘o˥ iɛ˥
茶叶 ts‘ɒ˩ iɛ˥

4. 水果

水果 ɕyəi˩ ko˩
西瓜 səi˧ kuɒ˧
香瓜 ɕiɔŋ˧ kuɒ˧
瓜子 kuɒ˧ tsɿ˩
桃子 t‘ɔ˩ tsɿ˩
杏子 ɕiɐn˧ tsɿ˩
李子 ləi˩ tsɿ˩
苹果 p‘in˩ ko˩
枣子 tsɔ˩ tsɿ˩
　红枣 xɐŋ˩ tsɔ˩
梨子 ləi˩ tsɿ˩
枇杷 p‘əi˩ p‘ɒ˩
柿子 sɿ˧ tsɿ˩
柿饼 sɿ˧ piɔŋ˥
石榴 sɿ˥ liu˩
橘子 tɕy˥ tsɿ˩
柑子 kœ̃˧ tsɿ˩
橙子 ts‘ɐn˩ tsɿ˩
枝圆 tsɿ˧ yẽ˩　桂圆
荔枝 ləi˧ tsɿ˧
香蕉 ɕiɔŋ˧ tsi˧
菠萝 po˧ lo˩
板栗 pæ̃˩ ləi˥
核桃 xɛ˥ t‘ɔ˩

5. 花草、菌类

花 xuɒ˧
桂花 kuəi˧ xuɒ˧
菊花 tɕiau˥ xuɒ˧
梅花 məi˩ xuɒ˧
　腊梅 lɒ˥ məi˩
　红梅 xɐŋ˩ məi˩
金银花 tɕiɐn˧ ȵiɐn˩ xuɒ˧
指甲花 tsɿ˩ kɒ˥ xuɒ˧
鸡公花 tɕi˧ kɐŋ˧ xuɒ˧　鸡冠花
荷花 xo˩ xuɒ˧
映山红 iɐn˧ sæ̃˧ xɐŋ˩
栀子花 ts‘ɿ˧ tsɿ˩ xuɒ˧
水仙花 ɕy˩ siĩ˧ xuɒ˧
茶花 ts‘ɒ˩ xuɒ˧
梨花 ləi˩ xuɒ˧
桃花 t‘ɔ˩ xuɒ˧
杏花 ɕiɐn˧ xuɒ˧
杜丹花 məi˩ tæ̃˧ xuɒ˧
芙蓉花 fu˩ iɐŋ˩ xuɒ˧
兰草 læ̃˩ ts‘ɔ˩　兰花
喇叭花 lɒ˩ pɒ˧ xuɒ˧　牵牛花
木槿花 mo˥ tɕiɐn˩ xuɒ˧
葱蒲 ts‘ɐŋ˧ p‘u˩　菖蒲
紫苏 tsɿ˩ sau˧
红花草 xɐŋ˩ xuɒ˧ ts‘ɔ˩
茅□ mɔ˩ t‘iɒ˥　茅草
　茅草 mɔ˩ ts‘ɔ˩
苞茅 pɔ˧ mɔ˩
苞茅杆 pɔ˧ mɔ˩ kœ̃˩
芦苇 lau˩ uəi˩
野蒿 iɒ˩ xɔ˧
藜蒿 ləi˩ xɔ˧　泥蒿
菇 ku˧

香菇 ɕiɔŋ˧ ku˧
枞树菇 ts'ɐŋ˩ ɕy˧ ku˧　松树菇
野苋菜 iɒ˩ xæ̃˧ ts'æ˧
艾 ŋæ˧
茅针 mɔ˩ tsɐn˧　白色，可生食
泡 p'ɔ˧　类似草莓的野生小果实，甜味，可吃
　太麦泡 t'æ˧ mɒ˥ p'ɔ˧
　乌泡 u˧ p'ɔ˧
麻虾草 mɒ˩ xæ̃˥ ts'ɔ˩　鱼腥草
狗尾巴草 kɛ˩ uəi˩ pɒ˧ ts'ɔ˩
刺巴笼 ts'ɿ˧ pɒ˧ lɐŋ˥　刺丛
藤 t'ɐn˩
格茅藤 kɛ˥ mɔ˩ t'ɐn˩
牛藤 ȵiɑu˩ t'ɐn˩　粗藤
青苔 ts'in˧ t'æ˩

（六）动　物

1. 牲畜

牲畜 sɐn˧ ɕiɑu˥
六畜 lɑu˥ ɕiɑu˥
牛 ȵiɑu˩
水牛 ɕy˩ ȵiɑu˩
水牯 ɕy˩ ku˩　公水牛
水沙 ɕy˩ sɒ˧　母水牛
黄牛 xuɔŋ˩ ȵiɑu˩
黄牯 xuɔŋ˩ ku˩　公黄牛
黄沙 xuɔŋ˩ sɒ˧　母黄牛
牛崽 ȵiɑu˩ tsæ˩　小牛
猪 tɕy˧
牙猪 ŋɒ˩ tɕy˧　公猪
　公猪 kɐŋ˧ tɕy˧
草猪 ts'ɔ˩ tɕy˧　母猪
郎猪 lɔŋ˩ tɕy˧　种猪
猪婆 tɕy˧ p'o˩　母猪
猪崽 tɕy˧ tsæ˩　小猪
半抄 pœ̃˧ ts'ɔ˧　刚刚长大的小猪
割猪 kɛ˥ tɕy˧　对猪进行阉割
马 mɒ˩
驴子 lɑu˩ tsɿ˩
骡子 lo˩ tsɿ˩
羊 iɔŋ˩
羊牯 iɔŋ˩ ku˩　公羊
羊婆 iɔŋ˩ p'o˩　母羊
狗 kɛ˩
牙狗 ŋɒ˩ kɛ˩　公狗
草狗 ts'ɔ˩ kɛ˩　母狗
狗崽 kɛ˩ tsæ˩　小狗
　狗儿 kɛ˩ zɐn˥
猫 mɔ˥
鸡 tɕi˧
鸡公 tɕi˧ kɐŋ˧　公鸡
鸡婆 tɕi˧ p'o˩　母鸡
鸡 tɕiɐn˥　小鸡
子鸡 tsɿ˩ tɕi˧　童子鸡
鐓鸡 siĩ˧ tɕi˧　阉割公鸡，也指阉割了的公鸡
菢鸡 p'ɔ˧ tɕi˧　孵鸡
赖菢鸡 læ˧ p'ɔ˧ tɕi˧
鹅 ŋo˩

豚 tʻɐn˩ 类似鹅、脖子较短，冠大

鸭 ŋɒ˥

鸭公 ŋɒ˥ kɐŋ˧ 公鸭

鸭婆 ŋɒ˥ pʻo˩ 母鸭

子鸭 tsɿ˩ ŋɒ˥ 童子鸭

半泼鸭 pœ̃˧ pʻo˥ ŋɒ˥ 快成年的鸭子

2. 鸟、兽

进读入声 tsin˥ 鸟（多指小型的鸟）

翅关 tsɿ˧ kuæ̃˧ 翅膀

麻雀 mɒ˩ tsʻio˥

麻进 mɒ˩ tsin˥

喜鹊 ɕi˩ tsʻio˥

老哇 lɔ˩ uɒ˧ 乌鸦

王鹰 uɔŋ˩ iɐn˧ 鹰

燕子 iɛ̃˧ tsɿ˩

雁鹅 iæ̃˧ ŋo˩ 大雁

喫粑喝汤 tɕʻiɒ˥ pɒ˧ xo˥ tʻɔŋ˧ 指布谷鸟，因叫的声音很像是说“喫粑喝汤”，故名

八哥 pɒ˥ kɐn˥

猫头鹰 mɔ˥ tʻɛ˩ iɐn˧

补鸽 pu˩ ko˥ 鸽子

鹌鹑 ŋœ̃˧ ɕyɐn˩

斑鸠 pæ̃˧ tɕiɑu˧

啄木进 tso˧ mo˥ tsin˥ 啄木鸟

野鸭 iɒ˩ ŋɒ˥

湖鸭 xu˩ ŋɒ˥

绿头鸭 lɑu˥ tʻɛ˩ ŋɒ˥

野鸡 iɒ˩ tɕi˧

鹭鸶 lau˧ sɿ˧

鹤 xo˥

野物 iɒ˩ u˥ 野兽

老虎 lɔ˩ xu˩

狮子 sɿ˧ tsɿ˩

豹子 pɔ˧ tsɿ˩

狗熊 kɛ˩ ɕiɐŋ˩

狼 lɔŋ˩

野猪 iɒ˩ tɕy˧

野狗 iɒ˩ kɛ˩

豺狗 tsʻæ˩ kɛ˩

红毛狗 xɐŋ˩ mɔ˩ kɛ˩

麂子 tɕi˩ tsɿ˩

豪猪 xɔ˩ tɕy˧

狐狸 xu˩ ləi˩

猴子 xɛ˩ tsɿ˩

穿山甲 tɕʻyɛ̃˧ sæ̃˧ tɕiɒ˥

麻兔 mɒ˩ tʻɑu˧ 野兔

白兔 pʻɛ˥ tʻɑu˧

黄鼠狼 xuɔŋ˩ ɕy˩ lɔŋ˩

老鼠 lɔ˩ ɕy˩

癞格补 læ˧ kɛ˥ pu˩ 癞蛤蟆

蛇 sɒ˩

水蛇 ɕy˩ sɒ˩

屋檐老鼠 u˥ iɛ̃˩ lɔ˩ ɕy˩ 蝙蝠

3. 虫

虫 tsʻɐŋ˩

蚕 tsʻœ̃˩

蜘蛛 tsɿ˧ tɕy˧

蚂蚁 mɒ˩ ȵi˩

土狗 tʻɑu˩ kɛ˩ 蝼蛄

屋檐螺 u˥ iɛ̃˩ lo˩ 蜗牛

黄□ xuɔŋ˩ ɕiɐn˩ 蚯蚓。“黄□”

是"寒蛲"的音变。《广韵》上声隐韵："蛲，蚯蚓也，吴楚呼为寒蛲。"

蚂蟥 mɒ˩ xuɔŋ˩

昂蜒虫 ŋɔŋ˩ ŋɐŋ˩ ts'ɐŋ˩ 蜈蚣

四脚蛇 sɿ˧ tɕio˥ sɒ˩ 蜥蜴

壁虎 pəi˥ xu˩

蚊子 uɐn˩ tsɿ˩

蠓子 mɐŋ˥ tsɿ˩

绿蝇 lɑu˥ iɐn˩ 大苍蝇

麻蝇 mɒ˩ iɐn˥ 小蝇

臭虱 ts'ɑu˧ sɛ˥ 臭虫

跳蚤 t'i˧ tsɔ˩

蚱□ tsɒ˥ mɔŋ˧ 蝗虫

蜂 fɐŋ˧

蜜蜂 məi˥ fɐŋ˧

土蜂 t'ɑu˩ fɐŋ˧

萤火虫 iɔŋ˥ xo˩ ts'ɐŋ˩

飞蝶 fəi˧ t'i˥ 蝴蝶

飞蛾 fəi˧ ŋo˩

织凉 tsɿ˥ liɔŋ˩ 蜻蜓

□桠虫 ŋi˥ ŋɒ˧ ts'ɐŋ˩ 蝉

4. 鱼虾等

鱼 y˩

鱼苗 y˩ mi˩

鱼秧 y˩ iɔŋ˧

鱼泡 y˩ p'ɔ˥ 鱼鳔

鲫鱼 tsəi˥ y˩

鲤鱼 ləi˩ y˩

喜头鱼 ɕi˩ t'ɛ˩ y˩

青鱼 ts'in˧ y˩

草鱼 ts'ɔ˩ y˩

患子 xuæ̃˧ tsɿ˩

鳜鱼 tɕi˧ y˩ 鳜鱼

蚌头 p'ɔŋ˧ t'ɛ˩

熊子头 ɕiɐŋ˩ tsɿ˩ t'ɛ˩

黄颡鱼 xuɔŋ˩ sɔŋ˩ y˩

鲇鱼 ȵiẽ˩ y˩

乌鳢 u˧ ləi˩

翘嘴白 tɕ'iɛ˧ tsəi˩ p'ɛ˥

鳊鱼 piĩ˩ y˩ 武昌鱼

鲢子 liĩ˩ tsɿ˩

参子 ts'æ̃˥ tsɿ˩ 白鲦

银鱼 ȵiɐn˩ y˩

鲭鱼 tɕ'yɐn˧ y˩ 仅两公分长的小银鱼，阳新特产

鳑鲏 p'ɔŋ˩ p'əi˩

墨鱼 mɛ˥ y˩

金鱼 tɕiɐn˧ y˩

麻虾 mɒ˩ xɒ˧（xæ̃˥）

龙虾 lɐŋ˩ ɕiɒ˧

乌龟 u˧ kuəi˧

脚鱼 tɕio˥ y˩ 甲鱼

泥鳅 ȵi˩ ts'iu˧

黄鳝 xuɔŋ˩ sœ̃˧

鳝鱼 sœ̃˧ y˩

老蟹 lɔ˩ xæ˩ 螃蟹

蛤蟆 k'ɒ˩ mɒ˩（mæ̃˥） 青蛙

弦壳 ɕiẽ˩ k'o˥ 蚌壳

螺蛳 lo˩ sɿ˧

田螺 t'iĩ˩ lo˩

河豚 xo˩ t'ɐn˩

（七）房　舍

1. 房子

屋 u˥

屋面口 u˥ miĩ˧ k'ɛ˩

　太门口 t'æ˧ mɐn˩ k'ɛ˩　大门口

隔壁 kɛ˥ pəi˥　邻家

对门 təi˧ mɐn˩　对面的住家

堂前 t'ɔŋ˩ ts'iĩ˩　客厅

鼓皮 ku˩ p'əi˩　客厅的木制屏障

正房 tsɐn˧ fɔŋ˩

　主房 tɕy˩ fɔŋ˩

厢房 ɕiɔŋ˧ fɔŋ˩　厅堂两边的房子

披舍 p'əi˧ sɒ˩　凭借一面墙一边盖瓦的房子

　灶下 tsɔ˧ xɒ˧　厨房

烟囱 iɛ̃˧ ts'ɐŋ˧

柴屋 ts'æ˩ u˥　柴房

水井 ɕy˩ tsiɔŋ˩

围院 uəi˩ yɛ̃˧　院子

太门 t'æ˧ mɐn˩　大门

耳门 zʅ˩ mɐn˩　侧门

后门 xɛ˧ mɐn˩

房门 fɔŋ˩ mɐn˩

阳台 iɔŋ˩ t'æ˩

命槛 min˧ k'æ̃˩　门槛

　门槛 mɐn˩ k'æ̃˩

门框 mɐn˩ tɕ'iɔŋ˧

门曲 mɐn˩ tɕ'iɑu˥　枢纽

门闩 mɐn˩ sœ̃˧

门环 mɐn˩ xuæ̃˩

门角落亥 mɐn˩ ko˥ lo˥ xæ˧

　门亥 mɐn˩ xæ˧

台阶 t'æ˩ kæ˧

天井 t'iĩ˧ tsiɔŋ˩

格子 kɛ˥ tsʅ˩　窗户

　窗孔 ts'ɔŋ˧ k'ɐŋ˩

　阌门 t'ɒ˥ mɐn˥

过道 ko˧ t'ɔ˧ 走廊

平房 p'in˩ fɔŋ˩

楼房 lɛ˩ fɔŋ˩

楼上 lɛ˩ sɔŋ˧

楼下 lɛ˩ xɒ˧

楼板 lɛ˩ pæ̃˩

楼梯 lɛ˩ t'əi˧

板梯 pæ̃˩ t'əi˧　固定的木板楼梯

2. 房屋结构

屋顶 u˥ tin˨

　屋脊 u˥ tsiɒ˥

屋脊头 u˥ tsiɒ˥ t'ɛ˩　屋顶的两边伸出瓦面的墙头

屋檐 u˥ iɛ̃˩

屋檐沟 u˥ iɛ̃˩ kɛ˧　瓦沟

墙 ts'iɔŋ˩

　壁 piɒ˥

屋脚 u˥ tɕio˥

　屋基 u˥ tɕi˧

　墙脚 ts'iɔŋ˩ tɕio˥

山墙 sæ̃˧ ts'iɔŋ˩

间墙 kæ̃˧ ts'iɔŋ˩

梁 liɔŋ˩

石墩 sɒ˥ tɐn˩　柱子的石基

屋柱 u˥ tɕ'y˧

桁条 ɕiɐn˩ t'i˩

梢子 ko˥ tsɿ˩
板瓦 pæ̃˩ uɒ˩ 机器做的瓦
红瓦 xɐŋ˩ uɒ˩
布瓦 pu˧ uɒ˩ 老式瓦
亮瓦 liɔŋ˧ uɒ˩ 用玻璃制成供采光用的瓦
洋沟 iɔŋ˩ kɛ˧ 下水道
锁 so˩
门锁 mɐn˩ so˩
锁匙 so˩ sɿ˩ 钥匙
一进三重 i˥ tsin˧ sæ̃˧ tsʻɐŋ˩ 指的是三排房子连成一体，呈递进关系
连三 liĩ˩ sæ̃˧ 横排三间，中间是堂屋
连三间 liĩ˩ sæ̃˧ kæ̃˧
连四 liĩ˩ sɿ˧ 横排四间房子
连五 liĩ˩ u˩ 横排五间房子，中间是堂屋

3. 其他设施

东司 tɐŋ˧ sɿ˧ 厕所
茅司 mɔ˩ sɿ˧
厕所 tsʻɛ˥ so˩
粪窖 fɐn˧ kɔ˧
粪桶 fɐn˧ tʻɐŋ˩
粪瓢 fɐn˧ pʻi˩
牛栏 ȵiɑu˩ læ̃˩
猪圈 tɕy˧ tɕʻyẽ˧
猪栏 tɕy˧ læ̃˩
猪栏齿 tɕy˧ læ̃˩ tsʻɿ˩ 猪栏的栅
猪食槽 tɕy˧ sɿ˥ tsʻɔ˩
鸡笼 tɕi˧ lɐŋ˩

（八）器具 用品

1. 一般家具

高（家）业 kɔ˧ ȵiɛ˥ 家具
柜子 kʻuəi˧ tsɿ˩
摞橱 lo˧ tɕʻy˩
衣柜 i˧ kʻuəi˧
箱子 siɔŋ˧ tsɿ˩
樟木箱 tsɔŋ˧ mo˥ siɔŋ˧
杉木箱 sɒ˧ mo˥ siɔŋ˧
桌子 tso˥ tsɿ˩
圆桌 yẽ˩ tso˥
方桌 fɔŋ˧ tso˥
八仙桌 pɒ˥ siĩ˧ tso˥
抽屉桌 tsʻɑu˧ tʻəi˧ tso˥
五斗桌 u˩ tɛ˩ tso˥
抽屉 tsʻɑu˧ tʻəi˧
斗 tɛ˩
茶几 tsʻɒ˩ tɕi˩
椅子 i˩ tsɿ˩
靠背椅 kʻɔ˧ pəi˧ i˩
木椅 mo˥ i˩
竹椅 tsɑu˥ i˩
板凳 pæ̃˩ tɐn˧ 长条凳
圆凳 yẽ˩ tɐn˧
方凳 fɔŋ˧ tɐn˧
低凳 təi˧ tɐn˥
椅杌头 i˩ u˥ tʻɛ˩ 小凳子
草趸 tsʻɔ˩ tɐn˩ 草墩，坐具
草盘 tsʻɔ˩ pʻœ̃˩ 用草编的坐具

2. 卧室用具

门帘 mɐn˩ liĩ˩

窗帘 ts'ɔŋ˧ liĩ˩

眠读阴平床 min˧ ts'ɔŋ˩

雕花床 ti˧ xuɒ˧ ts'ɔŋ˩

床趸 ts'ɔŋ˩ tɐn˩ 床架

踏凳 t'ɑ˥ tɐn˧ 床边的木台阶

床铺板 ts'ɔŋ˩ p'u˧ pæ̃˩

绷子床 pɐŋ˧ tsʅ˩ ts'ɔŋ˩ 棕绳床

竹床 tsɑu˥ ts'ɔŋ˩

草席 ts'ɔ˩ səi˥

竹簟 tsɑu˥ t'iĩ˧

蚊帐 uɐn˩ tsɔŋ˧

夏布帐 ɕiɒ˧ pu˧ tsɔŋ˧

纱布帐 sɒ˧ pu˧ tsɔŋ˧

尼龙帐 ȵi˩ lɐŋ˩ tsɔŋ˧

帐钩 tsɔŋ˧ kɛ˧

被窝 p'əi˧ uo˧ 被子

被窝面 p'əi˧ uo˧ miĩ˧

被窝里 p'əi˧ uo˧ ləi˩

定被窝 t'in˧ p'əi˧ uo˧ 把棉絮夹在被面和包被之间用棉线缝起来

被套 p'əi˧ t'ɔ˧ 夹层，里面放棉絮

夹被 tɕiɒ˥ p'əi˧ 不装棉絮的被子

被单 p'əi˧ tæ̃˧ 床单

棉絮 miĩ˩ səi˧

絮 səi˧

垫絮 t'iĩ˧ səi˧

盖絮 kæ˧ səi˧

毯子 t'æ̃˩ tsʅ˩

毛巾毯 mɔ˩ tɕiɐn˧ t'æ̃˩

枕头 tsɐn˩ t'ɛ˩

枕头套 tsɐn˩ t'ɛ˩ t'ɔ˧

枕头芯 tsɐn˩ t'ɛ˩ sin˧

枕巾 tsɐn˩ tsiɐn˧

镜子 tsiɐn˧ tsʅ˩

梳妆台 sɑu˧ tsɔŋ˧ t'æ˩

梳妆匣 sɑu˧ tsɔŋ˧ ɕiɒ˥

梳子 sɑu˧ tsʅ˩

篦子 p'əi˧ tsʅ˩

衣架 i˧ tɕiɒ˧

痰盂 t'æ̃˩ y˩

尿罐 ȵiɛ˧ kuœ̃˧

尿壶 ȵiɛ˧ xu˩

火炉 xo˩ lɑu˩

火炉读入声 xo˩ l̰ɐn˥ 手炉

火盆 xo˩ p'ɐn˩

3. 炊事用具

灶 tsɔ˧

灶背 tsɔ˧ pəi˧

灶孔 tsɔ˧ k'ɐŋ˩

煳炉灰 xu˩ lɑu˩ xuəi˧ 灶膛里的柴灰

灰箱 xuəi˧ siɔŋ˧ 灶门口放柴灰处

火钳 xo˩ tɕ'iɛ̃˩

拨火棍 po˥ xo˩ kuɐn˧

扒火钩 p'ɒ˩ xo˩ kɛ˧

吹火筒 tɕ'y˧ xo˩ t'ɐŋ˩

片柴 p'iĩ˧ ts'æ˩ 劈好了的木柴

茅柴 mɔ˩ ts'æ˩

草把 ts'ɔ˩ pɒ˩

火柴 xo˩ ts'æ˩

洋火 iɔŋ˩ xo˩

炉罐 lɑu˩ kuœ̃˧

鼎罐 tin˩ kuœ̃˧
炖罐 tɐn˧ kuœ̃˧
沙罐 sɒ˧ kuœ̃˧
瓦罐 uɒ˩ kuœ̃˧
耳锅 zʅ˩ ko˧ 锅
锅盖 ko˧ kæ˧
锅铲 ko˧ ts'æ̃˩
饭瓢 fæ̃˧ p'i˩
蒸笼 tsɐn˧ lɐŋ˩
饭甑 fæ̃˧ tsɐn˧
甑箅 tsɐn˧ pəi˧
甑底 tsɐn˧ təi˩
砧板 tsɐn˧ pæ̃˩
案板 ŋœ̃˧ pæ̃˩
菜刀 ts'æ˧ tɔ˧
擀面棍 kœ̃˩ miĩ˧ kuɐn˧
擀面板 kœ̃˩ miĩ˧ pæ̃˩
揉面钵 zɑu˩ miĩ˧ po˥
瓯子 ku˩ tsʅ˩
汤瓯 t'ɔŋ˧ ku˩
钵 po˥
太钵 t'æ˧ po˥
细钵 səi˧ po˥
暖钵 lœ̃˩ po˥ 用来煮菜的钵
碗柜 uœ̃˩ k'uəi˧
碗盏 uœ̃˩ tsæ̃˩ 碗碟的泛称
碗 uœ̃˩
细碗 səi˧ uœ̃˩
芦二碗 lɑu˩ zʅ˧ uœ̃˩
太碗 t'æ˧ uœ̃˩
海碗 xæ˩ uœ̃˩
盘子 p'œ̃˩ tsʅ˩
碟子 t'i˥ tsʅ˩
开水瓶 k'æ˧ ɕy˩ p'in˩
茶壶 ts'ɒ˩ xu˩
茶盘 ts'ɒ˩ p'œ̃˩
茶盅 ts'ɒ˩ tsɐŋ˧
茶杯 ts'ɒ˩ pəi˧
酒壶 tsiu˩ xu˩
酒盅 tsiu˩ tsɐŋ˧
酒樽 tsiu˩ tsɐn˥ 小酒盅
筷子 k'uæ˧ tsʅ˩
筷子箩 k'uæ˧ tsʅ˩ lɛn˥
条羹 t'i˩ kɐn˧ 汤勺
茶匙 ts'ɒ˩ sʅ˩ 喝茶用的勺子
拷盘 k'ɔ˩ p'œ̃˩ 篾制的盘子
筲箕 sɔ˧ tɕi˧
捞篱 lɔ˩ ləi˩ 笊篱
油瓶 iɑu˩ p'in˩
油罐 iɑu˩ kuɛn˥
油溜子 iɑu˩ liu˧ tsʅ˩ 漏斗
盐罐 iɛ̃˩ kuɛn˥
扑水坛 p'u˥ ɕy˩ t'ɛn˥ 腌菜用的坛子
水缸 ɕy˩ kɔŋ˧
水瓢 ɕy˩ p'i˩
水桶 ɕy˩ t'ɐŋ˩
瓮 uɐŋ˧ (uɐŋ˥)
米坛 məi˩ t'œ̃˩
斗 tɛ˩
升子 sɐn˧ tsʅ˩
麦草碗 mɒ˥ ts'ɔ˩ uɛn˥
提篮 t'əi˩ læ̃˥
提箩 t'əi˩ lɛn˥
丝瓜刨 sʅ˧ kuɒ˧ p'ɔ˩

薯丝刨 ɕy˩ sɿ˧ p'ɔ˩
萝卜丝刨 lo˩ p'u˥ sɿ˧ p'ɔ˩
猪食桶 tɕy˧ sɿ˥ t'ɐŋ˩
　潲桶 sɔ˧ t'ɐŋ˩

4. 工匠用具

刨子 p'ɔ˩ tsɿ˩
钩子 kɛ˧ tsɿ˩　锯子
斧头 fu˩ t'ɛ˩
铁锤 t'i˥ tɕ'y˩
凿子 ts'o˥ tsɿ˩
錾子 tsæ̃˩ tsɿ˩
钻子 tsœ̃˧ tsɿ˩
尺 ts'ɒ˥
角尺 ko˥ ts'ɒ˥　三角尺
墨斗 mɛ˥ tɛ˩
老虎钳 lɔ˩ xu˩ tɕ'iɛ̃˩
钳子 tɕ'iɛ̃˩ tsɿ˩　镊子
起子 tɕ'i˩ tsɿ˩
钉子 tin˧ tsɿ˩
绳 sɐn˩
　麻绳 mɒ˩ sɐn˩
索 so˥　小绳子
　麻索 mɒ˩ sɐn˥　小麻绳
砖刀 tɕyɛ̃˧ tɔ˧　水泥工所用
抿子 min˩ tsɿ˩　粉刷墙壁的工具
荡子 t'ɔŋ˧ tsɿ˩　粉刷墙壁的工具
灰桶 xuəi˧ t'ɐŋ˩
吊线 ti˧ siĩ˧　铅垂线
篾刀 mi˥ tɔ˧
剃头刀 t'əi˧ t'ɛ˩ tɔ˧
缝纫机 fɐŋ˩ zɐn˩ tɕi˧
熨斗 yɐn˧ tɛ˩
纺线车 fɔŋ˩ siĩ˧ ts'ɒ˧
织布机 tsɿ˥ pu˧ tɕi˧
梭子 so˧ tsɿ˩

5. 其他用具

手巾 sɑu˩ tɕiɐn˧　毛巾
　幅子 fu˥ tsɿ˩
　毛巾 mɔ˩ tɕiɐn˧
手巾读入声 sɑu˩ tɕiɐn˥　手帕
洗脸幅 səi˩ liĩ˩ fu˥　洗脸用的毛巾
洗澡手巾 səi˩ tsɔ˩ sɑu˩ tɕiɐn˧
揩脚幅子 k'æ˧ tɕio˥ fu˥ tsɿ˩
肥皂 fəi˩ ts'ɔ˧
脸盆 liĩ˩ p'ɐn˩
脸盆架子 liĩ˩ p'ɐn˩ tɕiɒ˧ tsɿ˩
脚盆 tɕio˥ p'ɐn˩
洗澡盆 səi˩ tsɔ˩ p'ɐn˩
香皂 ɕiɔŋ˧ ts'ɔ˧
肥皂 fəi˩ ts'ɔ˧
洗衣粉 səi˩ i˧ fɐn˩
花露水 xuɒ˧ lɑu˧ ɕy˩
弦壳油 ɕiɛ̃˩ k'o˥ iɑu˩　蛤蜊油，用来护肤
菜油灯 ts'æ˧ iɑu˩ tɐn˧
灯盏 tɐn˧ tsæ̃˩
灯草 tɐn˧ ts'ɔ˩
　灯□ tɐn˧ lɐn˩　灯芯
煤油灯 məi˩ iɑu˩ tɐn˧
灯罩 tɐn˧ tsɔ˧
蜡烛 lɒ˥ tsɑu˥
灯笼 tɐn˧ lɐŋ˩
马灯 mɒ˩ tɐn˧
高（铰）剪 kɔ˧ tsiĩ˩　剪刀

针 tsɐn˧
顶针 tin˩ tsɐn˧
夹针钳 kɒ˥ tsɐn˧ tɕʻin˥
线 sĩ˧
毛线 mɔ˩ sĩ˧
楦头 ɕyɛ̃˧ tʻɛ˩
鞋篮 xæ˩ læ̃˥ 装针线活用具的篮子
绷子 pɐŋ˧ tsʅ˩ 绣花用
花线 xuɒ˧ sĩ˧
扇子 sœ̃˧ tsʅ˩
荷叶扇 xo˩ iɛ˥ sœ̃˧
油纸扇 iɑu˩ tsʅ˩ sœ̃˧
白纸扇 pʻɛ˥ tsʅ˩ sœ̃˧
鹅毛扇 ŋo˩ mɔ˩ sœ̃˧
拉扇 lɒ˧ sœ̃˧
伞 sæ̃˩
油纸伞 iɑu˩ tsʅ˩ sæ̃˩
油布伞 iɑu˩ pu˧ sæ̃˩
太阳伞 tʻæ˧ iɔŋ˩ sæ̃˩
斗笠 tɛ˩ ləi˥
蓑衣 so˧ i˧
搓板 tsʻo˧ pæ̃˩
□棰 mɔŋ˧ tɕʻy˩ 洗衣杵
竹篙 tsɑu˥ kɔ˧ 用来晒衣物
晴叉 tsʻin˩ tsʻɑ˧ 架竹篙用，由三根竹竿系成
滑扫 xuɒ˥ sɔ˩ 去叶的竹枝，用来打小孩；常插在墙上，用以吓唬小孩
蚊烟香 uɐn˩ iɛ̃˧ ɕiɔŋ˧
鸡毛帚 tɕi˧ mɔ˩ tsɑu˩
抹布 mɒ˥ pu˧
拖把 tʻo˧ pɒ˩
扫帚 sɔ˧ tsɑu˩
竹帚 tsɑu˥ tsɑu˩
棕帚 tsɐŋ˧ tsɑu˩
拆箕 tsʻɛ˥ tɕi˧ 扫地时装垃圾用
　龌龊篼 u˥ tsʻo˥ tɛn˥
马桶 mɒ˩ tʻɐŋ˩
马桶帚 mɒ˩ tʻɐŋ˩ tsɑu˩
解手纸 kæ˩ sɑu˩ tsʅ˩ 手纸

（九）称谓 人品

1. 一般称谓

性家 sin˥ kɒ˧ 男的
囡家 ȵyɐn˩ kɒ˧ 女的
伢崽 ŋæ̃˥ tsæ˩ 小孩
　伢 ŋæ̃˥
性伢 sin˥ ŋæ̃˥ 男孩
囡伢 ȵyɐn˩ ŋæ̃˥ 女孩
太人 tʻæ˧ zɐn˩ 大人，成人
你浪 n̩˩ lɔŋ˧ 敬称，相当于“你老人家”
老汉 lɔ˩ xɐn˥ 老头子
老太婆 lɔ˩ tʻæ˧ pʻo˩
男子汉 lœ̃˩ tsʅ˩ xœ̃˧ 男子通称
婆娘家 pʻo˩ ȵiɔŋ˩ kɒ˧ 女子通称
后生家 xɛ˧ sɐn˧ kɒ˧ 小伙子
闺女姐 kuəi˧ ȵy˩ tsiɒ˥ 未婚女子
婆娘嫂 pʻo˩ ȵiɔŋ˩ sɔ˩ 已婚女子
街上人 kæ˧ sɔŋ˧ zɐn˩

乡下人 ɕiɔŋ˧ xɒ˧ zɐn˩
　乡巴佬 ɕiɔŋ˧ pɒ˧ lɔ˩
本地人 pɐn˩ t'əi˧ zɐn˩
外地人 uæ˧ t'əi˧ zɐn˩
外人 uæ˧ zɐn˩
只家人 tsʅ˩ kɒ˧ zɐn˩　自家人
把式 pɒ˩ sʅ˧
　行家 xɔŋ˩ tɕiɒ˧
内行 ləi˧ xɔŋ˩
外行 uæ˧ xɔŋ˩
生手 sɐn˧ sɑu˩
熟手 sɑu˥ sɑu˩
帮手 pɔŋ˧ sɑ˩
对手 təi˧ sɑu˩　①帮手②竞争的对方
做对手 tsɑu˧ təi˧ sɑu˩　帮忙
正经人 tsɐn˧ tɕiɐn˧ zɐn˩
七门八路 ts'əi˥ mɐn˩ pɒ˥ lɑu˧
家门 tɕiɒ˧ mɐn˩　同姓
老庚 lɔ˩ kɐn˧　同一年出生的朋友
　同年 t'ɔŋ˩ ȵiẽ˩（ȵin˥）
单身汉 tæ̃˧ sɐn˧ xœ̃˧
　孤老 ku˧ lɔ˩
光棍 kuɔŋ˧ kuɐn˧　①单身汉②专靠打官司过日子的无赖
寡妇 kuɒ˩ fu˧
童养媳 t'ɐŋ˩ iɔŋ˩ səi˥
老闺女 lɔ˩ kuəi˧ ȵy˩
皮襻 p'əi˩ pæ̃˥　姘头
野老公 iɒ˩ lɔ˩ kɐŋ˧
婊子 pi˩ tsʅ˩
私生子 sʅ˧ sɐn˧ tsʅ˩
小气鬼 si˩ tɕ'i˧ kuəi˩
败家子 p'æ˧ kɒ˧ tsʅ˩
流子 liu˩ tsʅ˩　流氓
　痞子 p'əi˩ tsʅ˩
　油子 iɑu˩ tsʅ˩
　流氓 liu˩ mɔŋ˩
犯人 fæ̃˧ zɐn˩
讨米箇 t'ɔ˩ məi˩ ko˧
　告花 kɔ˧ xuɒ˧
骗子 p'ĩ˧ tsʅ˩
　啜白箇 ts'o˥ p'ɛ˥ ko˧
土匪 t'ɑu˩ fəi˩
强盗 tɕ'iɔŋ˩ t'ɔ˧
贼 ts'ɛ˥
扒手 p'ɒ˩ sɑu˩

2. 职业称谓

老师 lɔ˩ sʅ˧
匠 ts'iɔŋ˧　敬称，多用来称呼教书先生，对有学问的人也可面称～
先生 sĩ˧ sɐn˧
郎中 lɔŋ˩ tsɐŋ˧
　医生 i˧ sɐn˧
　医师 i˧ sʅ˧
护士 xu˧ sʅ˧
同事 t'ɐŋ˩ sʅ˧
朋友 p'ɐŋ˩ iɑu˩
同学 t'ɐŋ˩ ɕio˥
学生 ɕio˥ sɐn˧
工人 kɐŋ˧ zɐn˩
做庄稼箇 tsɑu˧ tsɔŋ˧ kɒ˧ ko˧　农民
捏锄头把箇 ȵiɛ˥ ts'ɑu˩ t'ɛ˩ pɒ˧ ko˧
打长年箇 tɒ˩ ts'ɔŋ˩ ȵiẽ˩ ko˧　长工

打短工箇 tɒ˩ tœ̃˩ kɐŋ˧ ko˧
伙计 xo˩ tɕi˧
临时工 lin˩ sʅ˩ kɐŋ˧
老板 lɔ˩ pæ̃˩
　东家 tɐŋ˧ kɒ˧
老板娘 lɔ˩ pæ̃˩ ȵiɔŋ˩
徒弟 t'ɑu˩ t'əi˧
学徒 ɕio˥ t'ɑu˩
司机 sʅ˧ tɕi˧
师傅 sʅ˧ fu˧
木匠 mo˥ ts'iɔŋ˧
封匠 fɐŋ˧ ts'iɔŋ˧　泥匠
漆匠 ts'əi˥ ts'iɔŋ˧
篾匠 mi˥ ts'iɔŋ˧
铁匠 t'i˥ ts'iɔŋ˧
铜匠 t'ɐŋ˩ ts'iɔŋ˧
银匠 ȵiɐn˩ ts'iɔŋ˧
裁缝 ts'æ˩ fɐŋ˩
做生意箇 tsɑu˧ sɐn˧ i˧ ko˧
摆摊子箇 pæ˩ t'æ̃˥ tsʅ˩ ko˧
做手艺箇 tsɑu˧ sɑu˩ ȵi˧ ko˧
跑江湖箇 p'ɔ˩ tɕiɔŋ˧ xu˩ ko˧
补锅箇 pu˩ ko˧ ko˧
补碗箇 pu˩ uœ̃˩ ko˧
染布箇 zœ̃˩ pu˧ ko˧
杀猪箇 sɒ˥ tɕy˧ ko˧
　杀猪佬 sɒ˥ tɕy˧ lɔ˩
剃头师傅 t'əi˧ t'ɛ˩ sʅ˧ fu˧
厨子 tɕ'y˩ tsʅ˩
割猪箇 kɛ˥ tɕy˧ ko˧
　割猪佬 kɛ˥ tɕy˧ lɔ˩
镦鸡箇 siĩ˧ tɕi˧ ko˧

挑货郎担箇 t'i˧ xo˧ lɔŋ˩ tæ̃˥ ko˧
卖瓦罐箇 mæ˧ uɒ˩ kuœ̃˧ ko˧
玩把戏箇 uæ̃˩ pɒ˩ ɕi˧ ko˧
唱猴戏箇 ts'ɔŋ˧ xɛ˩ ɕi˧ ko˧
唱菩萨戏箇 ts'ɔŋ˧ p'u˩ sæ̃˥ ɕi˧ ko˧
　　演木偶的
贩子 fæ̃˥ tsʅ˩
脚夫 tɕio˥ fu˧
　脚力 tɕio˥ ləi˥
算命箇 sœ̃˧ min˧ ko˧
　掐时箇 k'ɒ˥ sʅ˩ ko˧
洗高婆 səi˩ kɔ˧ p'o˩　接生婆
奶娘 læ˥ ȵiɔŋ˩　奶妈
丫头 iɒ˧ t'ɛ˩
　丫鬟 iɒ˧ xuæ̃˩
表嫂 pi˩ sɔ˩　女佣人
媒人 məi˩ zɐn˩
　媒婆 məi˩ p'o˩
　做媒箇 tsɑu˧ məi˩ ko˧
和尚 xo˩ sɔŋ˧
尼姑 ȵi˩ ku˧
道士 t'ɔ˧ sʅ˧

3. 人品

人品 zɐn˩ p'in˩
人才 zɐn˩ ts'æ˩
长相 tsɔŋ˩ siɔŋ˧
　眉目相 məi˩ mo˥ siɔŋ˧
　脸目相 liĩ˩ mo˥ siɔŋ˧
腰身 iɛ˧ sɐn˧
　身段 sɐn˧ tœ̃˧
板演 pæ̃˩ iɛ̃˩　板眼，本事
本分 pɐn˩ fɐn˧

贤德 ɕiẽ˩ tɛ˥
巴家 pɒ˧ kɒ˧
信佛 sin˧ fu˥
喫斋 tɕʻiɒ˥ tsæ˧
罕子 xæ̃˩ tsɿ˩ 指本事、能力，通常与"冇得"搭配
冇得用 mɔ˧ tɛ˥ iəŋ˧ 窝囊、没本事
君子 tɕyen˧ tsɿ˩
小人 si˩ zen˩
货色 xo˧ sɛ˥
落脚货 lo˥ tɕio˥ xo˧ 最差的
肉头货 zɑu˥ tʻɛ˩ xo˧ 死脸皮
绿 lɑu˥ 轻浮、好卖弄：渠常日不落地，到处果～
刁 ti˩
半吊子 pœ̃˧ ti˧ tsɿ˩
不落地 pu˥ lo˥ tʻəi˧ 轻浮、不踏实
二浑趟子 zɿ˧ xuen˩ tʻɔŋ˥ tsɿ˩
二百五 zɿ˧ pɛ˥ u˩
败家子 pʻæ˧ kɒ˧ tsɿ˩
喑 ien˥ 缄默、少言寡语
闷头甑 men˥ tʻɛ˩ tsen˧
老实坨 lɔ˩ sɿ˥ tʻo˩
昧相 məi˧ siɔŋ˧ 倒霉相
糍粑坨 tsʻɿ˩ pɒ˧ tʻo˩ 拖拉、慢性子
牛肉筋 ȵiɑu˩ zɑu˥ tɕien˧ 疲沓
捞事公德 lɔ˥ sɿ˧ keŋ˧ tɛ˥ 好事者
和事佬 xo˩ sɿ˧ lɔ˩
刻薄 kʻɛ˥ pʻo˥
抠 kʻɛ˩ 吝啬
嗍 so˥ 小气、吝啬
阴心阴毒 ien˧ sin˧ ien˧ tʻɑu˥
拐心地 kuæ˩ sin˧ tʻəi˧ 坏心肠
打蛮 tɒ˩ mæ̃˩ ①不讲理②强行做某件事
打蛮筋 tɒ˩ mæ̃˩ tɕien˧
翻眼 fæ̃˧ ŋæ̃˩ 翻脸
癞子头 lɒ˥ tsɿ˩ tʻɛ˩ 指惹不起的人
翻翘 fæ̃˧ tɕʻiɛ˧ ①桀骜不驯②生气了
启祸 tɕʻi˩ xo˧ 惹是生非
神 sen˩ ①滑稽②调皮
冇得心相 mɔ˧ tɛ˥ sin˧ siɔŋ˧ 没有耐心
□ ȵiɒ˧ 撒娇
□ tiɒ˩ 忸怩作态、自作多情

（十）亲　属

1. 长辈

长辈 tsɔŋ˩ pəi˧
太公 tʻæ˧ keŋ˧ 曾祖父
太婆 tʻæ˧ pʻo˩ 曾祖母
太 tʻæ˥ 曾祖父、曾祖母都可称"太"
公 keŋ˧ 爷爷
婆 pʻo˩ 奶奶
高公 kɔ˧ keŋ˧ 外公
高婆 kɔ˧ pʻo˩ 外婆
爷 i˩ 父亲
母 m̩˩

娘 ȵiɔŋ˩ 用于引称

老娘 lɔ˩ ȵiɔŋ˩ 用于背称

丈老 tsɔŋ˧ lɔ˩ 岳父

丈母 tsɔŋ˧ m̩˩ 岳母

公婆 kɐŋ˧ p'o˩ 儿媳对公公、婆母的引称

增公 tsɐn˧ kɐŋ˧ 岳父之父

增婆 tsɐn˧ p'o˩ 岳父之母

干爷 kœ̃˧ iɒ˩ 干爹

干娘 kœ̃˧ ȵiɔŋ˩

继父老子 tɕi˧ fu˧ lɔ˩ tsɿ˩ （背称）

后来娘 xɛ˧ læ˩ ȵiɔŋ˩ （背称）

伯公 pɛ˥ kɐŋ˧ 爷爷辈的老大

伯婆 pɛ˥ p'o˩

二公 zɿ˧ kɐŋ˧ 以下是“三公”，依此类推

二婆 zɿ˧ p'o˩ 以下是“三婆”，依此类推

叔公 sɑu˥ kɐŋ˧

叔婆 sɑu˥ p'o˩

太爷 t'æ˧ i˩ 大伯

太母 t'æ˧ m̩˩ 大婶

二爷 zɿ˧ i˩ 以下是“三爷”，依此类推

二母 zɿ˧ m̩˩ 以下是“三母”，依此类推

些爷 si˥ i˩ 叔父

叔 sɑu˥

细爷 səi˧ i˩ 最小的叔叔

细母 səi˧ m̩˩ 最小叔叔的妻子

舅爷 tɕ'iɑu˧ i˩ 舅舅

舅娘 tɕ'iɑu˧ ȵiɔŋ˩ 舅妈

姑爷 ku˧ i˩ 姑父

姑父 ku˧ fu˧

姑娘 ku˧ ȵiɔŋ˩ 姑母

姨父 i˩ fu˧

姨爹 i˩ ti˧

姨娘 i˩ ȵiɔŋ˩ 姨妈

娘读入声 ȵiɔŋ˥

表伯爷 pi˩ pɛ˥ i˩ 表伯父

表些爷 pi˩ si˥ i˩ 表叔

表婶娘 pi˩ sɐn˩ ȵiɔŋ˩ 表婶

老伯 lɔ˩ pɛ˥ 称兄弟的岳父

老伯母 lɔ˩ pɛ˥ m̩˩ 称兄弟的岳母

同年娘 t'ɐŋ˩ ȵin˥ ȵiɔŋ˩ 称母亲的同年

同年爷 t'ɐŋ˩ ȵin˥ iɒ˩ 称父亲的同年

2. 平辈

平辈 p'in˩ pəi˧

夫妻 fu˧ ts'əi˧

男人 lœ̃˩ zɐn˩ 丈夫

老公 lɔ˩ kɐŋ˧

姐夫读入声 tsiɒ˩ fɐn˥ 丈夫

屋欸（屋里） u˥ ɛ˩ 妻子

老婆 lɔ˩ p'o˩

媳妇读入声 si˥ fɐn˥

小 si˩ 小老婆

小老婆 si˩ lɔ˩ p'o˩

兄弟 ɕiɐŋ˧ t'əi˧

兄弟伙 ɕiɐŋ˧ t'əi˧ xo˩ 兄弟们、兄弟之间

隔纱兄弟 kɛ˥ sɒ˧ ɕiɐŋ˧ t'əi˧ 同族兄弟

共公兄弟 kʻəŋ˧ kəŋ˧ ɕiɐŋ˧ tʻəi˧

叔伯兄弟 sɑu˥ pɛ˥ ɕiɐŋ˧ tʻəi˧

妯娌 tsʻɑu˥ ləi˩

妯娌伙 tsʻɑu˥ ləi˩ xo˩　妯娌们、妯娌之间

哥 ko˥

太哥 tʻæ˧ ko˥　（阳新话的“太”与“大”不同音，在口语中人们只能说“太”，不说“大”）

太嫂 tʻæ˧ sɔ˩

二哥 zʅ˧ ko˥

二嫂 zʅ˧ sɔ˩

姐 tsiɒ˥

太姐 tʻæ˧ tsiɒ˥

二姐 zʅ˧ tsiɒ˥

姐夫 tsiɒ˩ fu˧

弟 tʻəi˥

老弟 lɔ˩ tʻəi˧　用于引称

弟媳 tʻəi˧ səi˥　弟弟的妻子

内弟 ləi˧ tʻəi˧　妻子的弟弟，用于引称

舅子 tɕʻiɑu˧ tsʅ˩　用于引称

妹 məi˥

老妹 lɔ˩ məi˧　用于引称

妹夫 məi˧ fu˧

表兄 pi˩ ɕiɐŋ˧

表姐 pi˩ tsiɒ˩

表弟 pi˩ tʻəi˥

表妹 pi˩ məi˥

表侄 pi˩ tsʻʅ˥

表侄女 pi˩ tsʻʅ˥ ȵy˩

3. 晚辈

晚辈 uæ̃˩ pəi˧

做细人箇 tsɑu˧ səi˧ zɐn˩ ko˧

崽 tsæ˩　儿子，多用于引称、昵称

儿 zʅ˩　多用于昵称

囡 ȵyɐn˩　女儿

媳妇 si˥（səi˥）fu˧　儿子的妻子，用于引称、背称

童养媳 tʻɐŋ˩ iɔŋ˩ səi˥

女婿 ȵy˩ səi˧

过继 ko˧ tɕi˧

侄 tsʻʅ˥　用于引称

奶侄 læ˩ tsʻʅ˥　用于引称

侄女 tsʻʅ˥ ȵy˩

外甥 uæ˧ sɐn˧

外甥女 uæ˧ sɐn˧ ȵy˩

孙 sɐn˧

老孙 lɔ˩ sɐn˧　用于引称

孙媳妇 sɐn˧ si˥ fu˧

孙女 sɐn˧ ȵy˩

孙女婿 sɐn˧ ȵy˩ səi˧

外孙 uæ˧ sɐn˧

外孙女 uæ˧ sɐn˧ ȵy˩

曾孙 tsʻɐn˩ sɐn˧

曾孙女 tsʻɐn˩ sɐn˧ ȵy˩

4. 其他

亲家 tsʻin˧ kɒ˧

亲家母 tsʻin˧ kɒ˧ m̩˩

亲戚 tsʻin˧ səi˥

远房亲戚 yɛ̃˩ fɔŋ˩ tsʻin˧ səi˥

一棵菜 i˥ kʻo˧ tsʻæ˧　同族

走人家 tsɛ˩ zɐn˩ kɒ˧　走亲戚

娘家 ȵiɔŋ˩ kɒ˧

婆家 pʻo˩ kɒ˧

（十一）身 体

1. 五官

枉身 uɔŋ˩ sɐn˧ 身体
身膙 sɐn˧ sɔ˧ 身上
头 t'ɛ˩
头顶 t'ɛ˩ tin˩
气门顶 tɕ'i˧ mɐn˥ tin˩ 囟门
脑壳 lɔ˩ k'o˥
后脑壳 xɛ˧ lɔ˩ k'o˥
傲角头 ŋɔ˧ ko˥ t'ɛ˩ 额头
开顶 k'æ˧ tin˩ 头顶头发脱落
光头 kuɔŋ˥ t'ɛ˩
太阳穴 t'æ˧ iɔŋ˩ ɕiɛ˥
颈 tɕiɔŋ˩ 脖子
后颈窝 xɛ˧ tɕiɔŋ˩ uo˧
头毛 t'ɛ˩ mɔ˩ 头发
鬏头毛 tsiu˥ t'ɛ˩ mɔ˩ 卷发
白头毛 p'ɛ˥ t'ɛ˩ mɔ˩
少年白 sɛ˧ ȵiẽ˩ p'ɛ˥
马旦 mɒ˩ tæ̃˥ 辫子
扎马旦 tsɒ˥ mɒ˩ tæ̃˥
刘海 liu˩ xæ˩
头毛鬏 t'ɛ˩ mɔ˩ tsiu˧ 发髻
头皮 t'ɛ˩ p'əi˩ 兼有“头皮”、“头屑”义
脸 lĩ˩
　脸墩 lĩ˩ tɐn˥ 脸庞
酒窝 tsiu˩ uo˧
　酒凼 tsiu˩ tɐn˥
瀺泡 ts'æ̃˩ p'ɔ˧ 腮帮子
眼 ŋæ̃˩
眼泡 ŋæ̃˩ p'ɔ˧ 眼袋
眼睛珠 ŋæ̃˩ tsin˧ tɕy˧
眼泪 ŋæ̃˩ ləi˧
眼屎 ŋæ̃˩ sʅ˩
　眼屉 ŋæ̃˩ pɒ˩
眼皮 ŋæ̃˩ p'əi˩
单眼皮 tæ̃˧ ŋæ̃˩ p'əi˩
双眼皮 sɔŋ˧ ŋæ̃˩ p'əi˩
眼睛毛 ŋæ̃˩ tsin˥ mɔ˩ 睫毛
眉毛 məi˩ mɔ˩
鼻子 p'əi˥ tsʅ˩
　鼻孔 p'i˥ k'ɐŋ˩
鼻孔眼 p'i˥ k'ɐŋ˩ ŋæ̃˩
鼻孔毛 p'i˥ k'ɐŋ˩ mɔ˩
鼻孔尖 p'i˥ k'ɐŋ˩ tsĩ˧
鼻孔梁 p'i˥ k'ɐŋ˩ liɔŋ˩ 鼻梁
贯通鼻 kuœ̃˧ t'ɐŋ˧ p'əi˥ 直鼻梁
鹰钩鼻 iɐn˧ kɛ˧ p'əi˥
塌鼻子 t'ɒ˥ p'əi˥ tsʅ˩
　□鼻子 lɔŋ˥ p'əi˥ tsʅ˩
酒糟鼻 tsiu˩ tsɔ˧ p'əi˥
鼻孔屎 p'i˥ k'ɐŋ˩ sʅ˩
鼻泪 p'i˥ ləi˧ 鼻涕
嘴 tsəi˩
嘴唇 tsəi˩ tɕ'yɐn˩
人中 zɐn˩ tsɐŋ˧
痰 t'æ̃˩
瀺 ts'æ̃˩ 涎水、口水、唾沫
　涎 sĩ˩
吐瀺 t'ɑu˩ ts'æ̃˩ 吐唾沫
舌帖 sɒ˥ t'i˥ 舌头
嗓子 sɔŋ˩ tsʅ˩

牙读阴平齿 ŋɔ˧ tsʻʅ˩
牙齿瓤 ŋɔ˧ tsʻʅ˩ zɔŋ˩　牙龈
门牙 mɐn˩ ŋɒ˩
太牙 tʻæ˧ ŋɒ˩
　板牙 pæ̃˩ ŋɒ˩
耳读阴平朵 zʅ˧ to˩
耳朵龈 zʅ˧ to˩ ȵiɐn˩　耳垂
耳朵屎 zʅ˧ to˩ sʅ˩
耳朵亥 zʅ˧ to˩ xæ˧　耳朵后面
下爬 xɒ˧ pʻɒ˩　下巴
喉咙 xɛ˩ lɐŋ˩
　喉咙管 xɛ˩ lɐŋ˩ kuœ̃˩
喉结 xɛ˩ tɕiɛ˥
胡子 xu˩ tsʅ˩
八字胡 pɒ˥ tsʻʅ˧ xu˩
脸蓬胡 liĩ˩ pʻɐŋ˩ xu˩　络腮胡
麻蝇读入声屎 mɒ˩ iɐn˥ sʅ˩　雀斑
　雀斑 tsʻio˥ pæ̃˧

2. 手脚胸腹背

肩膀 tɕiɛ̃˧ pɔŋ˩　肩
肩胛骨 tɕiɛ̃˧ tɕiɒ˥ ku˥
手夹 sɑu˩ kɒ˥　胳膊
　胳膊 kɛ˥ po˥
强盗骨 tɕʻiɔŋ˩ tʻɔ˧ ku˥　锁骨
性痒下 sin˥ iɔŋ˩ xɒ˧　腋下
　性痒窝 sin˥ iɔŋ˩ uo˧
哈痒 xɒ˧ iɔŋ˩　挠痒
手拐 sɑu˩ kuæ˩　肘
手拐坨 sɑu˩ kuæ˩ tʻo˩　肘关节
手 sɑu˩
顺手 ɕyɐn˧ sɑu˩　右手
反手 fæ̃˩ sɑu˩　左手
手腕 sɑu˩ uɛn˥
拳子 tɕʻy˩ tsʅ˩　拳头
巴掌 pɒ˧ tsɔŋ˩
　手巴掌 sɑu˩ pɒ˧ tsɔŋ˩
　手掌 sɑu˩ tsɔŋ˩
手心 sɑu˩ sin˧
　手掌心 sɑu˩ tsɔŋ˩ sin˧
手背 sɑu˩ pəi˧
茧 tɕiɛ̃˩
　硬茧 ŋɐn˧ tɕiɛ̃˩
　硬枕 ŋɐn˧ tsɐn˩
手指读入声头 sɑu˩ tsʅ˥ tʻɛ˩
太手指头 tʻæ˧ sɑu˩ tsʅ˥ tʻɛ˩　大拇指
食指 sʅ˥ tsʅ˩
中指 tsɐŋ˧ tsʅ˩
四手指头 sʅ˧ sɑu˩ tsʅ˥ tʻɛ˩　无名指
细手指头 səi˧ sɑu˩ tsʅ˥ tʻɛ˩
手指丫 sɑu˩ tsʅ˥ ŋɒ˧
指甲 tsʅ˩ kɒ˥
　手指甲 sɑu˩ tsʅ˥ kɒ˥
指甲□ tsʅ˩ kɒ˥ ŋæ̃˩　指甲缝
栗子磕 ləi˥ tsʅ˩ ko˥　栗凿
脚 tɕio˥　腿
太胯 tʻæ˧ kʻuɒ˩　大腿
太胯□ tʻæ˧ kʻuɒ˩ ŋæ̃˩　腹股沟
脚坨 tɕio˥ tʻo˩　膝盖
　脚坨盖 tɕio˥ tʻo˩ kæ˧
脚臁 tɕio˥ liĩ˩　胫骨
脚每肚 tɕio˥ məi˩ tɑu˩　脚小肚
脚趾丫 tɕio˥ tsʅ˩ ŋɒ˧
脚趾头 tɕio˥ tsʅ˩ tʻɛ˩
脚趾甲 tɕio˥ tsʅ˩ kɒ˥

脚背 tɕio˥ pəi˧

螺蛳骨 lo˩ sɿ˧ ku˥　踝骨

脚板 tɕio˥ pæ̃˩

脚板心 tɕio˥ pæ̃˩ sin˧

鸡眼 tɕi˧ ŋæ̃˩

脚后跟 tɕio˥ xɛ˧ kɐn˧

　脚踭 tɕio˥ tsɔŋ˧　脚后跟

　脚后踭 tɕio˥ xɛ˧ tsɔŋ˧

屁股 p'i˥ ku˩

屁股丫 p'i˥ ku˩ ŋɒ˧　屁股沟

屁股眼 p'i˥ ku˩ ŋæ̃˩

屁股尖 p'i˥ ku˩ tsiĩ˧　尾椎

打屁 tɒ˩ p'əi˧

　放屁 fɔŋ˧ p'əi˧

屙尿 uo˧ ȵiɛ˧

屙屉 uo˧ pɒ˩

　屙屎 uo˧ sɿ˩

捺尿 la˥ ȵiɛ˧　遗尿

捺屉 la˥ pa˩　小孩不由自主地排大便

裸 lo˩　男阴

　鸡巴 tɕi˧ pɒ˧

吊 tiu˥　赤子阴

　毛吊 mɔ˩ tiu˥

卵 lœ̃˩　睾丸

　毛吊蛋 mɔ˩ tiu˥ t'æ̃˥

屄 pi˥　女阴

　贝 pəi˧

戳屄 ts'o˥ pi˥　合交

胸面前 ɕiɐŋ˧ [illegible] ts'iĩ˩

胸脯 [illegible] p'u˩

[illegible]口 sin˧ k'ɛ˩

　胸口 ɕiɐŋ˧ k'ɛ˩

肚旁骨 tau˩ p'ɔŋ˩ ku˥　肋骨

奶读入声 læ˥　兼指乳房和奶水

肚子 tau˩ tsɿ˩　腹部

小肚子 si˩ tau˩ tsɿ˩

肚子脐 tau˩ tsɿ˩ ts'əi˩

腰 iɛ˧

背脊 pəi˧ tsiɒ˥

　背 pəi˧

脊梁骨 tsəi˥ liɔŋ˩ ku˥

打赤膊 tɒ˩ ts'ɒ˥ po˥　光着上身

打赤靠 tɒ˩ ts'ɒ˥ k'ɔ˧　一丝不挂

3. 其他

迁 ts'iĩ˧　头发旋儿

两个迁 liɔŋ˩ k'o˧ ts'iĩ˧　双旋儿

脶纹 lo˩ uɐn˩　指纹

箩 lo˩　圆形指纹

箕 tɕi˧　簸箕状指纹

寒毛 xœ̃˩ mɔ˩

寒毛孔 xœ̃˩ mɔ˩ k'ɐŋ˩　寒毛眼儿

痣子 tsɿ˧ tsɿ˩

胎记 t'æ˧ tɕi˧

骨头 ku˥ t'ɛ˩

皮 p'əi˩　皮肤

内脏 ləi˧ ts'ɔŋ˧

筋 tɕiɐn˧

脉 mɛ˥

血 ɕiɛ˥

血管 ɕiɛ˥ kuœ̃˩

心 sin˧

肝 kœ̃˧

肺 fəi˧

胆 tæ̃˩
脾 p'əi˩
胃 uəi˧
腰子 iɛ˧ tsʅ˩　肾

肠 ts'ɔŋ˩
太肠 t'æ˧ ts'ɔŋ˩
小肠 si˩ ts'ɔŋ˩
盲肠 mɔŋ˩ ts'ɔŋ˩

（十二）疾病　医疗

1. 一般用语

有病 iɑu˩ p'in˧
得病 tɛ˥ p'in˧　生病
　不舒服 pu˥ ɕy˧ fu˥
　不好过 pu˥ xɔ˩ ko˧
细病 səi˧ p'in˧　小病
太病 t'æ˧ p'in˧
急病 tɕi˥ p'in˧
重病 ts'ɐŋ˧ p'in˧
出质 tɕ'y˥ tsʅ˥　病情暴露
过 ko˧　传染
看病 k'œ̃˧ p'in˧
　诊病 tsɐn˩ p'in˧
药方 io˥ fɔŋ˧
医院 i˧ yɛ̃˧
病房 p'in˧ fɔŋ˩
中医 tsɐŋ˧ i˧
西医 səi˧ i˧
中药 tsɐŋ˧ io˥
西药 səi˧ io˥
药铺 io˥ p'u˧
　药店 io˥ tiĩ˧
拿脉 lɒ˩ mɛ˥
　捉脉 tso˥ mɛ˥
方子 fɔŋ˧ tsʅ˩
偏方 p'iĩ˧ fɔŋ˧

捡药 tɕiɛ̃˩ io˥
　抓药 tɕyɒ˧ io˥
　摘药 tsɒ˥ io˥
发药 fɒ˥ io˥
引子 iɐn˩ tsʅ˩　药引
药罐 io˥ kuɐn˥
煎药 tsiĩ˧ io˥
　煎茶 tsiĩ˧ ts'ɒ˩
午时茶 u˩ sʅ˩ ts'ɒ˩
服药 fu˥ io˥
　喫药 tɕ'iɒ˥ io˥
药膏 io˥ kɔ˧
膏药 kɔ˧ io˥
搽药 ts'ɒ˩ io˥
　上药 sɔŋ˧ io˥
发汗 fɒ˥ xœ̃˧
祛风 tɕ'y˧ fɐŋ˧
去火 tɕ'y˧ xo˩
祛湿 tɕ'y˧ sʅ˥
消食 si˧ sʅ˥
打针 tɒ˩ tsɐn˧
出毒气 tɕ'y˥ t'ɑu˥ tɕ'i˧
拔火罐 p'ɒ˥ xo˩ kuœ̃˧
针灸 tsɐn˧ tɕiɑu˩
清凉油 ts'in˧ liɔŋ˩ iɑu˩　万金油

2. 内科

屙肚子 uo˧ tau˩ tsɿ˩ 腹泻

上吐下泻 sɔŋ˧ t'au˩ xɒ˧ si˥

作烧 tso˥ sɛ˧ 发烧

怕冷 p'ɒ˧ len˩

打冷噤 tɒ˩ len˩ tɕian˧

起鸡毛疹 tɕ'i˩ tɕi˧ mɔ˩ tsen˩

撞倒风 ts'ɔŋ˧ tɔ˩ feŋ˧ 受了风寒

感冒 kœ̃˩ mɔ˧

咳嗽 k'ɛ˥ sɛ˧

气喘 tɕ'i˧ tɕ'yæ˩

齁 xɛ˩ 哮喘

闭气 pəi˧ tɕ'i˧

气管炎 tɕ'i˧ kuœ̃˩ iɛ̃˩

中暑 tseŋ˧ ɕy˩

上火 sɔŋ˧ xo˩

出汗 tɕ'y˥ xœ̃˧

食积 sɿ˥ tsəi˥

肚子痛 tau˩ tsɿ˩ t'eŋ˧

心下痛 sin˧ xɒ˧ t'eŋ˧

头昏 t'ɛ˩ xuen˧

头痛 t'ɛ˩ t'eŋ˧

打闷头 tɒ˩ men˧ t'ɛ˩ 休克

恶心 ŋo˥ sin˧

翻涌 fæ̃˧ ieŋ˩ 恶心欲吐

呕 ŋɛ˩

吐 t'au˩

吐血 t'au˩ ɕiɛ˥

腰痛 iɛ˧ t'eŋ˧

□气 ɕyæ˧ tɕ'i˧ 疝气

脱肛 t'o˥ kɔŋ˧

打皮寒 tɒ˩ p'əi˩ xœ̃˩ 疟疾

霍乱 xo˥ lœ̃˧

麻疹 mɒ˩ tsen˩

过小春 ko˧ si˩ tɕ'yen˧

过太春 ko˧ t'æ˧ tɕ'yen˧

伤寒 sɔŋ˧ xœ̃˩

黄疸 xuɔŋ˩ tæ̃˩

肝炎 kœ̃˧ iɛ̃˩

阑尾炎 læ̃˩ uəi˩ iɛ̃˩

寒痨 xœ̃˩ lɔ˩ 肺病

发热淋 fɒ˥ zɛ˥ lin˩ 尿道感染

太肚病 t'æ˧ tau˩ p'in˧ 血吸虫病

水肿 ɕy˩ tseŋ˩

发痧 fɒ˥ sɒ˧ 痧病

发急痧 fɒ˥ tɕi˥ sɒ˧

发痰迷 fɒ˥ t'æ̃˩ məi˩ 癫痫

生弹子 sen˧ t'æ̃˩ tsɿ˩ 淋巴结炎

3. 外科

外伤 uæ˧ sɔŋ˧

开刀 k'æ˧ tɔ˧

动手术 t'eŋ˧ sau˩ ɕy˥

擦破皮 ts'ɒ˥ p'o˧ p'əi˩

出血 tɕ'y˥ ɕiɛ˥

淤血 y˧ ɕiɛ˥

红肿 xeŋ˩ tseŋ˩

灌脓 kuœ̃˧ leŋ˩ 化脓

灌了 kuœ̃˧ liɛ˩ 化脓了

结壳 tɕiɛ˥ k'o˥ 结痂

长疮 tsɔŋ˩ ts'ɔŋ˧

痔疮 ts'ɿ˧ ts'ɔŋ˧

马痒癞 mɒ˩ iɔŋ˩ læ˧ 皮肤病

发风疤 fɒ˥ feŋ˧ pɒ˧ 皮肤过敏

疥疮 kæ˧ ts'ɔŋ˧

癣 siĩ˩
汗斑 xœ̃˧ pæ̃˧
疖子 tsi˥ tsɿ˩
痱子 fəi˧ tsɿ˩
烂脚丫 læ̃˧ tɕio˥ ŋɒ˧
浓灌疮 lɐŋ˩ kuœ̃˧ ts'ɔŋ˧
灌膢弦 kuœ̃˧ lo˩ ɕiɛ̃˩ 指甲下部溃烂
生蛇头 sɐn˧ sɒ˩ t'ɛ˩ 指头长毒疮
八坼 pɒ˥ ts'ɒ˥ 裂口

4. 常见疾病

发羊角风 fɒ˥ iɔŋ˩ ko˥ fɐŋ˧ 癫痫
中风 tsɐŋ˧ fɐŋ˧
关节痛 kuæ̃˧ tsi˥ t'ɐŋ˧
风湿痛 fɐŋ˧ sɿ˥ t'ɐŋ˧
湿疹 sɿ˥ tsɐn˩
狐狸骚 xu˩ ləi˩ sɔ˧ 狐臭
汗斑 xœ̃˧ pæ̃˧
牙齿痛 ŋɒ˧ ts'ɿ˩ t'ɐŋ˧
烂嘴丫 læ̃˧ tsəi˩ ŋɒ˧
沁眼子 ts'in˥ ŋæ̃˩ tsɿ˩ 近视眼
烂眼急□ læ̃˧ ŋæ̃˩ tɕi˥ tsɒ˩ 眼角溃烂
齉鼻 lɔŋ˥ p'əi˥ 鼻塞
抽筋 ts'ɑu˧ tɕiɐn˧ 抽搐
　鬏筋 tsiu˥ tɕiɐn˧
蛔虫 xuəi˩ ts'ɐŋ˩
生疔疮 sɐn˧ tin˧ ts'ɔŋ˧
鸡眼 tɕi˧ ŋæ̃˩

5. 残疾等

瘫子 t'æ̃˧ tsɿ˩ 瘫痪
跛子 po˩ tsɿ˩
拽子 tɕyæ˥ tsɿ˩ 肘关节残废的人
犁盘脚 ləi˩ p'œ̃˩ tɕio˥ 八字脚
鸡胸 tɕi˧ ɕiɐŋ˧
聋子 lɐŋ˥ tsɿ˩
哑子 ŋɒ˩ tsɿ˩
　哑巴 ŋɒ˩ pɒ˧
茧子 tɕiɛ̃˩ tsɿ˩ 结巴
癞子 lɒ˥ tsɿ˩ 癞痢
疯子 fɐŋ˧ tsɿ˩
驼子 t'o˩ tsɿ˩
瞎子 xɒ˥ tsɿ˩
疤子 pɒ˧ tsɿ˩
　扯子 ts'ɒ˩ tsɿ˩
麻子 mɒ˩ tsɿ˩
一眼冲 i˥ ŋæ̃˩ ts'ɐŋ˥ 独眼
对眼 təi˧ ŋæ̃˩
长翳子 tsɔŋ˩ i˧ tsɿ˩ 白内障
青光眼 ts'in˧ kuɔŋ˧ ŋæ̃˩
龅牙 pɔ˧ ŋɒ˩ 门齿向外突出
六手指头 lɑu˥ sɑu˩ tsɿ˥ t'ɛ˩
左撇子 tso˩ p'i˥ tsɿ˩
脚扭倒 tɕio˥ ȵiɑu˥ tɔ˩ 脚崴了

（十三）衣服　穿戴

1. 服装

穿戴 tɕ'yɛ̃˧ tæ˧
衣裳 i˧ sɔŋ˩
褂 kuæ̃˥ 上装
对襟褂 təi˧ tɕiɐn˧ kuæ̃˥
　开胸 k'æ˧ ɕiɐŋ˧ 对襟

太襟褂 t'æ˧ tɕien˧ kuæ̃˥ 衣襟开在右边

长褂 ts'ɔŋ˩ kuæ̃˥

西服 səi˧ fu˥

中山服 tsɐŋ˧ sæ̃˧ fu˥

棉袄 miĩ˩ ŋɔ˩

大衣 tɒ˧ i˧

棉搭浑 miĩ˩ tɒ˥ xuen˥ 棉背心

鞔 men˧（mɔŋ˧） 在所穿衣服外面再蒙一层衣服

鞔袄褂 men˧ ŋɔ˩ kuæ̃˥

夹袄 tɕiɒ˥ ŋɔ˩

夹衣 tɕiɒ˥ i˧

单衣 tæ̃˧ i˧

秋衣 ts'iu˧ i˧

秋裤 ts'iu˧ k'u˧

搭□ tɒ˥ tɕ'in˥ 小孩的围兜

兜□ tɛ˧ t'en˥

衬衣 ts'en˧ i˧

托肉褂 t'o˥ zɑu˥ kuæ̃˥ 贴身内衣

背心 pəi˧ sin˧

汗衫 xœ̃˧ sæ̃˧

卫生衣 uəi˧ sen˧ i˧ 机织的绒里内衣

卫生褂 uəi˧ sen˧ kɒ˧

卫生裤 uəi˧ sen˧ k'u˧

线衣 siĩ˧ i˧

线裤 siĩ˧ k'u˧

长褂 ts'ɔŋ˩ kuæ̃˥

长裤 ts'ɔŋ˩ k'u˧

短褂 tœ̃˩ kuæ̃˥

短裤 tœ̃˩ k'u˧

裤子头 k'u˧ tsɿ˩ t'ɛ˩

直统裤 ts'ʅ˥ t'eŋ˩ k'u˧

喇叭裤 lɒ˩ pɒ˧ k'u˧

领子 lin˩ tsɿ˩ 衣领

身（衫）袖 sen˧ ts'iu˧ 衣袖

长袖 ts'ɔŋ˩ ts'iu˧

短袖 tœ̃˩ ts'iu˧

身袖笼 sen˧ ts'iu˧ leŋ˩ 袖套

前襜 ts'iĩ˩ iɛ̃˩

后摆 xɛ˧ pæ˩

袋 t'æ˥ 荷包

褂袋 kuæ̃˥ t'æ˥

裤袋 k'u˧ t'æ˥

插袋 ts'ɒ˥ t'æ˥

裤腰 k'u˧ iɛ˧

裤带 k'u˧ tæ˧

裤脚 k'u˧ tɕio˥

裤脚缏 k'u˧ tɕio˥ piĩ˩

裤裆 k'u ı tɔŋ˧

开裆裤 k'æ˧ tɔŋ˧ k'u˧

脱单 t'o˥ tæ̃˧ 天气转暖时穿单衣或穿较少的衣服

皮衣 p'əi˩ i˧

风衣 feŋ˧ i˧

棉袍 miĩ˩ p'ɔ˩

旗袍 tɕ'i˩ p'ɔ˩

裙子 tɕ'yen˩ tsɿ˩

百褶裙 pɛ˥ tsɛ˥ tɕ'yen˩

扣子 k'ɛ˧ tsɿ˩

扣子眼 k'ɛ˧ tsɿ˩ ŋæ̃˩

扣子襻 k'ɛ˧ tsɿ˩ p'æ̃˥

捺扣 lɒ˥ k'ɛ˧

2. 鞋帽

包头 pɔ˧ t'ɛ˩ 老年妇女缠头的纱布头巾

帽子 mɔ˧ tsɿ˩

兵帽 pin˧ mɔ˧

皮帽 p'əi˩ mɔ˧

棉帽 miĩ˩ mɔ˧

麦草帽 mɒ˥ ts'ɔ˩ mɔ˧ 草帽

福神屋 fu˥ sɐn˩ u˥ 线织的帽子，把头都护住，只露出面部

鞋 xæ˩

拖鞋 t'o˧ xæ˩

布鞋 pu˧ xæ˩

棉鞋 miĩ˩ xæ˩

暖鞋 lœ̃˩ xæ˩

皮鞋 p'əi˩ xæ˩

胶鞋 tɕiɔ˧ xæ˩

力士鞋 ləi˥ sɿ˧ xæ˩

球鞋 tɕ'iɑu˩ xæ˩

草鞋 ts'ɔ˩ xæ˩

鞋带 xæ˩ tæ˧

鞋襻 xæ˩ p'æ̃˥

鞋□xæ˩ tɕ'yɒ˥ 鞋帮

鞋底 xæ˩ təi˩

靸 sɒ˥ 把鞋后帮踩在脚后跟下

袜 uɒ˥

长袜 ts'ɔŋ˩ uɒ˥

短袜 tœ̃˩ uɒ˥

布袜 pu˧ uɒ˥

棉线袜 miĩ˩ siĩ˧ uɒ˥

尼龙袜 ȵi˩ lɐŋ˩ uɒ˥

丝光袜 sɿ˧ kuɔŋ˧ uɒ˥

袜底 uɒ˥ təi˩ 手工缝成，一般缝有图案

3. 其他穿戴用品

梗子 kɐn˩ tsɿ˩ 手镯

银梗子 ȵiɐn˩ kɐn˩ tsɿ˩ 银手镯

钣子 pæ̃˧ tsɿ˩ 戒指

戒指 kæ˧ tsɿ˩

金钣子 tɕiɐn˧ pæ̃˧ tsɿ˩

项链 xɔŋ˧ liĩ˧

颈箍 tɕiɔŋ˩ k'u˧

银箍 ȵiɐn˩ k'u˧

耳环 zɿ˩ xuæ̃˩

柄簪 pin˩ tsœ̃˧

别针 p'i˥ tsɐn˧

头毛绳 t'ɛ˩ mɔ˩ sɐn˩

橡皮箍 siɔŋ˧ p'əi˩ k'uɐn˥

胭脂 iɛ̃˧ tsɿ˧

水粉 ɕy˩ fɐn˩

雪花膏 si˥ xuɒ˧ kɔ˧

花露水 xuɒ˧ lɑu˧ ɕy˩

围颈 uəi˩ tɕiɔŋ˩ 围巾

围领 uəi˩ liɔŋ˩

围裙 uəi˩ tɕ'yɐn˩

片子 p'iĩ˧ tsɿ˩ 小孩尿布

补丁 pu˩ tin˧

手套 sɑu˩ t'ɔ˧

绑腿 pɔŋ˩ t'əi˩

套鞋 t'ɔ˧ xæ˩ 雨鞋

高统靴 kɔ˧ t'ɐŋ˩ ɕyɛ˧（ɕyɒ˧）雨靴

木□底 mo˥ tɕ'in˥ təi˩ 木屐

手表 sɑu˩ pi˩

眼镜 ŋæ˩ tɕien˧

拄手棍 tɕʻy˩ sau˩ kuen˥ 拐杖

(十四) 饮 食

1. 伙食

饭食 fæ˧ ʂʅ˥ 伙食

伙食 xo˩ ʂʅ˥

喫饭 tɕʻiɒ˥ fæ˧ (口语只说“喫”，不说“吃”tɕʻi˥)

过早 ko˧ tsɔ˩

喫早饭 tɕʻiɒ˥ tsɔ˩ fæ˧

喝中茶 xo˥ tsɐŋ˧ tsʻɒ˩ 吃午饭

过中 ko˧ tsɐŋ˧

喫中饭 tɕʻiɒ˥ tsɐŋ˧ fæ˧ 吃晚饭

过夜 ko˧ iɒ˧ 吃晚饭

便饭 pʻĩ˧ fæ˧

喫零细 tɕʻiɒ˥ lin˩ səi˧ 吃(谦词)吃零食

喫零食 tɕʻiɒ˥ lin˩ ʂʅ˥

味道 uəi˧ tʻɔ˧

馊 sɛ˧

气色 tɕʻi˧ sɛ˥ 气味

做气色 tsau˧ tɕʻi˧ sɛ˥ 有难闻的气味

2. 米食

米 məi˩

细米 səi˧ məi˩

熻饭 ɕi˥ fæ˧ 煮饭

熻糯米 ɕi˥ lo˧ məi˩

蒸饭 tsen˧ fæ˧

炒饭 tsʻɔ˩ fæ˧

白米饭 pʻɛ˥ məi˩ fæ˧

糯米饭 lo˧ məi˩ fæ˧

占米饭 tsœ˧ məi˩ fæ˧ 粳米饭

米汤 məi˩ tʻɔŋ˧

煳壳 xu˩ kʻo˥ 锅巴

锅巴粥 ko˧ pɒ˧ tsau˥

白米粥 pʻɛ˥ məi˩ tsau˥

绿豆粥 lau˥ tʻɛn˥ tsau˥

苦马菜粥 kʻu˩ mɒ˩ tsʻæ˧ tsau˥

清粥 tsʻiɔŋ˧ tsau˥ 稀粥

酽粥 ȵiẽ˧ tsau˥

剩饭 sɐn˧ fæ˧

现饭 ɕiẽ˧ fæ˧

炒现饭 tsʻɔ˩ ɕiẽ˧ fæ˧

空口饭 kʻɐŋ˧ kʻɛ˩ fæ˧ 没菜咽的饭

神仙汤 sɐn˩ sĩ˧ tʻɔŋ˧ 白开水加油盐当汤

粽子 tsɐŋ˧ tsʅ˩

汤圆 tʻɔŋ˧ yẽ˩

元宵 yẽ˩ si˧

米粑 məi˩ pɒ˧

过年粑 ko˧ ȵiẽ˩ pɒ˧ 用模子制成各种形状的薄米饼

折粉 tsɛ˥ fɐn˩ 用米粉制成

糍粑 tsʻʅ˩ pɒ˧

烙糖糍 lo˥ tʻɔŋ˩ tsʻʅ˩ 把糍粑包糖擀成饼烤熟

发糕 fɒ˥ kɔ˧ 米糕

米爆 məi˩ pʻɔ˥

面窝 mĩ˧ uo˧ 米粉调水油炸而成

酥糖 sau˧ tʻɔŋ˩

麻粿 mɒ˨˩ ko˨˩
金粿 tɕiɐn˧ ko˨˩
雪粿 si˥ ko˨˩
糕（点心）kɔ˥ 云片糕

3. 面食、杂粮

麦 mɒ˥
煮麦粒 tɕy˨˩ mɒ˥ ləi˥
灰面 xuəi˧ mĩ˧ 面粉
灰面粉 xuəi˧ mĩ˧ fɐn˨˩
小麦粉 si˨˩ mɒ˥ fɐn˨˩
麦麸 mɒ˥ fu˧
粑娘 pɒ˧ ȵiɔŋ˨˩ 发酵用的老面
发面 fɒ˥ mĩ˧
揉面 zɑu˨˩ mĩ˧
发粑 fɒ˥ pɒ˧ 做粑
小麦粑 si˨˩ mɒ˥ pɒ˧ 馍
锅烙粑 ko˧ lo˥ pɒ˧
锅盔 ko˧ k'uəi˧ 大烤饼
擀面 kœ̃˨˩ mĩ˧
下面 ɕiɒ˧ mĩ˧
扯油面 ts'ɒ˨˩ iɑu˨˩ mĩ˧
油面粥 iɑu˨˩ mĩ˧ tsɑu˥
糊面 xu˧ mĩ˧
糊涂 xu˨˩ t'ɑu˨˩ 面糊
饺子 tɕiɔ˨˩ tsɿ˨˩
包子 pɔ˧ tsɿ˨˩
夹纳坨 kɒ˥ lɒ˥ t'o˨˩ 把面糊一坨一坨地挑到水中煮熟而成
清汤 ts'in˧ t'ɔŋ˧ 馄饨
搨饼 t'ɒ˥ piɔŋ˨˩ 把用水和匀的面粉在锅中搨成薄饼
搨小麦饼 t'ɒ˥ si˨˩ mɒ˥ piɔŋ˨˩

油炸馃 iɑu˨˩ tsɒ˧ ko˨˩ 油条
过油炸馃 ko˧ iɑu˨˩ tsɒ˧ ko˨˩ 炸油条
麻花 mɒ˨˩ xuɒ˧
过麻花 ko˧ mɒ˨˩ xuɒ˧ 炸麻花
八股套 pɒ˥ ku˨˩ t'ɔ˧ 阳新特产的一种麻花
骑马酥 tɕ'i˨˩ mɒ˨˩ sɑu˧ 把面擀薄切碎，做成马蹄形，撒上芝麻油炸而成
麻饼 mɒ˨˩ pin˨˩ 芝麻饼
月饼 yɛ˥ pin˨˩
饼干 pin˨˩ kœ̃˧
烤薯子 k'ɔ˧ ɕy˨˩ tsɿ˨˩
煸薯子 ɕi˥ ɕy˨˩ tsɿ˨˩ 用少许水把红薯焖熟
煮薯茶 tɕy˨˩ ɕy˨˩ ts'ɒ˨˩ 把红薯切细加水煮成薯汤
干薯丝 kœ̃˧ ɕy˨˩ sɿ˧ 红薯刨成条状晒干
干薯饼 kœ̃˧ ɕy˨˩ piɔŋ˥
薯粉 ɕy˨˩ fɐn˨˩
薯子酥 ɕy˨˩ tsɿ˨˩ sɑu˧ 把红薯蒸熟擀成薄片
煸芋头 ɕi˥ y˧ t'ɛ˨˩
高粱粑 kɔ˧ liɔŋ˨˩ pɒ˧
线粉 sĩ˧ fɐn˨˩ 粉丝
绿豆芽 lɑu˥ t'ɛn˥ ŋɒ˨˩
黄豆芽 xuɔŋ˨˩ t'ɛn˥ ŋɒ˨˩
玉芦粉 y˥ lɑu˨˩ fɐn˨˩ 玉米粉
玉芦糊 y˥ lɑu˨˩ xu˨˩
玉芦粑 y˥ lɑu˨˩ pɒ˧ 玉米粑

荞麦粑 tɕʻiɛ˩ mɒ˥ pɒ˧

荞麦间 tɕʻiɛ˩ mɒ˥ kæ̃˥ 条状的荞麦粑

蒿子粑 xɔ˧ tsɿ˩ pɒ˧

绿豆糕 lɑu˥ tʻɛ˧ kɔ˧

芝麻糕 tsɿ˧ mɒ˩ kɔ˧

4. 肉鱼蛋

猪肉 tɕy˧ zɑu˥

精肉 tsin˧ zɑu˥

肥肉 fəi˩ zɑu˥

五花肉 u˩ xuɒ˧ zɑu˥

槽头肉 tsʻɔ˩ tʻɛ˩ zɑu˥ 猪的颈脖肉

前胛肉 tsʻiĩ˩ tɕiɒ˥ zɑu˥

后胛肉 xɛ˧ tɕiɒ˥ zɑu˥

柳肉 liu˩ zɑu˥

骨头 ku˥ tʻɛ˩

排骨 pʻæ˩ ku˥

筒子骨 tʻɐŋ˩ tsɿ˩ ku˥

龙骨 lɐŋ˩ ku˥ 脊椎骨

猪脚 tɕy˧ tɕio˥

前脚 tsʻiĩ˩ tɕio˥ 猪的前脚

后脚 xɛ˧ tɕio˥ 猪的后脚

髈 pʻɔŋ˩

猪头 tɕy˧ tʻɛ˩

猪肚 tɕy˧ tɑu˩

顺风肉 ɕyɐn˧ fɐŋ˧ zɑu˥ 猪耳朵

猪得利 tɕy˧ tɛ˥ ləi˧ 猪舌头

口条 kʻɛ˩ tsʻi˩

猪下水 tɕy˧ ɕiɒ˧ ɕy˩ 猪的内脏

心肺 sin˧ fəi˧

猪肝 tɕy˧ kœ̃˧

腰子 iɛ˧ tsɿ˩

猪肠 tɕy˧ tsʻɔŋ˩

太肠 tʻæ˧ tsʻɔŋ˩

小肠 si˩ tsʻɔŋ˩

板油 pæ̃˩ iɑu˩

花油 xuɒ˧ iɑu˩

猪血 tɕy˧ ɕiɛ˥

馇肉 tsʻɒ˥ zɑu˥ 把肉放进开水里煮一下

肉圆子 zɑu˥ yɛ̃˩ tsɿ˩

肉糕 zɑu˥ kɔ˧

汽水肉 tɕʻi˧ ɕy˩ zɑu˥

米粉肉 məi˩ fɐn˩ zɑu˥ 粉蒸肉

腊肉 lɒ˥ zɑu˥

熏肉 ɕyɐn˧ zɑu˥

鱼冻 y˩ tɐŋ˥ 鱼汤的冻状

煎鱼 tsiĩ˧ y˩

鱼饼 y˩ pin˩ 鱼圆

鱼面 y˩ miĩ˧

烤麻虾 kʻɔ˧ mɒ˩ xæ̃˥

牛肉 ȵiɑu˩ zɑu˥

牛肉筋 ȵiɑu˩ zɑu˥ tɕiɐn˧

羊肉 iɔŋ˩ zɑu˥

卤鸭 lɑu˩ ŋɒ˥

炖鸡汤 tɐn˧ tɕi˧ tʻɔŋ˧

□鸡 kʻuɐn˩ tɕi˧ 整只鸡

鸡杂 tɕi˧ tsʻɒ˥

鸡腿 tɕi˧ tʻəi˩

鸡翅关 tɕi˧ tsɿ˧ kuæ̃˧ 鸡翅

鸡肫 tɕi˧ tɕyɐn˧

搨蛋皮 tʻɒ˥ tʻæ̃˧ pʻəi˩

煎鸡蛋 tsiĩ˧ tɕi˧ tʻæ̃˧

荷包蛋 xo˩ pɔ˧ tʻæ̃˧

溏心蛋 t'ɔŋ˩ sin˧ t'æ̃˧

煮鸡蛋 tɕy˩ tɕi˧ t'æ̃˧

□蛋 k'uɐn˩ t'æ̃˧ 囫囵煮熟的蛋

蒸蛋 tsɐn˧ t'æ̃˧

蛋汤 t'æ̃˧ t'ɔŋ˧

蛋卷 t'æ̃˧ tɕyɛ̃˩

茶叶蛋 ts'ɒ˩ iɛ˥ t'æ̃˧

卤蛋 lɑu˩ t'æ̃˧

散黄蛋 sæ̃˩ xuɔŋ˩ t'æ̃˧ 快要变质的蛋

鸭蛋 ŋɒ˥ t'æ̃˧

盐蛋 iɛ̃˩ t'æ̃˧ 腌制的鸭蛋

藏蛋 ts'ɔŋ˩ t'æ̃˧ 指盐蛋，也指蛋的腌制

皮蛋 p'əi˩ t'æ̃˧

5. 菜

咽饭菜 iɛ̃˧ fæ̃˧ ts'æ˧

荤菜 xuɐn˧ ts'æ˧

素菜 sɑu˧ ts'æ˧

青菜 ts'in˧ ts'æ˧

酸菜 sœ̃˧ ts'æ˧

咸菜 xæ̃˩ ts'æ˧

腌读阳平菜 iɛ̃˩ ts'æ˧

泡菜 p'ɔ˧ ts'æ˧

酸豆壳 sœ̃˧ t'ɛ˧ k'o˥ 酸豇豆

揉萝卜干 zɑu˩ lo˩ p'u˥ kɐn˥

干萝卜丝 kœ̃˧ lo˩ p'u˥ sɿ˧

线粉 siĩ˧ fɐn˩ 粉丝

豆芽 t'ɛn˥ ŋɒ˩

豆腐 t'ɛ˧ fu˧

豆腐干 t'ɛ˧ fu˧ kœ̃˧

豆浆 t'ɛ˧ tsiɔŋ˧

豆腐皮 t'ɛ˧ fu˧ p'əi˩

豆腐脑 t'ɛ˧ fu˧ lɔ˩

豆渣 t'ɛ˧ tsɒ˧

蓝痞 læ̃˩ p'əi˩ 豆浆全部舀出后，沉淀物在锅底被烤成的薄片

豆腐馃 t'ɛ˧ fu˧ ko˩ 油炸豆腐块

豆腐乳 t'ɛ˧ fu˧ y˩

腐乳 fu˧ y˩

豆豉 t'ɛ˧ sɿ˧

藕粉 ŋɛ˩ fɐn˩

笋子 sɐn˩ tsɿ˩

干笋 kœ̃˧ sɐn˩

木耳 mo˥ zɿ˩

白木耳 p'ɛ˥ mo˥ zɿ˩ 银耳

金针 tɕiɐn˧ tsɐn˧ 黄花菜

带皮 tæ˧ p'əi˩ 海带

6. 油盐佐料

猪油 tɕy˧ iɑu˩

清油 ts'in˧ iɑu˩ 素油

麻油 mɒ˩ iɑu˩

菜油 ts'æ˧ iɑu˩

茶油 ts'ɒ˩ iɑu˩

花生油 xuɒ˧ sɐn˧ iɑu˩

酱 tsiɔŋ˧

烂酱 læ̃˧ tsiɔŋ˧ 手工制酱

芝麻酱 tsɿ˧ mɒ˩ tsiɔŋ˧

豆板酱 t'ɛ˧ pæ̃˩ tsiɔŋ˧ 豆瓣酱

辣□酱 lɒ˥ tɕ'in˥ tsiɔŋ˧ 辣椒酱

盐 iɛ̃˩

酱油 tsiɔŋ˧ iɑu˩

醋 ts'ɑu˧

料酒 li˧ tsiu˩

红糖 xeŋ˩ tʻɔŋ˩

白糖 pʻɛ˥ tʻɔŋ˩

冰糖 pin˧ tʻɔŋ˩

佐料 tso˥ li˧

八角茴 pɒ˥ ko˥ xəi˩

花椒 xuɒ˧ tsi˧

胡椒 xu˩ tsi˧

胡椒筒 xu˩ tsi˧ tʻen˥ 把胡椒研成粉的工具

桂皮 kuəi˧ pʻəi˩

干辣□ kœ̃˧ lɒ˥ tɕʻin˥ 干辣椒

葱 tsʻeŋ˧

太蒜 tʻæ˧ sœ̃˧

姜 tɕiɔŋ˧

五香粉 u˩ ɕiɔŋ˧ fen˩

味精 uəi˧ tsin˧

7. 烟酒茶

纸烟 tsɿ˩ iẽ˧ 香烟

旱烟 xœ̃˧ iẽ˧

水烟 ɕy˩ iẽ˧

烟叶 iẽ˧ iɛ˥

烟丝 iẽ˧ sɿ˧

旱烟袋 xœ̃˧ iẽ˧ tʻæ˧

水烟袋 ɕy˩ iẽ˧ tʻæ˧

烟盒 iẽ˧ xo˥

纸媒 tsɿ˩ məi˩ 留有余烬的小纸卷，用来点烟

白酒 pʻɛ˥ tsiu˩

红酒 xeŋ˩ tsiu˩

糯米酒 lo˧ məi˩ tsiu˩

酒曲 tsiu˩ tɕʻiɑu˥

酒糟 tsiu˩ tsɔ˧

茶叶茶 tsʻɒ˩ iɛ˥ tsʻɒ˩

米爆茶 məi˩ pʻɔ˥ tsʻɒ˩

泡米爆 pʻɔ˧ məi˩ pʻɔ˥

白开水 pʻɛ˥ kʻæ˧ ɕy˩

红糖开 xeŋ˩ tʻɔŋ˩ kʻæ˧ 红糖开水

白糖开 pʻɛ˥ tʻɔŋ˩ kʻæ˧ 白糖开水

（十五）红白大事

1. 婚姻、生育

亲事 tsʻin˧ sɿ˧

做媒 tsɑu˧ məi˩

媒人 məi˩ zen˩

　媒婆 məi˩ pʻo˩

　做媒箇 tsɑu˧ məi˩ ko˧

介绍 kæ˧ se˧

说亲 ɕyɛ˥ tsʻin˧ 介绍对象

相貌 siɔŋ˧ mɔ˧

　长相 tsɔŋ˩ siɔŋ˧

年纪 ȵiẽ˩ tɕi˩

班配 pæ̃˧ pʻəi˧ 般配

相亲 siɔŋ˧ tsʻin˧

定亲 tʻin˧ tsʻin˧ 确定婚事

　定亲准 tʻin˧ tsʻin˧ tɕyen˩

见面礼 tɕiẽ˧ miĩ˧ ləi˩

报日 pɔ˧ zɿ˥ 男方提出婚期

置高业 tsɿ˧ kɔ˧ ȵiɛ˥ 置家具

接亲 tsi˥ tsʻin˧

　接媳妇 tsi˥ si˥ fu˧

出嫁 tɕʻy˥ kɒ˧

　出阁 tɕʻy˥ ko˥

把人家 pɒ˩ zɐn˩ kɒ˧ 许配给人家
哭嫁 k'u˥ kɒ˧
结婚 tɕiɛ˥ xuɐn˧
拜堂 pæ˧ t'ɔŋ˩
新房 sin˧ fɔŋ˩
洞房 t'ɐŋ˧ fɔŋ˩
闹洞房 lɔ˧ t'ɐŋ˧ fɔŋ˩
花轿 xuɒ˧ tɕ'iɛ˧
陪嫁 p'əi˩ kɒ˧
喝喜酒 xo˥ ɕi˩ tsiu˩
新人 sin˧ zɐn˩
新女婿 sin˧ ȵy˩ səi˧
新郎官 sin˧ lɔŋ˩ kuœ̃˧
新媳妇 sin˧ si˥ fu˧ 新娘
上门女婿 sɔŋ˧ mɐn˩ ȵy˩ səi˧
坐堂女婿 ts'o˧ t'ɔŋ˩ ȵy˩ səi˧
回门 xuəi˩ mɐn˩ 婚后第三天丈夫陪妻子回娘家
有喜 iɑu˩ ɕi˩ 怀孕
驮肚子 t'o˩ tɑu˩ tsʅ˩
害肚子 xæ˧ tɑu˩ tsʅ˩
孕妇 yɐn˧ fu˧
落月 lo˥ yɛ˥ 生孩子
看伢崽 k'œ̃˧ ŋæ̃˥ tsæ˩ ①生孩子 ②养孩子
接生 tsi˥ sɐn˧
洗高婆 səi˩ kɔ˧ p'o˩ 产婆
坐月子 ts'o˧ yɛ˥ tsʅ˩
流产 liu˩ ts'æ̃˩
引产 iɐn˩ ts'æ̃˩
刮胎 kuɒ˥ t'æ˧
包衣 pɔ˧ i˧ 胞衣，即胎盘
打胎 tɒ˩ t'æ˧
头胎 t'ɛ˩ t'æ˧
双生 sɔŋ˧ sɐn˧ 双胞胎
三朝 sæ̃˧ tsɛ˧
满月 mœ̃˩ yɛ˥
做满月 tsɑu˧ mœ̃˩ yɛ˥
喫奶 tɕ'iɒ˥ læ˥
奶头 læ˥ t'ɛ˩
奶水 læ˥ ɕy˩
乖 kuæ˧
认生 zɐn˧ sɐn˧
抱老孙 p'ɔ˧ lɔ˩ sɐn˧ 有孙子了
做高婆 tsɑu˧ kɔ˧ p'o˩ 当了外婆
摇窠 iɛ˩ k'ɛn˥ 摇篮

2. 寿辰、丧葬

做生日 tsɑu˧ sɐn˧ zʅ˥
做寿 tsɑu˧ sɑu˧
祝寿 tsɑu˥ sɑu˧
寿星 sɑu˧ sin˧
丧事 sɔŋ˧ sʅ˧
过身 ko˧ sɐn˧ 死了
过世 ko˧ sʅ˧
去世 tɕ'y˧ sʅ˧
死了 sʅ˩ liɛ˩
老了 lɔ˩ liɛ˩
落气 lo˥ tɕ'i˧ 断气
寿衣 sɑu˧ i˧
棺材 kuœ̃˧ ts'æ˩
寿木 sɑu˧ mo˥
万寿 uæ̃˧ sɑu˧
万年屋 uæ̃˧ ȵiẽ˩ u˥
方子 fɔŋ˧ tsʅ˩

寿板 sɑu˧ pæ̃˩
木头 mo˥ t'ɛ˩
摊门板 t'æ̃˧ mɐn˩ pæ̃˩ 入棺前摊在门板上
兜单 tɛ˧ tæ̃˧ 包尸的布
灵堂 lin˩ t'ɔŋ˩
灵牌 lin˩ p'æ˩
烧纸 sɛ˧ tsɿ˩
钱纸 ts'iĩ˩ tsɿ˩ 纸钱
入棺 zɿ˥ kuœ̃˧
守灵 sɑu˩ lin˩
做祭 tsɑu˧ tsəi˧
读祭文 t'ɑu˥ tsəi˧ uɐn˩
堂祭 t'ɔŋ˩ tsəi˧
路祭 lɑu˧ tsəi˧
轴子 ts'ɑu˥ tsɿ˩ 别人送来的布匹、被单等物
野路幡 iɒ˩ lɑu˧ fæ̃˧
爆竹棍 p'ɔ˧ tsɑu˥ kuɐn˧ 哭丧棒
孝子 ɕiɔ˧ tsɿ˩
孝券单 ɕiɔ˧ tɕ'yɛ̃˧ tæ̃˧ 晚辈来吊唁者的名单，在做堂祭时宣读
披麻戴孝 p'əi˧ mɒ˩ tæ˧ ɕiɔ˧
礼生 ləi˩ sɐn˧ 主持丧礼的人
出丧 tɕ'y˥ sɔŋ˧
抬丧 t'æ˩ sɔŋ˧
八脚 pɒ˥ tɕio˥ 八个抬丧的人
灵屋 lin˩ u˥ 用竹、纸做成的房屋
葬坟 tsɔŋ˧ fɐn˩
下葬 ɕiɒ˧ tsɔŋ˧
碑石 pəi˧ sɿ˥
碑记 pəi˧ tɕi˧
做道士 tsɑu˧ t'ɔ˧ sɿ˧ 做道场
做七 tsɑu˧ ts'əi˥ 做七天道场
守孝 sɑu˩ ɕiɔ˧
病煞 p'iɔŋ˧ sɒ˥ 病死
老煞 lɔ˩ sɒ˥ 无病而终
想不开 siɔŋ˩ pu˥ k'æ˧ 自杀
□颈 t'iɒ˥ tɕiɔŋ˩ 上吊
跳水 t'i˧ ɕy˩ 投水自杀
揾煞 uɐn˥ sɒ˥ 淹死
痨煞 lɔ˧ sɒ˥ 被毒死
尸首 sɿ˧ sɑu˩
骨灰盒 ku˥ xuəi˧ xo˥

3. 迷信

天王老子 t'iĩ˧ uɔŋ˩ lɔ˩ tsɿ˩
老天 lɔ˩ t'iĩ˧
菩萨 p'u˩ sɒ˥
观音菩萨 kuœ̃˧ iɐn˧ p'u˩ sɒ˥
观音老母 kuœ̃˧ iɐn˧ lɔ˩ m̩˩
观世音 kuœ̃˧ sɿ˧ iɐn˧
送子娘娘 sɐŋ˧ tsɿ˩ ȵiɔŋ˩ ȵiɔŋ˩
雷公老子 ləi˩ kɐŋ˧ lɔ˩ tsɿ˩
雷婆 ləi˩ p'o˩
财神菩萨 ts'æ˩ sɐn˩ p'u˩ sɒ˥
灶王爷 tsɔ˧ uɔŋ˩ i˩
城隍庙 ts'ɐn˩ xuɔŋ˩ mi˧
土地堡 t'ɑu˩ t'əi˧ pɔ˩ 土地庙
佛神 fu˥ sɐn˩
阎禄王 ȵiẽ˩ lɑu˥ uɔŋ˩ 阎王
阎王老子 ȵiẽ˩ uɔŋ˩ lɔ˩ tsɿ˩
神仙 sɐn˩ siĩ˧
鬼 kuəi˩
妖怪 iɛ˧ kuæ˧

狐狸精 xu˨ ləi˨ tsin˧
祠堂 ts'ɿ˨ t'ɔŋ˨
神龛 sɐn˨ k'œ̃˧
香桌 ɕiɔŋ˧ tso˥
香炉 ɕiɔŋ˧ lɑu˨
烧香 sɛ˧ ɕiɔŋ˧
　供香 kɐŋ˧ ɕiɔŋ˧
烧纸 sɛ˧ tsɿ˨
黄表纸 xuɔŋ˨ pi˨ tsɿ˨
烛台 tsɑu˥ t'æ˨
蜡烛 lɒ˥ tsɑu˥
跪 k'uəi˨
拜 pæ˧
供饭 kɐŋ˧ fæ̃˧
信佛 sin˧ fu˥
念经 ȵiẽ˧ tɕiɐn˧
积阴德 tsəi˥ iɐn˧ tɛ˥
画符 xuɒ˧ fu˨
抽签 ts'ɑu˧ ts'iĩ˧
打珓 tɒ˨ kɔ˧　珓是一种占卜的用具，用一正一反的两片尖头竹片制成。合拢丢在地上，按其落地后的状态以观祸福
阴珓 iɐn˧ kɔ˧
阳珓 iɔŋ˨ kɔ˧
升珓 sɐn˧ kɔ˧
许愿 ɕy˨ yẽ˧
还愿 xuæ̃˨ yẽ˧
扎马子 tsɒ˥ mɒ˨ tsɿ˨　跳神
算命 sœ̃˧ miɔŋ˧
掐时 k'ɒ˥ sɿ˨　掐算
看相 k'œ̃˧ siɔŋ˧
算卦 sœ̃˧ kuɒ˧
测字 ts'ɛ˥ ts'ɿ˧
年庚八字 ȵiẽ˨ kɐn˧ pɒ˥ ts'ɿ˧
八告字 pɒ˥ kɔ˧ ts'ɿ˧　八字
关煞 kuæ̃˧ sɒ˥　命中的险关
看风水 k'œ̃˧ fɐŋ˧ ɕy˨
龙脉 lɐŋ˨ mɛ˥　使宗族发达的山脉或河流
叫魂 tɕiɛ˧ xuɐn˨
　叫吓 tɕiɛ˧ xɒ˥　小孩受惊生病，母亲从屋外叫小孩的名字，一直叫到房内，表示把惊魂叫回来了
撒米 sɒ˨ məi˨　叫吓时撒米表示叫惊魂跟米一起回家
七月半 ts'əi˥ yẽ˥ pœ̃˧　七月十五，道教称中元节，民间称鬼节
烧包袱 sɛ˧ pɔ˧ fu˥
　烧袱 sɛ˧ fu˥
阳间 iɔŋ˨ tɕiæ̃˧
阴间 iɐn˧ tɕiæ̃˧
奈何桥 læ̃˧ xo˨ tɕ'iɛ˨
托梦 t'o˥ mɐŋ˧
报应 pɔ˧ iɐn˧
显灵 ɕiẽ˨ lin˨
沐佑 mo˥ iɑu˧　保佑
过阴 ko˧ iɐn˧　死去又活过来
落阴话 lo˥ iɐn˧ xuɒ˧　临死说些不吉利的话，以后又刚好兑现了
收脚迹 sɑu˧ tɕio˥ tsəi˥　迷信说法：人死后要把生前的脚迹收回去

来世 læ˩ sʅ˧

投胎 t'ɛ˩ t'æ˧

（十六）日常生活

1. 衣

穿衣裳 tɕ'yẽ˧ i˧ sɔŋ˩

加衣裳 tɕiɒ˧ i˧ sɔŋ˩

脱衣裳 t'o˥ i˧ sɔŋ˩

扯布 ts'ɒ˩ pu˧

做衣裳 tsɑu˧ i˧ sɔŋ˩

连衣裳 liĩ˩ i˧ sɔŋ˩

针㡒 tsɐn˧ tsʅ˩

锁边 so˩ piĩ˧

贴缏 t'i˥ piĩ˩

鞘缏 ts'i˧ piĩ˩ 缝缏

放鞋样 fɔŋ˧ xæ˩ iɔŋ˧ 用纸剪出鞋底和鞋帮的样子

纳鞋底 lɒ˥ xæ˩ təi˩

打鞋底 tɒ˩ xæ˩ təi˩

冤鞋边 yẽ˧ xæ˩ piĩ˧ 缝鞋帮的边缘

绱鞋 sɔŋ˧ xæ˩

□袜底 ts'iɒ˥ uɒ˥ təi˩ 缝袜底

栽扣子 tsæ˧ k'ɛ˧ tsʅ˩ 缝扣子

套扣子眼 t'ɔ˧ k'ɛ˧ tsʅ˩ ŋæ̃˩

绣花 siu˧ xuɒ˧

补衣裳 pu˩ i˧ sɔŋ˩

洗衣裳 səi˩ i˧ sɔŋ˩

敨衣裳 t'ɛ˩ i˧ sɔŋ˩ 用清水漂洗

熨衣裳 yɐn˧ i˧ sɔŋ˩ 烫衣

打袼褙 tɒ˩ kɛ˥ po˥ 将布块一层一层地糊起来，晒干后用来做鞋

浆衣裳 tsiɔŋ˧ i˧ sɔŋ˩ 衣服洗好后，晾晒前再加米汤揉一次，使衣服硬挺

浆被窝 tsiɔŋ˧ p'əi˧ uo˧

订被窝 tin˧ p'əi˧ uo˧

栽被窝 tsæ˧ p'əi˧ uo˧

纺线 fɔŋ˩ siĩ˧

织布 tsʅ˥ pu˧

染布 zœ̃˩ pu˧

2. 食

焐喫 u˩ tɕ'iɒ˥ 做饭

焐饭 u˩ fæ̃˧

烧火 sɛ˧ xo˩

洗米 səi˩ məi˩

淘米 t'ɔ˩ məi˩

熻饭 ɕi˥ fæ̃˧ 煮饭

煮饭 tɕy˩ fæ̃˧

擀面 kœ̃˩ miĩ˧

蒸粑 tsɐn˧ pɒ˧

炕 k'ɔŋ˧ 把食物放在锅里用微火烤熟。《玉篇》："炙也。"

炕粑 k'ɔŋ˧ pɒ˧

掐菜 k'ɒ˥ ts'æ˧

切菜 ts'i˥ ts'æ˧

拆盐 ts'ɛ˥ iẽ˩ 买盐

斗油 tɛ˧ iɑu˩ 买油

剁肉 to˧ zɑu˥ 买肉

称肉 ts'ɐn˧ zɑu˥

杀猪 sɒ˥ tɕy˧

伏鸡 fu˥ tɕi˧ 杀鸡

治读阳平鱼 ts'ʅ˩ y˩　剖鱼

馇肉 ts'ɒ˥ zɑu˥　把肉用开水稍煮捞起

搁火 ko˥ xo˩　烧火、加火

煪 ts'iu˧　烟熏：眼～得打不开了

炒 ts'ɔ˩

焖 mɐn˧

炖 tɐn˧

炸 tsɒ˧

卤 lɑu˩

红烧 xɐŋ˩ sɛ˧

煨汤 uəi˧ t'ɔŋ˧

汆汤 ts'œ̃˧ t'ɔŋ˧

打汤 tɒ˩ t'ɔŋ˧

掸水 tæ̃˩ ɕy˩　把青菜放到开水中烫一下

端油 tœ̃˧ iɑu˩　把生菜油加热，使其成为熟油

炸油 tsɒ˧ iɑu˩　把肥肉加热，熬出液态的猪油来

熬油 ŋɔ˩ iɑu˩

兑水 təi˧ ɕy˩

掺水 ts'æ̃˧ ɕy˩

潽 p'u˩　水满溢出

滚水 kuɐn˩ ɕy˩　开水

冷水 lɐn˩ ɕy˩

温燉水 uɐn˧ tɐn˥ ɕy˩　不冷不热的水

摊冷 t'æ̃˧ lɐn˩　把食物摊开使其自然冷却

□ iɔŋ˩　把多余的留下来：把菜～得明日噢

暖 lœ̃˩　食物冷了，再热一些：勒菜冷了，你～倒噢

饦 t'o˥　火熄后，让火烬继续给食物保温

旱水 xœ̃˧ ɕy˩　烧热水（不烧开）

鐾刀 p'əi˧ tɔ˧　在水缸沿、石头等物上把刀刃反复摩擦使其锋利。

愈 y˧　刀口钝了

□ tɕ'y˩　钝：菜刀～了

斩读阴平 tsæ̃˧　把食物剁成细末

漉 lɑu˥　把油中或水中的东西捞起沥干

煮融了 tɕy˩ iɐŋ˩ liɛ˩　煮得过烂了

夹生 kɒ˥ sɐn˧　半生不熟

有筋腱 iɑu˩ tɕiɐn˧ tɕ'iẽ˧　食物有劲道

依实 i˧ sʅ˥　经吃：糯米冇得～，几餐就噢完了

质嘴 tsʅ˥ tsəi˩　油脂变质，吃了涩口

米汤 məi˩ t'ɔŋ˧

滗米汤 pəi˥ məi˩ t'ɔŋ˧

淘米汤 t'ɔ˩ məi˩ t'ɔŋ˧　吃饭时在米饭中加入的米汤

饭熟了 fæ̃˧ sɑu˥ liɛ˩

饭煳了 fæ̃˧ xu˩ liɛ˩

煳犟得 xu˩ tɕiɔŋ˧ tɛ˥　形容饭糊后的形状。“煳犟得”是“胡敬德”的谐音，相传唐代将领尉迟敬德（尉迟恭）是胡人，脸很黑，故云。

掇菜 to˥ ts'æ˧　端菜

喫饭 tɕʻiɒ˥ fæ̃˧
添饭 tʻiĩ˧ fæ̃˧　盛饭
　盛饭 sɐn˩ fæ̃˧
咽（嚥）饭 iɛ̃˧ fæ̃˧　用菜下饭
咽（嚥）菜 iɛ̃˧ tsʻæ˧　吃菜
夹菜 kɒ˥ tsʻæ˧
　□菜 kʻæ̃˩ tsʻæ˧
兜汤 tɛ˧ tʻɔŋ˧　舀汤
沃汤 u˥ tʻɔŋ˧　淘汤
好高 xɔ˧ kɔ˧　挑食，只吃自己爱吃的食物
欠嘴 tɕʻiɛ̃˧ tsəi˩　馋嘴
　好喫 xɔ˧ tɕʻiɒ˥
捞喫 lɔ˧ tɕʻiɒ˥　向熟人蹭饭
打嗝篤 tɒ˩ kɛ˥ tɑu˥　打饱嗝
向米爆 ɕiɔŋ˧ məi˩ pʻɔ˧　泡米爆茶
泡茶 pʻɔ˧ tsʻɒ˩
筛茶 sæ˧ tsʻɒ˩
　滗茶 pəi˥ tsʻɒ˩　倒茶
喝茶 xo˥ tsʻɒ˩
喝酒 xo˥ tsiu˩
嗍烟 so˥ iɛ̃˧　抽烟
　喫烟 tɕʻiɒ˥ iɛ̃˧
饿了 ŋo˧ liɛ˩
作伙 tso˥ xo˩　凑钱合伙吃饭
　打平伙 tɒ˩ pʻin˩ xo˩
喫独食 tɕʻiɒ˥ tʻɑu˥ sʅ˥

3. 住

起来 tɕʻi˩ læ˩　起床
　起身 tɕʻi˩ sɐn˧
折被窝 tsɛ˥ pʻəi˧ uo˧
洗嘴 səi˩ tsəi˩　漱口
　刷牙 sɒ˥ iɒ˩
洗脸 səi˩ liĩ˩
梳头 sɑu˧ tʻɛ˩
扎头毛 tsɒ˥ tʻɛ˩ mɔ˩
梳马旦辫 sɑu˧ mɒ˩ tæ̃˥ pʻiĩ˧　扎辫子
剪手指甲 tsiĩ˩ sɑu˩ tsʅ˥ kɒ˥
刮胡子 kuɒ˥ xu˩ tsʅ˩
挖耳朵 uɒ˥ zʅ˧ to˩
　掏耳朵屎 tʻɔ˩ zʅ˧ to˩ sʅ˩
抠鼻孔 kʻɛ˧ pʻi˧ kʻɐŋ˩
剃头 tʻəi˧ tʻɛ˩
剪头 tsiĩ˩ tʻɛ˩
洗手 səi˩ sɑu˩
洗澡 səi˩ tsɔ˩
抹澡 mɒ˥ tsɔ˩　擦澡
揩汗 kʻæ˧ xœ̃˧
洗脚 səi˩ tɕio˥
揩脚 kʻæ˧ tɕio˥
解手 kæ˩ sɑu˩
解小手 kæ˩ si˩ sɑu˩
　屙尿 uo˧ ȵiɛ˧
打尿噤 tɒ˩ ȵiɛ˧ tɕiɐn˧
解太手 kæ˩ tʻæ˧ sɑu˩
　屙屎 uo˧ sʅ˩
　屙屁 uo˧ pɒ˩
乘凉 sɐn˩ liɔŋ˩
晒日头暖 sæ˧ zʅ˥ tʻɛ˩ lœ̃˩　晒太阳
　晒暖 sæ˧ lœ̃˩
抓痒 tɕyɒ˧ iɔŋ˩
　抠痒 kʻɛ˧ iɔŋ˩
扫地下 sɔ˩ tʻəi˧ xɒ˧

扫扬尘 sɔ˩ iɔŋ˩ ts'ɐn˩
检屋 tɕiẽ˩ u˥ 翻盖屋瓦
炙火 tsɒ˥ xo˩ 烤火
打崴虚 tɒ˩ uəi˥ ɕy˧ 打瞌睡
打呵欠 tɒ˩ xo˧ tɕ'iẽ˧
歇 ɕiɛ˥ ①睡觉②休息
睏 k'uɐn˧ 睡觉
睏醒 k'uɐn˧ sin˩
睏中醒 k'uɐn˧ tsɐŋ˧ sin˩ 睡午觉
铺床 p'u˧ ts'ɔŋ˩
点灯 tiĩ˩ tɐn˧
吹灯 tɕ'y˧ tɐn˧
发懵忪 fɒ˥ mɐŋ˩ sɐŋ˩
打掣惊 tɒ˩ ts'ɛ˥ tɕiɐn˧ 睡着后突然惊醒
手压胸 sɑu˩ ŋɒ˥ ɕiɐŋ˧ 手压住了胸口做噩梦
打鼾 tɒ˩ xœ̃˧
失枕 sʅ˥ tsɐn˩ 落枕
抽筋 ts'ɑu˧ tɕiɐn˧
睏不着 k'uɐn˧ pu˥ ts'o˥
仰倒睏 ȵiɔŋ˩ tɔ˩ k'uɐn˧
仄倒睏 tsɛ˥ tɔ˩ k'uɐn˧
仆倒睏 p'u˥ tɔ˩ k'uɐn˧
抻直 ts'ɐn˧ ts'ʅ˥ 伸直
做梦 tsɑu˧ mɐŋ˧
说梦话 ɕyɛ˥ mɐŋ˧ xuɒ˧
打夜工 tɒ˩ iɒ˧ kɐŋ˧ 夜间干活
熬夜 ŋɔ˩ iɒ˧
梦游 mɐŋ˧ iɑu˩

4. 行

出工 tɕ'y˥ kɐŋ˧
下田 xɒ˧ t'iĩ˩
下地 xɒ˧ t'əi˧
收工 sɑu˧ kɐŋ˧
出门 tɕ'y˥ mɐn˩
串门 tɕ'yẽ˧ mɐn˩
上街 sɔŋ˧ kæ˧
逛街 kuɔŋ˥ kæ˧
转下 tɕyɛn˥ xæ̃˥ 散步
走路 tsɛ˩ lɑu˧
走夜路 tsɛ˩ iɒ˧ lɑu˧
走人家 tsɛ˩ zɐn˩ kɒ˧ 走亲戚
旅游 y˩ iɑu˩

（十七）讼 事

打官司 tɒ˩ kuœ̃˧ sʅ˧
原告 yẽ˩ kɔ˧
被告 p'əi˧ kɔ˧
上诉 sɔŋ˧ sɑu˧
告状 kɔ˧ ts'ɔŋ˧
状纸 ts'ɔŋ˧ tsʅ˩
公堂 kɐŋ˧ t'ɔŋ˩
过堂 ko˧ t'ɔŋ˩
人证 zɐn˩ tsɐn˧
证人 tsɐn˧ zɐn˩
物证 u˥ tsɐn˧
对证 təi˧ tsɐn˧
对质 təi˧ tsʅ˥
死无对证 sʅ˩ u˩ təi˧ tsɐn˧
犯法 fæ̃˧ fɒ˥
传票 tɕ'yẽ˩ p'i˧

口供 kʻɛ˩ kəŋ˧
评理 pʻin˩ ləi˩
庭审 tʻin˩ sɐn˩
判案 pʻœ̃˧ ŋœ̃˧
宣判 siĩ˧ pʻœ̃˧
取保 tsʻəi˩ pɔ˩
刑事 ɕiɐn˩ sʅ˧
民事 min˩ sʅ˧
家务事 tɕiɒ˧ u˧ sʅ˧
律师 ləi˥ sʅ˧
辩护人 pʻiĩ˧ xu˧ zɐn˩
租田 tsɑu˧ tʻiĩ˩
租地 tsɑu˧ tʻəi˧
田契 tʻiĩ˩ tɕʻi˧
房契 fɔŋ˩ tɕʻi˧
契约 tɕʻi˧ io˥
山界 sæ̃˧ kæ˧
路界 lɑu˧ kæ˧
地盘 tʻəi˧ pʻœ̃˩
打码头 tɒ˩ mɒ˩ tʻɛ˩
打人命 tɒ˩ zɐn˩ miɔŋ˧
打太架 tɒ˩ tʻæ˧ tɕiɒ˧ 宗族械斗
扳人 pæ̃˧ zɐn˩ 求援
开棺 kʻæ˧ kuœ̃˧
验尸 ȵiɛ̃˧ sʅ˧
抬尸 tʻæ˩ sʅ˧
服 fu˥
不服 pu˥ fu˥
冤枉 yɛ̃˧ uɔŋ˩
喊冤 xæ̃˩ yɛ̃˧
罚款 fɒ˥ kʻuœ̃˩
清官 tsʻin˧ kuœ̃˧

贪官 tʻœ̃˧ kuœ̃˧
贪污受贿 tʻœ̃˧ u˧ sɑu˧ xuəi˩
捉人 tso˥ zɐn˩
　逮捕 tʻæ˧ pʻu˧
犯人 fæ̃˧ zɐn˩
捆起来 kʻuɐn˩ tɕʻi˩ læ˩
押 iɒ˥ 羁押
关倒 kuæ̃˧ tɔ˩ 囚禁起来
囚车 tsʻiu˩ tsʻɛ˧
手铐 sɑu˩ kʻɔ˧
铐读入声 kʻɔ˥ 铐上手铐
脚镣 tɕio˥ li˩
坐牢 tsʻo˧ lɔ˩
　坐班房 tsʻo˧ pæ̃˧ fɔŋ˩
拖牢孔 tʻo˧ lɔ˩ kʻɐŋ˩ 死在牢里
探监 tʻæ̃˧ tɕiæ̃˧
杀头 sɒ˥ tʻɛ˩
插标 tsʻɒ˥ pi˧
枪毙 tsʻiɔŋ˧ pʻəi˧
交待 tɕiɔ˧ tʻæ˧
承认 tsʻɐn˩ zɐn˧
画押 xuɒ˧ iɒ˥
按手印 ŋœ̃˧ sɑu˩ iɐn˧
　捺手模 lɒ˥ sɑu˩ mo˩
布告 pu˧ kɔ˧
报仇 pɔ˧ tsʻɑu˩
抵命 təi˩ miɔŋ˧
寻死 tsʻin˩ sʅ˩
拼命 pʻin˧ miɔŋ˧
　匹命 pʻəi˥ miɔŋ˧
斗口 tɛ˧ kʻɛ˩ 私下统一口径
翻案 fæ̃˧ ŋœ̃˧

栽赃 tsæ˧ tsɔŋ˧
诬赖 u˧ læ˧
　赖 læ˧
　诬告 u˧ kɔ˧
咬读阴平枉 ŋɔ˧ uɔŋ˩　诬陷
背冤枉 pəi˧ yɛ̃˧ uɔŋ˩　蒙受冤枉
　背诬 pəi˧ u˧
放赖 fɔŋ˧ læ˧
剁砧板 to˧ tsɐn˧ pæ̃˩　在公共场合，一面剁砧板，一边诅咒别人
担保 tæ̃˧ pɔ˩
调解 t'i˩ kæ˩

（十八）交　际

应酬 iɐn˧ ts'ɑu˩
来往 læ˩ uɔŋ˩
不来哉 pu˥ læ˩ tsæ˧　不来往
□ lɔ˥　探望、看望
走人家 tsɛ˩ zɐn˩ kɒ˧
　走亲戚 tsɛ˩ ts'in˧ səi˥
隔壁邻舍 kɛ˥ pəi˥ lin˩ sɒ˧
走动 tsɛ˩ t'ɐŋ˧
请客 ts'in˩ k'ɛ˥
　接客 tsi˥ k'ɛ˥
催客 ts'əi˧ k'ɛ˥
人客 zɐn˩ k'ɛ˥　客人
稀客 ɕi˧ k'ɛ˥　主人与客人见面时说的客套话
贵客 kuəi˧ k'ɛ˥
男客 lœ̃˩ k'ɛ˥
女客 ȵy˩ k'ɛ˥
落屋 lo˥ u˥　进屋
恭贺 kɐŋ˧ xo˧
贺喜 xo˧ ɕi˩
送礼 sɐŋ˧ ləi˩
　送人情 sɐŋ˧ zɐn˩ ts'in˩
做客 tsɑu˧ k'ɛ˥
陪客 p'əi˩ k'ɛ˥
劳慰 lɔ˩ uəi˧　受人帮助时说的感谢话
　叨累 tɔ˧ ləi˧
　多谢 to˧ si˧
得罪 tɛ˥ ts'əi˧
办席 p'æ̃˧ səi˥
摆酒席 pæ˩ tsiu˩ səi˥
下帖子 ɕiɒ˧ t'i˥ tsɿ˩
入席 zɿ˥ səi˥
上席 sɔŋ˧ səi˥
上茶 sɔŋ˧ ts'ɒ˩
上菜 sɔŋ˧ ts'æ˧
上伯位 sɔŋ˧ pɛ˥ uəi˧　首席
喫席 tɕ'iɒ˥ səi˥
席面 səi˥ miĩ˧
全荤席 ts'iĩ˩ xuɐn˧ səi˥
招护 tsɛ˧ xu˧　招待
　招待 tsɛ˧ t'æ˧
筛酒 sæ˧ tsiu˩　斟酒
敬酒 tɕiɐn˧ tsiu˩
劝酒 tɕ'yɛ̃˧ tsiu˩
划拳 xuɒ˩ tɕ'yɛ̃˩
回敬 xuəi˩ tɕiɐn˧
折酒 tsɛ˥ tsiu˩　把杯子里的酒倒些

出来
下席 xɒ˧ səi˥
送客 sɐŋ˧ k'ɛ˥
怠慢 t'æ˧ mæ̃˧
招待不周 tsɛ˧ t'æ˧ pu˥ tsɑu˧
冇得好招待 mɔ˧ tɛ˥ xɔ˩ tsɛ˧ t'æ˧
打招呼 tɒ˩ tsɛ˧ xu˧
慢垠走 mæ̃˧ ȵiɐn˥ tsɛ˩ 慢点走
好走 xɔ˩ tsɛ˩
不送 pu˥ sɐŋ˧
转话 tɕyɛ̃˩ xuɒ˧
带话 tæ˧ xuɒ˧
带个信 tæ˧ ko˧ sin˧
托付 t'o˥ fu˧ 嘱托
托福 t'o˥ fu˥ 承蒙某人的福气
搭福 tɒ˥ fu˥
帮衬 pɔŋ˧ ts'ɐn˧ ①帮助②补贴
讲礼 tɕiɔŋ˩ ləi˩
讲客气 tɕiɔŋ˩ k'ɛ˥ tɕ'i˧
讲面子 tɕiɔŋ˩ miĩ˧ tsɿ˩
打发 tɒ˩ fɒ˥ ①施舍②回礼
辞年 ts'ɿ˩ ȵiẽ˩ 年前去看望别人
拜年 pæ˧ ȵiẽ˩
看得起 k'œ̃˧ tɛ˥ tɕ'i˩
看不起 k'œ̃˧ pu˥ tɕ'i˩
搁得来 ko˥ tɛ˥ læ˩
伙得来 xo˩ tɛ˥ læ˩
搁不得 ko˥ pu˥ tɛ˥ 容不得
搅伙 tɕiɔ˩ xo˩ 合伙
搁伙 ko˥ xo˩
伙子里 xo˩ tsɿ˩ ləi˩ 朋友、朋友间
结拜 tɕiɛ˥ pæ˧
活络人 xo˥ lo˥ zɐn˩
巴结 pɒ˧ tɕiɛ˥
捋脚□毛 lɛ˥ tɕio˥ kuəi˥ mɔ˩ 溜须拍马
托倒说 t'o˥ tɔ˩ ɕyɛ˥ 顺着别人的口气说话
顺毛捋 ɕyɐn˧ mɔ˩ lɛ˥
夹筒饼子 tɕin˥ t'ɐŋ˩ pin˩ tsɿ˩ 两头受气
听话音 t'in˧ xuɒ˧ iɐn˧
筋件 tɕiɐn˧ tɕ'iẽ˧ 事情：搞么筋件（搞么事）
将就 tsiɔŋ˧ ts'iu˧
占相因 tsœ̃˧ siɔŋ˧ iɐn˧ 占便宜、占别人的好处
说闲话 ɕyɛ˥ ɕiæ̃˩ xuɒ˧
说气话 ɕyɛ˥ tɕ'i˧ xuɒ˧
冤家 yẽ˧ tɕiɒ˧
对头 təi˧ t'ɛ˩
结怨 tɕiɛ˥ yẽ˧
折人 sɛ˥ zɐn˩ 丢人
丢人 tiu˧ zɐn˩
出洋相 tɕ'y˥ iɔŋ˩ siɔŋ˥
摆架子 pæ˩ tɕiɒ˧ tsɿ˩
拽味 tɕyæ˩ uəi˧
拽 tɕyæ˩
打得开场子 tɒ˩ tɛ˥ k'æ˧ ts'ɔŋ˩ tsɿ˩
关不倒场子 kuæ̃˧ pu˥ tɔ˩ ts'ɔŋ˩ tsɿ˩ 不会观察动向，应付不了场面
听不倒话风 t'in˧ pu˥ tɔ˩ xuɒ˧ fɐŋ˧
不晓得下数 pu˥ ɕiɛ˩ tɛ˥ xɒ˧ sɑu˧ 不知道轻重

解劝 kæ˩ tɕʻyɛ̃˧
　扯劝 tsʻɒ˩ tɕʻyɛ̃˧
认错 zen˧ tsʻo˧
赔礼 pʻəi˩ ləi˩

（十九）商业　交通

1. 经商行业

市面 sʅ˧ miĩ˧　商业活动的状况
做生意 tsɑu˧ sen˧ i˧
商号 sɔŋ˧ xɔ˧
开铺子 kʻæ˧ pʻu˧ tsʅ˩
门面 men˩ miĩ˧
　铺面 pʻu˧ miĩ˧
招牌 tsɛ˧ pʻæ˩
铺门板 pʻu˧ men˩ pæ̃˩
饭铺 fæ̃˧ pʻu˧　旅社
　旅社 y˩ sɛ˧
馆子 kuœ̃˩ tsʅ˩
　酒店 tsiu˩ tiĩ˧
　餐馆 tsʻæ̃˧ kuœ̃˩
百货铺 pɛ˥ xo˧ pʻu˧
杂货铺 tsʻɒ˥ xo˧ pʻu˧
南货铺 lœ̃˩ xo˧ pʻu˧　专卖南方所产货物的店铺
京货铺 tɕien˧ xo˧ pʻu˧　专卖北京一带货物的店铺
粮店 liɔŋ˩ tiĩ˧
文具店 uen˩ tɕʻy˧ tiĩ˧
书店 ɕy˧ tiĩ˧
茶馆 tsʻɒ˩ kuœ̃˩
理发店 ləi˩ fɒ˥ tiĩ˧
布铺 pu˧ pʻu˧
药铺 io˥ pʻu˧
肉铺 zɑu˥ pʻu˧
当铺 tɔŋ˧ pʻu˧
裁缝铺 tsʻæ˩ feŋ˩ pʻu˧
　缝纫社 feŋ˩ zen˩ sɛ˧
铁匠铺 tʻi˥ tsʻiɔŋ˧ pʻu˧
银匠铺 ȵien˩ tsʻiɔŋ˧ pʻu˧
供销社 keŋ˧ si˧ sɛ˧
合作社 xo˥ tso˥ sɛ˧
商场 sɔŋ˧ tsʻɔŋ˩
银行 ȵien˩ xɔŋ˩
小卖部 si˩ mæ˧ pʻu˧
摊子 tʻæ̰̃˥ tsʅ˩
摆摊子 pæ˩ tʻæ̰̃˥ tsʅ˩
贩子 fæ̰̃˥ tsʅ˩　小商贩

2. 经营、交易

开业 kʻæ˧ ȵiɛ˥
开张 kʻæ˧ tsɔŋ˧
开张大发 kʻæ˧ tsɔŋ˧ tɒ˧ fɒ˥
关门 kæ̃˧ men˩
停业 tʻin˩ ȵiɛ˥
盘存 pʻœ̃˩ tsʻen˩
柜台 kʻuəi˧ tʻæ˩
开价 kʻæ˧ tɕiɒ˧
估价 ku˩ tɕiɒ˧
还价 xuæ̃˩ tɕiɒ˧
抬价 tʻæ˩ tɕiɒ˧
压价 iɒ˥ tɕiɒ˧
削价 sio˥ tɕiɒ˧　减价
批发 pʻəi˧ fɒ˥

转手 tɕyẽ˩ sɑu˩
零卖 lin˩ mæ˧
押金 iɒ˥ tɕien˧
买主 mæ˩ tɕy˩
旺季 uɔŋ˧ tɕi˧
淡季 t'æ̃˧ tɕi˧
划得来 xuɒ˩ tɛ˥ læ˩
俏 ts'i˧
生意兴隆 sen˧ i˧ ɕien˧ leŋ˩
买卖清淡 mæ˩ mæ˧ ts'in˩ t'æ̃˧
股东 ku˩ teŋ˧
分红 fen˧ xeŋ˩
工钱 keŋ˧ ts'iĩ˩
本钱 pen˩ ts'iĩ˩
赚钱 tɕyẽ˧ ts'iĩ˩
保本 pɔ˩ pen˩
折本 sɛ˥ pen˩ 亏本
　赔本 p'əi˩ pen˩
盘缠 p'œ̃˩ ts'œ̃˩
路费 lɑu˧ fəi˧
利息 ləi˧ səi˥
押金 iɒ˥ tɕien˧
财运 ts'æ˩ yen˧
抢生意 ts'iɔŋ˩ sen˧ i˧
生意经 sen˧ i˧ tɕien˧
真货 tsen˧ xo˧
水货 ɕyəi˩ xo˧

3. 账目

账房 tsɔŋ˧ fɔŋ˩
账号 tsɔŋ˧ xɔ˧
记账 tɕi˧ tsɔŋ˧
算账 sœ̃˧ tsɔŋ˧
进账 tsin˧ tsɔŋ˧
出账 tɕ'y˥ tsɔŋ˧
过账 ko˧ tsɔŋ˧
欠账 tɕ'iẽ˧ tsɔŋ˧
　赊账 sɒ˧ tsɔŋ˧
该 kæ˧ 欠
　差 ts'ɒ˧
讨账 t'ɔ˩ tsɔŋ˧
　收账 sɑu˧ tsɔŋ˧
　要账 iɛ˧ tsɔŋ˧
还账 xuæ̃˩ tsɔŋ˧
死账 sɿ˩ tsɔŋ˧
　烂账 læ̃˧ tsɔŋ˧
开销 k'æ˧ si˧
发票 fɒ˥ p'i˧
收据 sɑu˧ tɕy˧
存款 ts'en˩ k'uœ̃˩
较秤 kɔ˧ ts'en˧
称得红 ts'en˧ tɛ˥ xeŋ˩
称得溜 ts'en˧ tɛ˥ liu˧
　差秤 ts'ɒ˧ ts'en˧
　折秤 sɛ˥ ts'en˧
本钱 pen˩ ts'iĩ˩
利钱 ləi˧ ts'iĩ˩
纯利 ɕyen˩ ləi˧
毛利 mɔ˩ ləi˧
薄利 p'o˥ ləi˧
太钱 t'æ˧ ts'iĩ˩ 票面价值大的钱
　梗钱 ken˩ ts'iĩ˩ 整钱
零钱 lin˩ ts'iĩ˩
银洋 ȵien˩ iɔŋ˩
铜角子 t'eŋ˩ ko˥ tsɿ˩

票子 p'i˧ tsɿ˩ 钞票
银分丁 ȵiɐn˩ fɐn˧ tin˥ 硬币
一分钱 i˥ fɐn˧ ts'iĩ˩
一角钱 i˥ tɕio˥ ts'iĩ˩
一块钱 i˥ k'uæ˩（k'uæ̃˥）ts'iĩ˩
两块钱 liɔŋ˩ k'uæ˩（k'uæ̃˥）ts'iĩ˩
五块钱 u˩ k'uæ˩ ts'iĩ˩
十块钱 sɿ˩ k'uæ˩ ts'iĩ˩
二十块 zɿ˧ sɿ˥ k'uæ˩
五十块 u˩ sɿ˥ k'uæ˩
一百块 i˥ pɛ˥ k'uæ˩ 一百元
算盘 sœ̃˧ p'œ̃˩
戥子 tɐn˩ tsɿ˩
秤 ts'ɐn˧
磅秤 pɔŋ˧ ts'ɐn˧
秤盘星 ts'ɐn˧ p'œ̃˩ sin˧
秤广 ts'ɐn˧ kuɔŋ˩ 秤杆
秤钩 ts'ɐn˧ kɛ˧
秤砣 ts'ɐn˧ t'o˩

4. 交通

铁路 t'i˥ lɑu˧
铁轨 t'i˥ kuəi˩
火车 xo˩ ts'ɛ˧
火车站 xo˩ ts'ɛ˧ tsæ̃˧
马路 mɒ˩ lɑu˧
　公路 kɐŋ˧ lɑu˧
汽车 tɕ'i˧ ts'ɛ˧
汽车站 tɕ'i˧ ts'ɛ˧ tsæ̃˧
客车 k'ɛ˥ ts'ɛ˧
太客车 t'æ˧ k'ɛ˥ ts'ɛ˧
中巴 tsɐŋ˧ pɒ˧
公共汽车 kɐŋ˧ k'ɐŋ˧ tɕ'i˧ ts'ɛ˧
小汽车 si˩ tɕ'i˧ ts'ɛ˧
货车 xo˧ ts'ɛ˧
搭车 tɒ˥ ts'ɛ˧
买车票 mæ˩ ts'ɛ˧ p'i˧
摩读入声托车 mo˥ t'o˥ ts'ɛ˧
脚踏车 tɕio˥ t'ɒ˥ ts'ɛ˧ 自行车
三马 sæ̃˧ mɒ˩ 三轮机动车
　三轮车 sæ̃˧ lɐn˩ ts'ɛ˧
麻木 mɒ˩ mo˥ 载客的三轮车
马车 mɒ˩ ts'ɛ˧
牛车 ȵiɑu˩ ts'ɛ˧
推车 t'əi˧ ts'ɛ˧
板车 pæ̃˩ ts'ɛ˧
轿子 tɕ'iɛ˧ tsɿ˩
兜子 tɛ˧ tsɿ˩ 抬人用具
柏油路 pɛ˥ iɑu˩ lɑu˧
水泥路 ɕyəi˩ ȵi˩ lɑu˧
土路 t'ɑu˩ lɑu˧
码头 mɒ˩ t'ɛ˩
船 tɕ'yẽ˩
轮船 lɐn˩ tɕ'yẽ˩
木船 mo˥ tɕ'yẽ˩
划子 xuɒ˩ tsɿ˩ 小船
渔船 y˩ tɕ'yẽ˩
帆船 fæ̃˧ tɕ'yẽ˩
船篷 tɕ'yẽ˩ p'ɐŋ˩ 船帆
舵 t'o˧
桨 tsiɔŋ˩
撑篙 ts'ɐn˧ kɔ˧
竹篺 tsɑu˥ p'æ˩
渡船 t'ɑu˧ tɕ'yẽ˩
渡口 t'ɑu˧ k'ɛ˩

（二十）文化教育

1. 学校

学校 ɕio˥ ɕiɔ˧
　学堂 ɕio˥ t'ɔŋ˩
上学 sɔŋ˧ ɕio˥
上学去了 sɔŋ˧ ɕio˥ tɕ'i˧ liɛ˩
放学 fɔŋ˧ ɕio˥
躲学 to˩ ɕio˥
　逃学 t'ɔ˩ ɕio˥
旷课 k'uɔŋ˧ k'o˧
缺课 tɕ'yɛ˥ k'o˧
早退 tsɔ˩ t'ɘi˧
迟到 ts'ʅ˩ tɔ˧
放假 fɔŋ˧ tɕiɒ˩
请假 ts'in˩ tɕiɒ˩
误假 u˧ tɕiɒ˩
关学 kuæ̃˧ ɕio˥
私塾 sʅ˧ sɑu˥
泡蒙 p'ɔ˧ mɐŋ˩　启蒙
童馆 t'ɐŋ˩ kuœ̃˩
经馆 tɕiɐn˧ kuœ̃˩
秀才 siu˧ ts'æ˩
才子 ts'æ˩ tsʅ˩
状元 ts'ɔŋ˧ yɛ̃˩
幼儿园 iɑu˧ zʅ˩ yɛ̃˩
学前班 ɕio˥ ts'iĩ˩ pæ̃˧
小学 si˩ ɕio˥
中学 tsɐŋ˧ ɕio˥
初中 ts'ɑu˧ tsɐŋ˧
高中 kɔ˧ tsɐŋ˧
大学 tɒ˧ ɕio˥
研究生 ȵiɛ̃˩ tɕiɑu˧ sɐn˧
博士 po˥ sʅ˧
留洋 liu˩ iɔŋ˩
学费 ɕio˥ fɘi˧
放假 fɔŋ˧ tɕiɒ˩
暑假 ɕy˩ tɕiɒ˩
寒假 xœ̃˩ tɕiɒ˩
上学期 sɔŋ˧ ɕio˥ tɕ'i˩
下学期 ɕiɒ˧ ɕio˥ tɕ'i˩
报名 pɔ˧ min˩
升级 sɐn˧ tɕi˥
留级 liu˩ tɕi˥
毕业 pɘi˥ ȵiɛ˥
文凭 uɐn˩ p'in˩
假文凭 tɕiɒ˩ uɐn˩ p'in˩
过考 ko˧ k'ɔ˩
考试 k'ɔ˩ sʅ˧
录取 lɑu˥ ts'ɘi˩
新生 sin˧ sɐn˧
老生 lɔ˩ sɐn˧

2. 教室、文具

教室 tɕiɔ˧ sʅ˥
上课 sɔŋ˧ k'o˧
下课 ɕiɒ˧ k'o˧
讲台 tɕiɔŋ˩ t'æ˩
黑板 xɛ˥ pæ̃˩
黑板擦 xɛ˥ pæ̃˩ ts'ɒ˥
粉笔 fɐn˩ pɘi˥
花名册 xuɒ˧ min˩ ts'ɛ˥
　点名册 tiĩ˩ min˩ ts'ɛ˥
罚立正 fɒ˥ lɘi˥ tsɐn˧
戒尺 kæ˧ ts'ʅ˥

打手心 tɒ˩ sɑu˩ sin˧
打板子 tɒ˩ pæ̃˩ tsɿ˩
书包 ɕy˧ pɔ˧
书 ɕy˧
本子 pɐn˩ tsɿ˩
作文本 tso˥ uɐn˩ pɐn˩
大字本 tɒ˧ ts'ɿ˧ pɐn˩
小字本 si˩ ts'ɿ˧ pɐn˩
笔记本 pəi˥ tɕi˧ pɐn˩
练习本 liĩ˧ səi˥ pɐn˩
纸 tsɿ˩
毛边纸 mɔ˩ piĩ˧ tsɿ˩
竹纸 tsɑu˥ tsɿ˩
宣纸 siĩ˧ tsɿ˩
蜡光纸 lɒ˥ kuɔŋ˧ tsɿ˩
字纸 ts'ɿ˧ tsɿ˩
字纸篓 ts'ɿ˧ tsɿ˩ lɛ˩
笔 pəi˥
钢笔 kɔŋ˧ pəi˥
　靛笔 tiĩ˧ pəi˥
蘸水笔 tsæ̃˧ ɕy˩ pəi˥
铅笔 iɛ̃˩ pəi˥
圆珠笔 yɛ̃˩ tɕy˧ pəi˥
毛笔 mɔ˩ pəi˥
太字笔 t'æ˧ ts'ɿ˧ pəi˥
细字笔 səi˧ ts'ɿ˧ pəi˥
砚池 ȵiɛ̃˧ ts'ɿ˩
磨墨 mo˩ mɛ˥
墨汁 mɛ˥ tsɿ˥
墨盒 mɛ˥ xo˥
靛水 tiĩ˧ ɕy˩
　墨水 mɛ˥ ɕy˩
压尺 iɒ˥ ts'ɿ˥
笔架 pəi˥ tɕiɒ˧
橡皮擦 siɔŋ˧ p'əi˩ ts'ɒ˥
　橡皮 siɔŋ˧ p'əi˩
笔刀 pəi˥ tɔ˧
圆规 yɛ̃˩ kuəi˧
三角板 sæ̃˧ ko˥ pæ̃˩
量角器 liɔŋ˧ ko˥ tɕ'i˧
米达尺 məi˩ t'ɒ˥ ts'ɿ˥

3. 读书识字

读书 t'ɑu˥ ɕy˧
背书 p'əi˧ ɕy˧
认字 zɐn˧ ts'ɿ˧
不识字 pu˥ sɿ˥ ts'ɿ˧
不认得字 pu˥ zɐn˧ tɛ˥ ts'ɿ˧
读书箇 t'ɑu˥ ɕy˧ ko˧
读书人 t'ɑu˥ ɕy˧ zɐn˩
喝墨水箇 xo˥ mɛ˥ ɕy˩ ko˧
学生 ɕio˥ sɐn˧
　学生伢 ɕio˥ sɐn˧ ŋæ̃˥
老童生 lɔ˩ t'ɐŋ˩ sɐn˧
书腐子 ɕy˧ fu˩ tsɿ˩　书呆子
书房 ɕy˧ fɔŋ˩
书箱 ɕy˧ siɔŋ˧
书橱 ɕy˧ tɕ'y˩
读死书 t'ɑu˥ sɿ˩ ɕy˧
读不进 t'ɑu˥ pu˥ tsin˧
铳打不入 ts'ɐŋ˧ tɒ˩ pu˥ zɿ˥
有心孔 iɑu˩ sin˧ k'ɐŋ˩
有出息 iɑu˩ tɕ'y˥ səi˥

做作业 tsɑu˧ tso˥ n̡iɛ˥
  做练习 sɑu˧ liĩ˧ səi˥
抄作业 ts'ɔ˧ tso˥ n̡iɛ˥
预习 y˧ səi˥
复习 fu˥ səi˥
试卷 sɿ˧ tɕyɛ̃˧
  卷纸 tɕyɛ̃˧ tsɿ˩
分数 fɐn˧ sɑu˧
满分 mœ̃˩ fɐn˧
及格 tɕ'i˥ kɛ˥
不及格 pu˥ tɕ'i˥ kɛ˥
零分 lin˩ fɐn˧
  零鸡蛋 lin˩ tɕi˧ t'æ̃˧
  鸭蛋 ŋɒ˥ t'æ̃˧
第一名 t'əi˧ i˥ min˩
倒数第一名 tɔ˧ sɑu˩ t'əi˧ i˥ min˩
写文章 siɒ˩ uɐn˩ tsɔŋ˧
写诗 siɒ˩ sɿ˧
出对子 tɕ'y˥ təi˧ tsɿ˩
对对子 təi˧ təi˧ tsɿ˩
画画 xuɒ˧ xuɒ˧
墨水画 mɛ˥ ɕyəi˩ xuɒ˧
中堂画 tsɐŋ˧ t'ɔŋ˩ xuɒ˧
印章 iɐn˧ tsɔŋ˧
印泥 iɐn˧ n̡i˩

4. 写字

写字 siɒ˩ ts'ɿ˧
  习字 səi˥ ts'ɿ˧
写毛笔字 siɒ˩ mɔ˩ pəi˥ ts'ɿ˧
  练太字 liĩ˧ t'æ˧ ts'ɿ˧
  写格子 siɒ˩ kɛ˥ tsɿ˩
笔顺 pəi˥ ɕyɐn˧
笔划 pəi˥ xuɒ˧
打草稿 tɒ˩ ts'ɔ˩ kɔ˩
点 tiĩ˩
横 xuɐn˩
竖 ɕy˧
撇 p'i˥
捺 lɒ˥
偏旁 p'iĩ˧ p'ɔŋ˩
部首 p'u˧ sɑu˩
单人旁 tæ̃˧ zɐn˩ p'ɔŋ˩
双人旁 sɔŋ˧ zɐn˩ p'ɔŋ˩
挑手旁 t'i˧ sɑu˩ p'ɔŋ˩
泡耳旁 p'ɔ˧ zɿ˩ p'ɔŋ˩
宝盖头 pɔ˩ kæ˧ t'ɛ˩
竖心旁 ɕy˧ sin˧ p'ɔŋ˩
反犬旁 fæ̃˩ tɕ'yɛ̃˩ p'ɔŋ˩
反文旁 fæ̃˩ uɐn˩ p'ɔŋ˩
提土旁 t'əi˩ t'ɑu˩ p'ɔŋ˩
竹字头 tsɑu˥ ts'ɿ˧ t'ɛ˩
三点水 sæ̃˧ tiĩ˩ ɕyəi˩
两点水 liɔŋ˩ tiĩ˩ ɕyəi˩
走之底 tsɛ˩ tsɿ˧ təi˩
草字头 ts'ɔ˩ ts'ɿ˧ t'ɛ˩
鬼画糊涂 kuəi˩ xuɒ˧ xu˩ t'ɑu˩
写信 siɒ˩ sin˧
信纸 sin˧ tsɿ˩
信壳 sin˧ k'o˥
  信封 sin˧ fɐŋ˧

（二十一）文体活动

1. 游戏、玩具

风筝 fɐŋ˧ tsɐn˧

摸懵 mo˥ mɐŋ˩ 捉迷藏

老鼠捉猫 lɔ˩ ɕy˩ tso˥ mɔ˥

捉羊 tso˥ iɔŋ˩ 一队人前后排列，每人牵着前面一个人的衣服后摆，有一个人“捉羊”，捉到队列最后一个人算赢

踢燕子 t'əi˥ iɛ̃˧ tsɿ˩ 踢毽子

踢毛 t'əi˥ mɔ˩

弹珠子 t'æ̃˩ tɕy˧ tsɿ˩

弹弓 t'æ̃˩ kɐŋ˧

打水迁 tɒ˩ ɕy˩ ts'iĩ˧ 打水漂

跳房子 t'iu˥ fɔŋ˩ tsɿ˩

跳飞机 t'iu˥ fəi˧ tɕi˧

跳绳子 t'iu˥ sɐn˩ tsɿ˩

跳橡皮筋 t'iu˥ sɔŋ˧ p'əi˩ tɕiɐn˧

搭拨螺 tɒ˥ po˥ lo˩ 打陀螺

滚铁辖 kuɐn˩ t'i˥ k'u˧

滚铁环 kuɐn˩ t'i˥ xuæ̃˩

叠罗汉 ti˥ lo˩ xœ̃˧

□薅抱 tæ˥ xo˧ p'ɔ˧ 摔跤

爬树木 p'ɒ˩ ɕy˧ mo˥

挤□ tsəi˩ tsɒ˩ 一伙小孩挤在角落里，里面的人尽量出来，再挤里面的人

设手 sɛ˥ sɑu˩ 石头剪刀布一类的游戏

翻绳子 fæ̃˧ sɐn˩ tsɿ˩ 两人轮换用手把小绳子翻出各种花样来

搭别 tɒ˥ p'i˥ 用纸折成三角状，用力往地下掼，使原先地上放着的一个翻过面来

猜谜子 ts'æ˧ məi˧ tsɿ˩

说笑话 ɕyɛ˥ si˧ xuɒ˧

谈经 t'æ̃˩ tɕiɐn˥ 谈故事

打麻将 tɒ˩ mɒ˩ tsiɔŋ˧（tsiɔŋ˥）

打牌 tɒ˩ p'æ˩

抹牌 mɒ˥ p'æ˩

色子 sɛ˥ tsɿ˩ 骰子

抹戳牌 mɒ˥ ts'o˥ p'æ˩

押宝 ŋɒ˥ pɔ˩

2. 体育

走棋 tsɛ˩ tɕ'i˩ 下棋

下棋 ɕiɒ˧ tɕ'i˩

象棋 siɔŋ˧ tɕ'i˩

将帅 tsiɔŋ˧ sæ˧

士象 sɿ˧ siɔŋ˧

相、象 siɔŋ˧ 、siɔŋ˧

车马炮 tɕy˧ mɒ˩ p'ɔ˧

兵卒 pin˧ tsɑu˥

拱卒 kɐŋ˩ tsɑu˥

出车 tɕ'y˥ tɕy˧

跳马 t'i˧ mɒ˩

上士 sɔŋ˧ sɿ˧

下士 ɕiɒ˧ sɿ˧

飞象 fəi˧ siɔŋ˧

将军 tsiɔŋ˧ tɕyɐn˧

围棋 uəi˩ tɕ'i˩

黑子 xɛ˥ tsɿ˩

白子 p'ɛ˥ tsɿ˩

和棋 xo˩ tɕ'i˩

悔棋 xuəi˩ tɕʻi˩

军棋 tɕyen˧ tɕʻi˩

跳棋 tʻi˧ tɕʻi˩

五子棋 u˩ tsɿ˩ tɕʻi˩

　五子寸 u˩ tsɿ˩ tsʻɐn˥

拔河 pʻɒ˥ xo˩

赛跑 sæ˧ pʻɔ˩

划水 xuɒ˩ ɕy˩　游泳

　玩水 uæ̃˩ ɕy˩

射昧 sɒ˧ məi˧　潜水

踩水 tsʻæ˩ ɕy˩

篮球 læ̃˩ tɕʻiɑu˩

排球 pʻæ˩ tɕʻiɑu˩

乒乓球 pʻin˥ pʻɔŋ˥ tɕʻiɑu˩

足球 tsɑu˥ tɕʻiɑu˩

羽毛球 y˩ mɔ˩ tɕʻiɑu˩

跳远 tʻi˧ yẽ˩

跳高 tʻi˧ kɔ˧

3. 武术、舞蹈

翻跟斗 fæ̃˧ ken˧ tɛ˩　翻筋斗

倒立 tɔ˧ ləi˥

玩把戏 uæ̃˩ pɒ˩ ɕi˧　玩魔术

　变戏法 piĩ˧ ɕi˧ fɒ˥

打龙 tɒ˩ leŋ˩

　玩龙 uæ̃˩ leŋ˩

打狮子 tɒ˩ sɿ˧ tsɿ˩

打板凳龙 tɒ˩ pæ̃˩ ten˧ leŋ˩

采莲船 tsʻæ˩ liĩ˩ tɕʻyẽ˩

划龙船 xuɒ˩ leŋ˩ tɕʻyẽ˩

打腰鼓 tɒ˩ iɛ˧ ku˩

扭秧歌 ȵiɑu˩ iɔŋ˧ ko˧

打花棍 tɒ˩ xuɒ˧ kuen˧　两人各拿一根棍子，两棍相击，打出许多花样来

打连枪 tɒ˩ liĩ˩ tsʻiɔŋ˧

踩高跷 tsʻæ˩ kɔ˧ tɕʻiɛ˩

玩刀叉 uæ̃˩ tɔ˧ tsʻɒ˧

甩流星 ɕyæ˩ liu˩ sin˧

跳舞 tʻi˧ u˩

唱歌 tsʻɔŋ˧ ko˧

唱山歌 tsʻɔŋ˧ sæ̃˧ ko˧

拉胡琴 lɒ˧ xu˩ tɕʻien˩

吹笛子 tɕʻy˧ tʻəi˥ tsɿ˩

4. 戏剧

菩萨戏 pʻu˩ sæ̃˥ ɕi˧　木偶戏

唱猴戏 tsʻɔŋ˧ xɛ˩ ɕi˧

打鼓说书 tɒ˩ ku˩ ɕyɛ˥ ɕy˧

　说书 ɕyɛ˥ ɕy˧

打渔鼓 tɒ˩ y˩ ku˩

打单鼓 tɒ˩ tæ̃˧ ku˩

顺口溜 ɕyen˧ kʻɛ˩ liu˥（liu˧）

　四言八句 sɿ˧ ȵiẽ˩ pɒ˥ tɕy˧

看花灯 kʻœ̃˧ xuɒ˧ ten˧

看电影 kʻœ̃˧ tiĩ˧ ien˩

唱太戏 tsʻɔŋ˧ tʻæ˧ ɕi˧

　唱老戏 tsʻɔŋ˧ lɔ˩ ɕi˧

戏台 ɕi˧ tʻæ˩

戏台下 ɕi˧ tʻæ˩ xɒ˧

发夜疯 fɒ˥ iɒ˧ feŋ˧　发生踩踏事件

戏折子 ɕi˧ tsɛ˧ tsɿ˩

开场戏 kʻæ˧ tsʻɔŋ˩ ɕi˧

压台戏 iɒ˥ tʻæ˩ ɕi˧

京剧 tɕien˧ tɕy˥

汉剧 xœ̃˧ tɕy˥

楚剧 ts‘ɑu˩ tɕy˥

采茶戏 ts‘æ˩ ts‘ɒ˩ ɕi˧ 阳新采茶戏在民间有三百多年历史，已被列入国家级非物质文化遗产名录

花脸胡子 xuɒ˧ liĩ˩ xu˩ tsɿ˩

丑子 ts‘ɑu˩ tsɿ˩

老生 lɔ˩ sɐn˧

小生 si˩ sɐn˧

武生 u˩ sɐn˧

老旦 lɔ˩ tæ̃˥

小旦 si˩ tæ̃˥

青衣 ts‘in˧ i˧

跑龙套箇 p‘ɔ˩ lɐŋ˩ t‘ɔ˧ ko˧

鼓 ku˩

锣 lo˩

马锣 mɒ˩ lɛn˥ 小锣

□ ts‘ɒ˩ 钹

□ ts‘in˥ 小钹

（二十二）动 作

1. 一般动作

闷头 mɐn˥ t‘ɛ˩

低头 təi˧ t‘ɛ˩

歪头 uæ˧ t‘ɛ˩

摆头 pæ˩ t‘ɛ˩

摇头 iɛ˩ t‘ɛ˩

傲头 ŋɔ˥ t‘ɛ˩ 抬头

昂 ŋɔŋ˩ 头后仰

转头 tɕyẽ˩ t‘ɛ˩

扭头 ȵiɑu˩ t‘ɛ˩

回头 xuəi˩ t‘ɛ˩

舂头 tsɐŋ˥ t‘ɛ˩ 点头

磕头 k‘o˥ t‘ɛ˩

挨脸 ŋæ˧ liĩ˩ 亲脸

看 k‘œ̃˧

看见 k‘œ̃˧ tɕiẽ˧

望 uɔŋ˧

睁眼 tsɐn˧ ŋæ̃˩

闭眼 pəi˧ ŋæ̃˩

眯眼 məi˥ ŋæ̃˩

□ ts‘in˥ 眯着眼睛仔细看

眨眼 tsɒ˥ ŋæ̃˩

横 xuɐn˩ 眼神表示愠怒、鄙视

鼓 ku˩ 眼珠凸出

瞄 miu˥ 匆匆看一眼

□ uɐn˥ 瞪

□ tɕyɐn˥ 睁大眼睛看

眦 ts‘ɿ˧ 斜视，如：我懒～你得。

相 siɔŋ˧ 看、探望：我病了果多时，都冇得人～我一眼

睩 lɑu˥ 左右看、眼珠转来转去。《广韵·屋韵》：“～，视貌”，卢谷切

堶 t‘o˩ 眼皮低垂，表示不满：把眼一～倒

环 xuæ̃˥ 环视、略看

白眼荡荡 p‘ɛ˥ ŋæ̃˩ t‘ɔŋ˧ t‘ɔŋ˧ 目光呆滞

流眼泪 liu˩ ŋæ̃˩ ləi˧

眍 k‘ɛ˧ 眼框深陷

听 tʻiɔŋ˧（tʻin˧）
听见 tʻiɔŋ˧ tɕiɛ̃˧
不耳 pu˥ zʅ˩ 不理睬
竖倒耳朵 ɕy˧ tɔ˩ zʅ˧ to˩ 仔细听
耳朵尖 zʅ˧ to˩ tsiĩ˧ 听力好
闻 uɐn˩ 嗅
□ xɐŋ˩ 擤鼻子
□鼻泪 xɐŋ˩ pʻəi˥ ləi˧ 擤鼻涕
筑鼻子 tsɑu˥ pʻəi˥ tsʅ˩ 鼻塞
喫 tɕʻiɒ˥
喝 xo˥
湈 məi˧ 大口大口地喝：～茶
嗍 so˥ 吮吸：～烟
吞 tʻɐn˧
咬 ŋɔ˩
嚼 tsʻio˥ ①咀嚼②乱说
啃 kʻɐn˩
舔 tʻiĩ˩
呐 lɒ˥
呕 ŋɛ˩
吐 tʻɑu˩
吔 iɛ˩ 从嘴边掉落：你喫饭～得到处都是
□ yɒ˩ ①裂开嘴②液体从口中流出③信口开河
嗒嘴 tɒ˥ tsəi˩ 咂嘴
噜 lɑu˩ ①吐出②说话流利，不停顿
吹 白 tɕʻy˧ ～气球、～火、～灯
吹 文 tɕʻyəi˧ ～牛、瞎～
敨气 tʻɛ˩ tɕʻi˧ 喘气、呼吸。《水浒传·第二十六回》："看何九叔面色青黄，不敢～。"
齁 xɛ˩ 哮喘
□ sɛ˧ 呲牙咧嘴
奓 tsɒ˧ 张开：～嘴。《广韵·麻韵》："～，张也，陟加切。"
抿 min˩
蒙 mɐŋ˩ 用手捂住：把鼻子～倒
阄嘴 tɕiɑu˧ tsəi˩ 噘嘴
翘嘴 tɕʻiɛ˧ tsəi˩
嘟嘴 tɑu˧ tsəi˩ 鼓嘴
打嘣 tɒ˩ pɐŋ˥ 亲嘴
打饭嚏 tɒ˩ fæ̃˧ tsʻəi˧ 打喷嚏
摆手 pæ˩ sɑu˩
伸手 sɐn˧ sɑu˩
动手 tʻɐŋ˧ sɑu˩
松手 sɐŋ˧ sɑu˩
撒手 sɒ˩ sɑu˩
拍巴掌 pʻɛ˥ pɒ˧ tsɔŋ˩
奢 sɒ˧ ～手：把手指头张开。《广韵·麻韵》："～，张也，侈也"，式车切
辫手 pʻiĩ˧ sɑu˩ 两手合在一起放在身后
笼手 lɐŋ˩ sɑu˩ 袖手
举 tɕy˩
擎 tɕʻiɐn˩ 举起
扶 fu˩
拂 fəi˥ 摩挲
摸 mo˥
抹 mɒ˥
甩 ɕyæ˩ 摆动：～手就走
掐₁ kʻɒ˧ 用虎口掐住

掐₂ k‘ɒ˥ 用指甲掐
抠 k‘ɛ˧ （又读作 ŋɛ˧）
揪 tsiu˧ 用拇指和食指掐或扭
捏 ȵiɛ˥
拈 ȵiɛ̃˧
指 tsɿ˩
打 tɒ˩
打架 tɒ˩ tɕiɒ˧
勒拳子 lɛ˥ tɕ‘y˩ tsɿ˩
筑 tsɑu˥ 用拳头打人
做 tsɑu˧ 揍
□ p‘iɒ˥ 打耳光：～你两巴掌信不？
戽 xu˧ ～一巴掌
□ ɕyɒ˥ 搧巴掌或用竹条打人：～两巴掌
栗子磕 ləi˥ tsɿ˩ k‘o˥ 栗凿
栗子啄 ləi˥ tsɿ˩ tso˧
丁 tiɔŋ˧ ①扔石头打人②用力推人
挟抱跤 xæ˥ p‘ɔ˧ kɔ˧ 摔跤
格 kɛ˥ 对方打过来，用手挡住
㧐 sɐŋ˩ 推
推 t‘əi˧ ～磨
搊 ts‘ɛ˧ 推： ～石磙
扳 pæ̃˧
扒 pɒ˧ ～开
□ kæ̃˩ 扒掉一部分：把饭～落一丁
丢 tiu˧
拉 lɒ˧
提 t‘əi˩
挈 tɕ‘iɛ˥
挟 xæ˥
牵 tɕ‘iɛ̃˧
扯 ts‘ɒ˩
撑 ts‘ɐn˧
锤 tɕ‘y˩
钉 tiɔŋ˧（tin˧） ～钉子
捉 tso˥
抱 p‘ɔ˧
箍 ku˧ 搂抱
抢 ts‘iɔŋ˩
捡 tɕiɛ̃˩ ①拾：～破烂②收拾；收藏
捧 p‘ɐŋ˩
拍 p‘ɛ˥
□ k‘æ̃˩ 钳夹：～菜
托 t‘o˥
挽 uæ̃˩
拄 tɕ‘y˩
招 tsɛ˧ ～手
抖 tɛ˩
翻 fæ̃˧
盘 p‘œ̃˩ 摆弄
掀 ɕiɛ̃˧
栽 tsæ˧
摔 ɕyæ˩ 扔
搭 tɒ˥ 摔：把碗～破了
挡 tɔŋ˩
挣 tsɔŋ˧（tsɐn˧）
捺 lɒ˥ 按
按 ŋœ̃˧
勒 lɛ˥ 捋
搓 ts‘o˧

揉 zɑu˩

提屁 t‘əi˩ pɒ˩ 提小孩拉屎

提尿 t‘əi˩ ȵiɛ˧ 把尿

捅 t‘ɐŋ˩ ①刺戳②把东西装进布袋或口袋里

作揖 tso˥ i˥

立 ləi˥ 站

竖 ɕy˧ 你在前面一～倒，遮到我了

走 tsɛ˩

□ ts‘iɔŋ˥ 慢行：慢慢得果～

跑 p‘ɔ˩

猋 pi˧ 快跑

踢 t‘əi˥

跳 t‘i˧（t‘iu˥）

蹦 pɐŋ˥

纵 tsɐŋ˧ 跨越：那个沟我一～就过去了

踮 tĩ˥（tĩ˧） 脚跟抬起

蹬 tɐn˧

尖 tsiĩ˧ 脚往某个方向用力顶

踩 ts‘æ˩

统 t‘ɐŋ˩ 脚抬起用力往下踩

跺脚 to˧ tɕio˥

□ k‘ɒ˩ 跨

八 pɒ˥ 两大腿张开

乱窜 lœ̃˧ ts‘œ̃˧ 趔趄

跶跤 tɒ˥ kɔ˧ 跌跤

跶倒 tɒ˥ tɔ˩

启震 tɑu˥ tsɐn˧ 跌跤时屁股着地

考脚 kɔ˩ tɕio˥ 一只脚加在另一只脚的膝盖上

跷脚 tɕ‘iɛ˧ tɕio˥

跷二郎腿 tɕ‘iɛ˧ zʅ˧ lɔŋ˩ t‘əi˩

□ sæ˩ 抖动：～胯子

□ tɕiɐŋ˥ 臀部不断往前拱

□ tɕiɐŋ˩ 撅屁股：屁股～得闷高箇

坐 ts‘o˧

跍 k‘u˩ 蹲。《集韵·模韵》："～，蹲貌"，空胡切

跪 k‘uəi˩

仰倒 ȵiɔŋ˩ tɔ˩ 仰着身子

仆倒 p‘u˥ tɔ˩ 胸着地，与仰相对

趴 p‘ɒ˧ 打得～在地下了

睏倒 k‘uɐn˧ tɔ˩ 躺

躺倒 t‘ɔŋ˩ tɔ˩

靠倒 k‘ɔ˧ tɔ˩ 斜躺

扑 p‘u˥ 往前～

弯腰 uæ̃˧ iɛ˧

弓腰 kɐŋ˥ iɛ˧

哈 xɒ˧ 弯着身子

抻腰 ts‘ɐn˧ iɛ˧ 伸腰

伸懒腰 sɐn˧ læ̃˩ iɛ˧

扭倒腰 ȵiɑu˩ tɔ˩ iɛ˧

板 pæ̃˩ 睡觉时不停地翻身

转身 tɕyɛ̃˩ sɐn˧

□ uæ˩ 倾斜；摆动：坐在船上两边直～

转昏了 tɕyen˥ xuɐn˧ liɛ˩

2. 心理活动

想 siɔŋ˩

想下 siɔŋ˩ xæ̃˥ 想想

出主意 tɕ‘y˥ tɕy˩ i˧

打主意 tɒ˩ tɕy˩ i˧

能得 lɐn˩ tɛ˥ 可以，同意

晓得 ɕiɛ˩ tɛ˥

不得 pu˥ tɛ˥ 不知道，不晓得

不得影子 pu˥ tɛ˥ iɐn˩ tsɿ˩ 一点都不知道

懂 tɐŋ˩

认得 zɐn˧ tɛ˥

清白 ts'in˧ p'ɛ˥ ①明白②品行端正

懂板 tɐŋ˩ pæ̃˩ 识时务、识相

懂事 tɐŋ˩ sɿ˧

记 tɕi˧

记得 tɕi˧ tɛ˥

记心 tɕi˧ sin˧ 记性

忘记 uɔŋ˧ tɕi˧

想起来 siɔŋ˩ tɕ'i˩ læ˩

特味 t'ɛ˥ uəi˧ 故意、成心

成心 ts'ɐn˩ sin˧

有意 iɑu˩ i˧

失措 sɿ˥ ts'o˧ 失手：我～把茶杯打破了

呵脬 xo˧ p'ɔ˧ 娇气：得一点小病就～

装佯 tsɔŋ˧ iɔŋ˩ 假装不知道

闷 mɐn˧ 憋在心里

猜 ts'æ˧

算 sœ̃˧

估计 ku˩ tɕi˧

码谱 mɒ˩ p'u˩

信谅 sin˧ liɔŋ˧ 相信

相信 siɔŋ˧ sin˧

信 sin˧

谅 liɔŋ˧ 料定：～你不敢

估煞了 ku˩ sɒ˥ liɛ˩

做巧 tsau˧ tɕ'iɔ˩ 假装、做作

怀疑 xuæ˩ ȵi˩

留心 liu˩ sin˧

留意 liu˩ i˧

担心 tæ̃˧ sin˧

生怕 sɐn˧ p'ɒ˧ 恐怕

障防 tsɔŋ˧ fɔŋ˩ 提防、防备

放心 fɔŋ˧ sin˧

想通了 siɔŋ˩ t'ɐŋ˧ liɛ˩

讲搁 （警觉）tɕiɔŋ˩ ko˥ 注意、留心：我不～得

自常 ts'ɿ˧ sɔŋ˩ 安生、安分：得伢坐不住，总是不～

望 uɔŋ˧ 盼望

欠 tɕ'iẽ˧ ①想念、思念②馋、羡慕

欠嘴 tɕ'iẽ˧ tsəi˩ 馋嘴

眼浅 ŋæ̃˩ ts'ĩ˩ 羡慕：～别人钱多

惟愿 uəi˩ yẽ˧ 希望

忌妒 tɕ'i˧ tɑu˧

不忿得 pu˥ fɐn˧ tɛ˥ 不甘心、不服气

纳得 lɒ˥ tɛ˥ 需要：嘚件东西我正～

不好得 pu˥ xɔ˩ tɛ˥ 害羞

不好意思 pu˥ xɔ˩ i˧ sɿ˧

怕丑 p'ɒ˧ ts'ɑu˩

对不住 təi˧ pu˥ tɕ'y˧ 对不起

着急 ts'o˥ tɕi˥

急 tɕi˥

慌 xuɔŋ˧

怕 p‘ɒ˧
吓倒 xɒ˥ tɔ˩
操心 ts‘ɔ˧ sin˧
欢喜 xuœ̃˧ ɕi˩ 高兴
喜欢 ɕi˩ xuœ̃˧ 热衷、爱上某一事物
惯司 kuæ̃˧ sɿ˧ 宠爱娇惯
惯 kuæ̃˧
将就 tsiɔŋ˧ ts‘iu˧ 迁就
热兴 zɛ˥ ɕiɐn˥ 感兴趣：我对跳舞不～
巴不得 pɒ˧ pu˥ tɛ˥
打野 tɒ˩ iɒ˩ 精力不集中
嫌 ɕiẽ˩
嫌弃 ɕiẽ˩ tɕ‘i˧
恨 xɐn˧
怨 yẽ˧ 埋怨、怨恨
烦 fæ̃˩
为护 uəi˧ xu˧ 偏护、袒护
偏心 p‘iĩ˧ sin˧
向 ɕiɔŋ˧
痛 t‘ɐŋ˧ ①疼痛②对晚辈疼爱
心痛 sin˧ t‘ɐŋ˧ ①疼爱、怜爱：渠箇伢崽跶一跤，～煞了②爱惜、舍不得：用了两块钱，～煞了
气 tɕ‘i˧
见气 tɕiẽ˧ tɕ‘i˧ 生气
怄气 ŋɛ˧ tɕ‘i˧
怪 kuæ˧ 埋怨、抱怨
发脾气 fɒ˥ p‘əi˩ tɕ‘i˧
发火 fɒ˥ xo˩
赌气 tau˩ tɕ‘i˧
记仇 tɕi˧ ts‘au˩
讲狠 tɕiɔŋ˩ xɐn˩ 凶狠、不讲道理
赌狠 tau˩ xɐn˩
充好老 ts‘ɐŋ˥ xɔ˥ lɔ˩ 逞能
发腐气 fɒ˥ fu˩ tɕ‘i˧ 犯傻

3. 语言动作

说话 ɕyɛ˥ xuɒ˧
说 ɕyɛ˥ ①说话②教训、批评：昨日老师～了我
曰 yɛ˥ 喊
叫 tɕiɛ˧
叫出 tɕiɛ˧ tɕ‘y˥ 喊叫
昂读阴平 ŋɔŋ˧ 嚎叫
笑 si˧
哼 xɐn˧
哭 k‘u˥
哭嘴 k‘u˥ tsəi˩
咵 k‘uɒ˥ ①谈天；瞎说②嘴不断张开合拢
咵子嘴 k‘uɒ˥ tsɿ˩ tsəi˩ 爱吹牛、说话不负责任的人
咵天 k‘uɒ˥ t‘iĩ˧
吼 xɛ˩ 大声训斥人
唧 tsəi˥ ①尖声叫喊②出声
吱声 tsɿ˧ sɐn˧
听唧 t‘in˧ tsəi˥ 出声
唧囔 tsəi˥ lɔŋ˥
哝读入声 lɐŋ˥ 低声说话、耳语
哝读阴平 lɐŋ˧ 低声自语，表达不满
嗒舌 tɒ˥ sɛ˥ 大舌头、说话口齿不清
䬌气 p‘u˩ tɕ‘i˧ 从双唇中间喷出气流
嘱咐 tsau˥ fu˧
交代 tɕiɔ˧ tæ˧

告叫 kɔ˧ tɕiɛ˧ 告诉

招呼 tsɛ˧ xu˧

交搁 kɔ˧ ko˥ 交给、托付

拜托 pæ˧ t'o˥

多嘴 to˧ tsəi˩

插嘴 ts'ɒ˥ tsəi˩

过话 ko˧ xuɒ˧

训 ɕyɐn˧（ɕyɐn˥） 斥责

挨训 ŋæ˩ ɕyɐn˥

搁孽 ko˥ ȵiɛ˥ 闹矛盾、闹纠纷（多指小孩）

争嘴 tsɔŋ˧ tsəi˩

吵嘴 ts'ɔ˩ tsəi˩ 吵架

吵架 ts'ɔ˩ tɕiɒ˧

驳嘴 po˥ tsəi˩

骂 mɒ˧

祭 tsəi˧ 恶毒地骂

煅 tœ̃˧ 用脏话骂人：~娘

嗓 sɔŋ˩ 责怪、数落

□ tɕ'yɔŋ˧ 喋喋不休地数落

犟嘴 tɕiɔŋ˧ tsəi˩

羌嘴 tɕ'iɔŋ˧ tsəi˩

顶嘴 tin˩ tsəi˩

抬杠 t'æ˩ kɔŋ˥

帮腔 pɔŋ˧ tɕ'iɔŋ˧

打岔 tɒ˩ ts'ɒ˥

吵烦 ts'ɔ˩ fæ˩ ①话多了惹人烦②打扰

捡嘴 tɕiẽ˩ tsəi˩ 给别人一点好处老挂在嘴上

投 t'ɛ˩ 找能主持公道的人告状：~乡长｜~老师

戳拐 ts'o˥ kuæ˩ 背后说别人的坏话

扯筋 ts'ɒ˩ tɕiɐn˧ 扯皮

扯皮 ts'ɒ˩ p'əi˩

扯皮拉筋 ts'ɒ˩ p'əi˩ lɒ˧ tɕiɐn˧

说横话 ɕyɛ˥ xuɐn˩ xuɒ˧

发誓愿 fɒ˥ sɿ˧ yẽ˧

打赌 tɒ˩ tɑu˩

降人 ɕiɔŋ˩ zɐn˩ 在人前炫耀，让别人羡慕

翻嘴 fæ̃˧ tsəi˩ 爱传话、喜欢挑拨是非

罗嗦 lo˧ so˧

罗连 lo˩ liĩ˩ 啰嗦、纠缠不清

麦麸嘴 mɒ˥ fu˧ tsəi˩ 说话絮絮叨叨

嚼 ts'io˥ ①咀嚼②瞎说③说话风趣、诙谐

密嚼 məi˥ ts'io˥ 不停地唠叨

嚼蛆 ts'io˥ ts'əi˧ 说不正经的话

哄伢崽 xɐŋ˩ ŋæ̃˥ tsæ˩ 哄孩子

打白 tɒ˩ p'ɛ˥ 说谎

打彻 tɒ˩ ts'ɛ˥

哄人 xɐŋ˥ zɐn˩

作活 tso˥ xo˥ 瞎编

说鬼话 ɕyɛ˥ kuəi˩ xuɒ˧

冇得油盐箇话 mɔ˧ tɛ˥ iɑu˩ iẽ˩ ko˧ xuɒ˧ 毫无意义的话

4. 日常生活动作

告试 kɔ˧ sɿ˧ ①开始②尝试：不必~得

下地 xɒ˧ t'əi˧ ①结束：还有忙~②到地里去

着劲 tso˥ tɕiən˧ 努力，用力，认真

着力 tso˥ ləi˥

咬蛮 ŋɔ˩ mæ̃˩ 咬紧牙关坚持；能吃苦

定弹 t'in˧ t'æ̃˧ 动弹：把我捆得不能～了

打扰 tɒ˩ zɛ˩

有 iɑu˩

冇得 mɔ˧ tɛ˥ 没有（什么东西）

冇 mɔ˧ 没有（做什么事）

佗 t'o˩ 拿、搬：把书～过来

担 tæ̃˧ 拿出：我～不出果多钱

□ k'uæ̃˩ 挑担子：～一担谷

园 k'ɔŋ˧ 藏东西

把₁ pɒ˥ 给：钱～我

把₂ pɒ˩ 给：钱～得我

乃 læ˩ ①爬行：在地下四脚～②忙碌：时辰还早，不须果～得

搁 ko˥ 放置

顿 tən˧

堆 təi˧

码 mɒ˩ 许多东西堆放在一起

攒 tsæ̃˩ 积累：～钱

落 lo˥ ①落下②丢失：袋里面箇钱～了

搁落 ko˥ lo˥ 放下：把担子～

放落 fɔŋ˧ lo˥ 放下

过身 ko˧ sən˧ ①经过；路过②（事情）过去了③死了

落脚 lo˥ tɕio˥ 停歇；归宿

躲 to˩

撮打 ts'o˥ tɒ˩ 挨打

撮骂 ts'o˥ mɒ˧ 挨骂

啄 tso˧ 在语言上欺负人：你总是～渠

做制（阻止） tsɑu˧ tsɿ˧ 惩戒；制止

照护 tsɛ˧ xu˧ 照顾

短 tœ̃˩ 阻拦：～倒，莫让渠跑了

拦 læ̃˩

邦 pɔŋ˧ 追赶：快把渠～回来

窜 ts'œ̃˧ ①跑：不晓得渠～到哪里去了②滚：～出去

斢 t'i˩ 交换、调换

刺 ts'ɿ˧ 伸出：把舌帖～出来｜把脚～出来

兜 tɛ˧ 招惹：嘚伢真～人喜

挏 təŋ˥ 持物在水中上下抖动

挦 ts'in˩ 拔毛

塞 sɛ˥

奏 tsɛ˧ 用毛巾把渠嘴～倒

搬 sɒ˥ ①捂被子：把被窝～好②把衣物塞进去：衣领翘起来了，把渠～进去

堵 tɑu˩

乘 sən˩ 把东西塞进空隙里用以垫高：把桌子～稳

绳（承） sən˩ 经受、承受：～不住渠两拳子

戳 ts'o˩

启 tɑu˥ ①用锐器刺或戳：用针尖～人②竖放：把扁担～到墙角了

掣 ts'ɛ˥ 轻微地抽搐：气得嘴唇只果～

敨 t'ɛ˩ ①敞开：把被窝～开②清

洗衣物
掇 to˥ 端物
搲 uɒ˩ ①用手扒物：把谷～到箩去②抢：赛～（哄抢）
拆 tsʻɛ˥ 用瓢、箕等舀物：～谷，～龌龊
屯读上声 tʻɐn˩ ①停顿：渠说话只果噜，～都不～下子②震动：车子过沟，着实我～下子
剖 pʻo˩ 劈开：～竹子
搣 mi˥ 掰
□ pʻi˩ 用手掰开或折断
□ tʻiɒ˥ 捆；打结
捆 kʻuɐn˩
□ tiɒ˥ 突然用力拉扯，使绳索之类的物体断裂
系 tɕi˧ ～鞋带
□ lɐn˩ 用手指捻、搓：～线绳
紩 li˧ 用针线缝缀：衣裳破了，～两针
  栽 tsæ˧ 缝：～扣子
杵 tɕʻy˩ 用棍子之类的东西去顶；用语言顶撞别人
捩 li˥ 衣服洗后拧干水：～衣裳
搭 kʻɛ˥ 勒：手～了一条血印子
特 tʻɛ˥ ①抢夺：把我箇钱～去了②拔取：～鸡毛
揩 kʻæ˧ 擦
  擦 tsʻɒ˥
  抻 tsʻəi˥
挑 tʻi˧ 挑拣
  拣 kæ̃˩
搅 kɔ˩（tɕiɔ˩） 搅拌
閂 tɛ˧ 舀：～水
攎 lɑu˥ 捞
  捞 lɔ˩（lɔ˧）
搨 tʻɒ˥ 把糊浆烤成薄饼：～蛋皮
薅 xɔ˧ ①双手往怀里捞②揪：把渠箇头毛～倒
抵脚襻手 təi˩ tɕio˥ pʻæ̃˧ sɑu˩ 碍事
打马肩 tɒ˩ mɒ˩ tɕin˥ 小孩骑在大人的脖子上
收拾 sɑu˧ ʂʅ˥
  收捡 sɑu˧ tɕiẽ˩
糟蹋 tsɔ˧ tʻɒ˥ 浪费
打摞 tɒ˩ lo˧ ①收拾：把屋～下子②打扮：出门把自家～下子③相处：你的个人不好～
打扮 tɒ˩ pæ̃˧
□ tɕʻyɒ˧ 不收拾、脏乱
□ kʻɛ˩ 摩擦：牛在树上～痒；莫把墙上箇石灰～到身上了
掸 tæ̃˩ 把东西用力拂开
卢 lɑu˩ 撩起：～帐子
忍 zɐn˩ 用干燥的布或纸把湿地方的水吸干
镂 lɛ˧ 在较深处或小孔中掏物：～袋；～耳朵
痨 lɔ˧ 下毒药：～鱼
煨读入声 uəi˥ 把竹木用微火烤再折弯：～竹椅子
朗 lɔŋ˩ 晃动容器里的液体，以洗涤容器的内壁：～脚盆
前 tsʻĩ˩ 用水洗衣物的局部

汰 t'æ˧ 衣服洗后，再用清水漂洗：衣裳～干净再晒

揾 uɐn˥ ①溺水。《说文·手部》："揾，没也。"②把人或动物的头部按到水中

髈 p'ɔŋ˩ 用身体轻轻碰别人一下

印 iɐn˧ ①量：用尺～一下，看有几长②用手摸一下母鸡的肚子，看是否有蛋：～蛋③把新买的瓦罐用水浸一下，看是否漏水

劳读入声 lɔ˥ ①打听②看望③借④偷

放 fɔŋ˧ 采取（某种态度）：见了客人～懂事丁

揫 tsiu˥ 蜷缩：冻得一～倒

韵 yɐn˥ 品尝：～酒，～味

揞 ŋœ˩ ①吻合、契合：我正要找你，你险乎出门了，果～得好②收敛、克制：钱～倒用；以后说话要～倒丁

合 xo˥ 像：发起脾气来，～牛一样

在 ts'æ˧ 听凭、任随：～我是何，不要你管

随 səi˩ 我懒得管，～你

齐 ts'əi˩ ～得渠是何：随他怎么办

（二十三）位　置

上 sɔŋ˧

上头 sɔŋ˧ t'ɛ˩

上面 sɔŋ˧ miĩ˧

高头 kɔ˧ t'ɛ˩

下 xɒ˧

下头 xɒ˧ t'ɛ˩

下面 xɒ˧ miĩ˧

底下 təi˩ xɒ˧

启底 tɑu˥ təi˩ 底下

床底下 ts'ɔŋ˩ təi˩ xɒ˧

锅启底 ko˧ tɑu˥ təi˩

缸启底 kɔŋ˧ tɑu˥ təi˩

左 tso˩

左边 tso˩ piĩ˧

左手 tso˩ sɑu˩

左手边 tso˩ sɑu˩ piĩ˧

反手边 fæ̃˩ sɑu˩ piĩ˧

右 iɑu˧

右边 iɑu˧ piĩ˧

右手 iɑu˧ sɑu˩

右手边 iɑu˧ sɑu˩ piĩ˧

顺手边 ɕyɐn˧ sɑu˩ piĩ˧

中 tsɐŋ˧

中间 tsɐŋ˧ kæ̃˧

中间心 tsɐŋ˧ kæ̃˧ sin˧

进间心 tsin˧ kæ̃˧ sin˧

当中 tɔŋ˧ tsɐŋ˧

里面 ləi˩ miĩ˧

里度 ləi˩ t'ɑu˧

外 uæ˧

外面 uæ˧ miĩ˧

外头 uæ˧ t'ɛ˩

外边 uæ˧ piĩ˧

前 ts'iĩ˩

前面 ts‘iĩ˩ miĩ˧
　前头 ts‘iĩ˩ t‘ɛ˩
胸面前 ɕiɐŋ˧ miĩ˧ ts‘iĩ˩
眼前头 ŋæ̃˩ ts‘iĩ˩ t‘ɛ˩
跟前 kɐn˧ ts‘iĩ˩
对面 təi˧ miĩ˧
斜对面 siɒ˩ təi˧ miĩ˧
后 xɛ˧
后面 xɛ˧ miĩ˧
　后底 xɛ˧ təi˩
　后背 xɛ˧ pəi˧
　背脊后 pəi˧ tsiɒ˥ xɛ˧
边舷 piĩ˧ ɕiẽ˩　旁边
　旁边 p‘ɔŋ˩ piĩ˧
　边上 piĩ˧ sɔŋ˧
　边下 piĩ˧ xɒ˧
侧面 ts‘ɛ˥ miĩ˧
东 tɐŋ˧
东边 tɐŋ˧ piĩ˧
南 lœ̃˩
南边 lœ̃˩ piĩ˧
西 səi˧
西边 səi˧ piĩ˧
北 pɛ˥
北边 pɛ˥ piĩ˧
东南 tɐŋ˧ lœ̃˩
东北 tɐŋ˧ pɛ˥
西南 səi˧ lœ̃˩
西北 səi˧ pɛ˥
天上 t‘iĩ˧ sɔŋ˧
地上 t‘əi˧ sɔŋ˧
地下 t‘əi˧ xɒ˧
路上 lɑu˧ sɔŋ˧
街上 kæ˧ sɔŋ˧
墙上 ts‘iɔŋ˩ sɔŋ˧
　壁欸 piɒ˥ ɛ˩
门上 mɐn˩ sɔŋ˧
桌子上面 tso˥ tsɿ˩ sɔŋ˧ miĩ˧
桌子里面 tso˥ tsɿ˩ ləi˩ miĩ˧
椅子上面 i˩ tsɿ˩ sɔŋ˧ miĩ˧
身上 sɐn˧ sɔŋ˧
心上 sin˧ sɔŋ˧
手欸 sɑu˩ ɛ˩　手里
嘴欸 tsəi˩ ɛ˩　嘴里
碗欸 uœ̃˩ ɛ˩　碗里
锅欸 ko˧ ɛ˩　锅里
河欸 xo˩ ɛ˩　河里
水欸 ɕy˩ ɛ˩　水里
井欸 tɕiɔŋ˩ ɛ˩　井里
隔壁 kɛ˥ pəi˥
山前 sæ̃˧ ts‘iĩ˩
山后 sæ̃˧ xɛ˧
山上 sæ̃˧ sɔŋ˧
　山高头 sæ̃˧ kɔ˧ t‘ɛ˩
山下 sæ̃˧ xɒ˧
　山脚 sæ̃˧ tɕio˥
　山脚下 sæ̃˧ tɕio˥ xɒ˧
屋欸 u˥ ɛ˩　屋里
屋前 u˥ ts‘iĩ˩
屋后 u˥ xɛ˧
　屋后底 u˥ xɛ˧ təi˩
屋外面 u˥ uæ˧ miĩ˧
门外 mɐn˩ uæ˧
墙外 ts‘iɔŋ˩ uæ˧

窗孔外面 ts‘ɔŋ˧ k‘ɐŋ˩ uæ˧ miĩ˧

楼上 lɛ˩ sɔŋ˧

楼下 lɛ˩ xɒ˧

车上面 ts‘ɛ˧ sɔŋ˧ miĩ˧

车里面 ts‘ɛ˧ ləi˩ miĩ˧

车前面 ts‘ɛ˧ ts‘iĩ˩ miĩ˧

车后底 ts‘ɛ˧ xɛ˧ təi˩

车后面 ts‘ɛ˧ xɛ˧ miĩ˧

车外面 ts‘ɛ˧ uæ˧ miĩ˧

脚下 tɕio˥ xɒ˧

往里走 uɔŋ˩ ləi˩ tsɛ˩

往外走 uɔŋ˩ uæ˧ tsɛ˩

往东走 uɔŋ˩ tɐŋ˧ tsɛ˩

往西走 uɔŋ˩ səi˧ tsɛ˩

往前走 uɔŋ˩ ts‘iĩ˩ tsɛ˩

往后走 uɔŋ˩ xɛ˧ tsɛ˩

往回走 uɔŋ˩ xuəi˩ tsɛ˩

以上 i˩ sɔŋ˧

以下 i˩ ɕiɒ˧

以前 i˩ ts‘iĩ˩

以后 i˩ xɛ˧

以东 i˩ tɐŋ˧

以西 i˩ səi˧

以南 i˩ lœ̃˩

以北 i˩ pɛ˥

以内 i˩ ləi˧

以外 i˩ uæ˧

以来 i˩ læ˩

之前 tsɿ˧ ts‘iĩ˩

之后 tsɿ˧ xɛ˧

之内 tsɿ˧ ləi˧

之外 tsɿ˧ uæ˧

之间 tsɿ˧ tɕiæ̃˧

之上 tsɿ˧ sɔŋ˧

之下 tsɿ˧ ɕiɒ˧

（二十四）代词等

1. 人称代词

我 ŋo˩

你 n̩˩

渠 k‘ɛ˩ 他、她、它

很 xɐn˩ 咱们

很读入声嗯 xɐn˥ n̩˩ 咱们

很伆 xɐn˩ lɛ˥ 咱们

我伆 ŋo˩ lɛ˥ 我们

你伆 n̩˩ lɛ˥ 你们

渠伆 k‘ɛ˩ lɛ˥ 他们

我读入声欸 ŋo˥ ɛ˩ 我家

你读入声欸 n̩˥ ɛ˩ 你家

渠读入声欸 k‘ɛ˥ ɛ˩ 他家

很读入声娄 xɐn˥ lɛ˩ 咱们家

我箇 ŋo˩ ko˧ 我的

你箇 n̩˩ ko˧ 你的

渠箇 k‘ɛ˩ ko˧ 他的

很伆箇 xɐn˩ lɛ˥ ko˧ 我们的

你伆箇 n̩˩ lɛ˥ ko˧ 你们的

渠伆箇 k‘ɛ˩ lɛ˥ ko˧ 他们的

人渠读入声欸 zɐn˩ k‘ɛ˥ ɛ˩ 别人家

人渠读入声欸箇 zɐn˩ k‘ɛ˥ ɛ˩ ko˧ 别人家的

太家 t‘æ˧ kɒ˧ 大家

别人 p'i˥ zɐn˩

　□ p'iɐn˥˧　“别人”的合音

只家 tsʅ˩ kɒ˧　自己

夫妻两个 fu˧ ts'əi˧ liɔŋ˩ ko˧　夫妻俩

娘崽两个 n̡iɔŋ˩ tsæ˩ liɔŋ˩ ko˧　娘儿俩

父子两个 fu˧ tsʅ˩ liɔŋ˩ ko˧　父子俩

2. 指示代词

嘚 tɛ˥　这

勒 lɛ˥　那

嘚个 tɛ˥ ko˧　这个

勒个 lɛ˥ ko˧　那个

嘚什 tɛ˥ ʂʅ˥　这些

　果什 ko˩ ʂʅ˥　这些

勒什 lɛ˥ ʂʅ˥　那些

嘚块 tɛ˥ k'uæ̃˥　这里

　嘚边 tɛ˥ pĩ˧

　嘚阙 tɛ˥ tɕ'yɛ˥

　得头 tɛ˥ t'ɛ˩

勒块 lɛ˥ kuæ̃˥　那里

　勒边 lɛ˥ pĩ˧

　勒阙 lɛ˥ tɕ'yɛ˥

　勒头 lɛ˥ t'ɛ˩

嘚蛮 tɛ˥ mæ̃˩　这时候

　得命盏 tɛ˥ min˧ tsæ̃˩

勒蛮 lɛ˥ mæ̃˩　那时候

　勒命盏 lɛ˥ min˧ tsæ̃˩

嘚什时 tɛ˥ ʂʅ˥ ʂʅ˩　这些时

勒什时 lɛ˥ ʂʅ˥ ʂʅ˩　那些时

果 ko˩　这样、这么

　阁 ko˥

嘚样 tɛ˥ iɔŋ˧　这样

阁样 ko˥ iɔŋ˧　这样

　□ kɔŋ˥˧　“阁样”的合音

勒样 lɛ˥ iɔŋ˧　那样

果多 ko˩ to˧　这么多

是果 ʂʅ˧ ko˩　是这样

一什 i˥ ʂʅ˥　一些

有什 iɑu˩ ʂʅ˥　有些

3. 疑问代词

么 mo˩　什么

么什 mo˩ ʂʅ˥　什么

哪 læ˥

哪什 læ˥ ʂʅ˥　哪些

么人 mo˩ zɐn˩　谁

　们 mɐn˩　“么人”的合音

　瞒 mœ̃˩　“么人”的音变

　哪个 læ˥ ko˧

瞒读入声娄 mœ̃˥ lɛ˩　谁家

么事 mo˩ ʂʅ˧　什么事

么定安 mo˩ t'in˧ ŋœ̃˧　什么地方

哪里 læ˥ ləi˩

　□ læi˥˧　“哪里”的合音

哪块 læ˥ kuæ̃˥　什么地方

　哪边 læ˥ pĩ˧

　哪头 læ˥ t'ɛ˩

哪蛮 læ˥ mæ̃˩　什么时候

　么命盏 mo˩ min˧ tsæ̃˩

　么时候 mo˩ ʂʅ˩ xɛ˧

　几命盏 tɕi˩ min˧ tsæ̃˩

几多时 tɕi˩ to˧ ʂʅ˩

几 tɕi˩

几多 tɕi˩ to˧　多少
何 xo˩　怎么、怎样
是何 sɿ˧ xo˩　怎么、怎样
何如 xo˩ y˩　怎么样
么样 mo˩ iɔŋ˧　怎样
是何样 sɿ˧ xo˩ iɔŋ˧　怎么、为什么
　是项 sɿ˧ xɔŋ˧　"项"是"何样"的合音
何解 xo˩ kæ˩　怎么办
　是何解 sɿ˧ xo˩ kæ˩
么西 mo˩ səi˧　么东西、什么
　昧 məi˧　"么西"的合音
为昧 uəi˧ məi˧　为什么

（二十五）形容词

好 xɔ˩
不错 pu˥ ts'o˧
差不多 ts'ɒ˧ pu˥ to˧
不么样 pu˥ mo˩ iɔŋ˧　不怎么样
效 ɕiɔ˥　不错
不效 pu˥ ɕiɔ˥　不行、不管用
拐 kuæ˩　坏
　淮 xuæ˩
要紧 iɛ˧ tɕiɐn˩
闹热 lɔ˨ zɛ˥　热闹
嘈杂 ts'ɔ˩ ts'ɒ˥
蔽静 p'əi˥ ts'in˧
自静 ts'ɿ˧ ts'in˧
冷清 lɐn˩ ts'in˧
蛮实 mæ̃˩ sɿ˥
稳当 uɐn˩ tɔŋ˧
轻巧 tɕ'iɐn˧ tɕ'iɔ˩
轻省 tɕ'iɐn˧ sɐn˩
硬 ŋɐn˧（ŋɔŋ˧）
崩硬 pɐŋ˧ ŋɐn˧
崩铁硬 pɐŋ˧ t'i˥ ŋɐn˧
硬阻 ŋɐn˧ tsɑu˩　①坚硬②过得硬③狠、有来头
脆 ts'əi˧
嘣脆 pɐŋ˥ ts'əi˧
软 ȵyẽ˩
　禯 lɐŋ˥
禯软 lɐŋ˥ ȵyẽ˩
拗 ȵiɑu˧（ȵiɑu˥）　不脆
拗软 ȵiɑu˥ ȵyẽ˩
干净 kœ̃˧ ts'in˧（ts'in˥）
　爽利 sɔŋ˩ ləi˧
邋遢 lɒ˥ t'ɒ˥
　龌龊 u˥ ts'o˥
　赖带 læ˧ tæ˧
　赖晒 læ˧ sæ˧
强 tɕ'iɔŋ˩
弱 zo˥
轻 tɕ'iɐn˧
漂轻 p'i˩ tɕ'iɐn˧　很轻
　轻飘了 tɕ'iɐn˧ p'i˧ liɛ˩
重 ts'ɐŋ˧
　闷重 mɐn˧ ts'ɐŋ˧
早 tsɔ˩
晏 ŋæ̃˧　晚、迟
　迟 ts'ɿ˩

快 k‘uæ˧　①快速②锋利
慢 mæ̃˧
锋快 fɐŋ˧ k‘uæ˧　锋利
杵 tɕ‘y˩　钝
太 t‘æ˧　大（阳新话的“太”与“大”不同音，口语一般只说“太”，不说“大”）
闷太 mɐn˧ t‘æ˧　很大
太筒 t‘æ˧ t‘ɐŋ˩　粗
细 səi˧　小
细发 səi˧ fɒ˥　指面条之类的东西
长 ts‘ɔŋ˩
　莽 mɔŋ˩
　闷莽 mɐn˧ mɔŋ˩　很长
短 tœ̃˩
多 to˧
少 sɛ˩
高 kɔ˧
闷高 mɐn˧ kɔ˧
低 təi˧
宽 k‘uœ̃˧
窄 tsɛ˥
　窄狭 tsɛ˥ xɒ˥
密 məi˥
　簇密 ts‘ɑu˥ məi˥
稀 ɕi˧
宽 k‘uœ̃˧
敞太 t‘ɛ˩ t‘æ˧　宽敞
凹 ŋɔ˧
　窪 uɒ˧
鼓 ku˩
　凸 pɐŋ˩

平 p‘in˩
平崭 p‘in˩ tsæ̃˩
术平 ɕy˥ p‘in˩　很平
尖 tsiĩ˧
溜尖 liu˥ tsiĩ˧　很尖
紧 tɕiɐn˩
绷紧 pɐŋ˧ tɕiɐn˩
松套 sɐŋ˧ t‘ɔ˧
松 sɐŋ˧　①松套，与“紧”相对②膨胀而又松软
泡 p‘ɔ˧　膨胀而又松软
干 kœ̃˧
嘣干 pɐŋ˥ kœ̃˧
湿 sʅ˥
切湿 ts‘i˥ sʅ˥　非常湿
直 ts‘ʅ˥
笔直 pəi˥ ts‘ʅ˥
笔桨直 pəi˥ tsɔŋ˩ ts‘ʅ˥
弯 uæ̃˧
翘 tɕ‘iɛ˩　弯曲、卷曲
陡 tɛ˩
壁陡 pəi˥ tɛ˩　非常陡
正 tsɐn˧
反 fæ̃˩
歪 uæ˧
斜 siɒ˩
对 təi˧
错 ts‘o˧
贵 kuəi˧
贱 ts‘iĩ˧
便宜 p‘iĩ˩ ȵi˩
圆 yẽ˩

鬏圆 tsiu˥ yẽ˩ 很圆

鬏碌圆 tsiu˥ lau˥ yẽ˩

扁 piĩ˩

瘪 pi˩

热 zɛ˥

焥 uo˥ 烫、热

饭焥 fæ̃˧ uo˥

滚 kuɐn˩ ①～水，开水②烫

烫 t'ɔŋ˧

滚烫 kuɐn˩ t'ɔŋ˧

翻滚 fæ̃˧ kuɐn˩

温 uɐn˧

一温热 i˥ uɐn˥ zɛ˥

暖 lœ̃˩

乎暖 xu˥ lœ̃˩

凉 liɔŋ˩

沁凉 ts'in˥ liɔŋ˩

冰凉 pin˧（pin˥） liɔŋ˩

凉快 liɔŋ˩ k'uæ˧

凉爽 liɔŋ˩ sɔŋ˩

冷 lɐn˩

冰冷 pin˧（pin˥） lɐn˩

冰铁冷 pin˧ t'i˥ lɐn˩ 像冰、铁一样冷

厚 xɛ˧

闷厚 mɐn˧ xɛ˧

厚实 xɛ˧ sʅ˥

薄 p'o˥

薄削 p'o˥ sio˥

抻度 ts'en˧ t'au˧ 平整

鬏 tsiu˥ 皱、卷曲

皱 tsɐŋ˥

新 sin˧

崭新 tsæ̃˩ sin˧

粲新 ts'æ̃˥ sin˧

旧 tɕ'iau˧

新酥 sin˧ sau˧ 新鲜

陈 ts'ɐn˩ 陈旧、不新鲜

匍舷 p'u˩ ɕiẽ˩ 满：～一碗粥

膀舷 p'əi˥ ɕiẽ˩

堆尖 təi˧ ts'iĩ˧ 满得堆起来了

深 sɐn˧

浅 ts'iĩ˩

咸 xæ̃˩

丁咸 tin˥ xæ̃˩

淡 t'æ̃˧

表淡 pi˩ t'æ̃˧ 味道很淡

香 ɕiɔŋ˧

胖香 p'ɐŋ˥ ɕiɔŋ˧ 很香

臭 ts'au˧

胖臭 p'ɐŋ˧ ts'au˧ 很臭

涩 sɛ˥

酸 sœ̃˧

津酸 tsin˥ sœ̃˧

甜 t'iĩ˩

蜜甜 məi˥ t'iĩ˩

哷甜 min˥ t'iĩ˩

沁甜 ts'in˥ t'iĩ˩

苦 k'u˩

辣 lɒ˥

生 sɐn˧

熟 sau˥

清淡 ts'in˧ t'æ̃˧

油腻 iau˩ ȵi˧

酽 n̠iẽ˧

清 ts'in˧（ts'iɔŋ˧） 液体稀，与“酽”相对

饿 ŋo˧

饱 pɔ˩

闷饱 mɐn˧ pɔ˩

胀 tsɔŋ˧

齐整 ts'əi˩ tsɐn˩ 整齐、美观

齐扎 ts'əi˩ tsɒ˥ ①整齐②齐心

光 kuɔŋ˥ 表面平滑锃亮

光烫 kuɔŋ˥ t'ɔŋ˧

釉光 iɑu˥ kuɔŋ˥

冰光 pin˥ kuɔŋ˥ 一无所有

凌光 lin˥ kuɔŋ˥

滑溜 xuɒ˥ liu˥ 光滑

毛糙 mɔ˩ ts'ɔ˧

糙 ts'ɔ˧

细腻 səi˧ n̠i˧

梗 kɐn˩ 整个、囫囵

梗个 kɐn˩ ko˧

零 lin˩

零星 lin˩ sin˧

零细 lin˩ səi˧ ①零碎②零食

向阳 ɕiɔŋ˧ iɔŋ˩

自阴 ts'ɿ˧ iɐn˧ 阴凉

容易 iɐŋ˩ i˧

难 læ̃˩

牢 lɔ˩

牢靠 lɔ˩ k'ɔ˧

扎实 tsɒ˥ ʂʅ˥

活络戏 xo˥ lo˥ ɕi˧ 不牢靠、不靠谱

活套 xo˥ t'ɔ˧

顺手 ɕyɐn˧ sɑu˩ ①顺利②顺便

抵手 təi˩ sɑu˩ 不顺利

麻烦 mɒ˩ fæ̃˩

揪筋 tsiu˧ tɕiɐn˧ 麻烦、纠结

白净 p'ɛ˥ ts'in˧

匀净 yɐn˩ ts'in˧

杂色 ts'ɒ˥ sɛ˥

金色 tɕiɐn˧ sɛ˥

银色 n̠iɐn˩ sɛ˥

红 xɐŋ˩

彤红 t'ɐŋ˧ xɐŋ˩ 很红

冻红 tɐŋ˥ xɐŋ˩

朱红 tɕy˧ xɐŋ˩

粉红 fɐn˩ xɐŋ˩

深红 sɐn˧ xɐŋ˩

浅红 ts'iĩ˩ xɐŋ˩

蓝 læ̃˩

深蓝 sɐn˧ læ̃˩

浅蓝 ts'iĩ˩ læ̃˩

天蓝 t'iĩ˧ læ̃˩

绿 lɑu˥

碧绿 pəi˥ lɑu˥

浅绿 ts'iĩ˩ lɑu˥

白 p'ɛ˥

雪白 si˥ p'ɛ˥

卡白 k'ɒ˩ p'ɛ˥ 形容脸色煞白

灰 xuəi˧

银灰 n̠iɐn˩ xuəi˧

深灰 sɐn˧ xuəi˧

浅灰 ts'iĩ˩ xuəi˧

黄 xuɔŋ˩

橘黄 tɕy˥ xuɔŋ˩

绚黄 ɕyẽ˧ xuɔŋ˩ 颜色很黄
深黄 sɐn˧ xuɔŋ˩
浅黄 tsʻiĩ˩ xuɔŋ˩
崩黄 pɐŋ˧ xuɔŋ˩ 形容病人脸色
黄皮寡瘦 xuɔŋ˩ pʻəi˩ kuɒ˩ sɛ˧ 又黄又瘦
古铜色 ku˩ tʻɔŋ˩ sɛ˥
青 tsʻin˧
拂青 fəi˥ tsʻin˧
鸭蛋青 ŋɒ˥ tʻæ̃˧ tsʻin˧
紫 tsʅ˩
乌 u˧
漆紫乌 tsʻəi˥ tsʅ˩ u˧
黑 xɛ˥
漆黑 tsʻəi˥ xɛ˥
漆抹黑 tsʻəi˥ mɒ˥ xɛ˥
亮 liɔŋ˧
冻亮 tɐŋ˥ liɔŋ˧
效莽 ɕiɔ˧ mɔŋ˩ 勤快、使劲
咬蛮 ŋɔ˩ mæ̃˩ 刻苦、咬紧牙关坚持
骚扎 sɔ˧ tsɒ˥ 利索、敏捷
耍喇 ɕyɒ˩ lɒ˩
快赛 kʻuæ˧ sæ˧
勤快 tɕʻiɐn˩ kʻuæ˧
懒 læ̃˩
拖拉 tʻo˧ lɒ˧
扭读阴平 ȵiɑu˧ 拖拉、慢条斯理
干整 kœ̃˧ tsɐn˩
好看 xɔ˩ kʻœ̃˧
甜面 tʻiĩ˩ miĩ˧
秀气 siu˧ tɕʻi˧

有红是白 iɑu˩ xɐŋ˩ sʅ˧ pʻɛ˥ 白里带红
丑 tsʻɑu˩
丑八怪 tsʻɑu˩ pɒ˥ kuæ˧
灵光 lin˩ kuɔŋ˧ 机灵、悟性强
活弄 xo˥ lɐŋ˥ 灵活
灵醒 lin˩ sin˩ 聪明
聪明 tsʻɐŋ˧ min˩
即 tsəi˥ 聪明、机灵
即玲 tsəi˥ liɔŋ˥
木 mo˥ 迟钝
腐 fu˩ 傻
悻读上声 ɕien˩
浑 xuɐn˩
蠢 tɕʻyen˩
懵懂 mɐŋ˩ tɐŋ˩
死板 sʅ˩ pæ̃˩
古板 ku˩ pæ̃˩
呆 ŋæ˩
呆板 ŋæ˩ pæ̃˩
清楚 tsʻin˧ tsʻɑu˩
明白 min˩ pʻɛ˥
糊涂 xu˩ tʻɑu˩
老 lɔ˩
嫩 lɐn˧
老辣 lɔ˩ lɒ˥
老成 lɔ˩ tsʻɐn˩
老气 lɔ˩ tɕʻi˧
心健 sin˧ tɕʻiẽ˧ 形容老人身体好
嫩亮 lɐn˧ liɔŋ˧
年轻 ȵiẽ˩ tɕʻiɐn˧

花骚 xuɒ˧ sɔ˧

素清 sɑu˧ ts‘in˧

　疏落 sɑu˧ lo˥　素雅、素淡

阔气 k‘o˥ tɕ‘i˧

寒酸 xœ̃˩ sœ̃˧

胖 p‘ɔŋ˥

　肥 fəi˩

瘦 sɛ˧

干瘪 kœ̃˧ pi˩

壮 tsɔŋ˧

雄 çiɐŋ˥　①凶猛、有气势②比……高

狠 xɐn˩

恙 iɔŋ˧　没精打采、不振作

懦 lo˧

傲 ŋɔ˥　骄傲

近下 tɕ‘iɐn˧ xɒ˧　谦虚

斯文 sɿ˧ uɐn˩

粗鲁 ts‘ɑu˧ lɑu˩

客气 k‘ɛ˥ tɕ‘i˧

小气 si˩ tɕ‘i˧

啰 so˥　吝啬、小气

夹纳 kɒ˥ lɒ˥　小气（多指小孩）

大方 tɒ˧ fɔŋ˧

太手太脚 t‘æ˧ sɑu˩ t‘æ˧ tɕio˥　用钱大方

细毛 səi˧ mɔ˩　节约、节俭

扎实 tsɒ˥ sɿ˥

泡 p‘ɔ˧　不踏实、不扎实

过细 ko˧ səi˧　细心、小心

粗心 ts‘ɑu˧ sin˧

冒乎 mɔ˧ xu˧　马虎

专心 tɕyẽ˧ sin˧

野心 iɒ˩ sin˧　不专心

古怪 ku˩ kuæ˧

时兴 sɿ˩ çiɐn˧　时髦

乖 kuæ˧

　玩斋 uæ̃˩ tsæ˧　听话、老实（多形容小孩）

懂事 tɐŋ˩ sɿ˧

忠厚 tsɐŋ˧ xɛ˧

老实 lɔ˩ sɿ˥

纯善 çyɐn˩ sœ̃˧　单纯、善良

憨 xœ̃˧

芜皮 u˩ p‘əi˩　调皮

　带厌 tæ˧ iɛ̃˧

讨嫌 t‘ɔ˩ çiẽ˩

插掐 ts‘ɒ˥ k‘ɒ˥　故意捣蛋、坏心眼

　贼物 ts‘ɛ˥ u˥

忠 tsɐŋ˧

奸 tɕiæ̃˧

直爽 ts‘ɿ˥ sɔŋ˩

　直 ts‘ɿ˥

猾 xuɒ˥

正经 tsɐn˧ tɕiɐn˧

邪 si˩

自重 ts‘ɿ˧ ts‘ɐŋ˧

轻浮 tɕ‘iɐn˧ fɛ˩

嗲 tiɒ˩　自作多情、扭捏作态

贱 ts‘iĩ˧

下作 çiɒ˧ tso˥　下贱

实心 sɿ˥ sin˧

假马 tɕiɒ˩ mɒ˩ 假心假意、假装
爽快 sɔŋ˩ k'uæ˧
扭捏 ȵiɑu˧ ȵiɛ˥
好顺 xɔ˧ ɕyɐn˧ 夫妻和睦
顺头 ɕyɐn˧ t'ɛ˩ 小孩听话
搭肉 tɒ˥ zɑu˥ 亲热（多指幼儿对长辈）
剧 tɕy˥ 倔强
犟 tɕiɔŋ˥
蹦犟 pɐŋ˥ tɕiɔŋ˧
倔 tɕyɛ˥
蛮 mæ̃˩
劲腮读阳平 tɕiɐn˥ sæ˩ 骄傲、神气
快活 k'uæ˧ xo˥
好过 xɔ˩ ko˧ 舒服
舒服 ɕy˧ fu˥
自在 ts'ɿ˧ ts'æ˧
自如 ts'ɿ˧ y˩
难过 læ̃˩ ko˧
不好过 pu˥ xɔ˩ ko˧ 不舒服
忙 mɔŋ˩
闲 ɕiæ̃˩
合式 xo˥ sɿ˧ 合适
正到 tsɐn˧ tɔ˧ 刚好合适
别扭 p'i˥ ȵiɑu˩
显眼 ɕiẽ˩ ŋæ̃˩ 惹人注意
戳恼 ts'o˥ lɔ˩ 可恼
着实 tso˥ sɿ˥ ①分量足：得碗饭真～②狠狠地：渠～打了我一拳
促逼 ts'ɑu˥ pəi˥ 急迫
乐愉 lo˥ y˧ 愉快、高兴
快活 k'uæ˧ xo˥
急 tɕi˥
焦 tsi˧ 焦急
太胆 t'æ˧ tæ̃˩ 大胆
细胆 səi˧ t'æ˧
撇脱 p'i˥ t'o˥ 轻松、没负担
作孽 tso˥ ȵiɛ˥
可怜 k'o˩ lĩ˩
可惜 k'o˩ səi˥
伤心 sɔŋ˧ sin˧
辛苦 sin˧ k'u˩
戳累 ts'o˥ ləi˧ 辛苦
累 ləi˧
篾屑 mi˥ si˥ 唠叨
跌掇 ti˥ to˥ 啰嗦
金贵 tɕiɐn˧ kuəi˧
金湛 tɕiɐn˧ tsæ̃˧ 娇气
好老 xɔ˥ lɔ˩ 有能耐、了不起（多含贬义）
不裸拐 pu˥ lo˩ kuæ˩
要得 iɛ˧ tɛ˥
要不得 iɛ˧ pu˥ tɛ˥
要紧 iɛ˧ tɕiɐn˩
不要紧 pu˥ iɛ˧ tɕiɐn˩
有用 iɑu˩ iɐŋ˧
有得用 mɔ˧ tɛ˥ iɐŋ˧
有味 iɑu˩ uəi˧ 有意思、有趣味
有得味 mɔ˧ tɛ˥ uəi˧
有得了 iɑu˩ tɛ˥ liɛ˩ 够了
何去了 xo˩ tɕ'i˧ liɛ 到哪去了

（二十六）副词、介词等

1. 副词

蛮 mæ̃˩ 长得～好看箇

很 xen˩

特 t‘ɛ˥ 特别、过于

特别 t‘ɛ˥ p‘i˥

死 sɿ˩ ～犟、～懒

过于 ko˧ y˩

太 t‘æ˧ 你下手也～狠了点

几 tɕi˩ ①多么：得树枣子～甜哦 ②常和“不得（不晓得）”连用：渠箇话不得～多

好 xɔ˩ 汤箇味道～鲜啊

最 tsəi˧

第一 t‘əi˧ i˥ 渠～讲干净

迪 t‘əi˥ “第一”的合音

格外 kɛ˥ uæ˧

更 ken˧

更加 ken˧ tɕiɒ˧

越 yɛ˥

越发 yɛ˥ fɒ˥ 渠长大～讨人嫌了

比较 pəi˩ tɕiɔ˧

稍微 sɔ˩ uəi˩

略微 lio˥ uəi˩

都 tɑu˧

一哈 i˥ xɒ˧ 全部、都：学生～走了｜太家～冇得意见

哈 xɒ˧

统统 t‘eŋ˩ t‘eŋ˩ 都、全部：你都～跟我老实丁

只 tsɿ˥ 你伪都好，～我不好

净 ts‘in˥ 与“是”连用，表示“都是”的意思：～小的，冇得大的｜地上～是水

总共 tseŋ˩ k‘eŋ˧ 我～只说了几句话

一齐 i˥ ts‘əi˩

一起 i˥ tɕ‘i˩

一路 i˥ lɑu˧ 一起：太家～去看戏

一律 i˥ ləi˥ 今日～不准请假

差不多 ts‘ɒ˧ pu˥ to˧

差一丁 ts‘ɒ˧ i˥ tin˥ 差一点：今日～把老命都送了

差一埌 ts‘ɒ˧ i˥ n̥ien˥

险乎 ɕiẽ˩ xuen˥ 我～上了当

险一乎 ɕiẽ˩ i˥ xuen˥

有丁 iɑu˩ tin˥ 有点儿：苹果有～酸

有一丁 iɑu˩ i˥ tin˥

有埌 iɑu˩ n̥ien˥

光 kuɔŋ˧ ～说话不做事

正 tsen˧ 不要惹渠，渠～找不到由头发火

正在 tsen˧ ts‘æ˧

在 ts‘æ˧ 我～喫饭

犟 tɕiɔŋ˥ 现在

才犟 ts‘æ˩ tɕiɔŋ˥ 刚才：～还说到你

嵌犟 k‘æ̃˥ tɕiɔŋ˥ 刚才、刚刚

嵌蛮 k‘æ̃˥ mæ̃˩ ～说到你，你就来了

嵌眼读阳平 k‘æ̃˥ ŋæ̃˩ 仅仅、刚好：我身上～只有一块钱｜嘚双鞋

子你穿～合式

□ k'æ̃˦ “嵌眼”的合音

正好 tsɐn˧ xɔ˩

过下 ko˧ xæ̃˥ 过一会、马上

比时 pəi˩ sɿ˩ 当时、当即

随毕 səi˩ pəi˥ 随后、接着

陡然 tɛ˩ zœ̃˩

原先 yɛ̃˩ siĩ˧

发先 fɒ˥ siĩ˧

发事 fɒ˥ sɿ˧

爆发事 p'ɔ˧ fɒ˥ sɿ˧

落尾 lo˥ uəi˩ 后来、最后

到底 tɔ˧ təi˩ ～ 去不去

时常 sɿ˩ sɔŋ˩ 常常、经常

时不时 sɿ˩ pu˥ sɿ˩

快 k'uæ˧ 就要：饭～熟了

就 ts'iu˧ 饭～熟了｜不去～拿不到东西

先 siĩ˧ 你～去，我就来

先前 siĩ˧ ts'iĩ˩ 你～说箇你不记得了？

后 xɛ˧ 你先说我～说

后来 xɛ˧ læ˩ 你～说箇事想不想得起来？

带后 tæ˧ xɛ˧ 后来、以后

继后 tɕi˧ xɛ˧

才 ts'æ˩ 他～走｜我～回到家，老徐就来找我了

还 xæ˩ 果晚了～不走？

又 iɑu˧ 你说么事，～有要你说

也 yɒ˩ 你不舒服，我～有一丁

再 tsæ˧

一再 i˥ tsæ˧

一直 i˥ ts'ɿ˥

一向 i˥ ɕiɔŋ˧

尽读上声 tsin˩ 老是、没完没了：一个人在那～说

总是 tsɐŋ˩ sɿ˧

老是 lɔ˩ sɿ˧

就是 ts'iu˧ sɿ˧ 我～要去

只 tsɿ˩（tsɿ˥）

只落 tsɿ˩ lo˥ 只好：太家都冒得空，～我一个人去

只好 tsɿ˥ xɔ˩

将就 tsiɔŋ˧ ts'iu˧ 凑合

再找 tsæ˧ tsɔ˩ 另外

稍微 sɔ˩ uəi˩

高低 kɔ˧ təi˧ 稍微、随便：地下还干净，～扫一下就可以了

真 tsɐn˧ 命～苦

空 k'ɐŋ˧ ～跑一趟

白 p'ɛ˥ ～跑一趟

冤枉 yɛ̃˧ uɔŋ˩ ～跑一趟

当面 tɔŋ˧ miĩ˧

顺便 ɕyɐn˧ p'iĩ˧

顺带 ɕyɐn˧ tæ˧

顺手 ɕyɐn˧ sɑu˩

就手 ts'iu˧ sɑu˩ 顺便、顺带

特味 t'ɛ˥ uəi˧ ①特意、特地②假装：～果哭

特经 t'ɛ˥ tɕiɐn˧ 特意、特地

经味 tɕiɐn˧ uəi˧

担筋 tæ̃˧ tɕiɐn˧

狠赫 xɐn˩ xɛ˥ 坚决：今日～不让

你进去

着力 tso˥ ləi˧　使劲、用力

照直 tsɛ˧ tsʻʅ˥　～说，莫怕

无意 u˩ i˧　我～听倒渠说箇

冇 mɔ˧　没、没有：我～去｜饭还～熟

莫 mo˥　不要：～哭

不 pu˥

不须 pu˥ səi˧　不用

不必 pu˥ pəi˥

不须得 pu˥ səi˧ tɛ˥　不必

不犯于 pu˥ fæ̃˧ y˩　不必

未必 uəi˧ pəi˥　①不一定：今日～落雨②难道：～连我箇话也不信？

照说 tsɛ˧ ɕyɛ˥

照理说 tsɛ˧ ləi˩ ɕyɛ˥

嘴说 tsəi˩ ɕyɛ˥　“照理说”的合音

按理说 ŋœ̃˧ ləi˩ ɕyɛ˥

只当 tsʅ˩ tɔŋ˧　就当作：～冇看见

就当 tsʻiu˧ tɔŋ˧

在是何 tsʻæ˧ sʅ˧ xo˩　无论如何、无论怎样

实在 sʅ˥ tsʻæ˧

越发 yɛ˥ fɒ˥　更加

总只果 tsɐŋ˩ tsʅ˥ ko˩　确实是：渠对人～实心，巴不得把心掏出来

肯定 kʻɐn˩ tʻin˧　路上有脚迹，～有人来过

趁早 tsʻɐn˧ tsɔ˩　哪个偷去了，～拿出来

赶紧 kœ̃˩ tɕiɐn˩

迟早 tsʻʅ˩ tsɔ˩　天气变暖了，雪～要融

大概 tɒ˧ kʻæ˧　该来箇～都来了

亏 kʻuəi˧　～你说得出口

幸亏 ɕiɐn˧ kʻuəi˧

得亏 tɛ˥ kʻuəi˧

幸好 ɕiɐn˧ xɔ˩（ɕiɐn˥ xɔ˩）

好在 xɔ˩ tsʻæ˧

反倒 fæ̃˩ tɔ˩　你打了人，～有理了

阴倒 iɐn˩ tɔ˩　暗地里

根本 kɐn˧ pɐn˩　我～冇说嘚个话

反正 fæ̃˩ tsɐn˧　管你去不，～我是要去箇

究竟 tɕiɑu˧ tɕiɐn˧

怕 pʻɒ˧　嘚个瓜～有五斤吧

恐怕 kʻɐŋ˩ pʻɒ˧

只怕 tsʅ˥ pʻɒ˧

的确 təi˥ tɕʻio˥　表示肯定：这场球～打得糟糕

偏偏 pʻiĩ˧ pʻiĩ˧　～果巧，又碰到你

偏 pʻiĩ˧　～不听你的

现经 ɕiẽ˧ tɕiɐn˧　本来：我～病了，你还来烦我

壳是 kʻo˥ sʅ˧　千万、一定：～莫跟别人说

生怕 sɐn˧ pʻɒ˧

算不倒 sœ̃˧ pu˥ tɔ˩　也许

说不定 ɕyɛ˥ pu˥ tʻin˧

好生 xɔ˩ sɐn˧　～学，不要偷懒

瞎 ɕiɒ˥　～搞，～说

乱 lœ̃˧　莫～说

硬是 ŋɐn˧ sɿ˧ ①表示不可更改：～睏不着②表示程度：～疼了一天

硬 ŋɐn˧ 坚持：我不要，渠～塞得我

过硬 ko˧ ŋɐn˧ 我本来不想去，渠～要我去

2. 介词

捌 pɒ˥ ①被：茶杯～我打破了②让：得封信～我送去

把 pɒ˩ 我～茶杯打破了

得 tɛ˥ 书借～你

对 təi˧ 莫～渠说

到 tɔ˧ ～明日为止

在 tsʻæ˧～ 黑板上写字

用 iɐŋ˧ ～毛笔写字

搁 ko˥ 用：～筷子头打人

从 tsʻɐŋ˩ ～哪里来到哪里去

自从 tsʻɿ˧ tsʻɐŋ˩ 渠～得了病，就冇回过家

朝 tsʻɛ˩ 花炮要～天放

往 uɔŋ˩ 笔直～前走

向 ɕiɔŋ˧ ～右拐

问 uɐn˧ ～服务员要双筷子

随 səi˩ 听凭、任随

齐 tsʻəi˩

等 tɐn˩ 让：～我来开车｜嘚事莫～渠晓得了

找 tsɔ˩ ～我扯皮

找倒 tsɔ˩ tɔ˩

照 tsɛ˧ 朝：～渠屁股踢了一脚

兜 tɛ˧ ～胸脯一拳子

劈 pʻəi˥ 朝着：～胸脯一抓｜～脸一耳巴

按 ŋœ̃˧ ～老师说箇做

依倒 i˧ tɔ˩ 依照、顺从

顺倒 ɕyɐn˧ tɔ˩ ～渠箇毛勒，莫惹渠发脾气｜～河边走就到了

顺 ɕyɐn˧ ～倒渠箇意思说话

当 tɔŋ˧ ～面

当倒 tɔŋ˧ tɔ˩ 当着：～太家箇面

替 tʻəi˧ 你～我带一下伢崽

跟$_1$ kɐn˧ 和、向：我～渠打招呼，渠不耳我｜我～渠笑了一下

跟$_2$ kɐn˧ 给：你～我立好倒！

比 pəi˩ 渠～我强多了

为 uəi˧ 你～太家做了好事，太家记得你

除了 tɕʻy˩ liɛ˩

除开 tɕʻy˩ kʻæ˧ ～你，我都不相信

3. 连词

跟 kɐn˧ 相当于“和、与、同、及”：我～你一路去

搅 kɔ˩ 和：我～太家一起去

和 xo˩

或者 xuɛ˥ tsɛ˩

又……又…… iɑu˧ ……iɑu˧ ……

还有 xæ˩ iɑu˩ 相当于“以及”：我和你～渠，都去

还是 xæ˩ sɿ˧ 我～你，两个人当中选一个

不是……是…… pu˥ sɿ˧ ……sɿ˧ ……

是……还是…… sɿ˧ …… xæ˩ sɿ˧ ……

要么……要么…… iɛ˧ mo˩ …… iɛ˧ mo˩ ……

既然……就…… tɕi˧ zœ̃˩ …… ts'iu˧ ……

所以 so˩ i˩ 你冇请我，～我冇去

要是 iɛ˧ sɿ˧ 如果、假如：～你请了我，我一定会去

只要 tʂʅ˥ iɛ˧ ～你叫我，我随时都来

只有 tʂʅ˥ iɑu˩ ～你说得出口

一……就…… i˥ …… ts'iu˧ ……

不但……还…… pu˥ t'æ̃˧ …… xæ˩ ……

不光……还…… pu˥ kuɔŋ˧ …… xæ˩ ……

因为……所以…… iɐn˧ uəi˧ …… so˩ i˩ ……

虽然……但是…… səi˧ zœ̃˩ …… t'æ̃˧ sɿ˧ ……

要是……就…… iɛ˧ sɿ˧ …… ts'iu˧ ……

不管……都…… pu˥ kuœ̃˩ …… tɑu˧ …… 不管么样说我都不信了

就是……也…… ts'iu˧ sɿ˧ …… iɛ˩ ……

宁可……也…… lin˩ k'o˩ …… iɛ˩ ……

除非 tɕ'y˩ fəi˧

就是 ts'iu˧ sɿ˧ 即使：～渠骂你，你也莫见气

不过 pu˥ ko˧

但是 t'æ̃˧ sɿ˧

何况 xo˩ k'uɔŋ˧ 我都扛不起，～你？

免得 miĩ˩ tɛ˥ 以免：最好把衣裳收回去，～打湿了

接倒 tsi˥ tɔ˩ 接着：渠先骂我，～骂你

一边……一边…… i˥ piĩ˧ …… i˥ piĩ˧ ……

既……又…… tɕi˧ …… iɑu˧ …… 渠既冇得本事，又懒得要命

越……越…… yɛ˥ …… yɛ˥ ……

先……再…… siĩ˧ …… tsæ˧ ……

要么……要么…… iɛ˧ mo˩ …… iɛ˧ mo˩ …… 要么同意，要么不同意，总得表个态

不……还…… pu˥ …… xæ˩ ……
我帮渠，渠不劳慰我，还说我拐话

4. 助词

箇 ko˧ 我～书｜书是我～｜渠是教书～

得 tɛ˥ 说～好｜打～痛

果 ko˩ 慢慢～走

倒 tɔ˩ 坐～喫｜睏～看

在 ts'æ˧ 我喫饭～

了₁ lɛ˩ 喫～｜做～就要承认

了₂ liɛ˩ 喫～｜晓得～

欸 ɛ˩ 累煞～｜喫～

（二十七）量 词

1. 物量词

（括号中的例子是"一＋量＋名"结构中的名词，如：一枚针）

丁 tin˥（事、本事、灰尘）
眼 n̠ien˥（事、印象、龌龊）
把 pɒ˩（椅子、锄头、锹、剪刀、筷子、锁、扫帚）
枚 məi˩（针、钉子）
本 pɐn˩（书、账）
笔 pəi˥（钱、账、债、好字）
匹 p'əi˥（马）
只（隻）tsɒ˥（猪、牛、手、眼、鞋）
封 fɐŋ˧（信、糕）
副 fu˧（对联、床架、药）
味 uəi˧（药）
条 t'i˩（河、裤、命、板凳、手巾）
顶 tin˩（帽、草帽、蚊帐）
盒 xo˥（烟、糕、墨）
朵 to˩（花、云）
餐 ts'æ̃˧（饭、打、骂）
乘 ts'ɐn˩（车子、轿子、楼梯）
辆 liɔŋ˩（坦克）
盏 tsæ̃˩（灯）
张 tsɔŋ˧（桌、纸、脸）
桌 tso˥（饭、菜、酒、客）
席 səi˥（客、酒、饭）
场 ts'ɔŋ˩（病、雨、电影、戏）
高 kɔ˧（病、雨、雪）
出 tɕ'y˥（戏）
床 ts'ɔŋ˩（被、被絮、被单）
身 sɐn˧（衣裳、汗、病、骚）
管 kuœ̃˩（枪、铳、秤）
支 tsɿ˧（笔、油炸馃）
根 kɐn˧（棍、绳、线、头毛、麻花）
手 sɑu˩（好牌、好字）
棵 k'o˧（树、菜）
粒 ləi˥（糖、花生米、米、饭、沙）
块 k'uæ˩（肥皂、饼干、地、砖）
架 tɕiɒ˧（飞机）
间 kæ̃˧（屋、房）
件 tɕ'iɛ̃˧（衣裳、事）
行 xɔŋ˩（字、树木）
篇 p'iĩ˧（文章）
页 iɛ˥（书）
节 tsi˥（甘蔗、藕）
段 tœ̃˧（戏、文章）
片 p'iĩ˧（心、叶子）
面 miĩ˧（旗子）
股 ku˩（味道、臭味）
座 ts'o˧（桥、庙）
盘 p'œ̃˩（菜、花生米、棋）
门 mɐn˩（心思、亲）
刀 tɔ˧（肉、纸）
摞 lo˧（书、纸）
缸 kɔŋ˧（鱼、水、盐、米）
碗 uœ̃˩（饭、水、茶、酒、米）
杯 pəi˧（茶、酒、水）
盅 tsɐŋ˧（茶、酒）
包 pɔ˧（烟、糖）
卷 tɕyɛ̃˩（纸、报纸）
捆 k'uɐn˩（书、报纸、柴、草、谷）

担 tæ̃˧（谷、柴、水、砖、土、粪）
排 p'æ˩（人、树）
挂 kuɒ˧（面、锁匙）
句 tɕy˧（话、台词）
个 ko˧（人、客、蛋、苹果）
双 sɔŋ˧（嘴、手、脚、筷子、鞋、袜）
对 təi˧（耳环、双生、姊妹）
副 fu˧（对联、眼镜）
套 t'ɔ˧（书、家具、衣裳）
伙 xo˩（人）
帮 pɔŋ˧（人）
批 p'əi˧（人、货）
窝 uo˧（鸡、蜂）
扇 sœ̃˧（门）
幅 fu˥（画、字）
首 sɑu˩（诗、歌）
垛 to˩（墙）
皮 p'əi˩（叶、篾、墙）
班 pæ̃˧（人、车）
坨 t'o˩（泥巴、屎）
堆 təi˧（谷草、书、土、痰）
厢 siɔŋ˧（地、芝麻、白菜）
指 tsɿ˩（油面、头毛：即一绺头发）
台 t'æ˩（戏、缝纫机）
滴 təi˥（水、油、尿）
箱 siɔŋ˧（书、衣裳）
橱 tɕ'y˩（书）
柜 k'uəi˧（衣裳、书）
提篮 t'əi˩ læ̃˩（菜、苹果、花生）
篓 lɛ˩（鱼、菜）
炉 lɑu˩（火、灰、炭）
袋 t'æ˧（谷、米、盐、饼干、花生）
池 ts'ʅ˩（鱼）
瓶 p'in˩（醋、酒、药）
鼎罐 tin˩ kuœ̃˧（饭、粥、猪食）
耳锅 zʅ˩ ko˧（水、汤、菜）
罐 kuœ̃˧（汤）
壶 xu˩（茶、酒、水）
坛 t'œ̃˩（酒）
桶 t'ɐŋ˩（水、茶、猪食）
盆 p'ɐn˩（洗脸水、花）
碟 t'i˥（花生米）
瓢 p'i˩（水）
条羹汤勺 t'i˩ kɐn˧（汤）
钵 po˥（菜、肉）
筒 t'ɐŋ˩（面、甘蔗）
斗 tɛ˩（米、谷、田）
升 sɐn˧（米、田）
斤 tɕiɐn˧（肉、米）
口 k'ɛ˩（饭、锅、水、酒、痰、牙齿）
笼 lɐŋ˩（包子、鸡、鸭）
丘 tɕ'iɑu˧（田、水、秧）
房 fɔŋ˩（家具）
屋 u˥（人、家具）
车 ts'ɛ˧（人、水泥）
船 tɕ'yɛ̃˩（人）
眼 ŋæ̃˩（井）
窑 iɛ˩（砖、瓦）
缎 tœ̃˧（布、绸子）
尺 ts'ɒ˥（布）
寸 ts'ɐn˧（纱）
串 tɕ'yɛ̃˧（珠子、锁匙）
窠 k'o˧（鸡、狗、猪）
层 ts'ɐn˩（灰）
肩 tɕiɛ̃˧（路：即一段路）

2. 物量词特殊用例

个把两个 ko˧ pɒ˩ liɔŋ˩ ko˧

百把个 pɛ˥ pɒ˩ ko˧

千把人 ts'iĩ˧ pɒ˩ zɐn˩

万把块钱 uæ̃˧ pɒ˩ k'uæ˩ ts'iĩ˩

里把路 ləi˩ pɒ˩ lɑu˧

里把两里路 ləi˩ pɒ˩ liɔŋ˩ ləi˩ lɑu˧

3. 动量词

（括号中的例子是"动＋一＋量"结构中的动词，如：看一遍）

遍 p'iĩ˧（看、读）

回 xuəi˩（来、打、骂、哭）

盘 p'œ̃˩（输）

面 miĩ˧（见）

脚 tɕio˥（走、踢）

顿 tɐn˧（打、骂、说）

趟 t'ɔŋ˥（走、跑）

餐 ts'æ̃˧（喫、打、骂、说）

到 tɔ˧（请、来、说）

声 sɐn˧（说、哭）

句 tɕy˧（说、骂、顶）

拳 tɕ'y˩（打）

巴掌 pɒ˧ tsɔŋ˩（打）

口 k'ɛ˩（咬、喝）

眼 ŋæ̃˩（看、瞄）

下 xæ̃˥（坐、说、看、试）

（二十八）数字等

1. 基数

零 lin˩

一 i˥

二 zʅ˧

三 sæ̃˧

四 sʅ˧

五 u˩

六 lɑu˥

七 ts'əi˥

八 pɒ˥

九 tɕiɑu˩

十 sʅ˥（sʅ˩）

十一 sʅ˩ i˥（"十一"的"十"只能读阳平）

十二 sʅ˥ zʅ˧（"十二"到"十九"的"十"只能读入声，"二十二"到"二十九"亦如此，以此类推）

十九 sʅ˥ tɕiɑu˩

二十 zʅ˧ sʅ˩（"二十、三十"至"九十"的"十"读阳平）

二十一 zʅ˧ sʅ˩ i˥（"二十一"的"十"只能读阳平）

九十 tɕiɑu˩ sʅ˩

一百 i˥ pɛ˥

一百零一 i˥ pɛ˥ lin˩ i˥

一百一十 i˥ pɛ˥ i˥ sʅ˩

两百 liɔŋ˩ pɛ˥（整两百不读"二百"，只读"两百"）

两百零一 liɔŋ˩ pɛ˥ lin˩ i˥

二百一十一 zʅ˧ pɛ˥ i˥ sʅ˩ i˥（"两百一十"以上，"两百"可读成"二百"）

一千 i˥ ts'iĩ˧

一千一百一 i˥ tsʻiĩ˧ i˥ pɛ˥ i˥

一万 i˥ uæ̃˧

一万一千 i˥ uæ̃˧ i˥ tsʻiĩ˧

2. 序数

一号 i˥ xɔ˧

九号 tɕiɑu˩ xɔ˧

十一号 sʅ˩ i˥ xɔ˧

初一 tsʻɑu˧ i˥

初九 tsʻɑu˧ tɕiɑu˩

初十 tsʻɑu˧ sʅ˥（sʅ˩）

老大 lɔ˩ tɒ˧

老二 lɔ˩ zʅ˧

老幺 lɔ˩ iɛ˧

第一 tʻəi˧ i˥

第十 tʻəi˧ sʅ˩

第一个 tʻəi˧ i˥ ko˧

第二个 tʻəi˧ zʅ˧ ko˧

第十个 tʻəi˧ sʅ˩ ko˧

头一个 tʻɛ˩ i˥ ko˧

头年 tʻɛ˩ ȵiẽ˩

头回 tʻɛ˩ xuəi˩

倒数第一 tɔ˧ sɑu˩ tʻəi˧ i˥

3. 数量组合

一个 i˥ ko˧

十个 sʅ˩ ko˧

半个 pœ̃˧ ko˧

个半 ko˧ pœ̃˧

一半 i˥ pœ̃˧

一斤 i˥ tɕiɐn˧

两斤 liɔŋ˩ tɕiɐn˧

半斤 pœ̃˧ tɕiɐn˧

斤半 tɕiɐn˧ pœ̃˧

一斤半 i˥ tɕiɐn˧ pœ̃˧

二两 zʅ˧ liɔŋ˩

两半 liɔŋ˩ pœ̃˧

半两 pœ̃˧ liɔŋ˩

三钱 sæ̃˧ tsʻiĩ˩

一圆 i˥ yɛ̃˩

五角 u˩ tɕio˥

两丈 liɔŋ˩ tsʻɔŋ˧

两丈一 liɔŋ˩ tsʻɔŋ˧ i˥

两尺 liɔŋ˩ tsʻɒ˥

两尺二寸 liɔŋ˩ tsʻɒ˥ zʅ˧ tsʻɐn˧

两尺二 liɔŋ˩ tsʻɒ˥ zʅ˧

一分 i˥ fɐn˧

一厘 i˥ ləi˩

两担 liɔŋ˩ tæ̃˧

两斗 liɔŋ˩ tɛ˩

两升 liɔŋ˩ sɐn˧

两合 liɔŋ˩ xo˥

4. 概数

个把 ko˧ pɒ˩

几个 tɕi˩ ko˧

一两个 i˥ liɔŋ˩ ko˧

好几个 xɔ˩ tɕi˩ ko˧

十几个 sʅ˥ tɕi˩ ko˧

几十个 tɕi˩ sʅ˥ ko˧

上百个 sɔŋ˧ pɛ˥ ko˧

百把 pɛ˥ pɒ˩

千把 tsʻiĩ˧ pɒ˩

两里左右 liɔŋ˩ ləi˩ tso˩ iɑu˧

成百 tsʻɐn˩ pɛ˥

堪百 kʻæ̃˧ pɛ˥

上万 sɔŋ˧ uæ̃˧

堪万 kʻæ̃˧ uæ̃˧

5. 倍、成、百分表示

一倍 i˥ p'əi˧
几倍 tɕi˩ p'əi˧
十倍 sʅ˩ p'əi˧
两成 liɔŋ˩ ts'ɐn˩
三成 sæ̃˧ ts'ɐn˩
三成半 sæ̃˧ ts'ɐn˩ pœ̃˧
二分之一 zʅ˧ fɐn˧ tsʅ˧ i˥
十分之一 sʅ˥ fɐn˧ tsʅ˧ i˥
百分之三十 pɛ˥ fɐn˧ tsʅ˧ sæ̃˧ sʅ˩
百分之百 pɛ˥ fɐn˧ tsʅ˧ pɛ˥

6. 成语

一来二去 i˥ læ˩ zʅ˧ tɕ'y˧
一清二白 i˥ ts'in˧ zʅ˧ p'ɛ˥
一清二楚 i˥ ts'in˧ zʅ˧ ts'ɑu˩
一干二净 i˥ kœ̃˧ zʅ˧ ts'in˧
一刀两断 i˥ tɔ˧ liɔŋ˩ t'œ̃˧
一举两得 i˥ tɕy˩ liɔŋ˩ tɛ˥
三天两头 sæ̃˧ t'iĩ˧ liɔŋ˩ t'ɛ˩
三长两短 sæ̃˧ ts'ɔŋ˩ liɔŋ˩ tœ˩
三言两语 sæ̃˧ n̥iɛ̃˩ liɔŋ˩ n̥y˩
三心二意 sæ̃˧ sin˧ zʅ˧ i˧
三三两两 sæ̃˧ sæ̃˧ liɔŋ˩ liɔŋ˩
三番五次 sæ̃˧ fæ̃˧ u˩ ts'ʅ˧
三年五载 sæ̃˧ n̥iɛ̃˩ u˩ tsæ˩
四平八稳 sʅ˧ p'in˩ pɒ˥ uɐn˩
四通八达 sʅ˧ t'ɐŋ˧ pɒ˥ t'ɒ˥
四面八方 sʅ˧ miĩ˧ pɒ˥ fɔŋ˧
五湖四海 u˩ xu˩ sʅ˧ xæ˩
五花八门 u˩ xuɒ˧ pɒ˥ mɐn˩
七上八下 ts'əi˥ sɔŋ˧ pɒ˥ ɕiɒ˧
乱七八糟 lœ̃˧ ts'əi˥ pɒ˥ tsɔ˧
乌七八糟 u˧ ts'əi˥ pɒ˥ tsɔ˧
七拼八凑 ts'əi˥ p'in˧ pɒ˥ ts'ɛ˧
七手八脚 ts'əi˥ sɑu˩ pɒ˥ tɕio˥
七嘴八舌 ts'əi˥ tsəi˩ pɒ˥ sɛ˥
千辛万苦 ts'iĩ˧ sin˧ uæ̃˧ k'u˩
千山万水 ts'iĩ˧ sæ̃˧ uæ̃˧ ɕyəi˩
千真万确 ts'iĩ˧ tsɐn˧ uæ̃˧ tɕ'io˥
千军万马 ts'iĩ˧ tɕyɐn˧ uæ̃˧ mɒ˩
千变万化 ts'iĩ˧ piĩ˧ uæ̃˧ xuɒ˧
千家万户 ts'iĩ˧ tɕiɒ˧ uæ̃˧ xu˧
千言万语 ts'iĩ˧ n̥iɛ̃˩ uæ̃˧ n̥y˩

7. 天干地支

甲 tɕiɒ˥
乙 i˥
丙 pin˩
丁 tin˧
戊 u˧
己 tɕi˩
庚 kɐn˧
辛 sin˧
壬 zɐn˩
癸 k'uəi˩
子鼠 tsʅ˩ ɕy˩
丑牛 ts'ɑu˩ n̥iɑu˩
寅虎 iɐn˩ xu˩
卯兔 mɔ˩ t'ɑu˧
辰龙 sɐn˩ lɐŋ˩
巳蛇 sʅ˧ sɒ˩
午马 u˩ mɒ˩
未羊 uəi˧ iɔŋ˩
申猴 sɐn˧ xɛ˩
酉鸡 iɑu˩ tɕi˧
戌狗 səi˥ kɛ˩
亥猪 xæ˧ tɕy˧

第四章　阳新方言语法

一、词　法

(一) 重叠

阳新方言重叠现象有以下几种情况。

1. 名词重叠

阳新方言名词重叠式分“AA”式和“AABB”式两类。

(1)“AA”式

在阳新话中，单音节亲属称谓名词不重叠，这与北京话有着明显的区别，如：

北京（可重叠）　妈妈　哥哥　妹妹　叔叔　婶婶　娃娃

阳新（不重叠）　母　　哥　　妹　　细爷　婶娘　伢崽

非亲属称谓的单音节名词，少数可以重叠，形成“AA”式的重叠式，重叠后词性不变。如：山山、树树、家家、户户、人人；时间名词构成的“AA”式词性也不变，如：时时、刻刻、日日、夜夜、月月、季季、年年。这些重叠的名词一般都有表示“周遍”的含义，如“山山”，可以理解为“每一座山”；“日日”，可以理解为“每一日”。

除上述情况外，阳新方言的单音节名词的“AA”式都变成形容词，如：

米 məi˩ →米米 məi˩ məi˩ 像米一样小

肉 zɑu˥ →肉肉 zɑu˥ zɑu˥ 很胖

糊 xu˩ →糊糊 xu˩ xu˩ 像米糊一样酽稠

筋 tɕiɐn˧ →筋筋 tɕiɐn˧ tɕiɐn˧ 很瘦

蛆 tsʻəi˧ →蛆蛆 tsʻəi˧ tsʻəi˧ 又小又多

这些重叠而变成形容词的单音节名词多是些“物质名词”和“个体名

词”，重叠后所产生的词义都是从这些名词所表示的事物的特征、属性或状态中引申出来的，而且词义仅限于表示事物的形态或事物的多少。这类由名词“AA”式重叠而变成的形容词常见的还有：

饭饭 fæ̃˧ fæ̃˧ 形容稀饭煮得很干

粥粥 tsɑu˥ tsɑu˥ 稠：薯汤煮得阁～

汤汤 tʻɔŋ˧ tʻɔŋ˧ 稀

水水 ɕy˩ ɕy˩ 稀、清

浆浆 tsiɔŋ˧ tsiɔŋ˧ 像泥浆一样

膏膏 kɔ˧ kɔ˧ 油脂凝固状

皮皮 pʻəi˩ pʻəi˩ 薄

壳壳 kʻo˥ kʻo˥ 表皮坚硬状

齿齿 tsʻʅ˩ tsʻʅ˩ 粗糙

孔孔 kʻɐŋ˩ kʻɐŋ˩ 有许多窟窿的形状

线线 siĩ˧ siĩ˧ 又细又长

板板 pæ̃˩ pæ̃˩ 板结状

粉粉 fɐn˩ fɐn˩ 粉末状

灰灰 xuəi˧ xuəi˧ 像灰尘一样

花花 xuɒ˧ xuɒ˧ 散开状像花一样：绿豆煮得阁～

墨墨 mɛ˥ mɛ˥ 像磨的墨一样的浆状：肉剁得阁～

油油 iɑu˩ iɑu˩ 油腻

筒筒 tʻɐŋ˩ tʻɐŋ˩ 粗大

渣渣 tsɒ˧ tsɒ˧ 残渣状

绒绒 zɐŋ˩ zɐŋ˩ 绒状

籽籽 tsʅ˩ tsʅ˩ 许多小颗粒一样的形状

屑屑 si˥ si˥ 薄片状

饼饼 piɔŋ˩ piɔŋ˩ 又扁又平

球球 tɕʻiɑu˩ tɕʻiɑu˩ 许多小球体状

这些名词重叠“AA”式与形容词重叠式的语法特征基本相同，其前面要加上前缀“阁”［ko˥］，在句中可以作谓语、补语、定语，但不能作状语。如：

嗯碗菜阁油油这碗菜好油腻。

嗯条裤子把你穿得阁油油这条裤子被你穿得油腻腻的。

你把粥煮得阁饭饭你把稀饭煮得太酽。

嗯阁水水的粥我喫不下去这像水一样的稀饭我吃不下去。

(2)“AABB”式

阳新方言的名词重叠“AABB”式使用频率不高，常用的有：

沟沟坎坎　边边角角　坛坛罐罐　棍棍棒棒

男男女女　头头脑脑　花花朵朵　花花草草

里里外外　前前后后　日日夜夜　时时刻刻

一般来说，名词重叠“AABB”式仍是名词性的，但有极个别的是从“AA”式演变而来的，则变成了形容词，如：“汤汤水水”。

2. 形容词重叠

(1) 形容词重叠的格式

阳新话形容词重叠的格式与北京话基本相同，常见的有“AA”式、“ABB”式和“AABB”式，下面分别举例：

①AA 式

稀稀　密密　红红　绿绿　轻轻　慢慢　热热

紧紧　松松　咸咸　淡淡　酽酽　高高　远远

胖胖　瘦瘦　矮矮　厚厚　薄薄　尖尖　杵杵钝

②ABB 式

矮杵杵　干瘪瘪　空捞捞　胀鼓鼓　蛮勒勒　阴戳戳

结坨坨　直统统　热碌碌　奸术术　稀唧唧　淡表表

醉醺醺　痒羞羞　嘴拽拽　汗沁沁　木寡寡　鬼碌碌

ABB 式绝大多数是形容词性的词根 A 与后缀 BB 搭配，但也有少量的词根是动词性的和名词性语素的，如“醉醺醺、痒羞羞”和“木寡寡、鬼碌碌”。

③AABB 式

亲亲热热　白白净净　热热闹闹　斯斯文文　懵懵懂懂

花花绿绿　稳稳当当　舒舒服服　干干净净　冷冷请请

松松垮垮　慢慢来来　迷迷糊糊　稀稀拉拉　空空荡荡

AABB 式可分为两类，一类 AABB 式是双音节形容词 AB 的扩展，如“亲亲热热”可看作是双音节形容词“亲热”的重叠；另一类 AABB 式中的 AB 不成其为双音节形容词，如“松松垮垮”的“松垮”不是一个词，这类 AABB 式尽管数量不多，但似乎更具有方言特色。

除此之外，阳新方言也有类似于北京话的“A 的 AB”式，但出现得比较少，常见的有：

糊的糊涂　懵的懵懂　啰的啰嗦　古的古怪

慌的慌张　娇的娇气　妖的妖气　腐的腐气傻

阳新方言还有一种“A 不 A”式，使用频率较高。例如：早不早，晏不晏 | 前不前，后不后 | 高不高，低不低 | 长不长，短不短 | 新不新，旧不旧 | 黑不黑，白不白。这种正反两个意义的“A 不 A”式一般都要成对地使用，以用来表示事物的性质或状态不合人意。例如：

你来得早不早，晏不晏得，冇得法安排饭食。

嘚这块板长不长，短不短得，冇得用。

穿一件衣裳黑不黑，白不白得，一丁都不干整漂亮。

(2) 形容词重叠格式的附加成分

阳新话形容词重叠的格式前面一般要带前缀“阁”[ko˥]或在后面带后缀“得”[tɛ˥]才能入句。具体地说，除形容词重叠的AA式和ABB式作谓语时不带“得”外，形容词的重叠式都要带“得”。至于“阁”，在形容词重叠的AA式和ABB式前面一定要带，其余情况则可带可不带。下面的例子中，打括号的表示可带可不带，没有打括号的表示一定要带。

①形容词重叠式作谓语

勒那片树林阁密密。

勒盘菜阁淡表表，不好喫。

渠他平常时（阁）爽爽利利得，第一爱干净。

②形容词重叠式作定语

勒那碗阁酽酽箇粥真好喫。

渠他是（阁）斯斯文文得箇人。

勒个阁胖笃笃得箇人又来了。

③形容词重叠式作状语

渠他阁轻轻得走进来。

我只晓得阁直统统得说，转不倒弯。

渠他常日（阁）老老实实得做事，不喜欢说话。

④形容词重叠式作补语

嘚这本书翻得阁烂烂。

平常穿得（阁）干干净净得。

我困得（阁）懵的懵懂得，不晓得外面箇事。

3. 动词重叠

阳新方言的动词重叠式只有“AABB”式，如：

收收捡捡　挑挑拣拣　病病痛痛　跑跑乃乃（不停地干活）

说说笑笑　争争吵吵　摇摇摆摆　灭灭摸摸（忙家务）

敲敲打打　敲敲磕磕　磕磕碰碰　吵吵闹闹

勾勾搭搭　疯疯打打　捶捶打打　邪邪掐掐（嬉闹）

来来去去　上上下下　出出进进　拉拉扯扯

这种动词的重叠式一般都要带后缀“得”[tɛ˥]，如：

你两个人一见面就疯疯打打得，总不安静一下子。

两个人说说笑笑得走进来。

阳新方言没有表示短时少量和尝试性动作的“AA”式重叠动词，北京话动词重叠式所表示的短时少量和尝试性动作行为，阳新话则用“动＋一下”或“动＋下”的格式来表示，“下”通常读小称变音［xæ̃˥］。如：

北京	阳新
出去走走	出去走下
我来试试	我来试一下
帮我出出主意	帮我出下主意
大家来商量商量	大家来商量一下
摸摸这，摸摸那	把得摸下，把那摸下

如果要强调“尝试”的意义，阳新话就在上述格式中插进时态助词“倒”［tɔ˩］，并在“倒”后面再加上“看”或“试”，变成“动＋倒＋看（试）＋（一）下”的格式。如：

嗐道菜我来尝倒试下这道菜我来尝尝。

嗐件衣裳我来穿倒看一下这件衣服我来穿穿看。

4. 量词重叠

阳新方言量词重叠主要表现为“AA”式。物量词重叠情况比较普遍。例如：

件件　个个　根根　棵棵　粒粒　朵朵

条条　粒粒　句句　块块　丘丘　捆捆

动量词重叠如：回回、趟趟、下下。

量词重叠使用，表示周遍义，有“每～”的意思，如“件件”就相当于“每件”。

（二）语缀

1. 前缀

阳新方言的前缀有“初、第、老、细、阁”。

(1) 初［ts‘ɑu˧］

前缀“初”附着在数词性语素“一”至“十”之前，构成序数词“初X”，表示农历每月前十天的次序，如：初一｜初三｜初十。“十”以后的数词性语素组合前不能加“初”。“初X”前面还可以加上限定词，表示较为具体的时间，如：大年初一。

(2) 第［tʻəi˧］

前缀“第”附着在数词性语素之前构成“第X”，表示次序。例如：第一｜第三｜第十｜第一百零一。如果不是单纯排序，数词性语素后边通常要用量词或量名组合，例如：第三名｜第一个｜第一件事。但在语意明确的情况下也可以将量词或量名组合省去不用，例如：“嘚这回考试渠得了第一。”

在对举的情况下，“第”不能出现，但量词必须出现，例如：“一回生，二回熟。”在表示“七七、三伏、三九”等时间单位时，也不用“第”，例如：“三伏天热煞人。”

(3) 老［lɔ˩］

“老”附着在“大、幺、几”或“二”至“十”之前表示排行，虚化程度较高，例如：老大｜老三｜老九｜老幺。“老几”用于询问句表示询问某人的排行，如：“你在家里是～几？”若用于反问，则带有轻蔑的意味，如：“你算老几？跑来管我！”

前缀“老”附着在少数表示动物名称的名词性语素之前，构成动物的称谓词，所指动物与原名词性语素所指一致，虚化程度较高，例如：老虎｜老鼠｜老鸦｜老蟹。北京话里的“老鹰”在阳新话里叫“王鹰”。

“老”附着在其他名词性语素之前，构成表人的普通名词，虚化程度较高，“老”有成词作用，例如：老师｜老板｜老百姓。

“老”附着在少数表示亲属称谓的名词性语素之前构成亲属称谓词，虚化程度较高，例如：老兄｜老娘｜老公｜老婆。加“老”带有亲昵色彩，其中“公、婆”加缀所得词的词义与原语素不一致，这时“老”兼有构词和变义两种作用。

“老”附着在表示姓氏的单音语素前，表示对年长且熟悉者的称呼，例如：老张｜老李｜老王。“老”在这里所表达的“年长”是相对称呼者自己而言，并不是绝对的年长，从此类用法可以看出前缀“老”正处于进一步的虚化之中。

(4) 细［səi˧］

前缀“细”附着在名词性语素之前，构成“细X”，表示小称，如：细锅｜细盆｜细桌｜细椅｜细爷｜细娘｜细伢。前缀“细”保留形容词“细”的词汇意义比较明显，虚化程度不高。“细”的主要作用是用来构形，个别情况兼有构词和构形两种作用，如“细爷、细娘”。

阳新方言一般不用“小”，而用“细”和“太”（阳新方言一般也不用“大”，而用“太”）相对。北京话里用“小”的地方，阳新话往往用“细”，如：小树/细树、小船/细船、小火/细火、小孩儿/细伢崽。

(5) 阁［ko˥］

作为前缀的“阁”能附着在单音节名词重叠式和状态形容词重叠式的前面，“阁”在句中除了填补音节、增强节奏感外，似乎还有代替指示代词“嘚这”、“嘚样这样”的作用。

①阁＋名词重叠式

阁油油　阁饭饭　阁粉粉　阁米米　阁孔孔

②阁＋形容词重叠式

阁＋形容词重叠式有如下几种类型：

阁＋AA 式：

阁稀稀　阁密密　阁胖胖　阁瘦瘦　阁空空

阁＋ABB 式：

阁直统统　阁轻飘飘　阁奸术术　阁淡表表　阁胖笃笃

阁＋AABB 式：

阁白白净净　阁爽爽利利　阁罗罗嗦嗦　阁斯斯文文　阁懵懵懂懂

阁＋形容词 A 的 AB 式：

阁懵的懵懂　阁糊的糊涂　阁古的古怪

前缀“阁”的用法在前面讲形容词重叠式时已举例说明，兹不复述。

2. 后缀

阳新方言的后缀有“首、头、得、式子、法子、法、流了、吼了、不过、佬、巴、子、崽、儿”等。

(1) 首［sɑu˩］

在阳新方言中，后缀“首”可以附着在动词性语素后，被附成分一般是单音节的，但也可以是双音节的。如：

看首　想首　打首　喫首　喝首　说首　读首　救首

听首　讲首　搞首　做首　玩首　补首　唱首　取首可取之处

商量首　指望首　检查首　可怜首　相信首

“首”附着在动词性语素后构成抽象名词，表示动作行为的价值。“X首”用法也比较单纯，只和“有”或“冇得”搭配，以表示动作行为有无价值或有无必要。如：

勒那本书不错，还有丁点看首。

嘚这个病还有救首冇得？

勒个人冇得可怜首。

萝卜空心了就冇得喫首。

渠勒个人倔，冇得劝首他那个人倔，没办法劝。

渠好喫懒做，一丁取首都冇得他好吃懒做，一点可取之处都没有。

"看首、想首"等与北京话的"看头、想头"相当，所以阳新有些年轻人也有"X头"的说法，但"X头"老年人不说。"X头"虽说和"X首"用法相当，但并不能任意置换，如阳新有"救首"、"取首"的说法，北京则没有相应的"救头"、"取头"。由此可见，这种"头"字用法不是阳新方言的土产，故在这里不加讨论。

(2) 头 [t'ɛ˩]

在阳新方言中，"头"作为后缀，不同于"首"，它不像"首"那样表示动作行为的价值，而是附着在名词、动词或形容词后面，构成表物或表人的名词。带后缀"头"的主要是名词或名词性语素，动词和形容词带后缀"头"的产量不高。

①名词或名词性语素＋"头"，如：

日头　山头　桥头　床头　墙头　犁头　被头　布头　钟头

锄头　斧头　砖头　石头　浪头　芋头　口头　舌头　年头

派头　势头　劲头　气头　火头　风头　苗头　心头　手头

前头　后头　高头　上头　下头　里头　外头　边头　零头

额角头　手指头　裤子头　衫袖头　油面头　时节头

②动词＋"头"，如：

念头　来头　赚头　对头　接头　开头　落头赚头

动词加上"头"后，不但变成了名词，词义也发生了变化，从表示动作转化为表示有关的实体。

③形容词或形容词性语素＋"头"，如：

甜头　苦头　老头　滑头

形容词加"头"较为少见，"头"附着于形容词后，大多转化成了抽象名词，其中"滑头"既能作名词，还依然可以作形容词，如：耍滑头（作名词）｜很滑头（作形容词）。

（3）“得”［tɛ˥］

作为后缀的“得”能附着在动词重叠式后和状态形容词重叠式后。

①附着在AABB式的动词重叠式后：

收收捡捡得　出出进进得　磕磕碰碰得　疯疯癫癫得

病病痛痛得　敲敲磕磕得　说说笑笑得　吵吵闹闹得

“AABB＋得”格式一般不单说，在句中可充当谓语、定语和状语。如：

嗬这两日渠他说说笑笑得，高兴得很。

渠他一日到黑总是阁疯疯癫癫得箇样子，真烦人！

总不能是阁样这样吵吵闹闹得过日子噻！

②附着在状态形容词重叠式后有如下三种情况：

AA得：

高高得　长长得　短短得　厚厚得　薄薄得

热热得　稀稀得　酽酽得　密密得　怪怪得

ABB得：

酸溜溜得　松垮垮得　气鼓鼓得　圆滚滚得

直统统得　淡表表得　冷冰冰得　嫩水水得

AABB得：

大大方方得　白白净净得　干干整整得　冷冷清清得

规规矩矩得　舒舒服服得　斯斯文文得　热热闹闹得

形容词重叠式后附“得”的用法在前面讲形容词重叠时已举例说明，兹不复述。

（4）式子［ʂʅ˧ tsʅ˩］

“式子”附着在单音形容词的重叠式后，表示某种性状程度不高或不尽如人意：

咸咸式子　淡淡式子　窄窄式子　薄薄式子　少少式子

低低式子　矮矮式子　短短式子　紧紧式子　松松式子

形容词AA重叠式后附“式子”，前面还要加上“阁”，构成“阁＋形容词AA式＋式子”的格式，在句中作谓语和补语。如：

菜阁淡淡式子，要加丁点盐。

你勒那件衣裳看是好看，就是显得阁短短式子。

极个别的单音动词重叠后也可后附“式子”，如：

房门阁掩掩式子房门略微掩着。

屋欸人阁挤挤式子屋里的人有些挤。

(5) 法子［fɒ˥ tsɿ˩］

“法子”附着在动词或形容词后，构成“X 法子”，强调某种性状的程度或方式，例如：

累法子　忙法子　急法子　闲法子　穷法子　富法子

搞法子　打法子　自在法子　带厌调皮法子　老实法子

“X 法子”前面一般要加上“得样这样”、“阁这么”、“阁样这样”、“那样”、“么样”，如：

冇想到现在日子过得阁这样好法子。

嘚样这样累法子，我受不了。

我阁样这样忙法子，你还来烦我。

你嘚样这样打法子，要出人命箇！

嘚封信么样写法子？

(6) 法［fɒ˥］

后缀“法”附在单音动词后，表示动作的方式，构成“X 法”作状语，用例比较少见，如：

你说得果这么急，我只好跑法过来。

渠他只果哭法过来。

(7) 流了［liu˩ liɛ˩］

后缀“流了”附在形容词后，构成“X＋流了”结构，强调某种方式程度。如：

劲鼓流了带劲的很　快活流了快活得很　亲热流了亲热得很　闹热流了热闹得很

“流了”的用例很少，但使用频率不低。一般在句中作谓语，表示无论在什么情况下仍然如此。如：

碰到阁样这样倒霉箇事，你还快活流了。

累了一天，渠他还是阁样这样箇劲鼓流了。

(8) 吼了［xɛ˩ liɛ˩］

附着在动词或形容词后，强调某种方式程度，一般表示许多人都如此。

例如："别人都忙吼了，你还在躲倒玩。"

"X吼了"的能产程度不高，常见的有：

忙吼了　搞吼了　写吼了　跑吼了　吵吼了　骂吼了

(9) 不过［pu˥ ko˧］

附着在形容词后，强调程度，相当于普通话的"A+得很"。如：

日子过得好不过，你不珍惜，要去赌！

今日累不过，要歇下子。

你手贱不过，把路边箇花一哈全都扯落了。

今日喫多了，肚子胀不过。

(10) 佬［lɔ˩］

"佬"用以构成指人的名词，含有轻视或自我解嘲的意味。这类名词较为少见：

乡巴佬　和事佬　杀猪佬　割猪佬　湖北佬

(11) 巴［pɒ˧］

在阳新方言中，后缀"巴"附着在单音节名词性语素后，构成具体名词，例如：哑巴｜结巴｜锅巴｜尾巴｜嘴巴｜土巴｜泥巴。

"巴"附着在某些形容词性语素之后，可以重叠，重叠后有强调的作用，如：紧巴巴｜干巴巴｜皱巴巴。"巴"附于形容词性语素之后必须在"巴"缀词语后加"得"，例如："新衣裳穿在身上紧巴巴得。"

(12) 子［tsɿ˩］

后缀"子"主要附着在名词性语素之后，构成表物或表人的名词。后缀"子"不读轻声。

阳新话带后缀"子"的名词，有的在普通话里也带"子"（下列A组例），有的在普通话里不能带"子"（下列B、C组例），其中有一种由偏正式词素组成的名词带后缀"子"，是普通话没有的格式（下列C组例）。例如：

A组：绳子　帽子　粽子　镜子　架子　肚子　房子　桃子　猴子　蚊子　筷子

B组：拳子　铐子　稗子　锁子　墩子　篮子　章子图章　幅子毛巾　胯子大腿　钻子锥子　薯子红薯

C组：药方子　手铐子　茶卤子　鞋垫子　草绳子　竹篮子　瘪嘴子

人影子　病秧子

“子”缀所附着的成分多是名词性质的语素，但也有一些其他类型的，其他类型的语素同样可以缀“子”而成为名词。例如：

蛮（形容词性）：蛮子（名词）

尖（形容词性）：尖子（名词）

老（形容词性）：老子（名词）

矮（形容词性）：矮子（名词）

胖（形容词性）：胖子（名词）

贩（动词性）：贩子（名词）

骗（动词性）：骗子（名词）

滚（动词性）：滚子轮子（名词）

瘫（动词性）：瘫子瘫痪病人（名词）

个（量词性）：个子（名词）

(13) 崽［tsæ˩］

后缀“崽”附着在表动物或表人的名词后，构成“X崽”，表示小称，如：鸡崽｜猪崽｜牛崽｜老鼠崽｜狗崽｜伢崽小孩｜土匪崽。

“崽”的虚化程度不是很高，仍保留有“儿子”意义的残留，特别是表动物名词构成的“X崽”更明显些；而表人的名词构成的“X崽”，则更偏向于指小。

(14) 儿［zən˥］

后缀“儿”不读本音［zɿ˩］，而读小称变音［zən˥］。阳新话没有儿化，“儿”只是通过读小称变音来指小，多半附着在表物的名词后，构成“X儿”，如：凳儿｜鞋儿｜屋儿｜椅子儿｜菩萨儿，“X儿”除了“狗儿”，一般不用来表动物名称。“X儿”的能产程度低，在阳新话中现在已不多见。

（三）方所

1. 方所的类型

方所表示方向、位置，也叫方位。阳新方言的方位词分单语素方位词和合成方位词两种。

单语素方位词有：上、下、左、右、前、后、东、南、西、北、里、外、中。

合成方位词很丰富，与以上单语素方位词对应的合成方位词最常用的分别是：上面、下面、反手边（左手边）、顺手边（右手边）、前面、后面（后底）、东边、南边、西边、北边、里面、外面、中间。

“面”附着在单音节方位词后构成合成方位词，在阳新方言里最为常见，使用频率比“头”、“边”高得多。譬如“上面”也可说成“上边”、“上头”，但人们多半说“上面”。

在阳新方言里，不说“左边”、“右边”，普通话所说的“左边”、“右边”在阳新话里说成“反手边”、“顺手边”或说成“左手边”、“右手边”。

“头”可以附着在形容词“高”后面，构成的合成方位词“高头”。“高头”相当于“上”、“上面”，使用频率比较高。“高头”还可以进一步和单音节名词组合，例如：山高头、车高头、桌子高头、椅子高头；“头”还可以附着在部分带有明显方所意义的双音节名词后，例如：额角头额角上、墙头。

跟“高头”相对的是“底下”和“启底”。“启底”还表示器物的底部，如：水缸启底、箱子启底、提包启底、袋启底。

阳新没有“地上”的说法，普通话的“地上”阳新只能说成“地下”，如果硬要强调“地面”，就说成“地下上面”。

2. 阳新方言的特色方位词

阳新方言有些方所词语很富有特色，例如：

进间心 tsin˧ kæ̃˧ sin˧ 中间

边舷 pĩ˧ ɕiẽ˩ 旁边

隔壁 kɛ˥ pəi˥ 旁边

底下 təi˩ xɒ˧

启底 tɑu˥ təi˩ 底下、底部

胸面前 ɕiɐŋ˧ mĩ˧ ts'ĩ˩

眼前头 ŋæ˩ ts'ĩ˩ t'ɛ˩

后背 xɛ˧ pəi˧

嘚块 tɛ˥ k'uæ̃˥ 这里

嘚边 tɛ˥ pĩ˧

嘚阙 tɛ˥ tɕ'yɛ˥

嘚头 tɛ˥ t'ɛ˩

勒块 lɛ˥ kuæ̃˥ 那里

勒边 lɛ˥ pĩ˧

勒阙 lɛ˥ tɕʻyɛ˥

勒头 lɛ˥ tʻɛ˩

这里要特别指出：在阳新方言中，有一个表示方所的“欸”，相当于北京话的“里”，但阳新方言绝不用“里”。“欸”构成方所词语的能产程度比较高。如：屋欸 u˥ ɛ˩ 屋里｜房欸 fɔŋ˩ ɛ˩ 房里｜手欸 sau˩ ɛ˩ 手里｜嘴欸 tsəi˩ ɛ˩ 嘴里｜碗欸 uœ̃˩ ɛ˩ 碗里｜锅欸 ko˧ ɛ˩ 锅里｜河欸 xo˩ ɛ˩ 河里｜水欸 ɕy˩ ɛ˩ 水里｜井欸 tɕiɔŋ˩ ɛ˩ 井里。也有特殊的，如“壁欸 piɒ˥ ɛ˩”就不表示“墙里”，而是表示“墙上面”。也有不用“欸”的，如一般不说“心欸”，只说“心下”或“心里面”。

3. 阳新方言方位词的用法

从用法上来看，阳新方言的合成方位词能单独充当句子成分，单语素方位词和别的语素或词组组合也可以充当句子成分。一般充当句中的主语、宾语、介词宾语、定语等。例如：

桌子高头哈都是灰，也不抹下子！　（主语）

渠他在教室里面。　（宾语）

渠在屋欸做作业。　（介词宾语）

渠总是坐在桌子边舷。　（介词宾语）

手欸箇钱不多。　（定语）

（四）数量

1. 数词

(1) 基数

在阳新话里，基数词超过一百的词语，一般要省略末尾的“十、百、千”，例如：一百五、两千三（百）、九万四（千），其中“十”以不出现为常，“百、千”可出现也可以不出现。如果数词或数量短语开头出现“二”，一般读“两”，例如：二（两）百一十五、二（两）斤、二（两）分、二（两）斗。但也有例外，例如：二百五（骂人语）、二两（二和两连用，两是量词）、二斗（斗是度量单位，如果一块田刚好是二斗，人们可以把这块田叫作“二斗”，不会叫作“两斗”）。

阳新方言里，数量名短语中的数词为“一”时，一般要省略“一”，例如：

买了（一）只鸡走了。

我嘞抽（一）根烟再走。

把给（一）本书得你回去看。

(2) 序数

阳新话一般把语缀“初、老、第”放在数目前用以表示序数。“初”用以表示阴历每月起初十日的次序，即从“初一”依次到“初十”，初十以后则直接用数字表示，不用“初”。“老”用以表示兄弟的排行，后面的数目只能“二”到“十”。排行第一叫“老大”，最末叫“老幺”。“第”的用途最广，如“第一个”、“第二名”、“第三轮”，但在许多场合“第”又常常被省略，如“第一中学”、“第二中学”，往往被省略为“一中”、“二中”，类似这种情况所在多有。

阳新话里，“头”也可以用来表示序数，“头”表示“第一”，如：头一个、头年、头回。

(3) 概数

阳新话里，“几”、“把”、“多”一般用来表示概数，两个相邻的数组配也能表示概数。

①几［tɕi˩］

“几”用在位数词“十、百、千、万”之前，如：几十、几百、几千、几万，还可用在“十”之后，如：十几、二十几、三十几。

“几”还可组成“好几”表示十以下的数字，如：好几个、好几对。“好几”还可用“十、百、千、万”之前，如：好几十、好几百、好几千、好几万。“好几”还可用在“十”之后：十好几个、二十好几岁、八十好几(指年龄)。

②把［pɒ˩］

阳新方言可以在数词后附加“把”，构成概数词，例如：百把、千把、万把。数词加“把”后所表示的数目与该数词表示的数目相接近，或多或少相差不大，如“百把”就是一百左右。

阳新方言还可以在名词和量词后附加“把”，构成概数词，例如：天把、月把、岁把、年把、个把、块把。表示的数目往往接近名词、量词所表达的一个单位数量：“天把”是一天左右；“年把”是一年左右；也有时或者恰好是量词所表达的一个单位数量："个把"或者就是一个；"件把"或者就是一件。

③多［to˧］

"多"的用法有两种：

第一，用在位数词"十、百、千、万、亿"的后面，表示不确定的尾数。位数词前面一定要有系数词（"十"的系数词不能是"一"），量词放在"多"的后面，如：二十多个、两百多人、三千多块、一万多米。

第二，用在数量结构后，表示不确定的尾数，如：两尺多、十九斤多、一碗多。

构成数量结构的量词主要是度量量词和容量量词，集合量词和个体量词极少。"多"的前面不能有个位数，不能说"九多斤"，只能说"九斤多"；量词的后面如果有"多"，那么量词前面只能是个位数，如"九十斤多"不能说，但"十九斤多"可以说。

④两个相邻的数组配

相邻的数组配可以表示概数，如：一二十人、三四百斤、五六千块、八九万亩。不相邻的数组配的情况也有，如"三五十人"，但极少见。

此外，还有"量＋把＋两＋量"（后面再加名词或形容词）的说法，这是相邻的数组配与用"把"两种方法的综合。如：个把两个人、块把两块钱、件把两件衣裳、尺把两尺长、斤把两斤重。"个把两个人"等于说"一两个人"，余类推。

2. 量词

阳新方言的量词较为丰富，跟普通话相比，动量词差别还不是很大。差别主要表现在物量词上：有些物量词为阳新方言所特有而普通话没有，有些物量词虽然普通话也有，但在适用范围、搭配要求、义项多少等方面与普通话又存在着差异。

(1) 阳新方言特有的物量词

抗［k'ɔŋ˧］大拇指指头和中指之间的水平距离。如：那根棍子两抗多长。

掸［tæ̃˩］平伸两臂，一手指尖到另一手指尖的距离，大约相当于五尺。如：嘚这根绳子差不多有两掸长。

丁［tin˥］表示数量少，只能同数词"一"结合。如：菜特淡了，再放一丁盐。

埧［ȵien˥］表示数量少，也只能同数词“一”结合。使用频率极高。如：高了一埧、短了一埧、一埧事都冇得。

皮［p‘əi˩］用来表示扁状物体的数量，相当于普通话量词的“片”、“面”。如：一皮菜叶、一皮篾、一皮墙。

高［kɔ˧］①用来表示雨、雪、霜的次数，相当于普通话量词“场”。如：过了重阳无时节，一高雨来一高雪。②得病的次数，相当于普通话量词“场”。如：去年我得了一高太病。③刚收获的农作物晒太阳的次数，相当于普通话量词“次”。如：谷只晒了两高日头。

筒［t‘ɐŋ˩］①用来表示叠放着的圆形物品的数量，如：一筒饼子、一筒碗。②用来表示包装成筒形物品的数量，如：一筒饼干、一筒面。③用来表示圆形的物体的数量，如：一筒料（指木材）、一筒榨（“榨”指用大型的圆木制成的榨油器具，用以指代又高又大的人）。④用来作长度单位，相当于普通话的“段”，如“一筒路”。

厢［siɔŋ˧］用来表示田地和农作物的数量，相当于普通话量词的“畦”。如：两厢菜地、一厢白菜、一厢芝麻。

堆［təi˧］①表示聚集或堆积的人和物的数量，如：一堆人、两堆土、一堆谷。②表示一摊东西，只能同数词“一”结合。如：一堆尿、一堆痰。

刀［tɔ˧］用来计算用刀切割下来的东西，如：一刀肉、一刀纸。

节［tsi˥］用来计算有节的植物的分量，如：一节甘蔗、一节藕。

餐［ts‘æ̃˧］①用来表示挨打、挨骂的次数，相当于普通话量词的“顿”。如：一餐骂、一餐打。②表示吃饭的次数，如：一餐饭。

（2）阳新方言物量词与名词特有的配合

阳新话的物量词虽然有些与普通话相同，但在与名词的配合上，却不完全相同，甚至迥然有别，举例来说：

只（隻）［tsɒ˥］

在阳新话里，与量词“只（隻）”搭配的名词比普通话多，如：一只牛、一只猪、一只鱼、一只狗、一只鸡、一只鸭、一只眼、一只鞋、一只袜子。在普通话里，鸡、鸭也用“只”作计量单位，但牛、鱼、猪却不用，而是说“一头牛、一头猪、一条鱼”。

坨［t'o˩］

在阳新话里，“坨”的适用范围很宽，只要是成团状或成堆的东西都适用。如：一坨泥巴、一坨灰浆、一坨饭、一坨肉、一坨冰糖、一坨毛线、一坨鼻泪（鼻涕）、一坨狗屎。但在普通话里适用范围很窄，《现代汉语八百词》（吕叔湘，1980）中只见“泥”一例。

乘［ts'ɐn˩］

在普通话里，“乘”的适用范围很窄，《现代汉语八百词》只见“轿子”一例。但在阳新话里，跟“乘”搭配的名词却很多，如：一乘楼梯、一乘犁、一乘耙、一乘缝纫机、一乘脚踏车自行车、一乘水车、一乘马车、一乘汽车、一乘拖拉机、一乘摩托车等，而这些名词在普通话里必须用许多其他的量词分别来搭配。

担［tæ̃˧］

“担”在阳新话里，也如同普通话把它做肩挑之物的计量单位，如：一担水、一担谷、一担柴。不同的是，一些肩挑的装载工具，在普通话里常用“对”或“副”来计量，而在阳新话里仍然用“担”，如：一担箩筐、一担水桶、一担粪桶、一担箢篼。

粒［ləi˥］

“粒”在阳新话里，搭配的名词比普通话多，如“一粒糖、一粒花生米、一粒扣子”普通话不说，只用量词“颗”。至于“米、饭、沙”，普通话和阳新话是一致的，都与量词“粒”搭配。

双［sɔŋ˧］

“双”在阳新话和普通话里，适用范围差不多相同，如：一双手、一双脚、一双筷子、一双鞋、一袜。但阳新有一与之搭配的名词：“嘴”。普通话所说的“一张嘴”，阳新话说成“一双嘴”。

封［fɐŋ˧］

“封”在阳新话里用于装在封套里的东西：一封信、一封电报、一封糕。但普通话没有“一封糕”的说法。

指［tsʅ˩］

阳新话里，量词“指”用于能用手指掐住的一小撮条状或丝状的物体，如：一指面、一指线粉粉丝、一指头毛（一绺头发）。普通话里也有这个量词，《现代汉语词典》写作“子（儿）”，但是实际上很少人用。周边方言也很少见到用“指”作计量单位的。

掸［tæ˩］

在阳新话里，成人两臂伸开后两手中指的距离叫一掸，即普通话所说的庹。

抗［kʻɔŋ˧］

在阳新话里，大拇指和中指伸开的距离叫一抗。

肩［tɕiɛ̃˧］

在阳新话里，“一段路”叫“一肩路”，一肩路本来是指挑着担子走路到歇肩时的距离，后来泛指一段路。

个［ko˧］

阳新方言不使用量词“位”，只使用“个”。普通话所说的“一位客人、一位先生、一位教师”，阳新话则说“一个客人、一个先生、一个老师”。尽管现在在口语中也有人说“位”，但它是外来词。类似这种情况还有普通话的量词“起”，如“一起案件”，虽然阳新话现在受普通话影响，也说“一起案件”，但“起”作为量词，毕竟是外来词。

(3) 阳新方言动量词的类型

阳新方言和北京话一样，其动量词主要有专用动量词和借用名词两类：

①专用动量词，如：走一趟、哭一回、来两到、看一遍。

②借用名词作动量词，如：切一刀、看一眼、咬一口、放一枪。

要说明的是，北京话中有“V 一 V”的结构，如：看一看、说一说、等一等。尽管这种结构中的第二个 V 带有明显的动量词特征，但毕竟不是动量词。阳新话没有这种“V 一 V”的结构，遇到这种情况，则用“V 一下”来表示，如：看一下、说一下、等一下、试一下、歇一下。“V 一下”还可以说成“V 下”或“V 下子”，如“看一下”可以说成“看下”或“看下子”。在这里，“下”明显是动量词。

(4) 阳新方言特有的动量词

阳新方言的动量词“到”和“餐”颇具特色：

①到［tɔ˧］用来表示事物的次数，相当于普通话的“次、回、遍”。“到”用作量词，仅限于口语，书面语几乎不用。如：

我请渠他吃饭请了几到了，渠就是不肯来。

桌子抹一到抹不干净。

②餐［tsʻæ˧］“餐”在阳新话里作动量词时，与动词的搭配颇具特

色。如：

今日我把渠他着实打一餐，让渠长埌点记心记性。

老师把我叫去说批评了一餐。

我哥今日把我骂一餐好箇我哥哥今天把我狠狠骂了一顿。

(5) 量词的省略

在阳新方言中，一个数目有两个或两个以上的量词，多半省略最后一个量词。如：七丈六七丈六尺，三斤九两五三斤九两五钱、四十五块五四十五块五角。

(五) 指代

阳新方言代词可分为人称代词、指示代词、疑问代词三类。

1. 人称代词

(1) 阳新方言人称代词的形式

	第一人称	第二人称	第三人称
单数	我 ŋo˩	你 n̩˩	渠 k‘ɛ˩ 他
复数	我伆 ŋo˩ lɛ˥ 我们	你伆 n̩˩ lɛ˥ 你们	渠伆 k‘ɛ˩ lɛ˥ 他们
	我嗕 ŋo˩ tɛ˥ 我们		
	很伆 xen˩ lɛ˥ 咱们		
	很 xen˩ 咱们		
	很读入声嗯 xen˥ n̩˩ 咱们		
其他	只家 tsʅ˩ kɒ˧ 自己		人渠读入声欸 zen˩ k‘ɛ˥ ɛ˩ 别人家

(2) 人称代词的单数和复数

阳新方言的“我、你、他”只能表示单数，表示复数一般要加表示复数的“伆”。

“伆”大体上相当于北京话的“们”，但使用范围比北京话的“们”窄。北京话的“们”既可以加在单数人称代词之后表示复数，又可以附在某些指人的名词后面表示多数，如“同志们、女士们、先生们”等。阳新方言表示复数没有这种用法，不说“同志伆、女士伆、先生伆”，只是在这些名词前面加上指代词“得什这些”、“那什那些”来表示复数。在北京话中，“这些”、“那些”与指人的名词所构成的短语前面还可以加上表示复数的人称代词，如“你们这些同志”、“他们那些人”，但阳新方言只能加上表示单数的人称代词，如只能说“我嗕什这些人”、“你勒什那些人”，而不能说“我伆嗕什人”、“你伆勒什人”。

另外，“我伆”与北京话的“我们”，在用法上还有不同之处：北京话的“我们”不但可以包括说话人一方的若干人，有时还包括说话人和听话人双方，而阳新话的“我伪”是排除式，在任何时候都不包括听话人一方，只包括说话人一方的若干人。

与“我伪”不同，“很伪、很、很读入声嗯”则是包括式，相当于北京话的“咱们”，包括主客双方，也就是说，有时可以包括说话人一方的若干人，有时也可以包括说话人和听话人双方。不过“很”、“很读入声嗯”所指的范围比“很伪”要小，一般是两个人谈话时用。

人称代词的双数不用“俩”，而用“两个”，如：我伪两个、很伪两个、你伪两个、渠伪两个。“我伪两个”与“很伪两个”不同，“我伪两个”是排除式，不包括听话人；“很伪两个”是包括式，指的是“我”和听话人。

(3) 阳新方言人称代词的用法

第一、二、三人称代词都可以在句中作主语、宾语、定语。例如：

你伪先喫了着，我等下喫你们先吃，我等一下吃。

老三在武汉做事，旧年还接我伪去住了什时老三在武汉工作，去年还接我们去住了些时候。

三叔公人好，一屋下箇人都信谅渠三叔公人好，整个村子的人都相信他。

渠箇话只怕信不过他的话恐怕信不过。

在阳新话中，人称代词作定语，一般情况下要加结构助词“箇”[ko˧]。“箇”也可附着在人称代词后面组成“箇字词组”，如“我箇”、“你箇”、“很伪箇”、“人渠欸箇”，与北京话的“的字词组”相当。如：

勒把挖锄不是渠箇，渠箇我认得那把挖锄不是他的，他的我认得

阳新话里，复称代词“只家”的用法与其他人称代词相同。它还可以和第一、二、三人称代词构成复指短语，如：我只家、你只家、渠只家。这种复指短语和复称代词“只家”一样，均可在句中充当主语、宾语、定语。例如：

我只家晓得，不要你管我自己晓得，不要你管。

只家要相信只家自己要相信自己。

你只家要照护只家箇身体你自己要照护自己的身体。

(4) 单数人称代词的领有格形式

阳新方言人称代词的主格和宾格形式相同，但主格宾格与领有格形式有别。单数人称代词作定语一般可以变为入声 [˥˩] 调而成为领有格形式（以下将变读入声的单数人称代词写作“我꜀”、“你꜀”、“渠꜀”）。

	主格	宾格	领有格
第一人称	我 ŋo˩		我$_{\circ}$ ŋo˥
第二人称	你 n̩˩		你$_{\circ}$ n̩˥
第三人称	渠 kʻɛ˩		渠$_{\circ}$ kʻɛ˥

在不变调的情况下，人称代词作定语必须带定语标记“箇 ko˧”，但人称代词用了领有格形式后，后面则不再带“箇”，如“我$_{\circ}$屋”［ŋo˥ u˥］就不能说成“我$_{\circ}$箇屋”［ŋo˥ ko˧ u˥］。

“变调的单数人称代词＋中心词”和“不变调的单数人称代词＋箇＋中心词”这两种格式大多可以互换。如：

我$_{\circ}$屋 ŋo˥ u˥ ＝我箇屋 ŋo˩ ko˧ u˥

你$_{\circ}$茶杯 n̩˥ tsʻɒ˩ pəi˧ ＝你箇茶杯 n̩˩ ko˧ tsʻɒ˩ pəi˧

渠$_{\circ}$衣裳 kʻɛ˥ i˧ sɔŋ˩ ＝渠箇衣裳 kʻɛ˩ ko˧ i˧ sɔŋ˩

以下两组句子，每组的 A 句和 B 句可以互换：

A. 渠$_{\circ}$家庭情况不错 kʻɛ˥ tɕiɒ˧ tʻin˩ tsʻin˩ kʻuɔŋ˧ pu˥ tsʻo˧

B. 渠箇家庭情况不错 kʻɛ˩ ko˧ tɕiɒ˧ tʻin˩ tsʻin˩ kʻuɔŋ˧ pu˥ tsʻo˧

A. 你$_{\circ}$思想有问题 n̩˥ sɿ˧ siɔŋ˩ iɑu˩ uɐn˧ tʻəi˩

B. 你箇思想有问题 n̩˩ ko˧ sɿ˧ siɔŋ˩ iɑu˩ uɐn˧ tʻəi˩

但是，有一种“变调的单数人称代词＋中心词”不能与“不变调的单数人称代词＋箇＋中心词”的格式互换：如果中心词是亲属称谓名词时，充当定语的单数人称代词则一定只能用领格的形式。如：

我$_{\circ}$母 ŋo˥ m̩˩ ｜我$_{\circ}$哥 ŋo˥ ko˥ ｜我$_{\circ}$妹 ŋo˥ məi˥ ｜你$_{\circ}$弟 n̩˥ tʻəi˥ ｜你$_{\circ}$婆 n̩˥ pʻo˩ ｜你$_{\circ}$舅公 n̩˥ tɕʻiɑu˧ kɐŋ˧ ｜渠$_{\circ}$表兄 kʻɛ˥ pi˩ ɕiɐŋ˧

在阳新话中，“我$_{\circ}$母 ŋo˥ m̩˩”不能说成“我箇母 ŋo˩ ko˧ m̩˩”，余类推，这种亲属称谓名词前的领格形式十分严格，没有例外。

阳新方言的人称代词变为入声调后，后面还可以加“欸”［ɛ˩］，成为一种凝固格式，相当于“……家”。例如：我$_{\circ}$欸 ŋo˥ ɛ˩ 我家｜你$_{\circ}$欸 n̩˥ ɛ˩ 你家｜渠$_{\circ}$欸 kʻɛ˥ ɛ˩ 他家｜人渠$_{\circ}$欸 zɐn˩ kʻɛ˥ ɛ˩ 别人家。

此外，复数第一人称代词“很”变读入声调后，后面加“喽 lɛ˩”（“喽”是“欸”的音变），构成“很＋喽”［xɐn˥ lɛ˩］的凝固格式，相当于北京话的“咱们家”。

2. 指示代词

(1) 阳新方言指示代词的形式

	近 指	远 指
指人或物	嘚 tɛ˥ 这	勒 lɛ˥ 那
	嘚个 tɛ˥ ko˧ 这个	勒个 lɛ˥ ko˧ 那个
	嘚什 tɛ˥ sɿ˥ 这些	勒什 lɛ˥ sɿ˥ 那些
	果什 ko˩ sɿ˥ 这些	别昧 p'i˥ məi˧ 别的
指方式性状	果 ko˩ 这样、这么、那么	
	阁 ko˥ 这样、这么	
	嘚样 tɛ˥ iɔŋ˧ 这样	勒样 lɛ˥ iɔŋ˧ 那样
	阁样 ko˥ iɔŋ˧ 这样	
	□ kɔŋ˥˧ "阁样" 的合音	
指处所	嘚块 tɛ˥ k'uæ̃˥ 这里	勒块 lɛ˥ kuæ̃˥ 那里
	嘚边 tɛ˥ pĩ˧ 这边	勒边 lɛ˥ pĩ˧ 那边
	嘚阙 tɛ˥ tɕ'yɛ˥ 这儿	勒阙 lɛ˥ tɕ'yɛ˥ 那儿
	嘚头 tɛ˥ t'ɛ˩ 这头	勒头 lɛ˥ t'ɛ˩ 那头
指时间	嘚蛮 tɛ˥ mæ̃˩ 这时候	勒蛮 lɛ˥ mæ̃˩ 那时候
	嘚命盏 tɛ˥ min˧ tsæ̃˩ 这时候	勒命盏 lɛ˥ min˧ tsæ̃˩ 那时候
	嘚什时 tɛ˥ sɿ˥ sɿ˩ 这些时	勒什时 lɛ˥ sɿ˥ sɿ˩ 那些时
指数量	果多 ko˩ to˧ 这么多	勒多 lɛ˥ to˧ 那么多
	果丁 ko˩ tin˥ 这么一点	
	果垠 ko˩ ȵiɐn˥ 这么一点	

阳新方言指示代词的近指和远指在大多数情况下主要是用“嘚［tɛ˥］”和“勒［lɛ˥］”来表示，前者表示近指，后者表示远指。“嘚”似乎是上古音“这”的残留，“勒”是“那”的音变。表示近指的“果”、“阁”，也应该是古代“箇”的音变，唐代白居易《自咏》：“咄哉箇丈夫，心性任堕顽?”李白《秋浦歌》：“白发三千丈，缘愁似箇长。”皆可以印证。

（2）阳新方言指示代词的音变现象

阳新方言指示代词的音变比较复杂，主要表现为阳新话的小称音变。其次，有些指示代词还有合音的现象。

①“嘚块”、“勒块”的“块”有 kuæ̃˥ 和 kuæ˩ 两读，kuæ̃˥ 是 kuæ˩ 的小称音变。但在多数情况下，人们习惯用小称的变音读入声 kuæ̃˥，而本音 kuæ˩ 人们倒很少用了。小称音变有指小的作用，所指的范围相对要小些，因而当所指范围较大时，还是用本音 kuæ˩。

②“果丁” ko˩ tin˥ 、“果垠” ko˩ ȵiɐn˥ 的“丁” tin˥ 、“垠” ȵiɐn˥ 都是小称变音。tin˥ 是“丁” tin˧ 的小称音变，ȵiɐn˥ 是“垠” ȵiɐn˩ 的小称音变，人们只习惯读其变音。

③ kɔŋ˥˧ 是“阁样” ko˥ iɔŋ˧ 的合音：ko˥ iɔŋ˧→kɔŋ˥˧。在一般情况下，人们也只习惯念其合音 kɔŋ˥˧。

④“哪里” læ˥ ləi˩ 的合音是 læi˥˧，在口语中，人们只用合音 læi˥˧。

(3) 阳新方言指示代词的用法

①嘚［tɛ˥］　勒［lɛ˥］

“嘚”、“勒”能指代人和物，还能指代处所。可以在句中单独充当主语、宾语，也可构成“嘚（勒）＋数量词＋名词”短语作定语、主语和宾语。如：

勒是我细时候时常去玩的定安那是我小时候经常去玩的地方。

嘚我就不晓得了这我就不知道了。

锁匙在嘚钥匙在这儿。

把勒几样家业佗过来把那几件家具搬过来。

我找箇就是嘚只鸡我找的就是这只鸡。

我嘚百把斤就交搁你了我这一百多斤就交给你了。

“嘚”、“勒”后面还可以带“什”，组成“嘚什”、“勒什”。“嘚什”、“勒什”虽然相当于北京话的“这些”、“那些”，但他们在句中不能单独充当主语、宾语，只能与名词构成短语作主语和宾语。如：

勒什事我听都冇听见过那些事我听都没听说过。

嘚什人真拐，把勒什花一哈踩煞欸这些人真坏，把那些花全都踩死了。

“嘚”用在单数人称代词“我”后面，能指代复数，可以看作是“嘚什人”的省略。在这种情况下，“我嘚”就相当于北京话的“我们”、“我们这些人”。如：

你要去就去，我嘚不去你要去就去，我们不去。

剩下箇薯子就是我嘚箇了剩下的红薯就是我们的了。

值得指出的是，“嘚”用在单数人称代词“我”后面，有时还可以表示“我这里”的意思，与指代复数的“我嘚”不同，要注意区别，如：锁匙不在渠勒，在我嘚钥匙不在他那儿，在我这儿。

②果［ko˩］　阁［ko˥］

“果”能修饰动词和形容词，可单独在句中充当状语。如：

嗬个字不能果写这个字不能这么写。

嗬个字写得不果好这个字写得不大好。

莫说你果狠，我不怕得莫说你这么狠，我不怕。

嗬着棋子果走就输了这着棋这样走就输了。

“果”用在形容词前面，则可以构成“果＋ 形容词”式的短语，在句中充当谓语、定语和补语。如：

你今日果忙，我就不吵烦你了你今天这么忙，我就不打扰你了。

又不是捆贼捆强盗，不须果粗箇绳子得又不是捆贼捆强盗，不需要这么粗的绳子。

你莫把渠想得果拐你不要把他想得这么坏。

“阁”是“果”的变体（这里所说的“阁”是指示代词，不同于本章“词缀”中所说的词缀“阁”，要注意区分），但“阁”只修饰形容词，不能修饰动词，它和形容词构成的短语在句中可充当定语、谓语和补语，这种格式的短语在作谓语和补语时，被“阁”修饰的形容词后面要加词缀“法子” fɒ˥ tsʅ˩，构成“阁＋形容词＋法子”的格式。如：

阁好箇衣裳把你掺赖带了这么好的衣服给你弄脏了。（定语）

你阁狠法子，我怕得你这么厉害，我害怕。（谓语）

你真过细，衣裳洗得阁干净法子你真细心，衣服洗得这么干净。（补语）

“阁＋形容词＋法子”和“果＋形容词”这两种形式常常可以互换，如：

冇想到今日阁冷法子。＝冇想到今日果冷没想到今天这么冷。

老二你阁勤快法子做昧？＝老二你果勤快做昧老二你这么勤快干嘛？

以后莫做得阁累法子。＝以后莫做得果累以后不要干得这么累。

③嗬样［tɛ˥ ioŋ˧］　阁样［ko˥ ioŋ˧］　勒样［lɛ˥ ioŋ˧］

“嗬样”、“阁样”和“勒样”虽然有近指和远指之分，但它们在句中的语法作用是相同的，都兼有“果”和“阁”的功能，也就是说，它们既能修饰形容词，也能修饰动词；在句子中，它们不仅能单独充当主语、宾语、定语和状语，而且也能和形容词构成短语充当定语和补语。如：

你喜欢阁样，渠又喜欢勒样，叫我不得是何你喜欢这样，他又喜欢那样，叫我不知道怎么办。

阁样箇字我也写得倒这样的字我也能写。

嗬样箇好事把你碰到了这样的好事给你碰到了。

你看你˳脸啰，晒得阁样红法子你看你的脸啰，晒得这样红。

与“果”、“阁”不同的是，“嘚样”、“阁样”或“勒样”所带的形容词或动词的后面，可以加词缀“法子”［fɒ˥ tsɿ˩］，也可以不加，两种形式可以互换。如：

棋子阁样走法子就输了。＝棋子阁样走就输了。

你病得阁样厉害法子还上班。＝你病得阁样厉害还上班。

（4）指处所和时间的指示代词的用法

指处所和时间的指示代词可以在句中单独充当主语、定语、宾语和状语。如：

往日嘚块出了好多太人物从前这里出了好多大人物。　（主语）

嘚块定安真自静这个地方真安静。　（定语）

你挖嘚块，我挖勒块你挖这块（地），我挖那块（地）。　（宾语）

勒命盏太家都穷那时候大家都穷。　（状语）

3. 疑问代词

（1）阳新方言疑问代词的形式

问人　么人 mo˩ zɐn˩ 谁　们 mɐn˩ 谁　瞒 mœ̃˩ 谁

瞒读入声娄 mœ̃˥ lɛ˩ 谁家

问人或物　么 mo˩ 什么　哪 læ˥　么事 mo˩ sɿ˧

么西 mo˩ sɔi˧ 么东西、什么　昧 məi˧ “么西”的合音

哪个 læ˥ ko˧　哪什 læ˥ sɿ˥ 哪些

问处所　哪里 læ˥ ləi˩　□ læi˥˧ “哪里”的合音

哪块 læ˥ kuæ̃˥ 什么地方　哪边 læ˥ pĩ˧　哪头 læ˥ t‘ɛ˩

么定安 mo˩ t‘in˧ ŋœ̃˧ 么地方

问时间　么命盏 mo˩ min˧ tsæ̃˩　几命盏 tɕi˩ min˧ tsæ̃˩

哪蛮 læ˥ mæ̃˩ 什么时候　么时候 mo˩ sɿ˩ xɛ˧

几多时 tɕi˩ to˧ sɿ˩

问数量　几 tɕi˩　几多 tɕi˩ to˧ 多少

问方式　何 xo˩ 怎么　是何 sɿ˧ xo˩ 怎么、怎样　何如 xo˩ y˩ 怎么样

为昧 uəi˧ məi˧ 为什么

么 mo˩ 怎么、怎样　么样 mo˩ iɔŋ˧ 怎样

是何样 sɿ˧ xo˩ iɔŋ˧ 怎么、为什么　是项 sɿ˧ xɔŋ˧ “是何样”的合音

何解 xo˩ kæ˩ 怎么办　是何解 sɿ˧ xo˩ kæ˩

(2) 阳新方言疑问代词的音变现象

“们” mɐn˩ 是“么人” mo˩ zɐn˩ 的合音，“瞒” mœ̃˩ 是“们” mɐn˩ 的音变，“瞒”在口语中常用。“瞒꜀娄” mœ̃˥ lɛ˩ 的“瞒꜀” mœ̃˥，则是“瞒” mœ̃˩ 的入声变读。

“昧” məi˧ 是“么西” mo˩ səi˧ 的合音，“么西”和“昧”一样，在口语中都常用，“么事”则较少用。“么事”更多的是用来表示所有的事，如：“今日上昼么事都冇做成。”“哪里” læ˥ ləi˩ 的合音是 læi˧˥，在口语中，人们也常常只用合音。“哪块” læ˥ kuæ̃˥ 的“块” kuæ̃˥ 是其本音 kuæ˩ 的小称音变，在口语中，人们也常常只读变音。“是项” sɿ˧ xɔŋ˧ 是“是何样” sɿ˧ xo˩ iɔŋ˧ 的合音，在口语中，人们只读合音。

(3) 阳新方言疑问代词的用法

①用于人或指物的疑问代词的用法

指人的疑问代词“们” mɐn˩ 和“瞒” mœ̃˩ 都相当于北京话的“谁”，两种说法没有什么区别，只是由于个人的习惯不同而采用不同的说法。“瞒꜀娄” mœ̃˥ lɛ˩ 是“谁家”的意思，其用法与“们”、“瞒”相同，可在句中充当主语、宾语和定语，作定语时必须带结构助词“箇”。如：

你光说假话，瞒还信谅你嘞你光说假话，谁还相信你呢？

你找们呐你找谁呀？

瞒꜀娄箇衣裳落到地下去了谁家的衣裳掉到地下去了？

既可指人又可指物的疑问代词“哪” læ˥、“么” mo˩、“昧” məi˧ 在阳新话中使用频率很高。“哪” læ˥ 与北京话的“哪”相当，除了在“哪年、哪月、哪日”中可直接加在名词前表疑问外，其他情况下都只能与数量词一起表疑问，如“哪个”、“哪个伢崽”、“哪间屋”、“哪两本书”等。“么” mo˩ 相当于北京话的“什么”，“么”与“哪”不同，它不能与数量词一起表疑问，但它能直接加在名词前面比疑问，如：“么年么月”、“么东西”、“么名堂”、“么定安地方”、“么学校”等。“昧” məi˧ 比“么”的适用范围还要窄一些，它不但不能与数量词一起表疑问，还不能在表时间、处所的名词前面表疑问，只能加在表时间、处所以外的名词前面表疑问，如：“昧人”、“昧关系”、“昧东西”、“昧颜色”等。

“哪”、“么”、“昧”都可在句中充当定语，“哪”还可同数量词或名词组成短语在句中充当主语和宾语，“么”可同名词组成短语在句中充当主语和宾语，“昧”则可同表时间、处所以外的名词组成短语在句中充当主语和宾语。

②用于处所和时间的疑问代词的用法

询问处所的疑问代词“哪里”læi˧˥(合音)、“哪块”læ˥ kuæ̃˥、“么定安”mo˩ t'in˧ ŋœ̃˧等，相当于北京话的“哪里、哪儿、什么地方”，可在句中充当主语、宾语和定语。如：

么定安有肥皂卖什么地方有肥皂卖？

药铺在那块啊药铺在哪里呀？

哪边箇树木多什哪边的树木多些？

钱在么定安堆倒得钱在哪儿放着？

询问时间的疑问代词“么命盏”mo˩ min˧ tsæ̃˩、“几命盏”tɕi˩ min˧ tsæ̃˩、“哪蛮”læ˥ mæ̃˩，相当于北京话的“哪会儿、什么时候、多会儿”，可在句中充当主语、宾语、状语和定语。如：

嘚蛮是么命盏了啊这会儿是什么时候了？

哪蛮来电什么时候来电？

你是哪蛮跑到嘚来箇你是什么时候跑到这里来的？

勒是几命盏箇事那是什么时候的事？

询问时间的还有“几多时”tɕi˩ to˧ sɿ˩，“几多时”相当于北京话的“多久、多长时间”。如：

渠走欸几多时了啊他走了多久？

要过几多时喫饭要过多久才吃饭？

③用于数量的疑问代词的用法

用于询问数量的疑问代词“几”tɕi˩，能和数量词一起表疑问，如“几个人”、“几十斤”、“几本书”；也能和形容词一起表疑问，如：“几远”、“几矮”、“几胖”。可在句中充当定语和状语。如：

几只牛跑到山上去了嚜几头牛跑到山上去了呢？

勒老虎箇头有几太那老虎的头有多大？

“几多”tɕi˩ to˧ 能和量词或名词一起表疑问，如：“几多斤”、“几多人”、“几多揪筋麻烦箇事”，但不能和数词一起表疑问，不能说“几多十”、“几多百”。“几多”在句中除了能作定语外，还能作宾语和补语。如：

你说嘚担谷有几多斤你说这担谷有多少斤？

你ₒ工资是几多你的工资是多少？

老鼠把哎谷喫欸几多老鼠把谷吃了多少？

你比我太几多你（年龄）比我大多少？

④用于方式的疑问代词的用法

“何”xo˩ 是古词语的遗存，但在今天的阳新话中，它不表示“什么”的意思，只相当于北京话的“怎么”，用来询问方式，在句中充当状语。“是何”sɿ˧ xo˩ 与“何”的意思和用法基本相同，如：何说＝是何说怎么说、何解＝是何解怎么办，“是何”所修饰的动词后面还可以带词缀“法子”fɒ˥ tsɿ˩，构成“是何＋动词＋法子”的格式。如：

犟现在是何搞法子啊现在怎么搞？

“是何解怎么办”有时可以省略为“是何”，如：

事情搞成阁样箇样子欸，犟现在你说是何事情搞成这样了，现在你说怎么办？

“何如”xo˩ y˩ 同“何”、“是何”一样，也是古词语的遗存，不同的是，“何如”意思稍有不同，相当于北京话的“怎么样”，在句中只作补语和谓语，不作定语和状语。如：

今年老三考得何如今年老三考得怎么样？

你何如？阁累法子你受得了不你怎么样，这么累你受得了受不了？

“么样”mo˩ iɔŋ˧ 相当于北京话的“怎么样、什么样”，“么样”比“何如”的适用范围还要宽一些，它在句中除了可以作补语和谓语外，还可以作定语，如：

嘚个问题你考虑得么样了这个问题你考虑得怎么样了？

你看勒个演员么样你看那个演员怎么样？

么样箇话你才听得进去咧什么样的话你才听得进去呢？

“是项”sɿ˧ xɔŋ˧ 是“是何样”的合音，“是项”和“是何样”没有什么不同，相当于北京话的“怎么”、“为什么”，偏重于询问事件的原因，在句中只能作谓语和状语。如：

你。傲角头是项你的额头怎么了？

渠是项陡然病成阁样了咧他为什么突然病成这样了呢？

（六）性状

在阳新方言里，表示性状的形容词其形式和用法虽然有不少与普通话相同的地方，但也不乏带有地方色彩的不同之处。下面主要对具有阳新地域特色的形容词生动形式加以说明。

阳新话的形容词生动形式比较丰富，常见的有形容词重叠和形容词附加语缀等格式。

1. 形容词重叠

(1) AA式

胖胖　瘦瘦　矮矮　长长　热热　细细　紧紧

密密　稀稀　高高　轻轻　慢慢　满满　远远

(2) ABB式

胖笃笃　绿爱爱　淡表表　嫩水水　结坨坨　直统统

木寡寡　鬼碌碌　汗氿氿　嘴拽拽　痒羞羞　醉醺醺

(3) AABB式

清清楚楚　爽爽利利　斯斯文文　老老实实　白白净净

黏黏糊糊　稀稀拉拉　密密麻麻　慢慢来来　叽叽喳喳

在句中，形容词重叠的AA式和AABB式前面一般要带前缀“阁”[ko˥]或在后面带后缀“得”[tɛ˥]。具体地说，除AA式作谓语时不带“得”外，其余AA式和AABB式都要带“得”。至于“阁”，AA式和ABB式前面要一定带，AABB式则可带可不带。

(4) A的AB式

糊的糊涂　懵的懵懂　古的古怪　妖的妖气

慌的慌张　毛的毛糙　腐的腐兴　腐的腐气傻的傻气

形容词重叠后，都有表示程度加深和加强描写的作用，都属于状态形容词，不再接受程度副词和否定副词的修饰。可以充当句子的谓语、定语、状语和补语。关于这方面的内容本章的“重叠”已作过分析，兹不赘述。

2. 形容词前加附加成分

阳新方言往往在单音节形容词前加上附加成分，用以强调事物性状的程度之深。如：

崩硬 pɐŋ˧ ŋɐn˧

襛软 lɐŋ˥ ȵyɛ̃˩

拗软 ȵiɑu˥ ȵyɛ̃˩

嘣脆 pɐŋ˥ tsʻəi˧

嘣干 pɐŋ˥ kœ̃˧

蹦犟 pɐŋ˥ tɕiɔŋ˧

切湿 tsʻi˥ sʅ˥

闷太 mɐn˧ tʻæ˧

闷重 mɐn˧ tsʻɐŋ˧

闷厚 mɐn˧ xɛ˧

闷莽 mɐn˧ mɔŋ˩ 很长

闷高 mɐn˧ kɔ˧

漂轻 pʻi˩ tɕʻiɐn˧

锋快 fɐŋ˧ kʻuæ˧

簇密 tsʻɑu˥ məi˥

溜尖 liu˥ tsiĩ˧

绷紧 pɐŋ˧ tɕiɐn˩
笔直 pəi˥ tsʻʅ˥
术平 ɕy˥ pʻin˩
壁陡 pəi˥ tɛ˩
鬏圆 tsiu˥ yɛ̃˩
滚烫 kuɐn˩ tʻɔŋ˧
翻滚 fæ̃˧ kuɐn˩
饭烧 fæ̃˧ uo˥ 很热
沁凉 tsʻin˥ liɔŋ˩
冰凉 pin˥ liɔŋ˩
冰冷 pin˥ lɐn˩
崭新 tsæ̃˩ sin˧
粲新 tsʻæ̃˥ sin˧
丁咸 tin˥ xæ̃˩
表淡 pi˩ tʻæ̃˧
胖香 pʻɐŋ˥ ɕiɔŋ˧
胖臭 pʻɐŋ˧ tsʻɑu˧

津酸 tsin˥ sœ̃˧
蜜甜 məi˥ tʻiĩ˩
呡甜 min˥ tʻiĩ˩
沁甜 tsʻin˥ tʻiĩ˩
冰光 pin˥ kɔŋ˥
釉光 iɑu˥ kɔŋ˥
凌光 lin˥ kɔŋ˥
彤红 tʻɐŋ˧ xɐŋ˩
冻红 tɐŋ˥ xɐŋ˩
碧绿 pəi˥ lɑu˥
绚黄 ɕyɛ̃˧ xuɔŋ˩
崩黄 pɐŋ˧ xuɔŋ˩
拂青 fəi˥ tsʻin˧
雪白 si˥ pʻɛ˥
卡白 kʻɒ˩ pʻɛ˥
漆黑 tsʻəi˥ xɛ˥
冻亮 tɐŋ˥ liɔŋ˧

这种 BA 式形容词，其附加成分 B 的意义比较抽象，只表示程度、形象色彩等附加意义，有些书写时是借字记音；但有一部分却具有一定的词汇意义，如“冰冷”的“冰”、“壁陡”的“壁”，类似于古汉语的名词作状语；有些又似乎可以看作是副词，如“胖臭”的“胖”、“溜尖”的“溜”。只不过这部分与词根结合后，语义受到磨损，在不同程度上也被虚化。这种 BA 式形容词属于状态形容词，不能接受程度副词和否定副词的修饰。可以在句中充当谓语、定语和补语。如：

嘚这李子津酸箇。 （谓语）

勒胖臭箇那很臭的味道真难闻啰。 （定语）

雨忒太了，衣裳打得切湿透湿。 （补语）

BA 式形容词还能以 BABA 的重叠形式出现，重叠以后要带“箇”入句，充当句子的谓语和补语。如：

老师病了还冇好，脸卡白卡白箇。 （谓语）

桂花开得胖香胖香箇！ （补语）

这种 BABA 式同原型 BA 式相比，并没有增加新的语法意义，不属于严格意义上的构型变化，只是语义更突出，更强调了性状的程度而已。

3. 形容词加后缀

以下几种形容词加后缀的格式，都有强调性状程度的作用，不受程度副词和否定副词的修饰，均可充当句子的谓语和补语。

(1) 形容词加后缀“流了”[liu˩ liɛ˩]

形容词加后缀“流了”的这种格式，可用来补充说明状态形容词的程度，相当于普通话中用程度副词“很”或“极”直接粘合在状态形容词的后面。如：

你伪两个人亲热流了你们两个人亲热极了。

渠活得快活流了他活得快活极了。

一个人在勒唱得劲鼓流了，冇得人听一个人在那里唱得带劲得很，没人听他的。

(2) 形容词加后缀法子[fɒ˥ tsɿ˩]

“法子”附在状态形容词后，强调某种方式的程度，“法子”的意义已经虚化。如：

忙法子　累法子　热法子　苦法子　懒法子

老实法子　自在法子　安稳法子　着急法子

“X法子”前面一般要加上“得样这样”、“阁这么”、“阁样这样”、“那样”、“么样”，如：

嘚样累法子，我受不了这样累，我受不了。

我阁忙法子，你还来烦我我这么忙，你还来烦我。

日子过得阁苦法子，我冇叫过苦日子过得这么苦，我没有叫过苦。

(3) 形容词重叠式加后缀“式子”[sɿ˧ tsɿ˩]

“式子”附在形容词AA重叠式后，表示某种性状程度不高或不尽如人意。

细细式子　窄窄式子　甜甜式子　少少式子

瘦瘦式子　矮矮式子　短短式子　紧紧式子

“形容词AA式＋式子”的前面还要加前缀“阁”才能入句。如：

嘚这箇菜阁甜甜式子，蛮好。

嘚间屋做得阁细细式子。

4. 四字格生动形式

阳新方言形容词生动形式还有四字格，即ABCD式。这类形容词数量不多，但有独特的形象色彩。如：

吊儿啷当　血糊烈辣　灰不溜秋　黑不溜秋

花里胡哨　黑不弄冬　干不拉叽　糙巴勒剧

在这种ABCD式形容词中，A是词根，BCD是表示附加意义的词缀，搭配起来后具有贬斥和否定的主观评价色彩。不受程度副词和否定副词的修饰，用于句中要加“得”［tɛ˥］，在句中可以充当谓语、定语、状语和补语。如：

勒个崽吊儿啷当得，总不落地。　（谓语）

我不喜欢嗬灰不溜秋得箇颜色。　（定语）

你花里胡哨得摆个架势有么用？　（状语）

杀只鸡把身上搞得血糊烈辣得！　（补语）

象声词的四字格似乎应该纳入ABCD形容词的范畴，只不过它没有词根可言。象声词的四字格用例不多，如：

稀了哗啦　瓢了扒拉

（七）程度

在阳新方言里，程度表达的手段不仅是程度副词，还有状态形容词和一些句法格式。我们在本章“性状”里已经讨论了状态形容词词法形式所表示的程度含义及其词汇形式，一些句法所表示的程度见本章“动补句”的“程度补语”。这里只介绍阳新方言的程度副词。

阳新方言的程度副词比较多，常见的有：蛮、很、好、太、特、几、最、更、过于、格外、比较、稍微、略微、有垠、有丁。下面仅对几个主要的程度副词加以描述。

1. 蛮［mæ̃˩］

“蛮”是阳新方言中较有特色、使用频率较高的程度副词，通常用在形容词、动词或动词短语前，表示程度高。如：

蛮早　蛮结实　蛮漂亮　蛮听话　蛮爱打扮　蛮合得来

蛮拐　满难看　蛮小气　蛮气人　蛮受欢迎　蛮会打白撒谎

“蛮”只能在句子中充当状语。如：

坐在树上乘凉，蛮舒服。

嗬件事渠蛮爽快得答应了。

嗬什时医院里病人蛮多。

2. 很［xɐn˩］

“很”表示程度高，也是阳新话常用的一个程度副词，通常用来修饰形容词、动词或动词短语。如：

很大　很安全　很扎实　很负责　很喜欢　很不习惯

很差　很促逼　很马虎　很难听　很能吹　很爱哭闹

“很”在句中可以充当状语，还可以用在“得”后充当补语。如：

嘚个伢崽很不错，懂事。　（状语）

看见你病成阁样子这样子，我心里很难受。　（状语）

我最近忙得很。　（补语）

勒几年在乡下箇日子苦得很。　（补语）

“很”和“有点”或“有丁有点”iɑu˩ tin˥、“有埂有点”iɑu˩ ȵiɐn˥ 组合，再和形容词或动词搭配，构成“很＋有丁（有埂）＋ A / V”的格式，不但表示程度高，而且还增加了夸张的语气和感情色彩。如：

嘚个家伙很有点滑头这个家伙滑头得很。

勒首诗很有丁意思那首诗非常有意思。

嘚笔生意，我很有埂划不来这笔生意，我非常划不来。

“很”和“蛮”虽然意思相当，但用法不尽相同。首先，“很”可以做补语，但“蛮”不能，人们可以说“累得很”，但不能说“累得蛮”。其次，“很＋有丁（有埂）＋ A / V”的格式和用法，“蛮”也不具备。另外还有一点，那就是“很”可以和“可能”搭配，而“蛮”不能，如“勒只鸡很可能跑了”，就不能说成“勒只鸡蛮可能跑了”。

3. 好［xɔ˩］

(1) 程度副词“好”的入句功能

“好”表示程度深，可修饰性质形容词、动词或动词短语，多含夸张语气和感情色彩。在句中可作状语。

修饰形容词，如：

守门箇勒个老汉好凶哦！

今日好冷啊，手指头都冻落了。

好大箇一棵树！

修饰动词或动词短语，如：

嘚个伢好听话啊！

你这个人好有心计呀！

嘚伢崽好逗人爱！

(2) 程度副词“好”的否定形式：

阳新方言里，程度副词“好”对于动词和形容词否定的形式不尽相同。先说程度副词“好”对动词的否定形式。“好”对动词的否定形式有两种：一种是前否定式“不＋好＋V”，一种是后否定式“好＋不＋V”。如：

①“不＋好＋V”

嘚个事情不好办。

眼前渠他箇病情还不好估计。

②“好＋不＋V”

嘚句话我好不想说出口！

王主任说话好不讲情面！

以上①组是前否定式，减弱了否定的程度，一般带有委婉的语气；②组是后否定式，增强了否定的程度，含有较为强烈的感情色彩。

再来说程度副词“好”对形容词的否定形式。“好”对形容词的否定形式只有一种，那就是后否定式“好＋不＋ A ”。如：

勒个卖票员好不耐烦哦！

今天我觉得好不舒服！

阳新话这种“好＋不＋ A ”的后否定式能增强否定的程度，含有较为强烈的感情色彩。能进入这种否定格式的形容词必须是有正能量的形容词，而且必须是双音节的，如上面例子的“耐烦”、“舒服”，而只有消极意义的“好不糊涂”、“好不傻”则不能进入这种格式。

阳新话程度副词“好”的用法和普通话有比较明显的区别，特别是在否定格式上，两者差异更大。普通话里也有一种“好＋不＋ A/V”式，但这种格式表达的意义却与阳新话的“好＋不＋ A/V ”式相反，其“好＋不”实际上是“好”。如：

她哭得好不伤心！(好不伤心＝好伤心)

集市里好不热闹！(好不热闹＝好热闹)

好不叫人痛断肠！(好不＝好)

这种形式表面上与阳新话的“好＋不＋ A/V ”式相同，但意思截然相反，它其实是以否定的形式表示肯定。这种情况，在阳新话口语里还没见到。

4. 太 [t'æ˧]

“太”在阳新方言里可以作形容词，与“细”相对；也可以作程度副词。在这里，只讨论作程度副词的“太”。

“太”表示程度过高，可修饰性质形容词、动词或动词短语，多用于不如意的事情。如：

我还是太相信渠他了。

钱太少了，做不倒不够用。

你太看不起人了！

渠他把事情做得太过分了。

太老实了箇人也做不成事。

在阳新话里，程度副词“太”一般不用来修饰作形容词的“太”，只说“特太了”，不说“太太了”。

“太＋A/V”的否定格式有两种：一种是“太＋不＋A/V”，即后否定式；一种是“不＋太＋ A/V”，即前否定式。

(1) 后否定式“太＋不＋A/V”，如：

勒样也太不像话了！

你太不了解渠了。

这样做太不好了！

(2) 前否定式“不＋太＋ A/V”，如：

这样做不太像话。

勒条山路不太好走。

对不起，我今日箇态度不太好。

很明显，第一类是在增强否定的程度，第二类语气舒缓得多，是在减缓否定的程度。

5. 特 [t'ɛ˥]

“特”表示程度过高或过分，一般用于不如意的事情，多带有不满的语气。可修饰性质形容词、动词或动词短语，在句中可作状语。如：

老公箇脾气特拐坏。

嘚这盘菜特辣了。

你头毛头发也特少了丁，只有几根了。

你特欺负人了，旁人都不服！

“特”组成的“特＋A/V”短语，常在句中作补语。如：

你下手也特狠了垠点。

你嗬这话说得特过头了。

勒件事做得特冇得谱子了。

“特”与“太”意思相当，但“特”在口语中使用频率比“太”高，如“嗬条路特难走”就比“嗬条路太难走”更口语化一些。

“特”和“太”的一个明显区别就是：“太”有“太＋ A/V”的否定格式，而“特”没有。在阳新话里，没有“特不 A/V”和“不特 A/V”的说法。

6. 几［tɕi˩］

阳新方言的“几”可以作数词和副词；作副词又可作疑问副词和程度副词。这里只讨论程度副词“几”。

(1) 程度副词“几”的入句功能

程度副词“几”用来修饰性质形容词、动词或动词短语，表示程度很高，含强烈的感情色彩，多用于感叹句中。句末常带语气词；如果不带语气词，则在“几”前面用“不得不晓得”表示肯定，有夸张的味道。“几”在句中能充当状语。如：

渠勒间屋几赖带龌龊哦！/渠勒间屋不得几赖带。

勒棵桂花树几香哦！/勒棵桂花树不得几香！

嗬兄弟两个几像哪！/嗬兄弟两个不得几像！

渠几喜欢打麻将啰，梗日整天不落屋。/渠不得几喜欢打麻将，梗日不落屋。

我几想去西藏旅游哦！/我不得几想去西藏旅游！

程度副词“几”所构成的“几＋ A/V”短语，可入句作谓语、补语和定语，有时还可作宾语。如：

嗬样这样几好！　（谓语）

衣裳洗得几干净哦！　（补语）

老四变得几爱玩哦！　（补语）

渠他买了一双几时兴箇球鞋哦！　（定语）

几好看箇电影哪，可惜你冇去看！　（定语）

勒盘菜不晓得有几好喫！　(宾语)

(2)“几”表示任何程度的格式

“几”除了表示程度很高以外，还可以表示任何一种程度，常见的是用“随（不管）几……都（还是）……”和“几……就几……”这两种复句格式来表示任何一种程度。如：

随渠随他风浪几太都不怕得。

外头随渠随他几热闹，我都不动心。

不管你几有本事，还是要讲诚信。

随你几会说，我就是不信。

渠他能有几拐坏就有几拐。

我能做几多就做几多。

(3)“几＋A/V”的否定格式

“不”［pu˥］和“冇得”［mɔ˧ tɛ˥］都可进入“几＋A/V”的否定格式。否定式有两种，即前否定式和后否定式，而“不”和“冇得”在这里都各只有其中一种否定格式。

①被“不”否定的是后否定式“几＋不＋A/V”，如：

人在外面几不方便哦！

你今日几不耐烦啰，总是把脸一黑倒。

渠他几不会做人哦，几个人渠都得罪光了。

后否定式“几＋不＋A/V”中的形容词或动词短语一般都是具有积极意义的，如上面例句中的“方便”、“耐烦”和“会做人”。

②被“冇得”否定的是前否定式“冇得＋几＋ A”，如：

嘚这到县城冇得几远。

渠他谈箇朋友冇得几高。

我看你也冇得几狠！

“冇得几 A”中的 A 只能是单音节形容词，而且这些形容词的数量有限，只限于“高、远、多、狠、胖、富”等正向类的性质形容词。

7. 死［sɿ˩］

(1) 程度副词“死”的入句功能

阳新方言的程度副词“死”用来修饰性质形容词、动词或动词短语，表示程度极高，含强烈的贬斥语气。在阳新方言里，“死”可在句中作状语，但组合面不宽，能被其修饰的词语不是很多，特别是形容词和动词短语极其有限。以下几乎是穷尽性的举例：

嘚这个伢死犟，随你么样劝也不听。

死懒，还不快丁去上班！

你嘚这几个死拐坏，不肯帮我一下子！

你两个人日日死结纠结，有个底止结束冇得？

渠他只服打，把渠死打一餐一顿就好了。

昨日老娘死骂我，其实不是我箇的错。

你不须跟我死争得，你完全冇得理！

我跟渠他死拖，看哪个拖得赢！

真不得了，一日到黑跟我死缠！

还在勒那死睏，懒煞了！

一双嘴一日到黑死嚼絮叨，真烦！

喫不得了就莫死胀！

只晓得闷倒头死做，一句话都说不出来。

又穷，又死要面子，只家自己找罪受。

程度副词“死”可在形容词谓语句中直接作补语。这一点，有别于其他程度副词。如：

老三犟死了，脾气发了转不倒弯。

渠懒死，几日都不洗一件衣裳！

几个妯娌拐坏死，生怕帮我一下子！

(2) 程度副词“死”的否定式

程度副词“死”可用“不”否定，构成“死＋不＋动词或动词短语”的否定格式。如：

死不听话　死不争气　死不要脸　死不讲理　死不开口　死不低头

死不用心　死不答应　死不承认　死不上进　死不上去　死不下来

死不讲卫生　死不听　死不走　死不说

这种格式在阳新话里能产度比较高，在口语中经常使用。如：

嘚伢崽特带厌调皮，说渠教训他死不听。

一只猫爬到树上去了，死不下来。

渠他每日回得晏晚，问渠渠又死不开口。

8. 有埌［iɑu˩ ȵiɐn˥］

“有埌”在阳新方言里用法有二：第一种用法是视“有”为动词，“埌”是不定量词，“有埌”中间还可插进数词“一”；第二种用法是“有埌”不能拆开，整体用来作程度副词。这里，我们只讨论程度副词“有埌”。

“有埌”在阳新话里用来修饰性质形容词、动词或动词短语，表示程度不高，相当于普通话的副词“有点儿”。跟在“有埌”后面的形容词可以是正向类的，也可以是负向类的，但“有埌”所表现出来的只能是不满意的感情色彩。如：

有埌高（嫌高了）　有埌长（嫌长了）　有埌热（嫌热了）　有埌快（嫌快了）

有埌矮（嫌矮了）　有埌短（嫌长了）　有埌冷（嫌冷了）　有埌慢（嫌慢了）

正因为这样，所以“有埌”后面一般无法搭配褒义或积极意义的形容词、动词或动词短语。如：“有埌恶”可以说，“有埌善”不可以说；“有埌赖带脏”可以说，“有埌干净”不可以说；“有埌横扯”可以说，“有埌讲理”不可以说；“有埌不听话”可以说，“有埌听话”不可以说。

“有埌”可以在句中单独充当状语。如：

太姐有埌喜欢乱说。

山上箇小路有埌不好走。

“有埌”构成的短语“有埌＋A/V”在句中可以作谓语、补语。如：

今日有埌冷。

太家大伙走得有埌累。

老四做事有埌差火！

“有埌”的否定格式是“有埌＋不＋A/V”。在这种否定式中，形容词、动词或动词短语多半是积极意义的。如：

刘老师今日好像有埌不高兴。

你待人有埌不诚信！

你嘚话这话说得有埌不好听。

上面箇意思我还是有埌不清楚。

在阳新话里，还一个程度副词“有丁”［iɑu˩ tin˥］，“丁 tin˥”是“点 tiĩ˩”的小称音变，“有丁”就是“有点”，其意义和语法功能与“有埌”［iɑu˩ ȵiɐn˥］相同，只是在口语里“有丁”没有“有埌”的使用频率高。

（八）介引

1. 表示被动的介词

阳新话被动句不用引进动作行为施事的介词“被”，而是用“捌”[pɒ˥]。介词“捌”的用法跟普通话的“被”相当，在句中引进施事。如：

茶杯捌我打破了。

地下捌你踩赖带脏了。

棉絮捌老鼠咬了一个洞。

在阳新话的被动句里，介词“捌”后面一定要出现施事宾语，如：“自行车捌别人偷去了”就不能说成“自行车捌偷去了”，“捌我骂了一餐”就不能说成“捌骂了一餐”，阳新话没有普通话“自行车被偷去了”、“被骂了一顿”的这种说法。

汉语介词大都是由动词演化而来的，每个介词虚化的程度也不一样，有的还带有动词的语法特征，有的还动介两用。据研究，汉语表被动的介词有些源于表“给予”义的动词，阳新话的介词“捌”正是这种情形。阳新话中有介词“捌”[pɒ˥]，也有动词“捌”[pɒ˥]，动词“捌”正相当北京话的“给、给予”。下面是动词“捌”的例子：

白酒不捌你喝白酒不给你喝。

勒封信你捌渠冇那封信你给他没有？

嗫张相捌我看一下这张照片给我看看。

在阳新方言中，由于“捌”虚化程度不高，出现了动介两用，所以就有可能在某些句子中出现歧义。如：

照片捌渠看了下照片给他看了一下/照片被他看了一下。

草捌牛噢了草拿给牛吃了/草被牛吃了。

这种情况，只有在具体语境里去加以辨别了。

2. 引进受事的介词

阳新话里，介词“把”[pɒ˩]用在动词前，引进受事，即引进动作行为支配交涉的对象。如：

你去把电费交了渠你去把电费交了他！

少说垠话能得不？冇得人把你当哑子少说点话行不？没有人把你当哑巴。

清早渠就把屋欸收拾得好好得清早他就把屋里收拾得好好的。

大嫂把我勒件衣裳洗得好干净大嫂把我那件衣服洗得好干净！

阳新话里，“把 pɒ˩”是唯一的一个引进受事宾语的介词。介词“把”的语法意义跟普通话的“把”基本相同，不同的是在阳新话中，否定词可用在“把”的后边。例如：普通话说的“他没把猪关好”，在阳新话里就可说成“渠他把猪冇关好”。再举两个例子：

勒伢把鸡一下子冇杀煞那孩子没有一下子把鸡杀死。

把门不关好就走了不把门关好就走了。

3. 表给予义的介词

在阳新方言里，表给予义的介词“得”［tɛ˥］用在动词的后面引进与事。如：

嘚本书借得你看几天这本书借给你看几天。

嘚支笔送得你这支笔送给你。

几批货都便宜批发得你了几批货都便宜批发给你了。

街舞么样跳？你跳得我看下街舞怎么跳？你跳给我看看！

有昧心思说得我听下有什么心思说给我听听。

我把一块钱还得你我把一块钱还给你。

嘚件衣服你喜欢我就买得你这件衣服你喜欢我就买给你。

但是，表“给予”义的动词“捌”后面却不能带介词“得”，譬如在阳新话中可以说“书捌你”，但不能说“书捌得你”。不过，阳新话里还有一个表“给予”义的动词“把”［pɒ˩］，它是动词“捌 pɒ˥”的变体，动词“把”和“捌”意义相当，但用法有所不同。动词“把”在句中一般要在与事宾语前加介词“得”［tɛ˥］，构成“把动词＋得介词＋与事宾语”的格式，这种格式与“捌动词＋与事宾语”语法意义相同，如：“书把得我＝书捌我”。

阳新话里，引进受事的介词“把 pɒ˩”与上述表“给予”义的动词“把 pɒ˩”同音，而且还容易同时出现在同一个句子里，但由于动词“把”后面带有介词“得”，因此不会引起混淆。如：

把一本书把得你把一本书给你。

明日把月饼把得你喫明日把月饼给你吃。

值得注意的是，在阳新话里，这种“动词＋得＋与事”的格式后不能再加受事，也就是说，表给予义的动词后面一定要用介词“得”引介与事，但后面不能再带受事宾语。受事词语只能处在介词“得”前面的位置。例如：不能说“把得你一本书”，只能说“一本书把得你”或“把一本书把得你”。下面再举几个例子：

我送一盆花得你。

我把勒那盆花送得你。

你到县城去买几件衣裳得我噻！

欠我箇钱你么时候还得我？

4. 引进对象的介词

在阳新话里，引进动作行为对象的介词有“对、对于、跟、向、问、找、找倒、除了”等，其中最常用的是“找、问、跟”。

（1）“找”［tsɔ˩］

“找”作为引进动作行为对象的介词，其虚化程度不高。有时“找”在句中到底是介词还是动词，还要颇费推敲。如：

我找渠他借了一块钱。

太不公平了，找渠他说理去。

嗯这张条子要找厂长签字。

你缺钱找你老娘要噻！

实在冇得没有了，就找别人讨垠点。

你心里面有火，为昧为什么总找我出气？

渠他日日找别人扯皮。

阳新话里，“找”还有个变体“找倒”［tsɔ˩ tɔ˩］，“找倒”的虚化程度却高得多。试比较：

A. 渠他日日找倒我扯皮。

B. 渠他日日找我扯皮。

很明显，例句A中的“找倒”的“倒”冲淡了“找”的动词性质，使介词的特点彰显了出来；而例句B中的“找”却似乎动介两可。可是，“找倒”的适用面较窄，只能出现在“找倒别人扯皮”、“找倒别人吵”、“找倒别人结纠缠”这样的句子里，其构成的介宾短语也只能与“扯皮”、“吵”之类的几个动词搭配。

（2）“问”［uɐn˧］

“问”作为介词，其虚化程度很高，只是适用面太窄，在阳新话里，仅能和谓语动词“要”搭配。如：

只晓得写信问家里要钱。

你去问服务员要餐巾纸！

其实在古汉语里，“问”作为介词，其适用面不至于这么窄，如明代的《清平山堂话本》卷二《快嘴李翠莲记》：“待我问他讨茶吃，且看怎的。”又如《西游记》第十七回：“菩萨现相，问妖取了佛衣。”而在阳新话中，介词“问”的语法功能却萎缩了。

(3)“跟”[kɐn˧]

阳新方言引进对象的介词“跟”不但与北京话介词“跟”相当，同时还兼有北京话介词“同、和、给”的功能，阳新话不用介词“同、和、给”。例如：

同这种人讲是白讲。(北京话)

跟嗗种人说是白说。(阳新方言)

同我比你还差那么一点儿。(北京话)

跟我比你还差一垠。(阳新方言)

和人家比还差得远。(北京话)

跟别人比还差得远。(阳新方言)

你给我滚！(北京话)

你跟我滚！(阳新方言)

而且，“跟”还可以兼有阳新话介词“找”和“问”的语法功能。如：

莫跟我扯皮！/莫找我扯皮！

细崽总是跟我要钱。/细崽总是问我要钱。

5. 引进方式、方法、依据、工具的介词

阳新方言引进方式、方法、依据、工具的介词有“按、凭、搁、靠、比、通过、根据”等，颇具特色的是“搁”[ko˥]。

介词“搁”相当于普通话的介词“用”。阳新方言在口语中一般不用“用”，只用“搁”。如：

喫饭搁筷子头打人吃饭的时候用筷子头打人。

莫搁手去拈饭喫不要用手去拈饭吃。

现在箇木匠不搁斧头剁木料了现在的木匠不用斧头砍木料了。

我真想喫勒搁柴火煮箇饭我真想吃那用柴火煮的饭。

6. 表容许、听任的介词

在阳新方言里，表容许、听任的介词主要有“随”、“等”。

(1)“随”[səi˩]

介词“随”是从表任随义动词“随”演变而来的，虚化程度不是很高。如：

我懒打伞得，随雨沰我懒得打伞，让雨淋。

勒豆角随渠只家长，冇得人管渠那豇豆让它自己长，没有人管它。

说话不想下就说，随嘴一噜说话不考虑一下就说，随嘴一噜。

不管昧，进屋随手一丢不管什么东西，进屋随手一丢。

“随 səi˩”还有一个变体“齐 ts‘əi˩”，两者用法完全一样。

(2)“等”[tɐn˩]

介词“等”也表示容许、听任义，相当于普通话的“让”。如：

慌昧？等我歇一口气噻慌什么，让我歇一口气嘛。

我不要你伆扶，等我只家走我不要你们扶，让我自己走。

以上“随”和“等”作为表容许、听任的介词的使用频率不是很高，特别是“等”的介词用法，在阳新，有些青年人也许已不甚了了，正因为如此，所以在这里要特地提出来。

7. 引进时间、处所或方向的介词

阳新方言里，引进时间、处所或方向的介词有“在、从、到、兜、自从、朝、往、顺倒、沿倒、依倒”等，颇具地域特色的是“兜”和“朝”。

(1)“兜”[tɛ˧]

或许是古无舌上音现象的遗留，在阳新话里，“兜 tɛ˧”与“照 tsɛ˧”乃一音之转，“兜”作为引进方向的介词自然也就相当于普通话的介词“照”。如：

渠兜细崽头上就是一栗子磕他照小儿子头上就是一栗凿。

兜头一棍子，打得血直流照头一棍子，打得血直流。

(2)“朝”[ts‘ɛ˩]

普通话的介词里既有“朝”也有“向”，但阳新方言一般只用“朝”，不说“向”：

我看见渠他朝我走过来我看见他向我走来。

拐个弯朝前走两脚就到了。

在阳新话里，还有一个介词“劈”[p‘əi˥]，它与介词“朝”相当，在口语里也常用，如：

走上前就劈胸脯一抓走上前就朝胸脯一抓。

渠把勒个女箇劈脸一巴掌他朝那个女的脸上打了一巴掌。

(3) 阳新方言不用助词“着”而用“倒”，所以普通话里的介词“顺着、当着”，成了“顺倒、当倒”。例如：

水顺倒屋檐沟流下来了。

顺倒河边走。

有话就当倒太家大家箇面说。

(九) 关联

阳新方言关联词语包括词间关联词语和句间关联词语。

1. 词间关联词语

(1)“跟、还有、或者”主要用于体词性短语内部词语关联。如：

我跟大明是从细时小时候一起玩太箇朋友。

苹果跟香蕉我都喜欢喫。

我爷还有我母，年纪都大了。

今日我钱还有身份证都落掉了。

新衣裳或者玩具，只能买一样得给你。

(2)“还”、“一路……一路……”主要用于动词之间的关联，“又……又……”既用于动词之间的关联，也用于形容词间的关联。如：

联欢会上渠他好高兴，唱了歌还跳了舞。

喫饭还说话，一双嘴塞不倒。

一路说一路笑，真是热闹。

又哭又闹，烦煞人。

又黑又瘦，嘚什些时你冇长好。

嘚这伢崽又聪明又听话。

2. 句间关联词语

(1) 表示并列关系的关联词有：又……又……、一边……一边……、不是……是……，如：

又嫌我样子土气，又嫌我不会说话。

一边走，一边唱。

不是我不晓得，是我不想说。

(2) 表示顺承关系的关联词有：就、才、先……再……，如：

老三一碗饭还冇喫完，就跑了。

我出门了，才想起来电视冇关。

我先去银行，再去菜场。

(3) 表示递进关系的关联词有：不光……还……，其中“不光”可以替换为“不仅、不只、不但”；“而且”可以替换为“还、甚至、就连、更”，如：

我不但要跟你说，还要跟你屋箇太人家长说。

不只你想走，我更想走。

不光我有意见，太家大家都有意见。

(4) 表示选择关系的关联词有：或者……或者……，是……还是……，不是……就是……，要么……要么……，如：

或者你去，或者我去，反正要一个人去。

是你去，还是我去，由你作主。

不是你买菜，就是我买菜，别人都冇得空。

要么搭车去，要么骑车去。

(5) 表示转折关系的关联词有：但是，不过，虽然……但是……、就是……也……、宁可……也……、不管……都……,如：

我说了，但是渠他不听。

都送礼了，不过渠他一概不收。

虽然你冇说，但是别人心里清楚。

就是天塌下来了，也不怕得。

就是讨米，也不在你家门口讨。

宁可饿，也不喫你嗯这餐饭。

不管你么样说，我都不相信。

(6) 表示因果关系的关联词有：因为……所以……、既然……就……、既然……那……，如：

因为身体不太好，所以好多事不想管。

父母既然看生了渠他，就有责任养渠。

既然你不听，那我就不说了。

(7) 表示目的关系的关联词有：……免得……，如：

把东西放一边垠一点，免得抵倒别人走路。

早㫘打电话回去，免得太人长辈担心。

(8) 表示假设关系的关联词有：要是……就……、把得……就……，如：

要是在外面找不倒工作，就赶紧回来。

你要是想挣钱，就莫怕喫苦。

把得我就不会对渠他果这么客气了。

(9) 表示条件关系的关联词有：只有……才……、只要……就……、除非……才……、一……就……、越……越……，如：

只有你嘚这种人，才说出嘚种话。

只要冇做亏心事，就不怕别人说闲话。

只有坐下来商量，才能解决问题。

除非日头从西边出来，我才相信你。

都是泥巴路，天一落雨下雨，就要穿雨靴出门。

越是劝渠他，渠越是哭得伤心。

（十）体貌

这里主要讨论阳新方言的“体”，即动作过程状态和实践过程状态的语法表现。阳新方言的体貌系统主要是用词汇手段（虚词，主要是助词），即通过标记词的表示来实现的。下面将对不同的“体”及其标记词加以介绍。

1. 起始体

阳新方言里，起始体的体助词是“起来”[tɕʻi˩ læ˩]。“起来”用在动词后面，表示动作的开始。如：

小明哭起来了。

说起来话就长了！

听到勒个消息，太家大家喜得跳起来了。

在“起来”之间还可以插进动词的宾语，如：

渠他发起脾气来好狠！

渠他说起话来总冇得歇得。

在阳新方言中，有时还可以在动词后面加标记词“起”[tɕʻi˩]用以表示动作的开始，而动词前面往往有介宾短语，表示从某起点开始。如：

嘚这个工作还得从零做起。

房租费从三月份算起。

2. 进行体

进行体表示动作行为在某一参照时间仍在进行。北京话进行体的标记是助词“着”，而阳新方言进行体的标记词有多个：

(1) 倒 [tɔ˩]、在 [tsʻæ˧]

阳新方言进行体的标记词“倒”[tɔ˩]，用在动词后面表示动作行为在某一参照时间仍在进行。有时候也可以在后面附加“在”[tsʻæ˧] 进一步表明动作行为的进行状态；有时候还可以省略“倒”，只在句尾附加“在”。例如：

坐倒喫比立倒喫好。

渠他坐倒在。

屋欸箇灯还亮倒在。

天正落雨在。

婆佬两个正在吵嘴。

(2) 得 [tɛ˥]、是得 [sɿ˧ tɛ˥]

阳新方言进行体的标记词“得”往往用在动词后面，构成“V 得”的格式，表示动作行为正在进行。如：

你在做昧得？你在干什么？——喫得正在吃。

我喫饭得，有么事你等下子我正在喫，有什么事你等下子。

我做事得，你莫抵倒我我正在做事，你不要妨碍我。

饭搁桌子上面得饭正放在桌子上面。

渠他在外面玩得他在外面玩。

“V 得”也可置换为“V 是得”，“得”和“是得”语法功能一致。如：

我做事得。/ 我做事是得。

我打针得，有么事你等下子。/ 我打针是得，有么事你等下子。

渠在勒写得，就写起来了他正在那里写着，马上就写好了 / 渠在勒写是得，就写起来了。

值得注意的是，为了强调动作行为正在进行，“V 得”、“V 是得”前面还可以加进行体的标记词“在”或“倒”。如：

王老师在讲课得。

渠他还在困醒睡觉是得。

灯还在勒那亮倒得。

拖拉机在路口停倒得。

伢崽睏倒得，莫惹渠他。

(3) 果［koɹ］、只果［tsʅ˥ koɹ］

①“果”

在阳新方言中，进行体的标记词“果”可用在单音节动词前面，构成“果V”或“果V果V”的格式，表示动作正在进行中，一般在句中充当谓语和补语。如：

一头跑，一头果说一边跑，一边说。

我要睏得头果啄我瞌睡得直舂头。

你三哥还在外面果说得，快叫渠回来喫饭你三哥还在外面说话，快叫他回来吃饭。

把头果摆果摆把头直摆。

渠一个人长日在房敹果写果写他一个人成天在房里直写直写。

表示动作行为正在进行的“果＋V”式短语，阳新话中作补语特别普遍，如：

气得脚果筛	气得嘴果瘪	气得嘴果鼓	气得拳子果勒
气得手果掣颤	累得汗果滴	痛得手果颤	欠得潒涎水果滴
梗得眼果翻	说得潒果喷	辣得嘴果嘣	酸得舌帖舌头果伸
热得嘴果奓	恨得牙齿果呃	哭得眼泪果放	要睏得眼果闭

詹伯慧先生在《现代汉语方言》（湖北人民出版社1985年版）中曾说湖北浠水话也有这么一种“进行体”范畴的格式，并说“果写果写”“除了表明正在进行‘写’这一行为外，还含有‘不停地进行’的意思”。詹氏的这一说法，不但适用于浠水话，也适用于阳新话。

在阳新话中，“果V”格式的后面还再可以附加进行体标记词“得”或“是得”，强调动作在进行之中。如：

渠他还在勒那果写得。

细妹小妹一个人果哭是得。

“果”前面可以加上表动作情态的状语，构成“状语＋果＋动词”的格式，跟“果”连用的状语一般是表动作情态的形容词、动词和动词性短语以及后附“得”的短语。如：

效莽使劲果跑

假假马马假情假意果笑

哭倒果说

舍命果做拼命干活

仔细得果看

慢慢来来得果说慢慢地说

把书一页一页得果翻

在这种句式中，“果”有引进修饰动词的词语的作用，但主要的作用还是强调动作进行之中的情态。在这种句式中，动词后面不出现补语，也不出现时态助词“了”。

“果”还有个用法是作指示代词，相当于普通话的“这么、这样”，与这里表示动作正在进行的标记词“果”不同，要加以区别。

②“只果”

“只果”与“果”都可作单音节动词的状语，用法大致相同，有时候可以相互置换，如“要睏得头果啄”，就可以置换成“要睏得头只果啄”。但是，“只果”前面不能加状语。在一般情况下，“只果”除了强调动作的持续性之外，更加强调动作的急促和频率之高。如：

一看见我就只果哭一看见我就直哭直哭。

一看见我就吓得只果跑一看见我就吓得直跑直跑。

“只果哭”含有“急促地哭、不断地哭”的意思，“只果跑”含有“飞快地跑、不断地跑”的意思。

“只果＋动”在句中可以作谓语、补语和状语。如：

渠他一个人在勒只果哭，冇得人管渠。（作谓语）

我喜得只果蹦。（作补语）

渠他只果跑法过来。（作状语）

“只果＋动”作状语时后面要带上语缀“法”[fɒ˥]。

有时为了强调动作的高频率和持续不断，“只果＋动”的格式还可以重叠使用。重叠和不重叠在语法功能上没什么不同。如：

我喜得只果蹦只果蹦。

只果挖只果挖，一下子把地挖完了。

佗拿起笔只果写只果写，写得真好看。

渠他只果跑只果跑法过来。

3. 先行体

所谓先行体，是指一个先行的行为、事件的发生，是另一个行为、事件发生的先决条件。在阳新方言中，助词“着”［tso˥］是先行体的标记词。“着”前面的成分是谓词或者小句，也有是体词的，该成分所表示的就是先行的动作行为或事件。如：

屋要整了啊房子要整修了！——冇得钱，明年着没有钱，明年再说。

我想出去玩下我想出去玩一下。——饭就熟了，喫了着饭就要熟了，吃了再说。

百么事都不想，好生睏一高醒着什么事情都不想，好好睡一觉再说。

在阳新话中，“着”还可以说成“是着”。如：

百么事都不想，好生睏一高醒是着。

莫慌倒说话，喝一杯茶是着！

为了进一步强调先行动作行为是其他动作行为的先决条件，有时还可以在谓词前面加上“先”或“等”。如：

东西先赊倒着，过几日把钱得你东西赊着再说，过几天给你钱。

很伆先喫了着，边喫边等渠我们先喫着再说，边吃边等他。

等我把衣裳穿好了着让我把衣裳穿好了再说。

要想拆我嘚间屋，就等我死了着要想拆我这间屋，那就等我死了再说。

4. 完成体

完成体表示动作行为在某一参照时间之前已经完成，完成以后所产生的状态延续到参照时间。阳新方言完成体的标记与北京话相同，也是助词“了”。阳新话的“了”读［liɛ˩］，有时可读［lɛ˩］，读音与北京话不同，且不读轻声。“了”跟在表示动作行为或表示状态的谓词后面，表示完成或实现的语法意义。如：

小明送了我一本书。

阳台高头上箇衣收了。

今日我买了一套球衣。

我看了电影就回来。

后背山箇橘子红了好多。

屋场禾场上箇谷稻子捌被鸡喫了。

在阳新话里，表示动作完毕的助词“过”也可以作为完成体的标记，但使用频率不高。如：

喫了冇？——喫过了。

等我问过了渠再说。

5. 经历体

经历体表示动作行为曾经发生，也就是说，表示过去曾经有过某件事情。阳新方言经历体的标记词是“过”[ko˧]，通常用在动词的后面，构成“V过”的格式，表示过去曾经发生过某种动作行为。

阳新话和普通话一样，体助词“过”可分为“过$_1$”和“过$_2$”。“过$_1$”表示动作完毕，例如：“喫了冇？——喫过了。”“等我问过了他再说。”这两例中的“过”，是完成体的体助词“过$_1$”，不属于经历体讨论的范围。这里只讨论经历体的体助词“过$_2$”，以下只写作“过”。如：

嘚这个电影我看过。

天堂寨风景区我去过。

嘚这话我是说过，勒又么样？

冇没有喫过猪，看见过猪走路。

经历体“V过”格式的前面还可以加否定词“冇”，以表示某种动作行为或事件未曾有过。如：

我做箇账从来就冇错过。

跟隔壁左右一直冇红过脸。

在阳新话中，还可以在经历体“V过”格式的前面加副词“再”，表示某种动作行为还可以重新再发生一次。如：

话冇说好再说过就是。

字写得不好不要紧，再写过。

（十一）语气

阳新话的语气词有：啊、哪、嘞、吧、哦、噻、吱、欸、得、箇、啰、哎、唉。

1. 啊，读[ɔ˧]、[ɔ˩]

(1) 用于祈使句，读[ɔ˩]。

你快垠点走啊！

莫在外面惹祸啊！

作业做完了就快垠点上床睏啊！

(2) 用于感叹句，读［ɔ˩］。

今日真热啊！

我命是项为什么果这么苦啊！

老天啊！

(3) 用于疑问句，读［ɔ˩］。

你是瞒谁啊？

哪个啊？

去不去啊？

是喫饭还是喫面啊？

就你两个人去啊？

以下三句用于反问句，“啊”读［ɔ˧］。

我在嘚忙是得你冇看倒啊我在这正忙着你没看见啊？

茶杯明明在桌子上面你看不倒啊？

你不晓得我今日不舒服啊？

(4) 用于列举，读［ɔ˧］。

电视机啊，电冰箱啊，空调啊，都买齐了。

2. 哪，读［lɔ˧］、［lɔ˩］

(1) 用于反问句，读［lɔ˧］。

还有喫完哪？

渠真箇有果狠哪？

还差人哪？

(2) 用于感叹，常用在句中，读［lɔ˧］。

进屋一看哪，急倒了，东西冇得了。

冇得钱哪，么事都做不成。

(3) 用于祈使句，读［lɔ˩］。

过细垠哪！

立倒做昧干什么？走哪！

3. 嘞，读［lɛ˧］、［lɛ˩］

(1) 用于疑问句，读［lɛ˧］。

那你说么办咧？

还是先回去吧，你说嘞？

是喫饭还是喫面嘞？

你不是说你会焐饭做饭箇嘞？

今日为昧为什么你勒那鬼影子都看不见了嘞？

(2) 用于感叹句，读［lɛ˩］。

我才不怕得你嘞！

勒那才出奇奇怪嘞！

嗂这棵树木有垠点高嘞！

嗂这件衣裳真箇真的好看嘞！

书不是果那么好读箇的嘞！

4. 吧，读［pɔ˧］、［pɔ˩］

(1) 用于祈使句，读［pɔ˩］。

天不早了，告试开始吧！

快垠点睏吧，等下要停电。

时间到了，交卷吧！

(2) 用于是非问句，读［pɔ˩］。

伢崽都还好吧？

现在晓得昧什么是苦了吧？

迟几日不要紧吧？

应该不止果这么几个人吧？

不至于吧？

(3) 用于是非问以外的疑问句，读［pɔ˧］。

嗂话是你说箇吧这话是你说的吧？

你也冇喫饭吧你也没有吃饭吧？

你累倒冇吧你累了没有？

你不得我在忙吧你不晓得我在忙吧？

(4) 用于陈述句，表示不是十分肯定，读［pɔ˧］。

好像是前年吧，我去南方打了半年工。

哪个把斧头借走了？——是老张吧。

勒那伙人大概已经到了吧。

半天冇看到人，只怕是走了吧。

5. 哦，读［o˩］

(1) 用于感叹句。

好太箇雨哦！

今年只怕又考不上哦！

实在是冇得办法了哦！

已经晚了哦！

你是项果不听话哦你为什么这么不听话哦！

(2) 用于陈述句。

街上箇人多不多啊？——多哦，不得不晓得几多人！

阁闷热法子，只怕要落雨哦这么闷热，只怕要下雨哦。

现在生意不好做哦。

(3) 用于疑问句。

勒是么东西哦那是什么东西哦？

勒有么西用哦那有什么用哦？

还要过几多时哦还要过多长时间哦？

6. 嗦，读［sæ˧］

(1) 用于疑问句。

近来还好嗦？

这两年冇病嗦？

你嗕是这是搞么名堂嗦？

你着急又有么用嗦？

你嗕样搞，是昧意思嗦你这样搞，是什么意思嗦？

(2) 用于祈使句。

莫吵嗦！

你莫惹得渠他不耐烦嗦！

过来帮个忙嗦！

快垠点回屋去嗦！

7. 吱，“吱”读［tsɿ˧］

(1) 用于疑问句。

你这是搞么西吱你这是搞什么呢？

做昧果讲礼吱为何这般讲礼呢？

(2) 用于祈使句。

你两人莫吵吱！

过细垠吱小心一点！

莫总是果跑吱，跶倒是何解莫总是跑啊，摔跤了怎么办？

你立果远做味？过来垠点吱你站那么远干什么？过来一点嘛！

8. 欸，读［ɛ˩］、［ɛ˧］、［ɛ˥˧］

(1) 用于感叹句，读［ɛ˩］。

瞎了欸！完了欸！

吵煞了欸！

痛得不得了欸！

莫急欸，急也冇得用！

(2) 用于疑问句，读［ɛ˧］。

堲是何解欸现在怎么办欸？

你勒在做么西欸你们在做什么？

嗰个屋下是项果穷欸这个村子怎么这么穷呀？

(3) 用于祈使句，读［ɛ˩］。

再莫吵了欸！

你要相信我欸！

你再不能勒样那样了欸！

(4) 用于陈述句，读［ɛ˩］。

我最喜欢喫薯子红薯欸。

今年薯子种多了欸。

在陈述句中，“欸”有时可包含“了”的语法功能，相当于“了＋欸”。如：

打煞欸打死了欸。

鸡跑欸鸡跑了欸。

树长得蛮高欸树长得蛮高了欸。

现在日子好过欸现在日子好过了欸。

我屋也有电视欸我屋也有电视了欸。

渠他比以前懂事好多欸他比以前懂事好多了欸。

(5) 用于打招呼，读［ɛ˥˧］。

欸！你好啊！

欸！老罗，你喫冇？

9. 得，读［tɛ˥］

语气词“得”用在动词后，表示否定的语气，但动词前面必须有表否定的词语，即有表否定的副词、形容词或动词性短语“不、不须、不必、不犯于没有必要、愁、懒、冇得空”等。如：

莫说你果狠，我不怕得莫说你这么狠，我不怕。

不须讲礼得不必讲礼。

你不犯于跟渠吵得你犯不着和他争吵。

我懒去得我不愿意去。

我愁跟你说得我不愿意跟你说话。

我冇得空跟你嚼得我没有时间跟你闲聊。

“得”还可省略动词，直接附于表否定的词语之后。如：“愁得”、“懒得”、“不犯于得”。这种格式要放在一定的语境当中，人们才能理解省略的内容。如：

明天我再来看望你——你忙，不须得。

我要找他说理去——跟勒那种人说理，不犯于得！

10. 箇，读［ko˧］

语气词“箇”用于陈述句句末，表示肯定或确认，相当于普通话的语气词“的”。如：

这年头，只要肯喫苦，饿是饿不煞箇！

心下心里再不好过，饭还是要喫箇！

再么样，这门亲事认是不认箇！

11. 啰，读［lo˩］

“啰”在阳新话中使用频率较低，只用于感叹句。

渠母他母亲往日几可怜啰！

渠他跶了一跤，皮都跶破了，几吓人啰！

有时在句中读［lo˧］

勒当然啰！不用心读书成绩就差。

12. 哎，读［æ˥］、［æ˧］

“哎”用在介词“把”、“在”和其宾语之间，读［æ˥］。“哎”不但可以舒缓语气，同时还有代替指示代词的作用。如：

把哎挖锄佗拿过来！

莫把哎粥煮得特酽了！

昨日李四在哎路上总是果打饭嚏喷嚏。

“哎”还可用在其他地方表示感叹，一般读［æ˧］。如：

冇想到一生哎生个囡伢女孩！

叫你唦哎你又要去玩得。

有时也读［æ˥］。如：

勒个伢是哎老师箇崽。

13. 唉，读［æ˩］

“唉”用于独词句，表示感叹。

唉！这次考得不好。

唉！出门钱包就捌给别人偷去了。

（十二）“箇、得”

1. “箇”［ko˧］

下面按照“箇”的语法功能的不同，对不同的“箇”分别加以介绍。

(1) 阳新话的“箇”如同普通话的结构助词“的”一样，也可作定语的标记。如：

前面箇路　　穿赖带脏了箇衣裳　　笔直箇太路

隔壁箇黑狗　　蛮便宜箇货　　今日箇天气

但是，单数人称代词不能后附“箇”作亲属称谓名词的定语，比如：“我箇书”可以说；“我箇哥”则不能说，只能说“我꜀哥”（“我꜀”表示“我”读为小称变音）。也就是说，充当定语的单数人称代词只能用领格的形式，读小称变音，后面不附“箇”。如：我꜀母 ŋo˥ m̩˩ ｜我꜀哥 ŋo˥ ko̰˥ ｜你꜀弟 n̩˥ tʻḭ˥ ｜你꜀婆 n̩˥ pʻo˩（见本章“指代”）。

单数人称代词修饰非亲属称谓的中心词，也可以用领格的形式。试比较单数人称代词发生小称音变（用领格的形式）与不发生小称音变二者同后附“箇”的关系：

你箇书 ŋo˩ ko˧ ɕy³　　你꜀书 n̰˥ ɕy˧

我箇衣裳 ŋo˩ ko˧ i˧ sɔŋ˩　　我꜀衣裳 ŋo̰˥ i˧ sɔŋ˩

渠他箇扇子 kʻɛ˩ ko˧ sœ̃˧ tsɿ˩　　渠꜀扇子 kʻɛ̰˥ sœ̃˧ tsɿ˩

值得指出的是，单音形容词单独作定语时，后面一般不带“箇”，如“红花”、“冷风”一般不能说成“红箇花”、“冷箇风”。

(2) 阳新话的“箇”可附在名词、代词、动词、形容词后面，也可附在介宾短语以外的各类短语的后面，构成“X＋箇”格式。

在“X＋箇”格式中，无论 X 是名词性的还是谓词性的，“X＋箇”都是名词性的。如：

枞树箇松木的　　抢回来箇抢回来的

往日箇以前的　　学校欸发箇学校里发的

太箇大的　　做生意箇做生意的

喫箇吃的　　父子两个箇父子两个的

“枞树箇”指松木做的东西，“喫箇”指吃的东西。其余类推。

“X＋箇”短语可以单说，也可以在句中充当主语、谓语、宾语、定语、补语。如：

单说　勒是什昧人那是些什么人？——看热闹箇看热闹的。

主语　做木匠箇进屋，不愁柴烧。

谓语　勒张桌子蛮扎实箇。

宾语　勒间房是我住箇。

定语　冇熟箇桃子不好喫。

补语　头毛头发梳得阁溜光箇。

“X＋箇”作补语时，X大都是形容词性词语，这些词语前面一般都要加前缀“阁”［ko˥］。如：

勒件白衣裳捌你穿成阁黑箇了那件白衣服被你穿成黑的了。

路修得阁笔桨直箇路修得很直。

嘴唇冻得阁漆紫乌箇嘴唇冻得乌乌的。

菜炒得阁表淡箇菜炒得很淡。

还在作烧，脸烧得阁冻红冻红箇还在发烧，脸烧得通红通红的。

(3) 阳新话的“箇”也可作语气词。语气词“箇”相当于普通话的语气词“的”。如：

我是不会跟渠走箇我是不会跟他走的。

唃餐饭还是要去喫箇这餐饭还是要去吃的。

唃门亲事渠是不得认箇这门亲事他是不会认的。

2.“得”［tɛ˥］

“得”可以作动词，作动词的用法与北京话相同，在这里就不说了。除此之外，阳新话里还有八种功能不同的“得”，下面分别称之为“$得_1$、$得_2$、$得_3$、$得_4$、$得_5$、$得_6$、$得_7$、$得_8$”。

(1)“$得_1$”

“得$_1$”基本上相当于北京话的后附语法成分“的”，但它与“箇”又不同，它所构成的短语不具有名词性。北京话后附语法成分“的”的功能，在阳新话中分别为“箇”和“得$_1$”承担。“得$_1$”附缀在形容性词语、副词、多音节的拟音词和某些短语后面，构成“X+得$_1$”格式。如：

慢慢得　胖胖得　淡表表得　咚咚得　哗啦啦得

好生得　足足得　白白得　　特味得　叽叽喳喳得

随随便便得　整整齐齐得　打打闹闹得　来来去去得

平白无故得　妖的妖气得　无缘无故得　七门八路得

“X+得$_1$”一般不单说，在句中可充当状语、谓语和补语。如：

状语　渠他一来就稀了哗啦得说倒不歇。

　　　白白得送渠他几块钱。

　　　好好得说，莫发火。

谓语　渠他说说笑笑得，蛮快活。

　　　你一日到黑心不在焉得。

　　　渠他总是有礼冬冬、斯斯文文得。

补语　前日说得好好得，今日又变了。

　　　牛肉切得细细得，刀功真好。

　　　把衣裳洗得干干净净得。

有一个特例，阳新话把“害羞”说成“不好意思得”，有时可以简化为“不好得”。这里的“不好得”可以看作是“X+得$_1$”的否定式。

“X+得$_1$”后面还可以加“箇”。“X+得$_1$”后附“箇”后，在句中可以充当主语、定语和宾语。如：

主语　勒个胖笃笃得箇是你细崽?

　　　辣霍霍得箇才有味。

定语　煮得阁烂烂得箇牛肉才好喫。

　　　太太样样得箇桌子才好用!

宾语　衣裳莫买阁花花绿绿得箇!

　　　我最看不惯阁吊儿啷当得箇。

有时，还可充当句中的谓语和补语，但只能用在“原来……现在却……”一类的句子中。如：

谓语　上个月还好好得箇，冇没有想到一下子就病了。

渠他以前翻头拗颈横蛮不讲道理得箇，现在懂事好多了。

补语 渠他嵌蛮刚才玩得蛮高兴得箇，你一来渠就哭了。

本来说得好好得箇，是项怎么又变了？

(2)“得₂”

“得₂”作为结构助词用在动词后面，构成“V得”的格式，表示动作行为正在进行。“V得”还可说成“V是得”，“得”和“是得”语法功能一致。如：

我喫得，有事等下再说我正在吃，有事等下再说。

饭搁桌子上面得饭正放在桌子上面。

我做事是得，你莫烦我我正在做事，你莫烦我。

为了强调动作行为正在进行，“V得”、“V是得”前面还可以加进行体的标记词“在”或“倒”。如：

王老师在讲课得。

灯还在勒那亮倒得。

关于“得₂”的论述，见本章“体貌”。

(3)“得₃”

“得₃”作为助动词，用在动词前面，表示“可能”、“能够”等意义。

①“得₃”和“不”结合，构成“不得+V”的否定格式。“不得”相当于普通话的“不可能、不会”。如：

嘚蛮渠还不来，只怕不得来了这时候他还不来，恐怕不会来了。

渠勒个人固执得很，不得听你箇他那个人固执得很，不可能听你的。

渠现在眼界太了，嘚门亲事渠不得认箇他现在眼界大了，这门亲事他不会认的。

在阳新话中，还有一个凝固格式“不得到”，意思是“不会这样”、“不至于”。如：

嘚伢将来娘老子都不得认这孩子将来父母都不会认。——勒不得到那不至于吧。

上述例子中的“得”可以置换成“会”，但在这种否定式中，人们还是习惯于用“得”。而在肯定式中又不能用“得”而只能用“会”，如“渠会听你箇”就不能说成“渠得听你箇”。

②“得₃”和“能”结合，构成“能得+V”的格式，“能得”相当于普

通话的助动词“能够、可以”。如：

做梦也冇没有想到我能得上大学读书。

莫看渠他阁这太年纪了，渠还能得犁田打耙。

我要等伢崽小孩上学去了，我才能得出门。

我有事不能去，看渠他能得去不。

“能得”还可以单独回答问题，如：

今日你能得去开会不？——能得。

“能得”相当于北京话的“行”，如北京话说“你来也行，不来也行”，阳新话则说“你来也能得，不来也能得”。“能得”只能用于肯定式，其否定式不是“不能得＋V”，而是“不能＋V”。如阳新话可以说“不能去”，但没有“不能得去”的说法。

(4)“得$_4$”

“得$_4$”是结构助词，它和前面的动词构成“V＋得”的格式，表示某件事于情于理应该做、可以做或值得做。如：

谷熟了，割得了谷熟了，可以割了。

嗬个生意做得这笔生意可以做。

这个礼，收也收得这个礼，要说也可以收。

勒件衣裳颜色素清，我穿得那件衣裳颜色素清，我可以穿。

我腰痛好垠了，犟动得了，前几日掣都不能掣我腰痛好点了，现在可以活动了，前几日动都不能动。

嗬伢崽不孝，就是骂得这小子不孝，就是应该骂。

今夜箇戏看得今夜的戏值得看。

嗬道菜有味道，喫得这道菜有味道，值得吃。

这种用法与北京话有些相同，如北京话说“打得”、“骂得”，但北京话远没有阳新话用得这么广泛。

“V＋得”允许有否定式，否定式是“V＋不得”，如：

嗬件衣裳特太了，我穿不得这件衣裳太大了，我不能穿。

水冇烧开，喝不得水没有烧开，不能喝。

渠嗬什时身体不太好，脸色看不得他这些时身体不太好，脸色不好看。

(5)“得$_5$”

“得$_5$”也是结构助词，它构成“V＋得”与“得$_4$”构成的“V＋得”

形式相同，但语法意义不同，“得$_5$”构成的“V+得”表示能够并擅长于某种动作行为。也就是说，“V得”就是“能V”。如：

喫得能吃　　睏得能睏　　说得能说　　咵得能侃

玩得能玩　　挨得能拖　　做得能做　　摸得能慢条斯理地做事情

“得$_5$”构成的“V+得”在句中只能充当谓语。如：

渠是喫得，喫了三碗还冇喫饱他是能吃，吃了三碗还没有吃饱。

嗯蛮还不起来，真睏得这个时候了还不起床，真能睡。

渠最挨得了，嗯蛮还冇出门他最拖拉了。这个时候还没有出门。

嗯一块就是渠咵得，几日几夜都不说现话这个地方就数他能说，几天几夜都不说重复的话。

“得$_5$”构成的“V+得”的否定式是“V+不得”，表示无法胜任某种动作行为。不过，这种否定式中的动词会受很大的限制，在口语中，仅见“喫、睏、做、饿”等及少数动词。如：

嗯什时不太舒服，喫不得这些时不大舒服，不能吃。

渠喫得、睏得，就是做不得他能吃、能睡，就是不能做。

“得$_2$”、“得$_4$”、“得$_5$”都有“V+得”的格式，但语法意义不同。由于语境不同，在阳新话里一般不会产生歧义。下面以“喫得”为例，试加以比较：

得$_2$：我喫得，有事等下再说我正在吃，有事等下再说。

得$_4$：嗯道菜有味道，喫得这道菜有味道，值得吃。

得$_5$：渠三碗还冇喫饱，真喫得他吃了三碗还没有吃饱，真能吃。

(6)“得$_6$”

“得$_6$”作为结构助词在动词后面和作补语的形容词或动词一起构成“V得V/A”的格式，表示动作的结果、趋向可能出现。如：

嗯幅画今日画得完这幅画今日画得完。

报纸上箇的字我都看得清。

馒头喫得饱。

现在我还走得动，说不定明年就走不动了。

这种格式在语言实际中常常遇见，如：

想得通　听得见　出得去

立得稳　伸得直　切得细

值得注意的是，在这种格式中，一个“V得倒”、一个“V得了”在口语中特别常见。下面分别介绍一下：

①“V得倒”的“倒”是实义动词，表示结果，在句中充当补语。“V得倒”表示能够实现某种动作所要达到的结果。如：

勒首歌渠唱得倒那首歌他会唱。

便宜化肥我买得倒便宜化肥我买得到。

勒批货还批发得倒那批货还能批发得到。

一个月一袋米喫得倒一个月一袋米够吃。

学校伙食便宜，你寄来箇钱用得倒学校伙食便宜，你寄来的钱够用。

“倒”虽然是补语，但有时后面还可以再加补语，如：

空竹我也玩得倒几下子空竹我也能玩几下子。

嗮只歌我也唱得倒两句这首歌我也能唱两句。

我年轻时也举得倒果重我年轻时也能举这么重。

“V得倒”格式后面可以带宾语，如：

嗮伢一岁多丁就认得倒好多字这孩子一岁多一点就能认得好多字。

我犁得倒田，插得倒秧我能犁田，会插秧。

“V得倒”的宾语有时还不限于受事，还可以是施事、与事：

一斤灰面搨箇饼子喫得倒两三个人一斤面粉搨的饼子够两三个人吃。

嗮窑砖做得倒一间屋这一窑砖够做一间房子。

“V得倒”允许有否定式，否定式是“V不倒”，如：

电脑我用不倒。

勒那药缺货，买不倒。

一碗面喫不倒一碗面不够吃。

②“V得了”的“了”也是实义动词，“V得了”的格式所表示的是动作行为的结果能够实现。如：

嗮袋水泥今日用得了这袋水泥今日用得完。

一碗只有十几个饺子，我喫得了一碗只有十几个饺子，我吃得完。

再多箇钱渠也用得了再多的钱他也花得完。

个把小学校长我也当得了一个小学校长我也能当。

“V+得了”的后面可以带宾语，如：

我喫得了三碗饭我能吃完三碗饭。

凭你箇能力，当得了个把经理凭你的能力，能当一个经理。

“V+得了”对应的否定式是“V+不了”。在阳新话中，这种格式的使用频率也很高。如：

菜特点多了，喫不了菜太点多了，吃不了。

果多人喫烟，真受不了这么多人抽烟，真受不了。

明日要出差，勒个会参加不了了明日要出差，那个会参加不了了。

(7)“得$_7$”

“得$_7$”用在动词前，构成“得＋V”的格式，表示动作还要持续很久。如：

到勒个屋下还有好远，得走到那个村子还有好远，还要走很久。

今夜事多，我还得忙今天晚上事情多，我还要忙很久。

猪脚难得煮烂，还得煮猪脚不容易煮烂，还要煮很久。

“得$_7$”还可以与“一”连用，构成“得一＋V”的格式，“得一＋V”和“得＋V”没有什么不同，二者可以相互置换。如：

到勒个屋下还有好远，得一走。

今夜事多，我还得一忙。

猪脚难得煮烂，还得一煮。

“得一＋V”的格式的后面还可以附加语气词“得”。如：

嗰筒路这段路还得一走得。

今夜还得一忙得。

猪脚得一煮得。

(8)“得$_8$”

“得$_8$”是语气词，用在动词后，表式否定的语气，而动词前面必须有表否定的副词、形容词或动词性短语“不须、不必、不犯于没有必要、愁、懒、冇得空”等。如：

我懒去得我不愿意去啊。

你不犯于跟渠吵得你犯不着和他争吵哩。

我冇得空跟你嚼得我没有时间跟你闲聊哦。

关于语气词“得”，前面已讨论过，见本章“语气”。

二、句　法

(一) 把字句

“把”在功能上可分为动词和介词两类。

1. 动词“把”

(1) 表“给予”义的动词“把”

动词“把”是“给”的意思，阳新话不说“给”，只说“把”。“把”在阳新话里有两个读音，一个是本音［pɒ˩］，一个是小称变音［pɒ˥］。为了区别起见，本书将读本音［pɒ˩］的写作“把”，将读变音“pɒ˥”的用同音字“捌 pɒ˥”代替，写作“捌”。

“把”读本音［pɒ˩］时，后面一定要带表给予义的介词“得”［tɛ˥］引进与事，但是，读变音的“捌”［pɒ˥］后面可以直接出现与事却不能带介词“得”，譬如在阳新话中可以说“书捌你”，但不能说“书捌得你”。试比较：

书把得渠他 ɕy˧ pɒ˩ tɛ˥ kʻɛ˩　　　书捌渠他 ɕy˧ pɒ˥ kʻɛ˩

其实，“把”所构成的“把动词＋得介词＋与事宾语”格式，与“捌”所构成的“捌动词＋与事宾语”语法意义相同，如：“书把得我＝书捌我”。

但是，“把”与“捌”在能否带双宾语的问题上有明显的区别：动词“把”可以带双宾语，只不过要在两个宾语之间插进“得”。动词“捌”则不能带双宾语，只允许带间接宾语，也就是说，只允许带与事；受事只能和介词“把”组成介词短语放在“捌”的前面。试比较：

把动词书得渠他 pɒ˩ ɕy˧ tɛ˥ kʻɛ˩　　　把介词书捌渠他 pɒ˩ ɕy˧ pɒ˥ kʻɛ˩

同时，动词“把”双宾语的位置与北京话刚好相反，北京话的双宾语是间接宾语在前，直接宾语在后，而阳新话在有动词“把”的句子中，双宾语是直接宾语在前，间接宾语在后。试比较：

北京	阳新
给动词你书	把动词书得你
给动词你一套房子	把动词一套房子得你

(2) 动词“把”［pɒ˩］还有另一个义项，就是相当于北京话的动词

“分派”。如：

把分派一个人先回去报信。

把分派几个人推，把分派几个人拉。

(3) 动词“捌”[pɒ˥] 也还有一个义项，就是相当于北京话表示容许的动词“让”，在句中必带兼语。如：

捌几个人先喫，其余几个等下喫让几个人先吃，其余几个等会儿吃。

衣裳捌我送去衣裳让我送去。

捌我看一下子让我看一下。

看紧垠，莫捌渠跑了看紧点，莫让他跑了。

2. 介词“把”

(1) 介词“把”的语法功能

介词“把”[pɒ˩] 可构成处置式，在句中引进受事。在介词“把”和其宾语之间常常要加语气词“哎”[æ˥]，以舒缓语气。如：

你把几个人都得罪光了你把几个人都得罪干净了。

把渠他训了一餐把他训斥了一顿。

我把哎瓶子打破了。

牛把哎草喫了牛把草吃了。

快垠把衣裳穿倒快点把衣服穿上。

把哎书包拿出来把书包拿出来。

你把哎鸡杀了渠你把鸡杀了它。

我把哎钱搁在桌子上面了我把钱放在桌子上了。

(2) 介词“把”与动词“捌”的区别

阳新话的动词“捌”[pɒ˥]，跟介词“把”[pɒ˩] 常常同时出现在一个句子里，要注意通过二者读音的不同来加以区别。如：

把介词书捌动词我。

村长把介词哎救灾款子捌动词太水伯爷了。

我爷把介词哎谷种捌动词别人了。

(3) 介词“把”与动词“把”的区别

介词“把”[pɒ˩] 与动词“把”[pɒ˩] 同音，还常常出现在同一个句子里，看似容易混淆，但是动词“把”后面带有“得”，所以还是可以和介词“把”区别开来的。如：

把介词书把动词得我把书给我。

村长把介词救灾款子把动词得太水伯爷了村长把救灾款子给太水伯爷了。

明日把介词月饼把动词得你喫明日把月饼给你吃。

(4) 介词“把”的特点

①在阳新话里，介词“把”［pɒ˩］的语法意义跟北京话的“把”字相当，不同的是：北京话的“把”字句如果用否定词，一般用在介词“把”的前头；而在阳新话中，否定词可放在“把”的后面。如：

渠把猪冇关好他没有把猪关好。

勒伢把鸡一下子冇杀煞那孩子没有把鸡一下子杀死。

②在“把”字处置式中，句末常常用人称代词“渠他（它）”复指前面介宾结构中的处置对象。如：

把嘚这盘红烧肉喫了渠把那盘红烧肉吃了它。

把猪杀了渠把猪杀了它。

把衣裳洗了渠把衣裳洗了它。

③“把”的宾语后面往往加“着倒”［tso˥ tɔ˩］。“着倒”有“抓住”、“拿来”的意思，但在句中略微有些虚化。如：

把我着倒训了一餐把我训了一顿。

把勒盘肉着倒炒了渠把那盘肉炒了它。

把狗着倒打煞了把狗打死了。

④一种常用的“把……一V倒”式。

在这种格式中，介词“把”的宾语是后面动词V的受事，句子往往含有不满的感情色彩。如：

把脸一黑倒　　把眼一绿倒形容眼光凶狠或目光迟钝

把脚一翘到　　把路一抵挡倒　　把门一关倒

把嘴一阉倒噘着嘴　　把被窝一蒙倒

(5) 如果“把”字后面没有代词，或“把”字的宾语没有指示代词或人称代词定语，那么在口语中“把”字后面通常要加语气词“哎 æ˧”，“哎”不但有舒缓语气的作用，还含有指示代词“那、那个”的作用。如：

把哎碗佗拿过来把那个碗拿过来。

把太水伯爷哎救济款帮倒领了渠把太水伯爷的那个救济款帮他领了。

（二）被动句

阳新方言没有“被”字句。阳新话是用介词“捌”引进施事，构成被动句的。这里的“捌”的本字是“把”，在阳新话里读小称变音［pɒ˥］，与“捌”［pɒ˥］同音。为了表示与处置式里的介词“把”［pɒ˩］的区别，本书写作“捌”。同时，为了避免概念上的纠缠，也未把被动句列入“把”字句的范畴。

阳新话的被动句，按照其引进施事的介词“捌”［pɒ˥］的语法意义，可分为两种类型， 种是介词“捌”相当于普通话的介词“被”，一种是相当于普通话的介词“给、让”。

1. 介词“捌”相当于普通话的介词“被”

在阳新话中，介词“捌”与普通话的介词“被”相当的被动句有三种格式：

(1) 受事＋捌＋施事＋V＋了

这一格式的介宾短语“捌＋施事”的前面还可出现时间词、副词等，“V”是谓语动词，谓语动词后面必须带“了”，以表示受事主语所遭受的一切已经完结。如：

草捌牛喫了草被牛吃了。

勒盘菜捌我喫了那盘菜被我吃了。

渠嵌蛮捌汽车撞了他刚才被汽车撞了。

谷一哈捌鸡喫了稻谷都被鸡啄了。

小明捌一类大学录取了小明被一类大学录取了。

渠偷东西捌我看见了他偷东西被我看见了。

(2) 受事＋捌＋施事＋V＋C＋了

这一格式里的“C”表示补语，补充说明动作行为的结果。补语后面的“了”必须出现。如：

我把渠气煞了我被他气死了。

茶杯捌我打破了茶杯被我打破了。

我的书捌渠佗去了我的书被他拿走了。

鸡捌黄鼠狼衔跑了鸡被黄鼠狼衔跑了。

勒件衣裳昨日捌别人买走了那件衣裳昨天被别人买走了。

钱一哈捌你用光了钱都被你用光了。

这一格式有一变式，即后面的“V＋C＋了”可以变成“V＋了＋C”。如：

渠搠狗咬了一口他被狗咬了一口。

渠搠渠老婆骂了好半天他被他的老婆骂了大半天。

小明搠老师训了一餐小明被老师训了一顿。

(3) 受事＋搠＋施事＋V＋得＋C

这一格式的谓语动词后面出现带“得”的补语，补语可以由状态形容词或短语来充当。补语后面可以出现“了”，也可以不出现。

豆芽搠你炒得特咸了豆芽被你炒得太咸了。

阳台晒箇衣裳搠雨沥得阁切湿箇阳台晒的衣服被雨淋得透湿的。

花园箇草搠渠踩得一塌糊涂花园的草被他踩得一塌糊涂。

搠渠打得浑身都是乌陀螺被他打得浑身青紫。

2. 介词“搠”相当于普通话的介词“给、让”

这种类型的被动句的受事主语通常指人，而且通常是指人受到某种议论、贬斥、歧视、伤害等；也有不是指人的，通常是指受到破坏、损毁等，其格式为：受事＋搠＋施事＋V。格式中的“搠”同样具有引进施事的作用，但其语法意义与普通话的“被”略有不同，而和普通话的介词“给、让”大体相当。这一格式的谓语动词后面可带补语，也可不带；也不要求出现“了”。如：

果太年纪了，搠人渠欸说划不来这大年纪了，让别人议论划不来。

搠你说，我不怕让你说，我不怕。

你要打，我就搠你打你要打，我就让你打。

你搠别人背后说得果翻，有味味你让别人在背后议论纷纷，有什么意思？

一个家搠渠败得冰光一个家给他败得精光。

3. 阳新话被动句的特点

阳新话的被动句与北京话不同的地方主要在于：阳新话的被动句，施事必须出现。在北京话的被动句式中允许只出现介词而不出现施事，如可以说“瓶子被打破了”，但阳新话不能说。又如北京话可以说“一个家给败得精光”，但阳新话不能说。阳新话被动句中的介词“搠”后面一定要带施事宾语，如说“瓶子搠我打破了”，“一个家搠渠他败得冰光”。

（三）双宾句

双宾句是谓语动词后跟两个宾语的句子，其中一个是直接宾语，表物；另一个是间接宾语，表人。在现代汉语北京话中，双宾句的结构为："动＋间接宾语＋直接宾语"。阳新方言的双宾句的结构有两种：

A. 动＋直接宾语＋得＋间接宾语

B. 动＋间接宾语＋直接宾语

A 式中的"得"［tɛ˥］是带表给予义的介词，它插在两个宾语之间起到引进间接宾语的作用。很显然，A 式中的成分和双宾的位置与北京话双宾句迥然有别，而 B 式和北京话双宾句并无二致。

1. 给予义类动词带双宾语

阳新话在给予类动词带双宾语的问题上，动词"把"是个特例。前面我们在讲动词"把"的时候曾经说过，阳新话表"给予"义的动词有两个，一个"捌 pɒ˥"，一个"把 pɒ˩"。动词"捌"不能带双宾语，只允许带间接宾语。而动词"把"则可以带双宾语，条件是要在两个宾语之间插进带表给予义的介词"得"，并且双宾语的位置与北京话相反，即直接宾语在前，间接宾语在后。在阳新话中，没有"把书你"的双宾句，只有"把书得你"的说法。这就是说，表"给予"义的动词"把"带双宾语的格式只有一种，那就是 A 式。

但是，其余给予类的动词与"把"不同：可用 A 式，也可用 B 式，即 A 式、B 式两可。这些动词是"送、还、找、补、退、赔、奖、贷"等。下面每组例句中，前一个例句是 A 式，后一个是 B 式：

送一枚纪念章得我/送我一枚纪念章

还十块钱得渠他/还渠他十块钱

找十块钱得你/找你十块钱

补十块钱得我/补我十块钱

退十块钱得渠他/退渠他十块钱

赔十块钱得你/赔你十块钱

奖一太摞书得你/奖你一太摞书

信用社贷一笔资金得我/信用社贷我一笔资金

2. 动词附着给予义带双宾语

在阳新双宾语句中有一个有趣的现象：由于 A 式中的"得"是带表给

予义的介词，所以有些非给予类的动词带上“得”后，就附着了“得”的给予义，就能构成A式双宾语句。如“摘”不具备给予义，但“摘桃子得你”却成了给予类的双宾句。类似这样的动词还可以举出许多，如：

分两坨糍粑得渠他　　匀一升芝麻得我　　拆一箩谷得我
卖一把白菜得我　　掇端一把椅子得我　　佗拿一根绳子得我
摘一朵花得你　　买一斤橘子得你　　斫一担柴得渠他
丢一把秧得我　　甩两巴掌得你　　捉只飞蝶蝴蝶得你

以上这些动词只能构成A式，不能构成B式，如“摘桃子得你”不能说成“摘你桃子”。

3. 非给予义类动词带双宾语

在阳新话里，非给予义类动词带双宾语一般用B式。

(1) 取得类动词带双宾语一般用B式

取得类动词有“赚、赢、罚、扣、抢、偷、借”等，这类动词带双宾语一般用B式：

赚渠他一百块钱　赢你一百块钱　罚我一百块钱　扣渠他一百块钱
抢了我一百块钱　偷了我一百块钱　我借你一百块钱

“借”的情况比较特殊，“借”兼属给予类和取得类，譬如“我借你一百块钱”，“我”既可作为与方，也可作为受方。如果“我”是与方，那么“借”就是给予类动词，在双宾句中用A式、B式均可：“我借一百块钱得你/我借你一百块钱”。如果“我”是受方，那么“借”就是取得类动词，在双宾句中只能用B式：“我借你一百块钱”。

(2) 欠负类、言说类动词带双宾语一般用B式

欠负类动词有“差、该、欠”，言说类动词有“说、问、嗓训斥、训、拜托”等。这两类动词带双宾都用B式：

差我两块钱　　该你两块钱　　差渠他两块钱
嗓渠他几句　　问你一件事　　拜托你一件事

(3) 称呼类动词带双宾语一般用B式

称呼类动词主要用“叫”。“叫”带的两个宾语一个是指人，一个是指称谓。表示人的名词应是间接宾语，表示称谓的名词应是直接宾语。两个宾语的顺序是间接宾语在前，直接宾语在后，故而也是B式。如：

论辈分，我叫你叔。

从今日起，我要叫你嫂子了。

（四）比较句

比较句是指谓语中含有比较词语或比较格式的句子，从结构上看，比较句通常包含比较项、比较值和比较词。比较项包括比项（简称甲）和被比项（简称乙），比项甲和被比项乙可以是体词性成分，如名词、代词等，也可以是谓词性成分，如动词、形容词或动词、形容词性短语等。比较值简称 A，是比较句的核心部分，是对比较双方的评判。比较词则一般是用介词“比”。本书把阳新方言比较句分为等比句、差比句、递比句三种类型，下面分别介绍。

1. 等比句

当被比较事物在质或量上具有一致性时，可以使用等比句，如果被比较的双方都出现，等比句的基本形式是“甲跟乙一样 A”，如“你跟渠一样高”，但在语言实际中又有许多变式。如：

渠爷他父亲跟我爷我父亲年纪一样太大。

嗙崽箇这个儿子的脾气跟渠爷他父亲一个样。

桃子跟梨子都新酥新鲜。

苹果箇的价钱跟香蕉差不多。

你跟小明差不多高。

后两个例句的比较值省略了，但在一定的语境里这并不影响意思的表达。

因为是等比，有时被比较的两方或多方可以连在一起来称呼（简称甲乙），采用“甲乙一样 A”、“甲乙都 A”或“甲乙差不多 A”等形式来表达。如：

很伢咱们一样高。

你勒两个人身高一样。

两个人箇个头差不多大。

那几个老儿都不是么好货。

那些人都不好惹。

为了强调被比较的事物难分高下，还可以采用否定的形式来比较，比较词通常用“比”，结构为“甲不见得比乙 A”，如：

嗙这个不见得比勒那个好。

红箇的不见得比绿箇的好看。

2. 差比句

当被比较事物之间存在质或量的不同时，可以使用差比句。在阳新话里，差比句可分为有比较词和没有比较词两类。

(1) 有比较词的差比句

有比较词的差比句基本格式是“甲比乙 A”。如：

妹比姐胖什些。

体质比原先强好多。

坐倒喫比立倒喫舒服。

我比你跑得快。

我比渠他高一垠点。

渠他比我低好几届。

差比句也有否定式，比较词仍然是“比”，否定词用“不”、“不得”或“不如”。“不得”相当于普通话的“不会”、“不至于”。如：

他来的不比你晏晚。

你本事不得比渠他差。

新箇的不如旧箇的好用。

渠他比我还不如。

(2) 没有比较词的差比句

①甲＋形容词＋乙＋数量词：

我矮渠他一个头。

你重我七斤。

我太你两岁。

渠他低我两届。

②甲＋冇得＋乙＋形容词：

小明冇得我高小明没有我高。

老大冇得老二勤快老大没有老二勤快。

表兄会走象棋，我冇得渠狠表兄会走象棋，我没有他厉害。

③甲＋形容词＋似＋乙：

渠成绩不得差似你他成绩不比你差。

冇得哪个强似你没有谁比你强。

不信我弱似你好多不信我比你弱多少。

④甲＋A/V＋得（不）过（赢）＋乙：

不信你蛮得过渠不信你比他蛮。

你狠不过渠你不比他狠。

我说不过你我不比你会说。

我跑不赢渠我不比他会跑。

⑤甲＋冇得＋乙＋动＋补语：

我冇得渠他跑得快。

老大冇得老二长得高。

小明冇得渠妹他妹妹读书用心。

⑥在特定语境下，被比较事物还可以只出现一方，这种隐性比较并不影响语意的表达。如：

你高些。

嗗这个瓜甜些。

渠屋他家我去得多什些。

3. 递比句

递比句的特点是在比较对象后面连用两个数量结构，而在内容上不断递进，即所谓递比句。有两种格式，一种是“数量＋比＋数量＋A”，一种是“数量＋ A ＋数量”。如：

(1)“数量＋比＋数量＋A”式

病一天比一天急。

父母一年比一年老。

伢崽小孩一年比一年懂事。

一个比一个跑得快。

(2)“数量＋ A ＋数量”式

伢崽一年大一年。

日子一年好一年。

老张的几个崽儿子，一个差似一个。

这种格式允许有否定式，用“不如”表示否定。如：

渠他身体一年不如一年。

嗗这个学校箇的学生一届不如一届。

（五）疑问句

阳新方言疑问句式主要有是非问句、特指问句、选择问句、反复问句、反问句五种类型。

1. 是非问句

是非问句是提出问题，要求作出肯定或否定回答的问句。阳新话的是非问句，从形式上看，可以分为不带语气词和带语气词的两类。

(1) 不带语气词的是非问

在阳新方言中，不带语气词的是非问很少，如：

你喫了？(见面打招呼)

嘚这话是你说箇？

嘚这事是真箇？

今日你硬要喫粥？

这种是非问在语表形式上，不出现语气词，句子最后一个音节的语调略微下降，而且增加音长。在语用价值上，这种类型的是非问句疑问度很低，其实并不想问什么，而是把自己已经把握或已经认识到的事实用疑问的形式说出来而已。

(2) 带语气词的是非问

阳新话是非问的语气词最常用的是“啊”[ɔ˩]。在问话中，“啊”的语调略微下降。如：

你在洗衣裳得啊？

你不去啊？

你在喫是得啊？

你佗拿得起啊？

这是你爷父亲啊？

就你一个人去啊？

今日是初三啊？

锄头是你屋箇啊？

其次，是语气词“吧”[pɔ˩]，再就是“噻”[sæ˧]。如：

迟几日不要紧吧？

是老王病了吧？

现在你伢你们相信了吧？

是你跟渠他说箇吧？

你屋箇你家的人都还好嚜？

你还好嚜？

都到齐了嚜？

2. 特指问句

特指问句是用疑问代词提问的疑问句。

阳新话的疑问代词较为丰富，问人的有："么人""们么人的合音""哪个""哪什"；问处所的有："么定安么地方""læɪ˥ 哪里的合音""哪块"；问时间的有："哪蛮""么命盏""么时候""几命盏""几多时"；问数量的有："几""几多"；问情况的有："昧""么西""是何""么样"；问缘故的有："是何样""是项""为昧"等。这些疑问代词及其用法，本章"指代"已作过介绍，这里不再赘述。

(1) 阳新话特指问句的特点

阳新话特指问的特点就是疑问代词的地域特征特别明显，与北京话的疑问代词相比差别比较大。如：

你找们"么人"的合音啊你找谁？

你跟瞒"们"的变音一路去啊你跟谁一路去？

你哪蛮到武汉去嘞你什么时候到武汉去？

今日箇会要开到么命盏今天的会要开到什么时候？

鸡蛋几多钱一斤鸡蛋多少钱一斤？

你说昧啊你说什么啊？

么西事比看孩子还要紧什么事情比生孩子还要紧？

嘚这个事犟是何说这件事现在怎么解决呢？

(2) 不带疑问代词的特指问句

有一种疑问句没有出现疑问代词，但句子是问人或物的下落和去处的，实际是省略了"哪里去了"、"在哪里"、"放在么定安么地方"等成分，应作为特指问看待。如：

我昨日买箇勒本书嘞我昨天买的那本书呢？

我毛线衣嘞？

你太姐嘞？

还有一种疑问句用假设的形式提出一种不如人意的结果，本身含有如何应付的意思，只是没有出现疑问代词，实际上是省略了“怎么办”之类的成分，应视为带有反问的特指疑问句。如：

要是渠他真箇的打了我嘞？

渠他要是不来嘞？

你勒百事都靠我，我要是死了嘞你们什么事都靠我，我要是死了呢？

3. 选择问句

选择问句是指提出两个或两个以上可能的答案供对方选择的句式。阳新话的选择问句有两种格式：“……还是……”和“是……还是……”。如：

你喫还是不喫？

你去还是我去？

你打算去还是不去欸？

是胖垠点好还是瘦垠点好嘞？

你是去割麦还是去鞅牛放牛嘞？

4. 反复问句

一般说来，反复问句是用肯定和否定并列的方式进行提问，要求对方从中做出选择的疑问句。但在阳新方言里，有时也可以不用肯定和否定相叠加的方式来表示。阳新方言的反复问句的格式有四种：“V不V”、“V冇V”、“V不”和“V了冇”。其中的“V”可以是动词，也可以是形容词；可以是单音节的，也可以是双音节的。

(1)“V不V”

还有饭，你喫吃不喫？

今日聚会渠他来不来？

遇到嘚样这样箇事，你怕不怕？

嘚这个人是不是你箇的同学啊？

嘚这件衣裳蛮好看箇，要不要？

你根本就冇去，是不是？

看样子只怕要落雨，带不带把伞嘞？

嘚这句话我说不说得？

渠他箇的字写得好不好？

嘚这道题你做不做得倒？

果这么多米袋子装不装得落啊？

渠他是不是要喝水嘞？

渠仂他们是不是冇走啊？

渠他在不在打牌？

当“V”是双音节词时，前一个“V”省略后一个音节：

我买箇衣你喜不喜欢？

嘚伢这孩子长得好不好看？

勒那个菜场箇菜便不便宜？

(2)“V冇V”

勒砵菜馊冇馊啊？

叫你择菜箇，你择冇择啊？

今日你喝冇喝酒啊？

你带冇带衣裳去换啊？

我跟你说话，你听冇听倒？

当“V”是双音节词时，前一个“V”省略后一个音节：

牛过冇过去啊？

你听冇听说嘚这件事啊？

嘚这件事你勒你们商冇商量啊？

“V冇V”式与“V不V”式是有区别的，“V冇V”式侧重的是“有与无”，“V不V”式侧重的是“是与否”，二者并不能互换。

(3)“V不”

阳新话的反复问句多数情况下，是在句末加上否定词语“不”来表示，构成“V不”的格式。“V”如果是动词，还可以带宾语。这种格式，后面一般不带语气词。如：

你去不？

你说我胖不？

饭还有多余箇的，你喫不？

你还认得我不？

你去爬山不？渠仂他们一哈都去。

你喜欢看电影不？

在“V不”格式中，否定词语不限于“不”，还可以是“冇”、“冇得”、“不须得没有必要”等。如：

喫饭冇？

你有空冇得？

我送礼不须得？

“V不”格式前面还可加上“能（得）”，构成“能（得）V不”的变式。有时中间的动词V可省略，成为“能不”、“能得不”。如：

你明日要是有事，课能上不？

我能得出去不？我能不能出去？

请你帮下忙能得不？请你帮下忙能得不能得？

（4）“V了冇”

“V了冇”这种格式在口语中也较为常见。这种格式的句末一般也不带语气词。如：

老师布置箇的作业做了冇？

下昼下午开会你去了冇？

有时候还可在动词后面加上补语，算是“V了冇”的一种变式，即“VC了冇”，“C”表示是句子的补语。如：

人到齐了冇？

我说箇的话你听清楚了冇？

价钱你谈妥了冇？

5. 反问句

反问句就是用疑问的句式，表达肯定的观点。反问句表面看来是疑问的形式，但实际上表达的是肯定的意思，答案就在问句之中。如：

我几时跟渠说了嚜我什么时候跟他说了啊？

哪个不说渠是个狠角啊哪个不说他是个厉害的人啊？

渠有么好事做？不害人就算不错了他做什么好事？不害人就算不错了。

我不是跟你说了啊？叫你莫惹渠我不是跟你说了吗？叫你别惹他！

你还冇看出来啊？渠明显是在哄你你还没看出来啊？他明显是在骗你。

你日日问我要钱，还想不想我活你天天跟我要钱，还想不想我活？

未必我歇下子也不能难道我歇下子也不行？

你能休息，为昧我不能休息你能休息，为什么我不能休息？

我真箇怕你是吧我真的怕你是吧？

我是你屋箇表嫂嘞，还是你屋箇丫鬟嘞我是你家的佣人呢，还是你家的丫鬟呢？

（六）祈使句

用于表达命令、请求、禁止、劝阻等意义的句子叫作祈使句，是根据句子的语气划分出来的一种句子类型。祈使句因对象（即主语）往往是第二人称，所以主语通常省略。按照意义的不同，阳新方言的祈使句大致可以分为以下几类。

1. 表示命令的祈使句

表示命令的祈使句都带有强制性，要求对方必须服从，言辞肯定，态度严肃。一般不带语气词。例如：

站倒站着！

顿倒（把东西）放着！

叫渠进来让他进来！

把猪杀了渠把猪杀了它！

把地下扫干净！

把衣裳挂倒！

你跟我走远垠你给我走远点！

快去喫饭快去吃饭！

2. 表示请求的祈使句

与表示命令的祈使句相比，表示请求的祈使句的语气要舒缓一些，有时可以使用语气词“啊”、“噻”，主语可出现，也可不出现。例如：

有么事你说噻！

放电影还冇到时间，喫了着！看电影还没有到时间，吃了饭再说！

帮我一下忙！

请跟我伢多提意见啊请给我们多提意见！

你浪坐您老人家请坐！

嗰个问题你来回答这个问题你来回答！

3. 表示禁止的祈使句

表示禁止的祈使句会明确表示禁止对方做什么事情，言辞强硬，态度坚决，一般不用语气词。例如：

莫叫渠，让渠死睏不喊他，让他睡个够！莫把哎粥煮得特酽了！

莫在嗰嘲烟别在这吸烟！

你莫去！

再犟嘴试下！

都莫说话都不要说话！

在阳新话中，“不”、“不要”都没有表示禁止的意思。“不”只对主观意愿和事件的可能性表示否定，而“不要”只是“不肯要”的意思，所以都不能用于表示禁止的祈使句。在阳新话中，“莫”是唯一表示禁止的否定词。

4. 表示劝阻的祈使句

表示劝阻的祈使句语调比较平缓，可以用语气词“吧”。例如：

少管什闲事少管些闲事！

要好生听太人箇话要好好听长辈的话！

你不须出面得你没有必要出面！

你伆几个去休息一下吧你们几个去休息一下吧！

都莫开渠玩笑都不要开他的玩笑！

你少说几句吱你少说几句吧！

（七）否定句

阳新话否定句所用的否定词有“不、冇、冇得、莫”等。

1. 不［pu˥］

(1)“不”的语法功能

阳新话的“不”是副词，其最大的特点是不用来表示禁止、劝阻，没有普通话“不要”、“不准”、“别”之类的义项。在阳新话口语中也没有“不要”、“不准”、“别”之类禁止性的词语，阳新话的“不要”是“不需要”的意思，如问：“嗍这本书你要不要?”回答说：“不要。”阳新话用来表示禁止的否定词只有一个“莫”，否定性的祈使句只用“莫”来表示否定，而不用“不”。

阳新话的“不”除了不表示禁止外，其他用法与普通话的“不”相当，其功能主要是在动词、形容词前表示否定。例如：

唱歌我不会。

我不得知道渠他是做昧箇干什么的。

好多新名词我不懂。

我问了半天，渠他就是不听唧吱声。

不是我不管你，是你不服管。

打煞死我也不说。

嗬这个伢崽不兜人痛不招人喜欢。

勒那盘菜不新酥新鲜。

莫看渠他年纪大，人一垠点都不糊涂。

(2) 几种由“不”构成的否定式

①“V不X”否定式

由“不”构成的动补结构“V不X”，表示动作行为的不可能。如：

太重了，我佗拿不起来。

少说多做，累不煞死你。

心下有事，喫不下去。

太远了，看不清楚。

“V不X”式的“V”以单音节动词为常。如：

看不见　听不懂　睏不着　骑不稳　立不直

收不住　背不起　走不动　住不惯　管不了

数不完　打不煞　点不燃　煮不烂　炒不熟

但阳新话没有“V不够”的说法，北京话的“V不够”阳新话说成“V不足”。如北京话的“睡不够”，阳新话说“睏不足”。

在“V不X”式中，比较有特色的是“V不得”、“V不倒”和“奈不何”。

A.“V不得”，表示某件事不能做或做不好。如：

嗬话说不得这话不能说。

嗬样箇事挨都挨不得这样的事边都不能沾。

做错事还说不得啊做错了事还不能批评啊？

如今箇伢崽金贵，打打不得，骂骂不得现在的孩子娇气，打也不能打，骂也不能骂。

人老了，身体又不好，做不得了人老了，身体又不好，不能干活了。

病了半年，样子看不得病了半年，样子不好看。

年纪大了，夜分睏不得年纪大了，夜晚睡不好。

B.“V不倒”，表示无法完成某件事。如：

阁太箇人了，还听不倒话这大的人了，还听不懂话。

这个字我写不倒得这个字我不会写。

嘚箇数学题我做不倒这个数学题我不会做。

果垠钱只怕做不倒这点钱恐怕不够。

后面两个例句中的“做不倒”，分别有两个意思，一个是“不会做”，一个是“不够用”，在具体的语境中是可以区别开的。

C.“奈不何”，表示对某人或某事物没有办法。如：

我嘚什时这些时身体不好，奈不何了。

嘚事这事太难了，我奈不何。

“奈不何”与“V不得”、“V不倒”有区别，“奈不何”的“奈”再不能更换成别的动词。其实，“奈不何”是一个凝固格式，相当于一个动词，可以带宾语，表示“对……没有办法”。如：

你果带厌，我真奈不何你你这么调皮，我真把你没有办法。

你果重要我背，勒奈不何你你这么重要我背，那我你没有办法。

“奈不何”还可说成“不奈何”，“不奈何”属于状动短语，但不带宾语，如：“我只家都不奈何得，是何管得了你啰我自己都没有办法了，怎么还能管你啊？”

②“不须V”否定式

“不须”相当于普通话的“不消”、“不用”（阳新话不说“不消”、“不用”）。“不须V”后面常常带语气词“得”。如：

时候还早，不须慌得。

不须果这么多得。

被窝干了，不须晒得。

肉剁细了，再不须果这么剁得了。

“不须”后附“得”还可变成凝固格式“不须得”，“不须得”可用来提问或单独回答问题。如：

等下恐怕要落雨，你带把伞子不？——不须得！

等下恐怕要落雨，你带把伞子不须得？——不须得！

③“不犯于V”否定式

“不犯于”相当于普通话的“没有必要”、“犯不着”。如：

你阁太年纪了，不犯于上班得你这大年纪了，没有必要上班。

渠是阁不讲理箇人，你不犯于跟渠争他不是讲理的人，你没必要跟他争论。

④“不得V”否定式

“不得”相当于普通话的“不可能”、“不会”。如：

阁太雨，渠不得来了这么大的雨，他不会来了。

今日不得落雨今天不会下雨。

你找老张借钱？只怕渠不得肯你跟老张借钱？恐怕他不肯借。

2. 冇［mɔ˧］

“冇”是副词，用在动词和形容词前，否定动作状态已经发生，否定结果已经形成。相当于北京话的“没”。阳新方言不用“没”。如：

渠他冇出去。

北京我冇去过。

你屋箇牛我冇看倒。

好多日子冇上街了。

桃花还冇红。

锅欵箇水还冇热锅里的水还没热。

在阳新话里，“冇”和“不”虽然都是否定性副词，但两者分划犁然。“冇”否定的是动作状态的形成或结果，而“不”否定的是主观意愿和事件的可能性。因此，“花冇开”不等于“花不开”，“冇开门”不等于“不开门”。

3. 冇得［mɔ˧ tɛ˥］

“冇得”是表示否定意义的动词，与动词“有”相对，相当于普通话的动词“没有”，一般用名词或名词性短语作宾语。如：

明日冇得雨。

我冇得你跑得快。

屋欵家里冇得人。

人都冇得了，钱有么用？

在屋欵家里冇得事做真烦人。

“冇”和“冇得”分属不同的词类，意义和分工明确，北京话中歧义句“门没有锁”在阳新方言中是不存在的。“门冇得锁”和“门冇锁”界限分明。

4. 莫［mo˥］

阳新话的“莫”仅用于禁止性否定，相当于普通话的“不要”、“别”。如：

莫啊！(禁止别人做什么时用的独词句)

大哥莫说二哥。

撩太莫撩小，撩猪莫撩狗。

前面在讲阳新话的“不”不具备禁止性否定的语法功能时，已经谈及了“莫”。“莫”的用例见本章“祈使句”一节中的“表示劝阻的祈使句”部分，兹不复述。

（八）动补句

动补句是动词或形容词后带有补语的句子。下面对阳新方言动补句的程度补语、趋向补语、状态补语、结果补语、可能补语作一些分析。至于数量补语和时地补语，与普通话没有多大区别，从略。

1. 程度补语

带程度补语的述语主要是性质形容词，表示心理活动和生理感觉的动词也能带程度补语。程度补语结构有不带“得”的粘合式，也有带“得”的组合式。

(1) 粘合式“A/V+X”(不带“得”)

粘合式“A/V+X”的补语“X”有：煞、死、好多、流了、吼了、不过。如：

煞：痛煞欸　热煞欸　饿煞欸　胀煞　气煞　笑煞
　　忙煞欸　累煞欸　急煞欸　喜煞　酸煞　咸煞

死：赖带脏死得了　烦死了　者哆死　恨死　吵死　懒死

好多：外面比屋欸屋里热好多　要轻省好多　比去年强好多

流了：劲鼓流了　快活流了　亲热流了

吼了：忙吼了　吵吼了　跑吼了　搞吼了　写吼了　骂吼了

不过：肚子胀不过　人累不过　手贱不过　身上痒不过

以上“煞、死、不过”都表示程度之甚，既可用在形容词之后，也可用在动词之后。“煞、死”在阳新话中使用频率很高，后面都可以带语气词“欸”，“欸”兼有时态助词的功能。“好多、流了、吼了”则只能用在形容词之后。“吼了”强调的不是某个人情状的程度，而是表示许多人都如此。例如：“别人都忙吼了，你还在玩!”

(2) 组合式“A/V+得+X”(带“得”)

组合式“A/V+得+X”的补语“X”有程度副词、形容词、动词、动词短语等，如：

蛮狠：跶摔得蛮狠　病得蛮狠　打得蛮狠　骂得蛮狠　涨得蛮狠

蛮惨：输得蛮惨　死得蛮惨

蛮假：做得蛮假　笑得蛮假

出奇：懒得出奇　丑得出奇　拐得出奇　腐傻得出奇

要命：痛得要命　热得要命　冷得要命　穷得要命　腐傻得要命

要死：奸得要死　恶得要死　拐坏得要死　假得要死　嘲吝惜得要死

钻心：痛得钻心　恨得钻心　痒得钻心

吓人：瘦得吓人　胖得吓人　黑得吓人

滚、弹、掣、窜、翻：笑得果滚　笑得果弹　痛得果掣颤　跑得果窜　吵得果翻

痛：拐坏得痛

不得结：吵得不得结　打得不得结

不得了：多得不得了　苦得不得了

冇得解：狠得冇得解　气得冇得解　穷得冇得解

不能得了：痛得不能得了　饿得不能得了　胀得不能得了

　　　　　累得不能得了　病得不能得了　要睏得不能得了

阳新话的“蛮”与普通话的“很”大致相当，但在用法上又有不同，“蛮”不能直接做补语，只能构成“蛮狠、蛮惨、蛮假”短语作组合式补语。

2. 趋向补语

(1) 趋向补语的来源

趋向补语是由趋向动词充当的补语。

在阳新方言中，单音节的趋向动词“来、去、上、下、进、出、回、过、起”可充当趋向补语，如“飞来、寄去、写上、爬下、走进、说出、送回、升起”。

“来”、“去”还可以充当其他单音节趋向动词的补语。如：

上来　下来　进来　出来　回来　过来　起来

上去　下去　进去　出去　回去　过去

“来”、“去”还可以跟这些单音节趋向动词组配成双音节的复合趋向补语。如：

爬上来　溜下来　走进来　搬出来　找回来　寄过来　立起来

飞上去　落下去　跑进去　滚出去　送回去　跳过去

(2) 趋向补语结构与宾语的关系

在阳新方言中，趋向补语结构与宾语的关系无非是三种：补语后面无宾语；补语后面有宾语；宾语在动词和补语之间。

①补语后面无宾语。如：

外面太风，快进来！

渠他一个人在街上转来转去。

几只金鱼在水欸水里游过来游过去。

蛮宽箇的沟，渠他一下子就蹦过去了。

后面不出现宾语的趋向补语可以是不带“得”的粘合式，也可以是带“得”的组合式。上面例句的补语都是粘合式的。下面两个例句的补语是组合式的：

果这么高箇的坡，渠他爬得上去。

渠他读书用心，坐得下来。

②补语后面带宾语。宾语为受事宾语。如：

渠他抱来一床被窝。

老三从县城运回去好多货。

后背山勒那边跑出来一只野猪。

太水伯爷买回来一台电视机。

③宾语在动词和补语之间。这种格式的宾语同样是受事宾语。如：

寄一百块钱去。

打一床棉絮回来。

每年过年回家，要带好多年货来。

太水伯爷买一台电视机回来。

3. 状态补语

(1) 状态补语的特征

状态补语是指位于述语动词之后描述性的句法成分。其形式标志是在动词和补语之间有一个结构助词“得”，其基本格式是“V＋得＋状态补语”。如：

风把渠他头毛头发吹得竖起来。

渠他箇的歌唱得蛮好。

渠他一看见我就躲得远远得。

(2) 状态补语的来源

状态补语是由包括动词词语和形容词词语在内的谓词充当的。

①形容词性词语作补语。如：

老师箇粉笔字写得好老师的粉笔字写得好。

一身衣裳洗得干干净净。

嘚一片桃花红得真干整这一片桃花红得真好看。

日头把渠他箇脸晒得冻红箇太阳把他的脸晒得通红的。

老婆把擀箇面切得细细得老婆把擀的面切得细细的。

把鞋带系得崩紧箇把鞋带系得紧紧的。

渠喝得醉醺醺箇他喝得醉醺醺的。

渠箇头毛长得又黑又亮她的头发长得又黑又亮。

②动词性词语作补语。如：

渠气得果颤她气得直打颤。

勒只猫捌渠吓得躲起来了那只猫给他吓得躲起来了。

接到录取通知书，我喜得只果蹦接到录取通知书，我喜得直蹦。

吵得阁烦人法子吵得这么让人烦的样子。

渠他说得比唱箇还要好听。

气得坐在门槛上哭起来。

渠他忙得冇得功夫喫吃饭。

③主谓短语作补语

主谓短语有形容词性词语作谓语的和动词性词语作谓语的两种。如：

渠一跤倒跶得人都腐了他一跤摔得人都傻了。

渠勒几个人笑得腰都弯了他们几个人笑得腰都弯了。

渠硬是急得眼泪果流她硬是急得眼泪直流。

穷得裤子都冇得穿得穷得裤子都冇得穿的。

以上例句，前两倒主谓短语的谓语是形容词性的，后两例主谓短语的谓语是动词性的。

4. 结果补语

(1) 结果补语的特征

结果补语表示述语的结果。主要由形容词来充当，也可由单音节动词来充当。结果补语与述语之间不加“得”。如：

①动词（述语）＋形容词（补语）：

变好　写错　抬高　压低　喫饱　煮熟　炒糊　洗干净

摆正　装满　晒干　捆紧　放稳　捶烂　沤湿　说清楚

②动词（述语）＋动词（补语）：

用光　说完　听懂　累病　吹熄　靠拢　踩垮　睏着

佗走　撞翻　打落　剁断　戳破　顶穿　撑开　叫醒

(2) 结果补语结构与宾语的关系

结果补语后面可以带宾语，带上宾语后，往往要在补语和宾语之间插进助词“了”。如：

哭肿了眼睛。

今日做作业写错了几个字。

两个伢崽在屋欸闹翻了天两个小孩在家里闹翻了天。

我捌你气昏了头我给你气昏了头。

上昼跶一跤，磕落了两颗门牙上午摔了一跤，磕掉了两颗门牙。

(3) 阳新话特有的结果补语结构

①阳新话特有的结果补语结构是“动词＋倒＋结果补语＋欸”。如：

渠把一只猪牵倒跑欸他把一只猪牵跑了。

树上箇橘子一哈捌伢崽摘倒跑欸树上的橘子都被小孩摘跑了。

渠把一房高业都搬倒走欸他把一房家具都搬走了。

渠把渠舅爷气倒跑欸他把他的舅舅气走了。

格式中的语气词“欸”在阳新话中兼有助词“了”的功能，在这里我们完全可以把“欸”当“了”看待。格式中补语仅限于“跑”和“走”，能和“跑”、“走”联系得上的动词自然有限，但这种格式在口语中的使用频率并不低。

②阳新话里，当述语前面用“冇”时，为了强调未曾产生某种结果，句末常用“过”。如：

我从来冇喝醉过。

渠他衣裳冇穿抻度整齐过。

5. 可能补语

可能补语表示述语可能怎么样或不可能怎么样。阳新方言表示“可能”的手段，除了通过在动词前加能愿助动词来实现外，更多的是通过可能补语来表达。

可能补语的结构有两种：

(1)“得”或“不得”用在述语之后作补语，构成“V 得/V 不得”的格式，表示主客观条件或情理上能否实现某种动作，含有“能 V”或“不能 V”的语法意义。如：

嘚这件衣裳不细小，还穿得。/去年买箇的衣裳今年就穿不得了。

嘚这个面包喫吃得，冇坏。/橘子还冇熟，喫吃不得。

你写箇的字有功底，看得！/我嘚这笔字实在看不得。

嘚这个生意做得你就做，做不得你就莫做。

哪什些话说得，哪什些话说不得，你要有分寸。

充当这类补语的通常是：

A. 喫得/喫不得　喝得/喝不得　看得/看不得

说得/说不得　睏得/睏不得　做得/做不得

B. 听得/听不得　惹得/惹不得　挨得/挨不得

穿得/穿不得　打得/打不得　骂得/骂不得

以上的 A 类在语言实际中，可以有两种理解，例如“喫得”，可以是说人胃口好、饭量大，能吃；也可以是说食物干净卫生，味道好，可以吃、值得吃。前者的述语是就动作的主体而言的，也就是说，主语是由主体充当的，述语一般能带宾语，如“最近身体好，喫得饭”；后者是就动作的受体而言的，也就是说，受体充当了主语，述语已无宾语可带，因此不能说“喫得嘚这菜”，只能说“嘚这菜喫得”。B 类在语言实际中没有歧义，只有一种理解：都是就动作的受体而言的，受体充当了主语，述语不能带宾语。为了便于区别，我们把这种格式中能带宾语的叫作主体式，不能带宾语的叫作受体式。

受体式的“V 得”在语言实际中意义很丰富，可以用来表示某件事能做、可以做、值得做、有资格做、有能力做、擅长做、适合做等。如：

渠他人好，嘚这个朋友交得。　(能 V、可以 V)

嘚这件衣裳不贵，买得。　(值得 V、可以 V)

嘚这媒做得。　(值得 V、能 V)

我是渠他长辈，说他说得。　(有资格 V、可以 V)

我和渠他关系好，嘚这个礼我送得。　(应该 V)

嘚这双鞋尺码刚好，我穿得。　(适合V、可以V)

渠他说了几个钟头了还在说，真说得。　(会V、能V)

当然，如果是不及物动词构成这样的格式，自然另作别论，如“胀得/胀不得”、“饿得/饿不得”，虽然是就动作的主体而言的，也不能带宾语。

“V得/V不得”格式有一对特例，即“舍得/舍不得”，这一对既可就动作的主体而言，又可就动作的受体而言，但都可以带宾语。

要补充说明的是：在阳新话中，“认得”、“记得”、“晓得”的否定式是“不认得”、“不记得”、“不晓得”，其格式不是“V不得”，而是“不V得”。“V得”已经词汇化了，“得”成为词内成分。因此，严格来说，不能算作是可能补语的结构。

在阳新方言中，“V得”还可说成“V还V得”或“V还V得一下子”。如：

嘚这盘红烧肉喫还喫得。

嘚这幅画看还看得一下子。

(2)“得”或“不”和动词或形容词结合，用在述语之后作补语，构成“V得V/A”或“V不V/A”的格式，表示动作的结果、趋向可能或不可能出现。如：

嘚丘田箇谷今日割得完这丘田的稻谷今天割得完。

嘚谷上昼割不完这稻谷今天上午割不完。

现在我还走得动，说不定明年就走不动了。

前面是哪几个人，我都看得清楚。/前面我都看不清楚。

充当这类补语的常用例。如：

V得V：走得开/走不开　睏得着/睏不着　喫得完/喫不完
靠得住/靠不住　说得倒/说不倒　跑得赢/跑不赢
想得通/想不通　听得见/听不见　出得去/出不去
请得动/请不动　谈得拢/谈不拢　插得进/插不进
划得来/划不来　买得起/买不起　卖得出去/卖不出去

V得A：立得稳/立不稳　喫得饱/喫不饱　长得高/长不高
伸得直/伸不直　盖得严/盖不严　修得好/修不好
填得满/填不满　晒得干/晒不干　铺得平/铺不平

切得细/切不细　煮得烂/煮不烂　说得清楚/说不清楚

在这种补语的格式中，有两对特例：一是“找得倒/找不倒”，二是“奈得何/奈不何”。“找得倒/找不倒”有两种解释，一种解释是寻找得到、寻找不到；另一种解释是，“找不倒”就是搞不清楚，但在阳新话中没有这种对应意义的“找得倒”。至于“奈得何”和“奈不何”，是古汉语凝固格式的遗留，其中的“何”已异化为动词。

“V 得 V/A”、“V 不 V/A”结构也分受体式和主体式，受体式的述语是就受体而言的，不能带宾语，如“靠得住/靠不住”、“晒得干/晒不干”；而主体式的述语是就受体而言的，可以带宾语。在主体式的句子里，宾语的位置总是在补语的后头。如：

跑得赢渠他。/跑不赢渠。

比得过渠他。/比不过渠。

买得起房子。/买不起房子。

说得倒普通话。/说不倒普通话。

装得落下一担谷。/装不落一担谷。

说得清楚原因。/说不清楚原因。

在阳新话里，“V 得倒、V 不倒”和“V 得了、V 得了”也属于这种格式，而且使用频率都很高。这个问题在本章“词法”的“箇、得”里讲过，这里不妨再说说。

①“V 得倒”或“V 不倒”

“V 得倒”或“V 不倒”的“倒”是实义动词，“V 得倒”或“V 不倒”表示是否能够实现某种动作所要达到的结果。如：

便宜化肥我买得倒便宜化肥我买得到。

勒批货还批发得倒那批货还能批发得到。

电脑我用不倒电脑我不会用。

一吨水泥做不倒一吨水泥不够用。

②“V 得了”或“V 不了”

“V 得了”或“V 不了”的“了”，也是实义动词，“V 得了”或“V 不了”所表示的是动作行为的结果能实现或不能实现。如：

嘚碗饭我喫得了这碗饭我吃得完。

嗬这件事办得了。/嗬这件事办不了。

开学箇的日子定得了。/开学箇日子定不了。

时间有多箇，任务完成得了。/事太多，今日只怕完成不了。

空调开嗬这个温度我受得了。/空调开嗬个温度我受不了。

以上例句是受体式，述语是就动作的受体而言的，受体是陈述的对象，被放在主语的位置上，所以无宾语可带。

但是，如果我们说话人换一个角度，述语就动作的主体而言，那么主体就是陈述的对象，宾语就可以由受体充当，于是这种主体式的结构就可以带宾语了。这种主体式的结构是："V 得了＋宾语"或"V 不了＋宾语"。这种主体式结构不是表示动作的结果是否能实现，而是表示主观能力上是否能够实现结果。如：

上得了厅堂，下得了厨房。

你仂你们搞得渠他下不了台。

我病好了，起得了床。/我脚痛得厉害，起不了床。

我完得成任务。/我完不成任务。

渠他办得了嗬这件事。/渠办不了嗬件事。

三、语法例句

说　明

本书方言语法调查例句综合了以下几个来源：(1) 中国社会科学院语言研究所方言组《方言调查词汇表》第 31 部分"语法"，参看《方言》1981 年第 3 期第 201—203 页；(2) 丁声树《方言调查词汇手册》第 18 部分，参看《方言》1989 年第 2 期第 91—97 页；(3) 中国社会科学院语言研究所"汉语方言重点调查"课题组编印"语法调查例句"(未刊)；(4) 中国社会科学院重大研究课题"中国濒危语言方言调查研究与新编《中国语言地图集》"编印"词汇语法调查条目"(未刊)；(5) 根据通行语法著作适当选取的一些语法例句。下面先逐条在括号里列出北京话例句，再列出阳新方言对应的说法，然后用国际音标给阳新话标音。

标音说明：横线"＿"表示记录的是合音，国际音标下面的波浪线

“～”表示记录的是小称音变，有些同音代替字下面也用波浪线。

001 (这句话用阳新话怎么说?)

嘚句话用阳新话是何说?

tε˥ tɕy˧ xuɒ˧ iɐŋ˧ iɔŋ˩ sin˧ xuɒ˧ sɿ˧ xo˩ ɕyε˥ ?

002 (你还会说别的地方的话吗?)

你还会说别定安箇话不?

n̩˩ xæ˩ xuəi˧ ɕyε˥ pʻi˥ tʻin˧ ŋœ̃˧ ko˧ xuɒ˧ pu˥ ?

003 (不会了，我从小就没出过门，只会说阳新话。)

不会了，我从细时就冇出过门，只会说阳新话。

pu˥ xuəi˧ liε˩ , ŋo˩ tsʻɐŋ˩ səi˧ sɿ˩ tsʻiu˧ mɔ˧ tɕʻy˥ ko˧ mɐn˩，tsɿ˥ xuəi˧ ɕyε˥ iɔŋ˩ sin˧ xuɒ˧。

004 (会，还会说黄石话、武汉话，不过说得不怎么好。)

会，还会说黄石话、武汉话，不过说得不么好。

xuəi˧，xæ˩ xuəi˧ ɕyε˥ xuɔŋ˩ sɿ˥ xuɒ˧ 、u˩ xœ̃˧ xuɒ˧，pu˥ ko˧ ɕyε˥ tε˥ pu˥ mo˩ xɔ˩。

005 (会说普通话吗?)

会说普通话不?

xuəi˧ ɕyε˥ pʻu˩ tʻɐŋ˧ xuɒ˧ pu˥ ?

006 (不会说，没有学过。)

不会说，冇学过。

pu˥ xuəi˧ ɕyε˥，mɔ˧ ɕio˥ ko˧。

007 (会说一点儿，不标准就是了。)

会说一艮，就是说得不标准。

xuəi˧ ɕyε˥ i˥ n̩iɐn˥，tsʻiu˧ sɿ˧ ɕyε˥ tε˥ pu˥ pi˧ tɕyɐn˩。

008 (在什么地方学的普通话?)

在么定安学箇普通话?

tsʻæ˧ mo˩ tʻin˧ ŋœ̃˧ ɕio˥ ko˧ pʻu˩ tʻɐŋ˧ xuɒ˧ ?

009 (上小学中学都学普通话。)

读小学中学都学普通话。

tʻɑu˥ si˩ ɕio˥ tsɐŋ˧ ɕio˥ tɑu˧ ɕio˥ pʻu˩ tʻɐŋ˧ xuɒ˧。

010（谁呀？我是老王。）

瞒哪？我是老王。

mœ̃˩ lɔ˩？ ŋo˩ sʅ˧ lɔ˩ uɔŋ˩。

011（您贵姓？我姓王，您呢？）

你贵姓？我姓王，你嘞？

n̩˩ kuəi˧ sin˧？ ŋo˩ sin˧ uɔŋ˩，n̩˩ lɛ˧？

012（我也姓王，咱俩都姓王。）

我也姓王，很两个人都姓王。

ŋo˩ iɒ˩ sin˧ uɔŋ˩，xɐn˥ liɔŋ˩ ko˧ zɐn˩ tɑu˧ sin˧ uɔŋ˩。

013（巧了，他也姓王，本来是一家嘛。）

果巧，渠也姓王，原来是家门哪。

ko˩ tɕʻiɔ˩，kʻɛ˩ iɒ˩ sin˧ uɔŋ˩，yɛ̃˩ læ˩ sʅ˧ tɕiɒ˧ mɐn˩ lɔ˩。

014（老张来了吗？说好他也来的！）

老张来了冇？说好了渠也来箇！

lɔ˩ tsɔŋ˧ læ˩ liɛ˩ mɔ˧？ ɕyɛ˥ xɔ˩ liɛ˩ kʻɛ˩ iɒ˩ læ˩ ko˧！

015（他没来，还没到吧。）

渠冇来，还冇到吧。

kʻɛ˩ mɔ˧ læ˩，xæ˩ mɔ˧ tɔ˧ pɔ˩。

016（他上哪儿了？还在家里呢。）

渠到哪里去了？还在屋欸得。

kʻɛ˩ tɔ˧ læi˥ tɕʻi˧ liɛ˩？ xæ˩ tsʻæ˧ u˥ ɛ˩ tɛ˥。

017（在家做什么？在家吃饭呢。）

在屋欸做昧啊？在屋欸喫饭是得。

tsʻæ˧ u˥ ɛ˩ tsɑu˧ məi˧ ɔ˩？ tsʻæ˧ u˥ ɛ˩ tɕʻiɒ˥ fæ̃˧ sʅ˧ tɛ˥。

018（都几点了，怎么还没吃完？）

几点钟了，是项还冇喫完嘞？

tɕi˩ tĩ˩ tsɐŋ˧ liɛ˩，sʅ˧ xɔŋ˧ xæ˩ mɔ˧ tɕʻiɒ˥ uœ̃˩ lɛ˧？

019（还没有呢，再有一会儿就吃完了。）

还冇得，再过一下就喫完了。

xæ˩ mɔ˧ tɛ˥，tsæ˧ ko˧ i˥ xæ̃˥ tsʻiu˧ tɕʻiɒ˥ uœ̃˩ lɛ˧。

020（他在哪儿吃的饭？）

渠在哪里喫箇饭？

k'ɛ˩ ts'æ˧ læi˦ tɕ'iɒ˥ ko˧ fæ̃˧？

021（他是在我家吃的饭。）

渠是在我欸喫箇饭。

k'ɛ˩ sɿ˧ ts'æ˧ ŋo˥ ɛ˩ tɕ'iɒ˥ ko˧ fæ̃˧。

022（真的吗？真的，他是在我家吃的饭。）

真箇啊？真箇，渠是在我欸喫箇饭。

tsɐn˧ ko˧ ɔ˧？ tsɐn˧ ko˧。k'ɛ˩ sɿ˧ ts'æ˧ ŋo˥ ɛ˩ tɕ'iɒ˥ ko˧ fæ̃˧。

023（先喝一杯茶再说吧！）

先喝一杯茶是着！

sĩ˧ xo˥ i˥ pəi˧ ts'ɒ˩ sɿ˧ tso˥！

024（说好了就走的，怎么半天了还不走？）

说好了就走箇，是项过半日欸还不走嘞？

ɕyɛ˥ xɔ˩ liɛ˩ ts'iu˧ tsɛ˩ ko˧，sɿ˧ xɔŋ˧ ko˧ pœ̃˧ zɿ˥ ɛ˩ xæ˩ pu˥ tsɛ˩ lɛ˧？

025（他磨磨蹭蹭的，做什么呢？）

渠七挨八挨得，在做昧啊？

k'ɛ˩ ts'əi˥ ŋæ˩ pɒ˥ ŋæ˩ tɛ˥，ts'æ˧ tsɑu˧ məi˧ ɔ˩？

026（他正在那儿跟一个朋友说话呢。）

渠正在勒跟一个朋友说话得。

k'ɛ˩ tsɐn˧ ts'æ˧ lɛ˥ kɐn˧ i˥ ko˧ p'ɐŋ˩ iɑu˩ ɕyɛ˥ xuɒ˧ tɛ˥。

027（还没说完啊？催他快点儿！）

还冇说完哪？叫渠快垠噻！

xæ˩ mɔ˧ ɕyɛ˥ uœ̃˩ lɔ˧？ tɕiɛ˧ k'ɛ˩ k'uæ˧ ȵiɐn˥ sæ˧！

028（好，好，他就来了。）

啊，啊，渠就来了。

ɔ˩，ɔ˩，k'ɛ˩ ts'iu˧ læ˩ liɛ˩。

029（你上哪儿去？我上街去。）

你到哪里去？我上街去。

n̩˩ tɔ˧ læi˦ tɕ'i˧？ ŋo˩ sɔŋ˧ kæ˧ tɕ'i˧。

030（你多会儿去？我马上就去。）

你么命盏去？我嘚蛮就去。

ȵ˩ mo˩ min˧ tsæ̃˩ tɕʻi˧？ ŋo˩ tɛ˥ mæ̃˩ tsʻiu˧ tɕʻi˧。

031（做什么去呀？家里来客人了，买点儿菜去。）

做昧去啊？屋欸来客了，买根菜去。

tsɑu˧ məi˧ tɕʻi˧ ɔ˩？ u˥ ɛ˩ læ˩ kʻɛ˥ liɛ˩，mæ˩ ȵiɐn˥ tsʻæ˧ tɕʻi˧。

032（你先去吧，我们一会儿再去。）

你先去，我伪等下再去。

ȵ˩ siĩ˧ tɕʻi˧，ŋo˩ lɛ˥ tɐn˩ xæ̃˥ tsæ˧ tɕʻi˧。

033（好好儿走，别跑！小心摔跤了。）

好生根走，莫跑，障防跶跤。

xɔ˩ sɐn˧ ȵiɐn˥ tsɛ˩，mo˥ pʻɔ˩！ tsɔŋ˧ fɔŋ˩ tɒ˥ kɔ˧。

034（小心点儿，不然的话摔下去爬都爬不起来。）

过细根哪，不然箇话，跶下去爬都爬不起来。

ko˧ səi˧ ȵiɐn˥ lɔ˩，pu˥ zœ̃˩ ko˧ xuɒ˧，tɒ˥ xɒ˧ tɕʻi˧ pʻɒ˩ tɑu˧ pʻɒ˩ pu˥ tɕʻi˩ læ˩。

035（不早了，快去吧！）

不早了，快根去啊！

pu˥ tsɔ˩ liɛ˩，kʻuæ˧ ȵiɐn˥ tɕʻi˧ ɔ˩！

036（这会儿还早呢，过一会儿再去吧。）

嘚蛮还早得，过下再去吧。

tɛ˥ mæ̃˩ xæ˩ tsɔ˩ tɛ˥，ko˧ xæ̃˥ tsæ˧ tɕʻi˧ pɔ˩。

037（吃了饭再去好不好？）

喫了饭再去能得不？

tɕʻiɒ˥ liɛ˩ fæ̃˧ tsæ˧ tɕʻi˧ lɐn˩ tɛ˥ pu˥？

038（不行，那可就来不及了。）

不能，勒就来不赢了。

pu˥ lɐn˩，lɛ˥ tsʻiu˧ læ˩ pu˥ iɐn˩ liɛ˩。

039（不管你去不去，反正我是要去的。）

不管你去不去，反正我是要去箇。

pu˥ kuœ̃˩ ȵ˩ tɕʻi˧ pu˥ tɕʻi˧，fæ̃˩ tsɐn˧ ŋo˩ sʅ˧ iɛ˧ tɕʻi˧ ko˧。

040（你爱去不去。你爱去就去，不爱去就不去。）

管你去不去。你想去就去，不想去就不去。

kuœ̃˩ n̩˩ tɕʻi˧ pu˥ tɕʻi˧，n̩˩ siɔŋ˩ tɕʻi˧ tsʻiu˧ tɕʻi˧，pu˥ siɔŋ˩ tɕʻi˧ tsʻiu˧ pu˥ tɕʻi˧。

041（那我非去不可！）

勒我非要去！

lɛ˥ ŋo˩ fəi˧ iɛ˧ tɕʻi˧！

042（那个东西不在那儿，也不在这儿。）

勒个东西不在嘚块，也不在勒块。

lɛ˥ ko˧ tɐŋ˧ səi˧ pu˥ tsʻæ˧ tɛ˥ kʻuæ̃˥，iɒ˩ pu˥ tsʻæ˧ lɛ˥ kʻuæ̃˥。

043（那到底在哪儿？）

勒到底在哪得嘞？

lɛ˥ tɔ˧ təi˩ tsʻæ˧ læ˥ tɛ˥ lɛ˧？

044（我也说不清楚，你问他去！）

我也说不清楚，你去问渠！

ŋo˩ iɒ˩ ɕyɛ˥ pu˥ tsʻin˧ tsʻɑu˩，n̩˩ tɕʻi˧ uɐn˧ kʻɛ˩！

045（怎么办呢？不是那么办，要这么办才对。）

么样搞法子嘞？不是勒样搞，要阁样搞才是对箇。

mo˩ iɔŋ˧ kɔ˩ fɒ˥ tsɿ˩ lɛ˧？ pu˥ sɿ˧ lɛ˥ iɔŋ˧ kɔ˩，iɛ˧ kɔŋ˦ kɔ˩ tsʻæ˩ sɿ˧ təi˧ ko˧。

046（要多少才够呢？）

要几多才做得倒啊？

iɛ˧ tɕi˩ to˧ tsʻæ˩ tsɑu˧ tɛ˥ tɔ˩ ɔ˩？

047（太多了，要不了那么多，只要这么多就够了。）

特多了，要不了勒多，只要果丁就有得欸。

tʻɛ˥ to˧ liɛ˩，iɛ˧ pu˥ liɛ˩ lɛ˥ to˧，tsɿ˥ iɛ˧ ko˩ tin˥ tsʻiu˧ iɑu˩ tɛ˥ ɛ˩。

048（不管怎么忙，也得好好儿学习。）

不管么样忙，也要好生得学习。

pu˥ kuœ̃˩ mo˩ iɔŋ˧ mɔŋ˩，iɒ˩ iɛ˧ xɔ˩ sɐn˧ tɛ˥ ɕio˥ səi˥。

049（你闻闻这朵花香不香？）

你闻下这朵花香不香？

n̩˩ uɐn˩ xæ̃˥ tɛ˥ to˩ xuɒ˧ ɕiɔŋ˧ pu˥ ɕiɔŋ˧？

050（好香呀，是不是？）

好香哪，是不是啊？

xɔ˩ ɕiɔŋ˧ lɔ˩，sɿ˧ pu˥ sɿ˧ ɔ˩？

051（你是抽烟呢，还是喝茶？）

你是喫烟嘞，还是喝茶？

n̩˩ sɿ˧ tɕʻiɒ˥ iɛ̃˧ lɛ˧，xæ˩ sɿ˧ xo˥ tsʻɒ˩？

052（烟也好，茶也好，我都不会。）

烟也好，茶也好，我都不会。

iɛ̃˧ iɒ˩ xɔ˩，tsʻɒ˩ iɒ˩ xɔ˩，ŋo˩ tɑu˧ pu˥ xuəi˧。

053（医生叫你多睡一睡，抽烟喝茶都不行。）

医生叫你多睏下，喫烟喝茶都不能。

i˧ sɐn˧ tɕiɛ˧ n̩˩ to˧ kʻuɐn˧ xæ̃˥，tɕʻiɒ˥ iɛ̃˧ xo˥ tsʻɒ˩ tɑu˧ pu˥ lɐn˩。

054（咱们一边走一边说。）

很一边走一边说。

xɐn˩ i˥ pĩ˧ tsɛ˩ i˥ pĩ˧ ɕyɛ˥。

055（这个东西好是好，就是太贵了。）

嘚个东西好是好，就是太贵了。

tɛ˥ ko˧ tɐŋ˧ səi˧ xɔ˩ sɿ˧ xɔ˩，tsʻiu˧ sɿ˧ tʻæ˧ kuəi˧ liɛ˩。

056（这个东西虽说贵了点儿，不过挺结实的。）

嘚个东西照说是贵了垠，不过蛮扎实箇。

tɛ˥ ko˧ tɐŋ˧ səi˧ tsɛ˧ ɕyɛ˥ sɿ˧ kuəi˧ liɛ˩ n̩iɐn˥，pu˥ ko˧ mæ̃˩ tsɒ˥ sɿ˥ ko˧。

057（他今年多大了？）

渠今年几多太了？

kʻɛ˩ tɕiɐn˧ n̩iɛ̃˩ tɕi˩ to˧ tʻæ˧ liɛ˩？

058（也就是三十来岁吧。）

也就是三十多岁吧。

iɒ˩ tsʻiu˧ sɿ˧ sæ̃˧ sɿ˥ to˧ səi˧ pɔ˩。

059（看上去不过三十多岁的样子。）

看上去也只三十多岁箇样子。

kʻœ̃˧ sɔŋ˧ tɕʻi˧ iɒ˩ tsɿ˥ sæ̃˧ sɿ˥ to˧ səi˧ ko˧ iɔŋ˧ tsɿ˩。

060（这个东西有多重呢？）

嘚个东西有几多重嘞？

tɛ˥ ko˧ tɐŋ˧ səi˧ iɑu˩ tɕi˩ to˧ tsʻɐŋ˧ lɛ˧ ?

061（怕有五十多斤吧。）

只怕有五十多斤啰。

tsʅ˥ pʻɒ˧ iɑu˩ u˩ sʅ˥ to˧ tɕiɐn˧ lo˩。

062（我五点半就起来了，你怎么七点了还不起来？）

我五点半就起来了，你是项七点了还不起来？

ŋo˩ u˩ tiĩ˩ pœ̃˧ tsʻiu˧ tɕʻi˩ læ˩ liɛ˩，n̩˩ sʅ˧ xɔŋ˧ tsʻəi˥ tiĩ˩ liɛ˩ xæ˩ pu˥ tɕʻi˩ læ˩ ?

063（三四个人盖一床被。一床被盖三四个人。）

三四个人盖一床被窝。一床被窝盖三四个人。

sæ̃˧ sʅ˧ ko˧ zɐn˩ kæ˧ i˥ tsʻɔŋ˩ pʻəi˧ uo˧。 i˥ tsʻɔŋ˩ pʻəi˧ uo˧ kæ˧ sæ̃˧ sʅ˧ ko˧ zɐn˩。

064（一个大饼夹一根油条。一根油条外加一个大饼。）

一个太饼夹一根油炸馃。一根油炸馃再加一个太饼。

i˥ ko˧ tʻæ˧ pin˩ kɒ˥ i˥ kɐn˧ iɑu˩ tsɒ˧ ko˩。 i˥ kɐn˧ iɑu˩ tsɒ˧ ko˩ tsæ˧ tɕiɒ˧ i˥ ko˧ tʻæ˧ pin˩。

065（两个人坐一张凳子。一张凳子坐了两个人。）

两个人坐一条板凳。一条板凳坐了两个人。

liɔŋ˩ ko˧ zɐn˩ tsʻo˧ i˥ tʻi˩ pæ̃˩ tɐn˧。 i˥ tʻi˩ pæ̃˩ tɐn˧ tsʻo˧ liɛ˩ liɔŋ˩ ko˧ zɐn˩。

066（一辆车装三千斤麦子。三千斤麦子刚好够装一辆车。）

一乘车子装三千斤麦。三千斤麦刚好能装一乘车子。

i˥ tsʻɐn˩ tsʻɛ˧ tsʅ˩ tsɔŋ˧ sæ̃˧ tsʻiĩ˧ tɕiɐn˧ mɒ˥。 sæ̃˧ tsʻiĩ˧ tɕiɐn˧ mɒ˥ kɔŋ˧ xɔ˩ lɐn˩ tsɔŋ˧ i˥ tsʻɐn˩ tsʻɛ˧ tsʅ˩。

067（十个人吃一锅饭。一锅饭够吃十个人。）

十个人喫一锅饭。一锅饭喫得倒十个人。

sʅ˩ ko˧ zɐn˩ tɕʻiɒ˥ i˥ ko˧ fæ̃˧。 i˥ ko˧ fæ̃˧ tɕʻiɒ˥ tɛ˥ tɔ˩ sʅ˩ ko˧ zɐn˩。

068（十个人吃不了这锅饭。这锅饭吃不了十个人。）

十个人喫不了嘚锅饭。嘚锅饭吃不倒十个人。

sʅ˩ ko˧ zɐn˩ tɕʻiɒ˥ pu˥ liɛ˩ tɛ˥ ko˧ fæ̃˧。 tɛ˥ ko˧ fæ̃˧ tɕʻiɒ˥ pu˥ tɔ˩ sʅ˩

ko˧ zɐn˩。

069（这个屋子住不下十个人。）

嘚屋住不落十个人。

tɛ˥ u˥ tɕʻy˧ pu˥ lo˥ sɿ˩ ko˧ zɐn˩。

070（小屋堆东西，大屋住人。）

细屋堆东西，太屋住人。

səi˧ u˥ təi˧ tɐŋ˧ səi˧，tʻæ˧ u˥ tɕʻy˧ zɐn˩。

071（他们几个人正说着话呢。）

渠仂几个人正在说话得。

kʻɛ˩ lɛ˥ tɕi˩ ko˧ zɐn˩ tsɐn˧ tsʻæ˧ ɕyɛ˥ xuɒ˧ tɛ˥。

072（桌上放着一碗水，小心别碰倒了。）

桌子上面搁一碗水在勒，过细艮莫碰倒了。

tso˥ tsɿ˩ sɔŋ˧ mĩ˧ ko˥ i˥ uœ̃˩ ɕy˩ tsʻæ˧ lɛ˥，ko˧ səi˧ ȵiɐn˥ mo˥ pʻɐŋ˥ tɔ˩ liɛ˩。

073（门口站着一帮人，在说着什么。）

门口立一伙人，在说昧是得。

mɐn˩ kʻɛ˩ ləi˥ i˧ xo˩ zɐn˩，tsʻæ˧ ɕyɛ˥ məi˧ sɿ˧ tɛ˥。

074（坐着吃好，还是站着吃好？）

坐倒喫好，还是立倒喫好？

tsʻo˧ tɔ˩ tɕʻiɒ˥ xɔ˩，xæ˩ sɿ˧ ləi˥ tɔ˩ tɕʻiɒ˥ xɔ˩？

075（想着说，不要抢着说。）

想好了说，莫抢倒说。

siɔŋ˩ xɔ˩ liɛ˩ ɕyɛ˥，mo˥ tsʻiɔŋ˩ tɔ˩ ɕyɛ˥。

076（说着说着就笑起来了。）

果说果说得就笑起来了。

ko˩ ɕyɛ˥ ko˩ ɕyɛ˥ tɛ˥ tsʻiu˧ si˧ tɕʻi˩ læ˩ liɛ˩。

077（别怕！你大着胆子说吧。）

莫怕！你只果太胆说。

mo˥ pʻɒ˧！ n̩˩ tsɿ˥ ko˩ tʻæ˧ tæ̃˩ ɕyɛ˥。

078（这个东西重着呢，足有一百来斤。）

嘚个东西才重，足足有百把斤。

tɛ˥ ko˧ tɐŋ˧ səi˧ tsʻæ˩ tsʻɐŋ˧，tsɑu˥ tsɑu˥ iɑu˩ pɛ˥ pɒ˩ tɕiɐn˧。

079（他对人可好着呢。）

渠对人蛮好箇。

kʻɛ˩ təi˧ zɐn˩ mæ̃˩ xɔ˩ ko˧。

080（这小伙子可有劲着呢。）

嗝个后生家才有劲嘞。

tɛ˥ ko˧ xɛ˧ sɐn˧ kɒ˧ tsʻæ˩ iɑu˩ tɕiɐn˧ lɛ˩。

081（别跑，你给我站着！）

莫跑，你跟我立倒！

mo˥ pʻɔ˩，n̩˩ kɐn˧ ŋo˩ ləi˥ tɔ˩！

082（下雨了，路上小心着！）

落雨了，路上过细丁！

lo˥ y˩ liɛ˩，lɑu˧ sɔŋ˧ ko˧ səi˧ tiŋ˥！

083（点着火了。着凉了。）

火点燃了。着凉了。

xo˩ tiĩ˩ zœ̃˩ liɛ˩。tso˥ liɔŋ˩ liɛ˩。

084（甭着急，慢慢儿来。）

莫着急，慢慢来。

mo˥ tsʻo˥ tɕi˥，mæ̃˧ mæ̃˥ læ˩。

085（我正在这儿找着呢，还没找着。）

我正在嗝找得，还有找倒。

ŋo˩ tsɐn˧ tsʻæ˧ tɛ˥ tsɔ˩ tɛ˥，xæ˩ mo˧ tsɔ˩ tɔ˩。

086（她呀，可厉害着呢！）

渠啊，才厉害嘞！

kʻɛ˩ ɔ˩，tsʻæ˩ ləi˧ xæ˧ lɛ˩！

087（这本书好看着呢。）

嗝本书真好看嘞。

tɛ˥ pɐn˩ ɕy˧ tsɐn˧ xɔ˩ kʻœ̃˧ lɛ˩。

088（饭好了，快来吃吧。）

饭焐好了，快来喫啊。

fæ̃˧ u˩ xɔ˩ liɛ˩，kʻuæ˧ læ˩ tɕʻiɒ˥ ɔ˩。

089 (锅里还有饭没有？你去看一看。)

锅欸还有饭冇得？你去看下。

ko˧ ɛ˩ xæ˩ iɑu˩ fæ̃˧ mɔ˧ tɛ˥？ n̩˩ tɕʻi˧ kʻœ̃˧ xæ̃˥。

090 (我去看了，没有饭了。)

我去看了，冇得饭了。

ŋo˩ tɕʻi˧ kʻœ̃˧ liɛ˩，mɔ˧ tɛ˥ fæ̃˧ liɛ˩。

091 (就剩一点儿了，吃了得了。)

只剩落一垠了，喫欸算了。

tsʅ˥ sɐn˧ lo˥ i˥ ȵiɐn˥ liɛ˩，tɕʻiɒ˥ ɛ˩ sœ̃˧ liɛ˩。

092 (吃了饭要慢慢儿地走，别跑，小心肚子疼。)

喫欸饭要慢慢走，莫跑，障防肚子痛。

tɕʻiɒ˥ ɛ˩ fæ̃˧ iɛ˧ mæ̃˧ mæ̃˥ tsɛ˩，mo˥ pʻɔ˩，tsɔŋ˧ fɔŋ˩ tɑu˩ tsʅ˩ tʻɐŋ˧。

093 (他吃了饭了，你吃了饭没有呢？)

渠喫饭了，你喫了冇？

kʻɛ˩ tɕʻiɒ˥ fæ̃˧ liɛ˩，n̩˩ tɕʻiɒ˥ liɛ˩ mɔ˧？

094 (我喝了茶还是渴。)

我喝了茶还是口干。

ŋo˩ xo˥ liɛ˩ tsʻɒ˩ xæ˩ sʅ˧ kʻɛ˩ kœ̃˧。

095 (我吃了晚饭，出去溜达了一会儿，回来就睡下了，还做了个梦。)

我喫了中饭，出去转了下，回来就睏了，还做了个梦。

ŋo˩ tɕʻiɒ˥ liɛ˩ tsɐŋ˧ fæ̃˧，tɕʻy˥ tɕʻi˧ tɕyɛn˥ liɛ˩ xæ̃˥，xuəi˩ læ˩ tsʻiu˧ kʻuɐn˧ liɛ˩，xæ˩ tsɑu˧ liɛ˩ ko˧ mɐŋ˧。

096 (吃了这碗饭再说。)

喫了嗕碗饭着。

tɕʻiɒ˥ liɛ˩ tɛ˥ uœ̃˩ fæ̃˧ tso˥。

097 (我昨天照了像了。)

我昨日照了像。

ŋo˩ tsʻo˥ zʅ˥ tsɛ˧ liɛ˩ siɔŋ˧。

098 (有了人，什么事都好办。)

有了人，不管昧事都好办。

iɑu˧ liɛ˩ zɐn˩，pu˥ kuœ̃˩ məi˧ sʅ˧ tɑu˧ xɔ˩ pʻæ̃˧。

099（不要把茶杯打碎了。）

莫把哎茶杯打破欸。

mo˥ pɒ˩ æ˥ ts'ɒ˩ pəi˧ tɒ˩ p'o˧ ɛ˩。

100（你快把这碗饭吃了，饭都凉了。）

你快垠把嘚碗饭喫欸渠，饭都冷了。

n̩˩ k'uæ˧ n̥iɐn˥ pɒ˩ tɛ˥ uœ̃˩ fæ̃˧ tɕ'iɒ˥ ɛ˩ k'ɛ˩，fæ̃˧ tɑu˧ lɐn˩ lɛ˩。

101（下雨了。雨不下了，天晴开了。）

落雨了。雨不落欸，天晴了。

lo˥ y˩ lɛ˩。 y˩ pu˥ lo˥ ɛ˩。 t'ĩ˧ ts'in˩ liɛ˩。

102（打了一下。去了一趟。）

打了一下。去了一趟。

tɒ˩ lɛ˩ i˥ xɒ˧。 tɕ'i˧ lɛ˩ i˥ t'ɔŋ˧。

103（晚了就不好了，咱们快点儿走吧！）

晏了就不好了，很仂快垠走吧！

ŋæ̃˧ lɛ˩ ts'iu˧ pu˥ xɔ˩ liɛ˩，xɐn˩ lɛ˥ k'uæ˧ n̥iɐn˥ tsɛ˩ pɔ˩！

104（给你三天时间做得了做不了？）

把三日时间得你，做得了不？

pɒ˩ sæ̃˧ zʅ˥ sʅ˩ tɕiæ̃˧ tɛ˥ n̩˩，tsɑu˧ tɛ˥ liɛ˩ pu˥？

105（你做得了，我做不了。）

你做得了，我做不了。

n̩˩ tsɑu˧ tɛ˥ liɛ˩，ŋo˩ tsɑu˧ pu˥ liɛ˩。

106（你骗不了我。）

你哄不了我。

n̩˩ xɐŋ˥ pu˥ liɛ˩ ŋo˩。

107（了了这桩事情再说。）

把嘚件事了了再说。

pɒ˩ tɛ˥ tɕ'iẽ˧ sʅ˧ liɛ˩ lɛ˩ tsæ˧ ɕyɛ˥。

108（这间房没住过人。）

嘚间房冇住过人。

tɛ˥ kæ̃˧ fɔŋ˩ mɔ˧ tɕ'y˧ ko˧ zɐn˩。

109（这牛拉过车，没骑过人。）

嘚只牛拉过车，冇骑过人。

tɛ˥ tsɒ˥ ȵiɑu˩ lɒ˧ ko˧ ts‘ɛ˧，mɔ˧ tɕ‘i˩ ko˧ zɐn˩。

110（这小马还没骑过人，你小心点儿。）

嘚只细马还冇骑过人，你过细根。

tɛ˥ tsɒ˥ səi˧ mɒ˩ xæ˩ mɔ˧ tɕ‘i˩ ko˧ zɐn˩，n̩˩ ko˧ səi˧ ȵiɐn˥。

111（以前我坐过船，可从来没骑过马。）

以前我坐过船，就是从来冇骑过马。

i˩ ts‘iĩ˩ ŋo˩ ts‘o˧ ko˧ tɕ‘yẽ˩，ts‘iu˧ sʅ˧ ts‘ɐŋ˩ læ˩ mɔ˧ ɕ‘i˩ ko˧ mɒ˩。

112（丢在街上了。搁在桌上了。）

落到街上了。搁在桌子上了。

lo˥ tɔ˧ kæ˧ sɔŋ˧ lɛ˩。ko˥ ts‘æ˧ tso˥ tsʅ˩ sɔŋ˧ lɛ˩。

113（掉到地上了，怎么都没找着。）

落到地下了，在是何都找不倒。

lo˥ tɔ˧ t‘əi˧ xɒ˧ lɛ˩，ts‘æ˧ sʅ˧ xo˩ tɑu˧ tsɔ˩ pu˥ tɔ˩。

114（今晚别走了，就在我家住下吧！）

今夜莫走欸，就在我屋欸歇！

tɕiɐn˧ iɒ˧ mo˥ tsɛ˩ ɛ˩，ts‘iu˧ ts‘æ˧ ŋo˥ u˥ ɛ˩ ɕiɛ˥！

115（这些果子吃得吃不得？）

嘚什果子喫得不？

tɛ˥ sʅ˥ ko˩ tsʅ˩ tɕ‘iɒ˥ tɛ˥ pu˥？

116（这是熟的，吃得。那是生的，吃不得。）

嘚是熟箇，喫得。那是生箇，喫不得。

tɛ˥ sʅ˧ sɑu˥ ko˧，tɕ‘iɒ˥ tɛ˥。lɛ˥ sʅ˧ sɐn˧ ko˧，tɕ‘iɒ˥ pu˥ tɛ˥。

117（你们来得了来不了？）

你伢来得了不？

n̩˩ lɛ˥ læ˩ tɛ˥ liɛ˩ pu˥？

118（我没事，来得了，他太忙，来不了。）

我冇得事，来得了，渠特忙了，来不了。

ŋo˩ mɔ˧ tɛ˥ sʅ˧，læ˩ tɛ˥ liɛ˩，k‘ɛ˩ t‘ɛ˥ mɔŋ˩ lɛ˩，læ˩ pu˥ liɛ˩。

119（这个东西很重，拿得动拿不动？）

嘚个东西闷重箇，佗得动不？

tɛ˥ ko˧ tɐŋ˧ səi˧ mɐn˧ tsʻɐŋ˧ ko˧，tʻo˩ tɛ˥ tʻɐŋ˧ pu˥？

120（我拿得动，他拿不动。）

我佗得动，渠佗不动。

ŋo˩ tʻo˩ tɛ˥ tʻɐŋ˧，kʻɛ˩ tʻo˩ pu˥ tʻɐŋ˧。

121（真不轻，重得连我都拿不动了。）

真不轻，重得连我都佗不动。

tsɐn˧ pu˥ tɕʻiɐn˧，tsʻɐŋ˧ tɛ˥ liĩ˩ ŋo˩ tɑu˧ tʻo˩ pu˥ tʻɐŋ˧。

122（他手巧，画得很好看。）

渠手巧，画得蛮好看。

kʻɛ˥ sɑu˩ tɕʻiɔ˩，xuɒ˧ tɛ˥ mæ̃˩ xɔ˩ kʻœ̃˧。

123（他忙得很，忙得连吃过饭没有都忘了。）

渠忙得很，忙得连喫冇喫饭都不记得了。

kʻɛ˩ mɔŋ˩ tɛ˥ xɐn˩，mɔŋ˩ tɛ˥ liĩ˩ tɕʻiɒ˥ mɔ˧ tɕʻiɒ˥ fæ̃˧ tɑu˧ pu˥ tɕi˧ tɛ˥ lɛ˩。

124（你看他急得，急得脸都红了。）

你看渠急得，急得脸都红了。

n̩˩ kʻœ̃˧ kʻɛ˩ tɕi˥ tɛ˥，tɕi˥ tɛ˥ liĩ˩ tɑu˧ xɐŋ˩ lɛ˩。

125（你说得很好，你还会说些什么呢？）

你说得蛮好，你还会说什么西嘞？

n̩˩ ɕyɛ˥ tɛ˥ mæ̃˩ xɔ˩，n̩˩ xæ˩ xuəi˧ ɕyɛ˥ sɿ˥ mo˩ səi˧ lɛ˧？

126（说得到，做得了，真棒！）

说得到，做得到，真不拐！

ɕyɛ˥ tɛ˥ tɔ˧，tsɑu˧ tɛ˥ tɔ˧，tsɐn˧ pu˥ kuæ˩！

127（这个事情说得说不得呀？）

这事说不说得啊？

tɛ˥ sɿ˧ ɕyɛ˥ pu˥ ɕyɛ˥ tɛ˥ ɔ˩？

128（他说得快不快？听清楚了吗？）

渠说得快不快？听清楚了冇？

kʻɛ˩ ɕyɛ˥ tɛ˥ kʻuæ˧ pu˥ kʻuæ˧？ tʻin˧ tsʻin˧ tsʻɑu˩ liɛ˩ mɔ˧？

129（他说得快不快？只有五分钟时间了。）

渠说得快不快？只有五分钟箇时间了。

k'ɛ˩ ɕyɛ˥ tɛ˥ k'uæ˧ pu˥ k'uæ˧? tsʅ˥ iɑu˩ u˩ fɐn˧ tsɐŋ˧ ko˧ sʅ˩ tɕiæ̃˧ lɛ˩。

130（这是他的书。）

嘚是渠箇书。

tɛ˥ sʅ˧ k'ɛ˩ ko˧ ɕy˧。

131（那本书是他哥哥的。）

勒本书是渠哥箇。

lɛ˥ pɐn˩ ɕy˧ sʅ˧ k'ɛ˥ ko˥ ko˧。

132（桌子上的书是谁的？是老王的。）

桌子上箇书是瞒箇？是老王箇。

tso˥ tsʅ˩ sɔŋ˧ ko˧ ɕy˧ sʅ˧ mœ̃˩ ko˧？ sʅ˧ lɔ˩ uɔŋ˩ ko˧。

133（屋子里坐着很多人，看书的看书，看报的看报，写字的写字。）

屋欸坐得有好多人，看书箇看书，看报箇看报，写字箇写字。

u˥ ɛ˩ ts'o˧ tɛ˥ iɑu˩ xɔ˩ to˧ zɐn˩，k'œ̃˧ ɕy˧ ko˧ k'œ̃˧ ɕy˧，k'œ̃˧ pɔ˧ ko˧ k'œ̃˧ pɔ˧，siɒ˩ ts'ʅ˧ ko˧ siɒ˩ ts'ʅ˧。

134（要说他的好话，不要说他的坏话。）

要说渠箇好话，莫说渠箇拐话。

iɛ˧ ɕyɛ˥ k'ɛ˩ ko˧ xɔ˩ xuɒ˧，mo˥ ɕyɛ˥ k'ɛ˩ ko˧ kuæ˩ xuɒ˧。

135（上次是谁请的客？是我请的。）

上回是瞒请箇客？是我请箇。

sɔŋ˧ xuəi˩ sʅ˧ mœ̃˩ ts'in˩ ko˧ k'ɛ˥？ sʅ˧ ŋo˩ ts'in˩ ko˧。

136（你是哪年来的?）

你是哪年来箇?

n̩˩ sʅ˧ læ˥ n̠iẽ˩ læ˩ ko˧？

137（我是前年到的北京。）

我是前年来北京箇。

ŋo˩ sʅ˧ ts'iĩ˩ n̠iẽ˩ læ˩ pɛ˥ tɕiɐn˧ ko˧。

138（你说的是谁?）

你说箇是们（瞒)?

n̩˩ ɕyɛ˥ ko˧ sʅ˧ mɐn˩（mœ̃˩)?

139（我反正不是说的你。）

反正我不是说你。

fæ̃˩ tsɐn˧ ŋo˩ pu˥ sɿ˧ ɕyɛ˥ n̩˩。

140（他那天是见的老张，不是见的老王。）

渠勒日看箇是老张，不是老王。

k'ɛ˩ lɛ˥ zɿ˥ k'œ̃˧ ko˧ sɿ˧ lɔ˩ tsɔŋ˧，pu˥ sɿ˧ lɔ˩ uɔŋ˩。

141（只要他肯来，我就没得说了。）

只要渠肯来，我就冇得味说得了。

tsɿ˩ iɛ˧ k'ɛ˩ k'ɐn˩ læ˩，ŋo˩ ts'iu˧ mɔ˧ tɛ˥ məi˧ ɕyɛ˥ tɛ˥ liɛ˩。

142（以前是有得做，没得吃。）

以前是有做箇，冇得喫箇。

i˩ ts'ĩ˩ sɿ˧ iɑu˩ tsɑu˧ ko˧，mɔ˧ tɛ˥ tɕ'iɒ˥ ko˧。

143（现在是有得做，也有得吃。）

现在是有做箇，也有喫箇。

ɕiɛ̃˧ ts'æ˧ sɿ˧ iɑu˩ tsɑu˧ ko˧，iɒ˩ iɑu˩ tɕ'iɒ˥ ko˧。

144（上街买个蒜啊葱的，也方便。）

上街买垠蒜啊葱啊，也方便。

sɔŋ˧ kæ˧ mæ˩ ȵiɐn˥ sœ̃˧ ɔ˧ ts'ɐŋ˧ ɔ˧，iɒ˩ fɔŋ˧ p'ĩ˧。

145（柴米油盐什么的，都有的是。）

柴米油盐果什东西，都有。

ts'æ˩ məi˩ iɑu˩ iɛ̃˩ ko˩ sɿ˥ tɐŋ˧ səi˧，tɑu˧ iɑu˩。

146（写字算账什么的，他都能行。）

写字算账嘚什事，渠都做得倒。

siɒ˩ ts'ɿ˧ sœ̃˧ tsɔŋ˧ tɛ˥ sɿ˥ sɿ˧，k'ɛ˩ tɑu˧ tsɑu˧ tɛ˥ tɔ˩。

147（把那个东西递给我。）

把勒个东西递得我。

pɒ˩ lɛ˥ ko˧ tɐŋ˧ səi˧ t'əi˧ tɛ˥ ŋo˩。

148（是他把那个杯子打碎了。）

是渠把勒个杯子打破了。

sɿ˧ k'ɛ˩ pɒ˩ lɛ˥ ko˧ pəi˧ tsɿ˩ tɒ˩ p'o˧ lɛ˩。

149（把人家脑袋都打出血了，你还笑！）

把人渠欸头都打出血了，你还笑！

pɒ˩ zɐn˩ k'ɛ˥ ɛ˩ t'ɛ˩ tɑu˧ tɒ˩ tɕ'y˥ ɕiɛ˥ liɛ˩，n̩˩ xæ˩ si˧！

150（快去把书还给他。）

快去把哎书还得渠。

k‘uæ˧ tɕ‘i˧ pɒ˩ æ˥ ɕy˧ xuæ̃˩ tɛ˥ k‘ɛ˩。

151（我真后悔当时没把他留住。）

我真后悔比时冇把渠留倒。

ŋo˩ tsɐn˧ xɛ˧ xuəi˩ pəi˩ sʅ˩ mɔ˧ pɒ˩ k‘ɛ˩ liu˩ tɔ˩。

152（你怎么能不把人当人呢？）

你是何能得把人不当人嘞？

n̩˩ sʅ˧ xo˩ lɐn˩ tɛ˥ pɒ˩ zɐn˩ pu˥ tɔŋ˧ zɐn˩ lɛ˧？

153（有的地方管太阳叫日头。）

有什定安把太阳叫日头。

iɑu˩ sʅ˥ t‘in˧ ŋœ̃˧ pɒ˩ t‘æ˧ iɔŋ˩ tɕiɛ˧ zʅ˥ t‘ɛ˩。

154（什么？她管你叫爸爸！）

么西？渠叫你爷！

mo˩ səi˧？ k‘ɛ˩ tɕiɛ˧ n̩˩ i˩！

155（你拿什么都当真的，我看没必要。）

你把么事都当真箇，我看不犯于得。

n̩˩ pɒ˩ mo˩ sʅ˧ tɑu˧ tɔŋ˧ tsɐn˧ ko˧，ŋo˩ k‘œ̃˧ pu˥ fæ̃˧ y˩ tɛ˥。

156（真拿他没办法，烦死我了。）

真把渠冇得法，我烦煞了。

tsɐn˧ pɒ˩ k‘ɛ˩ mɔ˧ tɛ˥ fɒ˥，ŋo˩ fæ̃˩ sɒ˥ liɛ˩。

157（看你现在拿什么还人家。）

看你现在搁么西还人渠欸。

k‘œ̃˧ n̩˩ ɕiɛ̃˧ ts‘æ˧ ko˥ mo˩ səi˧ xuæ̃˩ zɐn˩ k‘ɛ˥ ɛ˩。

158（他被妈妈说哭了。）

渠捌渠母说哭了。

k‘ɛ˩ pɒ˥ k‘ɛ˥ m̩˩ ɕyɛ˥ k‘u˥ lɛ˩。

159（所有的书信都被火烧了，一点儿剩的都没有。）

所有箇信都捌火烧了，一垠都冇剩落。

so˩ iɑu˩ ko˧ sin˧ tɑu˧ pɒ˥ xo˩ sɛ˧ lɛ˩，i˥ n̥iɐn˥ tɑu˧ mɔ˧ sɐn˧ lo˥。

160（被他缠了一下午，什么都没做成。）

捌渠缠了一下昼，么事都冇做成。

pɒ˥ k'ɛ˩ ts'œ˩ liɛ˩ i˥ xɒ˧ tsau˧，mo˩ sɿ˧ tau˧ mɔ˧ tsau˧ ts'ɐn˩。

161（让人给打懵了，一下子没明白过来。）

捌人渠欻打懵了，一下子冇明白过来。

pɒ˥ zɐn˩ k'ɛ˥ ɛ˩ tɒ˩ meŋ˧ liɛ˩，i˥ xɒ˧ tsɿ˩ mɔ˧ min˩ p'ɛ˥ ko˧ læ˩。

162（给雨淋了个透湿。）

捌雨沰得浑身透湿。

pɒ˥ y˩ to˥ tɛ˥ xuɐn˩ sɐn˧ t'ɛ˧ sɿ˥。

163（给我一本书。给他三本书。）

把一本书得我。把三本书得渠。

pɒ˩ i˥ pɐn˩ ɕy˧ tɛ˥ ŋo˩。pɒ˩ sæ̃˧ pɐn˩ ɕy˧ tɛ˥ k'ɛ˩。

164（这里没有书，书在那里。）

嘚块冇得书，书在勒块得。

tɛ˥ k'uæ˩ mɔ˧ tɛ˥ ɕy˧，ɕy˧ ts'æ˧ lɛ˥ k'uæ˩ tɛ˥。

165（叫他快来找我。）

叫渠快哏来找我。

tɕiɛ˧ k'ɛ˩ k'uæ˧ ȵiɐn˥ læ˩ tsɔ˩ ŋo˩。

166（赶快把他请来。）

赶快把渠请来。

kœ̃˩ k'uæ˧ pɒ˩ k'ɛ˩ ts'in˩ læ˩。

167（我写了条子请病假。）

我写了条子请病假。

ŋo˩ siɒ˩ liɛ˩ t'i˩ tsɿ˩ ts'in˩ p'in˧ tɕiɒ˩。

168（我上街买了份报纸看。）

我上街买了张报纸看。

ŋo˩ sɔŋ˧ kæ˧ mæ˩ liɛ˩ tsɔŋ˧ pɔ˧ tsɿ˩ k'œ̃˧。

169（我笑着躲开了他。）

我笑倒偏开了渠。

ŋo˩ si˧ tɔ˩ p'iĩ˧ k'æ˧ lɛ˩ k'ɛ˩。

170（我抬起头笑了一下。）

我抬头笑了一下。

ŋo˩ t'æ˩ t'ɛ˩ si˧ liɛ˩ i˥ xɒ˧。

171（我就是坐着不动，看你能把我怎么着。）

我就是坐倒不动，看你能把我么样。

ŋo˩ ts'iu˧ sɿ˧ ts'o˧ tɔ˩ pu˥ t'aŋ˧，k'œ̃˧ n̩˩ lɐn˩ pɒ˩ ŋo˩ mo˩ iɔŋ˧。

172（她照顾病人很细心。）

渠照顾病人第一细心。

k'ɛ˩ tsɛ˧ ku˧ p'in˧ zɐn˩ t'əi˥ səi˧ sin˧。

173（他接过苹果就咬了一口。）

渠接过苹果就咬了一口。

k'ɛ˩ tsi˥ ko˧ p'in˩ ko˩ ts'iu˧ ŋɔ˩ lɛ˩ i˥ k'ɛ˩。

174（他的一番话使在场的所有人都流了眼泪。）

渠箇话把在场箇勒什人说得落欸眼泪。

k'ɛ˩ ko˧ xuɒ˧ pɒ˩ ts'æ˧ ts'ɔŋ˩ ko˧ lɛ˥ sɿ˥ zɐn˩ ɕyɛ˥ tɛ˥ lo˥ ɛ˩ ŋæ̃˩ ləi˧。

175（我们请他唱了一首歌。）

我伆请渠唱了一首歌。

ŋo˩ lɛ˥ ts'in˩ k'ɛ˩ ts'ɔŋ˧ liɛ˩ i˥ sau˩ ko˧。

176（我有几个亲戚在外地做工。）

我有几个亲戚在外地做工。

ŋo˩ iau˩ tɕi˩ ko˧ ts'in˧ səi˥ ts'æ˧ uæ˧ t'əi˧ tsau˧ kɐŋ˧。

177（他整天都陪着我说话。）

渠梗日都陪倒我说话。

k'ɛ˩ kɐn˩ zɿ˥ tau˧ p'əi˩ tɔ˩ ŋo˩ ɕyɛ˥ xuɒ˧。

178（我骂他是个大笨蛋，他居然不恼火。）

我骂渠是个大笨蛋，冇想到渠不发火。

ŋo˩ mɒ˧ k'ɛ˩ sɿ˧ ko˧ tɒ˧ pɐn˧ t'æ̃˧，mɔ˧ siɔŋ˩ tɔ˧ k'ɛ˩ pu˥ fɒ˥ xo˩。

179（他把钱一扔，二话不说，转身就走。）

渠把钱一摔，二话不说，转身就走。

k'ɛ˩ pɒ˩ ts'iĩ˩ i˥ ɕyæ˩，zɿ˧ xuɒ˧ pu˥ ɕyɛ˥，tɕyẽ˩ sɐn˧ ts'iu˧ tsɛ˩。

180（我该不该来呢？）

我该不该来嘞？

ŋo˩ kæ˧ pu˥ kæ˧ læ˩ lɛ˧？

181（你来也行，不来也行。）

你来也能得，不来也能得。

n̩˩ læ˩ iɒ˩ len˩ tɛ˥，pu˥ læ˩ iɒ˩ len˩ tɛ˥。

182（要我说，你就不应该来。）

要我说，你就不该来。

iɛ˧ ŋo˩ ɕyɛ˥，n̩˩ ts'iu˧ pu˥ kæ˧ læ˩。

183（你能不能来？）

你能不能来？

n̩˩ len˩ pu˥ len˩ læ˩？

184（看看吧，现在说不准。）

我看，现在说不准。

ŋo˩ k'œ̃˧，ɕiɛ̃˧ ts'æ˧ ɕyɛ˥ pu˥ tɕyen˩。

185（能来就来，不能来就不来。）

能来就来，不能来就不来。

len˩ læ˩ ts'iu˧ læ˩，pu˥ len˩ læ˩ ts'iu˧ pu˥ læ˩。

186（你打算不打算去？）

你打算去不？

n̩˩ tɒ˩ sœ̃˧ tɕ'i˧ pu˥？

187（去呀！谁说我不去？）

去啊！瞒说我不去？

tɕ'i˧ ɔ˧！ mœ̃˩ ɕyɛ˥ ŋo˩ pu˥ tɕ'i˧？

188（他一个人敢去吗？）

渠一个人敢去不？

k'ɛ˩ i˥ ko˧ zen˩ kœ̃˩ tɕ'i˧ pu˥？

189（敢！那有什么不敢的？）

敢！那有么西不敢得嘞？

kœ̃˩！ lɛ˥ iɑu˩ mo˩ səi˧ pu˥ kœ̃˩ tɛ˥ lɛ˧？

190（他到底愿不愿意说？）

渠到底愿意说不？

k'ɛ˩ tɔ˧ təi˩ yɛ̃˧ i˧ ɕyɛ˥ pu˥？

191（谁知道他愿意不愿意说？）

哪个晓得渠愿意说不嘞？

læ˥ ko˧ ɕiɛ˩ tɛ˥ k‘ɛ˩ yẽ˧ i˧ ɕyɛ˥ pu˥ lɛ˧？

192（愿意说得说，不愿意说也得说。）

愿意说也要说，不愿意说也要说。

yẽ˧ i˧ ɕyɛ˥ iɒ˩ iɛ˧ ɕyɛ˥，pu˥ yẽ˧ i˧ ɕyɛ˥ iɒ˩ iɛ˧ ɕyɛ˥。

193（反正我得让他说，不说不行。）

反正我要渠说，不说不能。

fæ̃˩ tsɐn˧ ŋo˩ iɛ˧ k‘ɛ˩ ɕyɛ˥，pu˥ ɕyɛ˥ pu˥ lɐn˩。

194（还有没有饭吃？）

还有饭喫冇得？

xæ˩ iɑu˩ fæ̃˧ tɕ‘iɒ˥ mɔ˧ tɛ˥？

195（有，刚吃呢。）

有，嵌眼一喫。

iɑu˩，k‘æ̃˥˩ i˥ tɕ‘iɒ˥。

196（没有了，谁叫你不早来！）

冇得了，是睛叫你早坭不来！

mɔ˧ tɛ˥ liɛ˩，sɿ˧ mœ̃˩ tɕiɛ˧ n̩˩ tsɔ˩ n̩iɐn˥ pu˥ læ˩！

197（你去过北京吗？我没去过。）

北京你去过冇？我冇去过。

pɛ˥ tɕiɐn˧ n̩˩ tɕ‘i˧ ko˧ mɔ˧？ ŋo˩ mɔ˧ tɕ‘i˧ ko˧。

198（我十几年前去过，可没怎么玩，都没印象了。）

我十几年前去过，只是冇么样玩，都冇得印象了。

ŋo˩ sɿ˥ tɕ‘i˩ n̩iẽ˩ ts‘iĩ˩ tɕ‘i˧ ko˧，tsɿ˩ sɿ˧ mɔ˧ mo˩ iɔŋ˧ uæ̃˩，tɑu˧ mɔ˧ tɛ˥ iɐn˧ siɔŋ˧ liɛ˩。

199（这件事他知道不知道？）

嗰件事渠晓得不？

tɛ˥ tɕ‘iẽ˧ sɿ˧ k‘ɛ˩ ɕiɛ˩ tɛ˥ pu˥？

200（这件事他肯定知道。）

嗰件事渠肯定晓得。

tɛ˥ tɕ‘iẽ˧ sɿ˧ k‘ɛ˩ k‘ɐn˩ t‘in˧ ɕiɛ˩ tɛ˥。

201（据我了解，他好像不知道。）

根据我了解箇，渠好像不晓得。

kɐn˧ tɕy˧ ŋo˩ li˩ kæ˩ ko˧，k'ɛ˩ xɔ˩ siɔŋ˧ pu˥ ɕiɛ˩ tɛ˥。

202 (这些字你认得不认得?)

嘚什字你认得不?

tɛ˥ sɿ˥ ts'ɿ˧ n̩˩ zɐn˧ tɛ˥ pu˥?

203 (我一个大字也不认得。)

我太字一个都不认得。

ŋo˩ t'æ˧ ts'ɿ˧ i˥ ko˧ tɑu˧ pu˥ zɐn˧ tɛ˥。

204 (只有这个字我不认得，其他字都认得。)

只有嘚个字我不认得，其余箇都认得。

tsɿ˥ iɑu˩ tɛ˥ ko˧ ts'ɿ˧ ŋo˩ pu˥ zɐn˧ tɛ˥，tɕ'i˩ y˩ ko˧ tɑu˧ zɐn˧ tɛ˥。

205 (你还记得不记得我了?)

你还记得我不?

n̩˩ xæ˩ tɕi˧ tɛ˥ ŋo˩ pu˥?

206 (记得，怎么能不记得!)

记得，是项不记得嘞!

tɕi˧ tɛ˥，sɿ˧ xɔŋ˧ pu˥ tɕi˧ tɛ˥ lɛ˧!

207 (我忘了，一点都不记得了。)

我忘记了，一根都想不起来了。

ŋo˩ uɔŋ˧ tɕi˧ lɛ˩，i˥ ɳiɐn˥ tɑu˧ siɔŋ˩ pu˥ tɕ'i˩ læ˩ lɛ˩。

208 (你在前边走，我在后边走。)

你在前面走，我在后面走。

n̩˩ ts'æ˧ ts'ĩ˩ mĩ˧ tsɛ˩，ŋo˩ ts'æ˧ xɛ˧ mĩ˧ tsɛ˩。

209 (我告诉他了，你不用再说了。)

我告叫渠了，你不须再说得了。

ŋo˩ kɔ˧ tɕiɛ˧ k'ɛ˩ liɛ˩，n̩˩ pu˥ səi˧ tsæ˧ ɕyɛ˥ tɛ˥ liɛ˩。

210 (这个大，那个小，你看哪个好?)

嘚个太，勒个细，你看哪个好?

tɛ˥ ko˧ t'æ˧，lɛ˥ ko˧ səi˧，n̩˩ k'œ̃˧ læ˥ ko˧ xɔ˩?

211 (这个比那个好。)

嘚个比勒个好。

tɛ˥ ko˧ pəi˩ lɛ˥ ko˧ xɔ˩。

212 (那个没有这个好，差多了。)

勒个冇得嗬个好，差好多。

lɛ˥ ko˧ mɔ˧ tɛ˥ tɛ˥ ko˧ xɔ˩，ts'ɒ˧ xɔ˩ to˧。

213 (要我说这两个都好。)

要我说，嗬两个都好。

iɛ˧ ŋo˩ ɕyɛ˥，tɛ˥ liɔŋ˩ ko˧ tau˧ xɔ˩。

214 (其实这个比那个好多了。)

其实嗬个比勒个好多了。

tɕ'i˩ sʅ˥ tɛ˥ ko˧ pəi˩ lɛ˥ ko˧ xɔ˩ to˧ lɛ˩。

215 (今天的天气没有昨天好。)

今日箇天气冇得昨日好。

tɕiɐn˧ zʅ˥ ko˧ t'iĩ˧ tɕ'i˧ mɔ˧ tɛ˥ ts'o˥ zʅ˥ xɔ˩。

216 (昨天的天气比今天好多了。)

昨日箇天气比今日好多了。

ts'o˥ zʅ˥ ko˧ t'iĩ˧ tɕ'i˧ pəi˩ tɕiɐn˧ zʅ˥ xɔ˩ to˧ lɛ˩。

217 (明天的天气肯定比今天好。)

明日箇天气肯定比今日好。

min˩ zʅ˥ ko˧ t'iĩ˧ tɕ'i˧ k'ɐn˩ t'in˧ pəi˩ tɕiɐn˧ zʅ˥ xɔ˩。

218 (那个房子没有这个房子好。)

勒个房子冇得嗬个房子好。

lɛ˥ ko˧ fɔŋ˩ tsʅ˩ mɔ˧ tɛ˥ tɛ˥ ko˧ fɔŋ˩ tsʅ˩ xɔ˩。

219 (这些房子不如那些房子好。)

嗬什房子不如勒什房子好。

tɛ˥ sʅ˥ fɔŋ˩ tsʅ˩ pu˥ y˩ lɛ˥ sʅ˥ fɔŋ˩ tsʅ˩ xɔ˩。

220 (这个有那个大没有?)

嗬个有勒个太冇得?

tɛ˥ ko˧ iau˩ lɛ˥ ko˧ t'æ˧ mɔ˧ tɛ˥ ?

221 (这个跟那个一般大。)

嗬个跟勒个一样太。

tɛ˥ ko˧ kɐn˧ lɛ˥ ko˧ i˥ iɔŋ˧ t'æ˧。

222（这个比那个小了一点点儿，不怎么看得出来。）

嘚个比勒个细一垠，看不么出来。

tɛ˥ ko˧ pəi˩ lɛ˥ ko˧ səi˧ i˥ ȵien˥，k'œ̃˧ pu˥ mo˩ tɕ'y˥ læ˩。

223（这个大，那个小，两个不一般大。）

嘚个太，勒个细，两个不一样太。

tɛ˥ ko˧ t'æ˧，lɛ˥ ko˧ səi˧，liɔŋ˩ ko˧ pu˥ i˥ iɔŋ˧ t'æ˧。

224（这个跟那个大小一样，分不出来。）

嘚个跟勒个太细一样，分不出来。

tɛ˥ ko˧ kɐn˧ lɛ˥ ko˧ t'æ˧ səi˧ i˥ iɔŋ˧，fɐn˧ pu˥ tɕ'y˥ læ˩。

225（这个人比那个人高。）

嘚个人比勒个人高。

tɛ˥ ko˧ zɐn˩ pəi˩ lɛ˥ ko˧ zɐn˩ kɔ˧。

226（是高一点儿，可是没有那个人胖。）

是高一垠，只是冇得勒个人胖。

sʅ˧ kɔ˧ i˥ ȵiɐn˥，tsʅ˩ sʅ˧ mɔ˧ tɛ˥ lɛ˥ ko˧ zɐn˩ p'ɔŋ˥。

227（他们一般高，我看不出谁高谁矮。）

渠两个人一样高，我看不出哪个高哪个矮。

k'ɛ˥ liɔŋ˩ ko˧ zɐn˩ i˥ iɔŋ˧ kɔ˧，ŋo˩ k'œ̃˧ pu˥ tɕ'y˥ læ˥ ko˧ kɔ˧ læ˥ ko˧ ŋæ˩。

228（胖的好还是瘦的好？）

胖箇好还是瘦箇好？

p'ɔŋ˥ ko˧ xɔ˩ xæ˩ sʅ˧ sɛ˧ ko˧ xɔ˩？

229（瘦的比胖的好。）

瘦箇比胖箇好。

sɛ˧ ko˧ pəi˩ p'ɔŋ˥ ko˧ xɔ˩。

230（瘦的胖的都不好，不瘦不胖最好。）

瘦箇胖箇都不好，不瘦不胖最好。

sɛ˧ ko˧ p'ɔŋ˥ ko˧ tɑu˧ pu˥ xɔ˩，pu˥ sɛ˧ pu˥ p'ɔŋ˥ tsəi˧ xɔ˩。

231（这个东西没有那个东西好用。）

嘚个东西冇得勒个东西好用。

tɛ˥ ko˧ tɐŋ˧ səi˧ mɔ˧ tɛ˥ lɛ˥ ko˧ tɐŋ˧ səi˧ xɔ˩ iɐŋ˧。

232 (这两种颜色一样吗?)
嗬两个颜色一样不一样嘞?
tɛ˥ liɔŋ˩ ko˧ iæ̃˩ sɛ˥ i˥ iɔŋ˧ pu˥ i˥ iɔŋ˧ lɛ˧ ?
233 (不一样，一种色淡，一种色浓。)
不一样，一个颜色浅，一个颜色深。
pu˥ i˥ iɔŋ˧，i˥ ko˧ iæ̃˩ sɛ˥ ts'iĩ˩，i˥ ko˧ iæ̃˩ sɛ˥ sɐn˧。
234 (这种颜色比那种颜色淡多了，你都看不出来?)
嗬个颜色比勒个颜色浅好多，你看不出来?
tɛ˥ ko˧ iæ̃˩ sɛ˥ pəi˩ lɛ˥ ko˧ iæ̃˩ sɛ˥ ts'iĩ˩ xɔ˩ to˧，n̩˩ k'œ̃˧ pu˥ tɕ'y˥ læ˩?
235 (你看看现在，现在的日子比过去强多了。)
你看看现在，现在箇日子比往日强多了。
n̩˩ k'œ̃˧ k'œ̃˧ ɕiẽ˧ ts'æ˧，ɕiẽ˧ ts'æ˧ ko˧ zʅ˥ tsʅ˩ pəi˩ uɔŋ˩ zʅ˥ tɕ'iɔŋ˩ to˧ liɛ˩。
236 (以后的日子比现在更好。)
以后箇日子比现在更好。
i˩ xɛ˧ ko˧ zʅ˥ tsʅ˩ pəi˩ ɕiẽ˧ ts'æ˧ kɐn˧ xɔ˩。
237 (好好干吧，这日子一天比一天好。)
好好得做，日子一日比一日好。
xɔ˩ xɔ˩ tɛ˥ tsɑu˧，zʅ˥ tsʅ˩ i˥ zʅ˥ pəi˩ i˥ zʅ˥ xɔ˩。
238 (这些年的生活一年比一年好，越来越好。)
嗬什年箇生活一年比一年好，越来越好。
tɛ˥ sʅ˥ n̥iẽ˩ ko˧ sɐn˧ xo˥ i˥ n̥iẽ˩ pəi˩ i˥ n̥iẽ˩ xɔ˩，yɛ˥ læ˩ yɛ˥ xɔ˩。
239 (咱兄弟俩比一比谁跑得快。)
很兄弟两个比一下子，看是瞒跑得快。
xɐn˥ ɕiɐŋ˧ t'əi˧ liɔŋ˩ ko˧ pəi˩ i˥ xɒ˧ tsʅ˩，k'œ̃˧ sʅ˧ mœ̃˩ p'ɔ˩ tɛ˥ k'uæ˧。
240 (我比不上你，你跑得比我快。)
我比不赢你，你比我跑得快。
ŋo˩ pəi˩ pu˥ iɐn˩ n̩˩，n̩˩ pəi˩ ŋo˩ p'ɔ˩ tɛ˥ k'uæ˧。
241 (他跑得比我还快，一个比一个跑得快。)
渠比我跑得还快什，一个比一个跑得快。
k'ɛ˩ pəi˩ ŋo˩ p'ɔ˩ tɛ˥ xæ˩ k'uæ˧ sʅ˥，i˥ ko˧ pəi˩ i˥ ko˧ p'ɔ˩ tɛ˥ k'uæ˧。

242（他比我吃得多，干得也多。）

渠比我喫得多，做得也多。

k‘ɛ˩ pəi˩ ŋo˩ tɕ‘iɒ˥ tɛ˥ to˧，tsɑu˧ tɛ˥ iɒ˩ to˧。

243（他干起活来，比谁都快。）

渠做起事来，比瞒都快。

k‘ɛ˩ tsɑu˧ tɕ‘i˩ sʅ˧ læ˩，pəi˩ mœ̃˩ tɑu˧ k‘uæ˧。

244（说了一遍，又说一遍，不知说了多少遍。）

说了一遍，又说一遍，不晓得说了几多遍。

ɕyɛ˥ liɛ˩ i˥ p‘iĩ˧，iɑu˧ ɕyɛ˥ i˥ p‘iĩ˧，pu˥ ɕiɛ˩ tɛ˥ ɕyɛ˥ liɛ˩ tɕi˩ to˧ p‘iĩ˧。

245（我嘴笨，可是怎么也说不过他。）

我嘴笨，在是何也说不过渠。

ŋo˥ tsəi˩ pɐn˧，ts‘æ˧ sʅ˧ xo˩ iɒ˩ ɕyɛ˥ pu˥ ko˧ k‘ɛ˩。

246（他走得越来越快，我都跟不上了。）

渠走得越来越快，我都跟不上了。

k‘ɛ˩ tsɛ˩ tɛ˥ yɛ˥ læ˩ yɛ˥ k‘uæ˧，ŋo˩ tɑu˧ kɐn˧ pu˥ sɔŋ˧ liɛ˩。

247（越走越快，越说越快。）

越走越快，越说越快。

yɛ˥ tsɛ˩ yɛ˥ k‘uæ˧，yɛ˥ ɕyɛ˥ yɛ˥ k‘uæ˧。

248（慢慢说，一句一句地说。）

慢慢得说，一句一句得说。

mæ̃˧ mæ̃˥ tɛ˥ ɕyɛ˥，i˥ tɕy˧ i˥ tɕy˧ tɛ˥ ɕyɛ˥。

第五章　阳新方言语料记音

一、传说　故事

ȵiau˩ xu˩ t'ɐŋ˧

牛湖洞

iɔŋ˩ sin˧ iau˩ ko˧ ȵiau˩ xu˩ t'ɐŋ˧，ȵiau˩ xu˩ t'ɐŋ˧ iau˧ tɕiɛ˧ ȵiau˩ miĩ˩ t'ɐŋ˧。

阳新有个牛湖洞，牛湖洞又叫牛眠洞。

siɔŋ˧ tɕ'yɛ̃˩ xɐn˩ tsɔ˩ i˩ ts'iĩ˩，t'i˥ kuæ˩ ləi˩ tɕ'i˩ i˥ tsɒ˥ siĩ˧ ȵiau˩ tɔ˧ uɔŋ˩ xu˩

相传很早以前，铁拐李骑一只仙牛到网湖

piĩ˧ i˥ ts'o˧ mi˧ tɕ'i˧。k'ɛ˩ tsin˧ liɛ˩ mi˧，ts'iu˧ tɕiɛ˧ lɛ˥ tsɒ˥ ȵiau˩ ts'æ˧ mi˧ p'ɔŋ˩

边一座庙去。渠进了庙，就叫勒只牛在庙旁

piĩ˧ ko˧ t'ɐŋ˧ ɛ˩ ɕiɛ˥ xæ̃˥。pu˥ to˧ sʅ˩，y˥ təi˧ ɕiɒ˧ lin˧，tɕiɛ˧ t'i˥ kuæ˩ ləi˩ sau˥

边箇洞欸歇下。不多时，玉帝下令，叫铁拐李速

tɕiɒ˧ yɐn˩ xuəi˩ t'iĩ˧ t'in˩。t'i˥ kuæ˩ ləi˩ tsɛ˩ tɛ˥ tɕi˥，pɒ˩ lɛ˥ tsɒ˥ siĩ˧ ȵiau˩ uɔŋ˧

驾云回天庭。铁拐李走得急，把勒只仙牛忘

tɕi˧ liɛ˩。tɔŋ˧ sʅ˩ lɛ˥ ȵiau˩ k'uɐn˧ ts'o˥ liɛ˩，tɐn˩ k'ɛ˩ sin˩ liɛ˩ k'œ̃˧ tɕiɛ̃˧ tɕy˩ zɐn˩

记了。当时勒牛睏着了，等渠醒了看见主人

mɔ˧ læ˩，iau˧ tsi˥ tɔ˩ k'uɐn˧。zʅ˥ tsʅ˩ tɕiau˩ liɛ˩，ts'iu˧ ts'ɐn˩ liɛ˩ sʅ˥ ȵiau˩，xɛ˧

冇来，又接倒睏。日子久了，就成了石牛，后

zɐn˩ ts'iu˧ pɒ˩ tɛ˥ ko˧ t'ɐŋ˧ tɕiɛ˧ tsau˧ ȵiau˩ miĩ˩ t'ɐŋ˧。

人就把嘚个洞叫做牛眠洞。

iau˧ pu˥ ɕiɛ˩ tɛ˥ ko˧ liɛ˩ tɕi˩ to˧ ȵiɛ̃˩，ȵiau˩ miĩ˩ t'ɐŋ˧ tin˩ sɔŋ˧ k'æ˧ liɛ˩ i˥

又不晓得过了几多年，牛眠洞顶上开了一

ko˧ yɛ̃˩ k'ɐŋ˩，uæ˧ t'ɛ˩ ko˧ kuɔŋ˧ liɔŋ˧ sɒ˧ tsin˧ læ˩，siɔŋ˧ ko˧ yɛ˥ liɔŋ˧。sʅ˥ ȵiau˩

个圆孔，外头箇光亮射进来，像箇月亮。石牛

ŋɔ˧ tɔ˩ ko˧ t'ɛ˩，tsɐŋ˩ sʅ˧ tso˥ yɛ˥ liɔŋ˧ i˥ uɔŋ˧ tɔ˩，so˩ i˩ iau˧ tɕiɛ˧ siĩ˧ ȵiau˩

傲倒个头，总是着月亮一望倒，所以又叫仙牛

uɔŋ˧ yɛ˥。tɛ˥ tsɒ˥ sʅ˥ ȵiau˩ iɒ˩ tɕ'y˥ tɕ'i˩，k'ɛ˩ liɔŋ˩ ko˧ p'i˥ k'ɐŋ˩，i˥ ko˧ tɕ'y˥

望月。嘚只石牛也出奇，渠两个鼻孔，一个出

iɑu˩, i˥ ko˧ tɕʻy˥ iẽ˩, mi˧ ɛ˩ tɕi˩ ko˧ xo˩ sɔŋ˧ tsʻɔ˩ tsʻæ˧ ko˧ iɑu˩ iẽ˩ kɔŋ˧ xɔ˩
油，一个出盐，庙欸几个和尚炒菜箇油盐刚好

tsɑu˧ tɛ˥ tɔ˩。mɔ˧ siɔŋ˩ tɔ˧ xo˩ sɔŋ˧ tɕʻi˩ liɛ˩ tʻœ˧ sin˧，siɔŋ˩ iɛ˧ xɔ˩ to˧ iɑu˩ iẽ˩，
做得倒。冇想到和尚起了贪心，想要好多油盐，

tsʻiu˧ iɐŋ˧ tʻi˥ tsæ̃˩ tsɿ˩ pɒ˩ n̠iɑu˩ pʻi˥ kʻɐŋ˩ tsæ̃˩ tɛ˥ tʻæ˧ tʻæ˧ tɛ˥，tɕiɛ˥ ko˩ fæ̃˩ zɿ˩
就用铁錾子把牛鼻孔錾得太太得，结果反而

mɔ˧ tɛ˥ iɑu˩ iẽ˩ liɛ˩，tsɿ˥ liu˩ tsʻin˧ ɕy˩ liɛ˩。tsʻin˧ ɕy˩ liu˩ tɔ˧ xo˩ ɛ˩，xo˩ ɛ˩
冇得油盐了，只流清水了。清水流到河欸，河欸

iɑu˧ tɕʻy˥ tsʻæ̃˩ uəi˧ tʻɔ˧ iɑu˧ siĩ˧ iɑu˧ məi˩ ko˧ tɕʻyen˧ y˩。n̠iɑu˩ xu˩ tʻɐŋ˧ tsʻɿ˧
又出产味道又鲜又美箇春鱼。牛湖洞自

tsʻɐŋ˩ iɑu˩ liɛ˩ tɕʻyen˧ y˩，min˩ sɐn˧ tsʻiu˧ yɛ˥ fɒ˥ tʻæ˧ liɛ˩。
从有了春鱼，名声就越发太了。

kœ̃˧ lin˩ tsæ̃˩ mɒ˩

甘宁斩马

sæ̃˧ kuɛ˥ ko˧ sɿ˩ xɛ˧，sɐn˧ tɕʻyẽ˩ tɕiẽ˧ tɑu˧ u˩ tsʻɔŋ˧，lɛ˥ sɿ˩ xɛ˧ ko˧ u˩
三国箇时候，孙权建都武昌，勒时候箇武

tsʻɔŋ˧ iɒ˩ tsʻiu˧ sɿ˧ ɕiẽ˧ tsʻæ˧ ko˧ ŋo˥ tsɑu˧。tæ˧ xɛ˧，sɐn˧ tɕʻyẽ˩ pʻæ˧ liɛ˩ tɒ˧ tsiɔŋ˧
昌也就是现在箇鄂州。带后，孙权派了大将

kœ̃˧ lin˩ tsɐn˧ sɑu˩ iɔŋ˩ sin˧ fu˧ tsʻɿ˩ kʻɛ˩。iɑu˩ y˩ liĩ˩ n̠iẽ˩ tɒ˩ tsɔŋ˧，lɔ˩ pɛ˥ sin˧
甘宁镇守阳新富池口。由于连年打仗，老百姓

ko˧ zɿ˥ tsɿ˩ ko˧ tɛ˥ mæ̃˩ kʻu˩，kœ̃˧ lin˩ tʻəi˩ tʻi˥ lɔ˩ pɛ˥ sin˧，ləi˥ ɕiɒ˧ tɕyen˧ lin˧：
箇日子过得蛮苦，甘宁体贴老百姓，立下军令：

zɐn˧ xo˩ tsiɔŋ˧ sɿ˧ pu˥ tɛ˥ tsɔ˧ tʻɒ˥ pɛ˥ sin˧ ko˧ tsɔŋ˧ kɒ˧，uəi˩ tsɛ˩ ləi˥ tsæ̃˩
任何将士不得糟蹋百姓箇庄稼，违者立斩

pu˥ sɛ˥。
不赦。

iɑu˩ i˥ tsʻɿ˧，kœ̃˧ lin˩ ko˧ tsœ̃˧ mɒ˩ tɕʻiɒ˥ liɛ˩ pɛ˥ sin˧ ko˧ tsɔŋ˧ kɒ˧，ŋœ̃˧
有一次，甘宁箇战马喫了百姓箇庄稼，按

tɕyen˧ fɒ˥ sɿ˧ mɒ˩ kuœ̃˧ tɔŋ˧ tsæ̃˩，lɛ˥ tsɒ˥ mɒ˩ iɒ˩ iɛ˧ kʻæ̃˩ tʻɛ˩。sɿ˧ mɒ˩ kuœ̃˧
军法饲马官当斩，勒只马也要砍头。饲马官

lin˩ sɿ˩ tsʻiĩ˩ uəi˧ lɛ˥ tsɒ˥ mɒ˩ tɕʻiɑu˩ tsʻin˩：“tsiɔŋ˧ tɕyen˧，iɛ˧ tsæ̃˩ tsʻiu˧ tsæ̃˩ ŋo˩
临死前为勒只马求情：“将军，要斩就斩我

pɒ˩，tsʻɑu˥ sɐn˧ u˩ tsɿ˧，pu˥ iɐn˧ tʻɐŋ˩ tɐn˩ tsʻɿ˧ tsʻəi˧。”kœ̃˧ lin˩ sɑu˧ læ˩ ŋæ˧ xu˧
吧，畜牲无知，不应同等治罪。”甘宁素来爱护

tsiɔŋ˧ sɿ˧，iɒ˩ ŋæ˧ lɛ˥ tsɒ˥ mɒ˩，ləi˧ sin˧ sɿ˥ tsʻæ˧ pu˥ zɐn˩，kʻo˩ sɿ˧ tɕyen˧ lin˧ y˩
将士，也爱勒只马，内心实在不忍，可是军令如

sæ̃˧，mɔ˧ tɛ˥ fɒ˥，xæ˩ sɿ˧ tsæ̃˩ liɛ˩ sɿ˧ mɒ˩ kuœ̃˧，kʻæ̃˩ liɛ˩ tsœ̃˧ mɒ˩。
山，冇得法，还是斩了饲马官，砍了战马。

kœ̃˧ lin˩ xɛ˧ læ˩ sɿ˩ ts'æ˧ fu˧ ts'ɿ˩ k'ɛ˩, p'u˧ ɕiɒ˧ pɒ˩ k'ɛ˩ tsɔŋ˧ ts'æ˧ t'æ˧ lin˩
甘宁后来死在富池口，部下把渠葬在太岭

sæ̃˧ xɒ˧, ts'æ˧ k'ɛ˩ ko˧ fɐn˩ ts'iĩ˩ ti˧ k'ɛ˥ tɛ˥ iɑu˩ i˥ tsɒ˥ sɿ˥ mɒ˩。pu˥ ɕiɛ˩ tɛ˥
山下，在渠箇坟前雕刻得有一只石马。不晓得

mo˩ ȵiẽ˩ kæ̃˧ kœ̃˧ lin˩ fɐn˩ ts'iĩ˩ iɑu˧ to˧ liɛ˩ i˥ tsɒ˥ mo˧ tɛ˥ t'ɛ˩ ko˧ sɿ˥ mɒ˩,
么年间甘宁坟前又多了一只冇得头箇石马，

tɕ'yẽ˩ ɕyɛ˥ ts'iu˧ sɿ˧ lɛ˥ tsɒ˥ tso˥ tɔ˩ tsæ̃˩ sɑu˩ ko˧ tsœ̃˧ mɒ˩ iɑu˧ xuəi˩ tɔ˧ liɛ˩
传说就是勒只捉倒斩首箇战马又回到了

kœ̃˧ lin˩ ko˧ sɐn˧ piĩ˧。
甘宁箇身边。

lɑu˩ kɔ˧
卢高

xɐn˥ iɔŋ˩ sin˧ uɔŋ˩ zɿ˥ tɕ'y˥ liɛ˩ i˥ ko˧ t'æ˧ kuœ̃˧ tɕiɛ˧ lɑu˩ kɔ˧。
很阳新往日出了一个太官叫卢高。

lɑu˩ kɔ˧ səi˧ sɿ˩ xɛ˧ u˥ ɛ˩ mæ̃˩ tɕ'iɐŋ˩, k'ɛ˩ ts'æ˧ ɕiɐn˧ kuɛ˥ tsɑu˧ t'ɑu˥ sɿ˧
卢高细时候屋欸蛮穷，渠在兴国州读私

sɑu˥ ko˧ sɿ˩ xɛ˧, p'i˥ ko˧ ŋæ̃˥ tɑu˧ ɕiẽ˩ k'ɛ˩ tɕ'iɐŋ˩, k'œ̃˧ pu˥ tɕ'i˩ k'ɛ˩。iɑu˩ i˥
塾箇时候，别个伢都嫌渠穷，看不起渠。有一

xuəi˩, i˥ ko˧ ŋæ̃˥ ko˧ mɛ˥ mo˧ tɛ˥ liɛ˩, i˥ xɒ˧ tɑu˧ læ˧ sɿ˧ lɑu˩ kɔ˧ t'ɛ˧ tɕ'i˧
回，一个伢箇墨冇得了，一哈都赖是卢高偷去

liɛ˩。lɑu˩ kɔ˧ ɕyɛ˥: "n̩˩ lɛ˥ i˥ xɒ˧ u˩ læ˧ ŋo˩, ŋo˩ iɒ˩ mo˧ tɛ˥ fɒ˥, tsɿ˥ xɔ˩ tɒ˩
了。卢高说："你仂一哈诬赖我，我也冇得法，只好打

kɔ˧ uɐn˧ p'u˩ sɒ˥。" t'æ˧ kɒ˧ ɕyɛ˥ lɐn˩ tɛ˥, ts'iu˧ i˥ tɕ'i˩ p'ɔ˩ tɔ˧ ts'ɐn˩ xuɔŋ˩ mi˧
珓问菩萨。"太家说能得，就一起跑到城隍庙

tɕ'i˧ tɒ˩ kɔ˧, ɕyɛ˥ sɿ˧ p'ɐŋ˥ tɔ˩ iɐn˧ kɔ˧ ts'iu˧ pu˥ sɿ˧ lɑu˩ kɔ˧ t'ɛ˧ ko˧, p'ɐŋ˥ tɔ˩
去打珓，说是碰倒阴珓就不是卢高偷箇，碰倒

iɔŋ˩ kɔ˧ lɛ˥ ts'iu˧ sɿ˧ lɑu˩ kɔ˧ t'ɛ˧ ko˧。mo˧ siɔŋ˩ tɔ˧ i˥ tiu˧ kɔ˧ æ˧ sɿ˧ ko˧ iɔŋ˩
阳珓勒就是卢高偷箇。冇想到一丢珓哎是个阳

kɔ˧。lɑu˩ kɔ˧ iɑu˩ k'ɛ˩ ɕyɛ˥ pu˥ iɐn˧, tsɿ˥ xɔ˩ p'əi˩ lɛ˥ ŋæ̃˥ ko˧ mɛ˥。lɑu˩ kɔ˧ pəi˩
珓。卢高有口说不应，只好赔勒伢箇墨。卢高比

sɿ˩ tɕ'i˧ sɒ˥ liɛ˩, tsɿ˩ tɔ˩ ts'ɐn˩ xuɔŋ˩ p'u˩ sɒ˥ ɕyɛ˥: "ts'ɐn˩ xuɔŋ˩ p'u˩ sɒ˥ xɛ˥ iɑu˧
时气煞了，指倒城隍菩萨说："城隍菩萨黑又

xɛ˥, læ˧ ŋo˩ lɑu˩ kɔ˧ t'ɛ˧ tɕiɐn˧ mɛ˥。iɑu˩ tsɛ˧ i˥ zɿ˥ ŋo˩ tɔŋ˧ t'æ˧ kuœ̃˧, yɐn˩
黑，赖我卢高偷金墨。有朝一日我当太官，永

sɿ˧ pu˥ tɕyɐn˩ n̩˩ tɕ'y˥ ɕiɐn˧ kuɛ˥。"
世不准你住兴国。"

tæ˧ xɛ˧, lɑu˩ kɔ˧ ko˧ ȵiɔŋ˩ lɔ˩ tsɿ˩ i˥ xɒ˧ sɿ˩ liɛ˩, k'ɛ˩ iɑu˧ mo˧ tɛ˥ ɕiɐŋ˧
带后，卢高箇娘老子一哈死了，渠又冇得兄

tʻəi˧ tsɿ˩ məi˧ pɔŋ˧ tsʻɐn˧, sɿ˧ sau˥ tʻau˥ pu˥ tsʻɐn˩ liɛ˩, tsʻiu˧ zɿ˥ zɿ˥ sɔŋ˧ sæ̃˧ tso˥
弟姊妹帮衬，私塾读不成了，就日日上山斫

tsʻæ˩ mæ˧。zɿ˥ fɐn˧ tso˥ tsʻæ˩, iɒ˧ fɐn˧ tʻau˥ ɕy˧, zɿ˥ tsɿ˩ ko˧ tɛ˥ mæ̃˩ kʻu˩。iau˩
柴卖。日分斫柴，夜分读书，日子过得蛮苦。有

i˥ n̠iẽ˩ sæ̃˧ sɿ˥ iɒ˧, lau˩ kɔ˧ pʻɔ˩ tɔ˧ zau˥ pʻu˧ tɕʻi˧ sɒ˧ tsɒ˥ tɕy˧ tʻɛ˩ xuəi˩ læ˩
一年三十夜，卢高跑到肉铺去赊只猪头回来

ko˧ n̠iẽ˩。pʻɐŋ˥ tɛ˥ xɔ˩ lɔ˩ pæ̃˩ tɕʻy˥ tɕʻi˧ liɛ˩, xo˩ tɕi˧ kʻœ̃˧ kʻɛ˩ tso˥ n̠iɛ˥, tsʻiu˧
过年。碰得好老板出去了，伙计看渠作孽，就

pɒ˩ æ˥ tɕy˧ tʻɛ˩ sɒ˧ tɛ˥ kʻɛ˩ tʻo˩ xuəi˩ tɕʻi˧。ko˧ i˥ xæ̃˥ zau˥ pʻu˧ lɔ˩ pæ̃˩ xuəi˩
把哎猪头赊得渠佗回去。过一下肉铺老板回

læ˩ liɛ˩, tsʻiu˧ uɐn˧ tɕy˧ tʻɛ˩ xo˩ tɕʻi˧ liɛ˩, xo˩ tɕi˧ ɕyɛ˥ sɒ˧ tɛ˥ lau˩ kɔ˧ liɛ˩, lɔ˩
来了，就问猪头何去了，伙计说赊得卢高了，老

pæ̃˩ ɕyɛ˥: "kʻɛ˩ tɕʻiɐŋ˩ sɒ˥ ɛ˩, ko˥ mo˩ tsʻiĩ˩ xuæ̃˩ lɔ˩?" tsʻiu˧ liĩ˩ mɔŋ˩ pʻɔ˩ tɕʻi˧
板说："渠穷煞欸，搁么钱还哪？"就连忙跑去

iɛ˧, tsin˧ u˥ i˥ kʻœ̃˧ lɔ˧, lau˩ kɔ˧ pɒ˩ æ˥ tɕy˧ tʻɛ˩ tsʻɒ˥ sau˥ liɛ˩, lɔ˩ pæ̃˩ ɕyɛ˥:
要，进屋一看哪，卢高把哎猪头馇熟了，老板说：

"iau˩ ɕiẽ˧ tsʻiĩ˩ mɔ˧ tɛ˥? mɔ˧ tɛ˥ tsʻiu˧ tʻo˩ tsɛ˩。" lau˩ kɔ˧ ɕyɛ˥: "ko˧ liɛ˩ n̠iẽ˩
"有现钱冇得？冇得就佗走。"卢高说："过了年

tsæ˧ ɕyɛ˥。" lɔ˩ pæ̃˩ pu˥ kʻɐn, ŋɐn˧ sɿ˧ pɒ˩ æ˥ tɕy˧ tʻɛ˩ tʻo˩ tsɛ˩ liɛ˩。lau˩ kɔ˧ tʻæ̃˧
再说。"老板不肯，硬是把哎猪头佗走了。卢高叹

liɛ˩ i˥ kʻɛ˩ tɕʻi˧, tsʻɿ˧ n̠iẽ˩ tsʻɿ˧ n̠y˩ tɛ˥ ɕyɛ˥: "siɔŋ˩ tɕʻi˩ ŋo˩ lau˩ kɔ˧ tsɐn˧ kʻo˩
了一口气，自言自语得说："想起我卢高真可

liĩ˩, tsʻɒ˥ sau˥ ko˧ tɕy˧ tʻɛ˩ iɛ˧ ɕiẽ˧ tsʻiĩ˩。iau˩ tsɛ˧ i˥ zɿ˥ sɿ˩ yɐn˧ tɕyẽ˧, sɿ˩ sɿ˩
怜，馇熟箇猪头要现钱。有朝一日时运转，时时

kʻɛ˥ kʻɛ˥ tɔŋ˧ ko˧ n̠iẽ˩。" ko˧ xɛ˧, lau˩ kɔ˧ tsin˧ tɕiɐn˧ kœ̃˩ kʻɔ˩, pɒ˥ kʻɛ˩ kʻɔ˩ sɔŋ˧
刻刻当过年。"过后，卢高进京赶考，捌渠考上

liɛ˩ i˥ ko˧ xœ̃˧ lin˩, tsɐn˧ ko˧ tsau˧ liɛ˩ tʻæ˧ kuœ̃˧。tɛ˥ tsʻiu˧ pu˥ tɛ˥ liɛ˩ ɔ˩, kʻɛ˩
了一个翰林，真箇做了太官。嘚就不得了啊，渠

tɒ˩ mɒ˩ xuəi˩ ɕiẽ˧, tʻəi˧ i˥ tɕʻiẽ˧ sɿ˧ sɿ˧ pɒ˩ tsʻɐn˩ xuɔŋ˩ mi˧ tsʻɛ˥ liɛ˩, pɒ˩ æ˥
打马回县，第一件事是把城隍庙拆了，把哎

mi˧ pœ̃˧ tɔ˧ mɐn˧ to˧ yɛ̃˩ ko˧ sæ̃˧ piĩ˧ xɒ˧ tɕʻi˧。tʻəi˧ zɿ˧ tɕʻiẽ˧ sɿ˧ sɿ˧ pɒ˩ lɛ˥ ko˧
庙搬到闷多远箇山边下去。第二件事是把勒个

uɔŋ˩ zɿ˥ pu˥ kʻɐn˩ sɒ˧ tɕy˧ tʻɛ˩ ko˧ zau˥ pʻu˧ lɔ˩ pæ̃˩ tso˥ tɔ˩ kuæ̃˧ tɔ˩。lau˩ ko˧
往日不肯赊猪头箇肉铺老板捉倒关倒。卢高

xæ˩ pu˥ fɐn˧ tɛ˥, xæ˩ iɛ˧ pɒ˩ tsʻiĩ˩ ɕiẽ˧ sɒ˥ tɕy˧ ko˧ tʻɐŋ˩ tʻɐŋ˩ kuæ̃˧ tɔ˩。xæ˩ sɿ˧
还不忿得，还要把全县杀猪箇统统关倒。还是

lau˩ kɔ˧ ko˧ si˥ fɐn˥ siɔŋ˩ fɒ˥ tsɿ˩ tʻəi˥ pʻo˧ liɛ˩ kʻɛ˩, lɛ˥ zɿ˥ tɕʻiɒ˥ fæ̃˧, kʻɛ˥ si˥
卢高箇媳妇想法子剔破了渠，勒日喫饭，渠媳

fɐn˥ pu˥ kʻɐn˩ tɕʻiɒ˥, ɕyɛ˥ sɿ˧ kʻæ̃˥ mæ̃˩ i˥ tsɒ˥ mɒ˩ iɐn˥ pɒ˩ æ˥ tsʻæ˧ pɐŋ˧ liɛ˩,
妇不肯喫，说是嵌蛮一只麻蝇把哎菜嘣了，

iɛ˧ lau˩ kɔ˧ pɒ˩ æ˥ u˥ ɛ˩ ko˧ mɒ˩ iɐn˥ i˥ xuəi˩ tɒ˩ sɒ˥ ɛ˩ tsæ˧ tɕʻiɒ˥ fæ̃˧。lau˩
要卢高把哎屋欸箇麻蝇一回打煞欸再喫饭。卢

kɔ˧ ɕyɛ˥: "tɒ˩ sɒ˥ lɛ˥ i˥ tsɒ˥ tsʻiu˧ iau˩ tɛ˥ liɛ˩ tsɿ˧!" kʻɛ˥ si˥ fɐn˥ səi˩ pəi˥ tsʻiu˧
高说："打煞勒一只就有得了吱！"渠媳妇随毕就

tin˩ kʻɛ˩: "lɛ˥ n̩˩ uəi˧ məi˧ iau˧ iɛ˧ pɒ˩ lɛ˥ sɿ˥ sɒ˥ tɕy˧ lɔ˩ i˥ xuəi˩ kuæ̃˧ tɔ˩
顶渠："勒你为昧又要把勒什杀猪佬一回关倒

lɛ˧?" sɿ˧ ko˩ lau˩ kɔ˧ tsʻæ˩ mɔ˧ tso˥ pʻi˥ ko˧ zau˥ pʻu˧ lɔ˩ pæ̃˩。
嘞？"是果卢高才冇捉别箇肉铺老板。

lau˩ kɔ˧ tsʻæ˧ sɿ˧ xo˩ tau˧ mɔ˧ uɔŋ˧ tɕi˧ kʻɛ˩ uɔŋ˩ zɿ˥ ɕyɛ˥ ko˧ "sɿ˩ sɿ˩ kʻɛ˥
卢高是在何都冇忘记渠往日说箇"时时刻

kʻɛ˥ tɔŋ˧ ko˧ n̩iẽ˩" lɛ˥ tɕy˧ xuɒ˧, tsɐŋ˩ sɿ˧ siɔŋ˩ ko˥ sin˧ sau˧ fɒ˥ tsɿ˩ tɕʻy˥ læ˩
刻当过年"勒句话，总是想阁新酥法子出来

fɒ˥ tsʻæ˩。kʻɛ˩ sɿ˧ kuœ̃˩ tsʻɔŋ˩ tɕiɔŋ˧ mɒ˩ tʻɛ˩ ko˧ kuœ̃˧, iau˩ i˥ n̩iẽ˩ kʻuæ˧ ko˧
发财。渠是管长江码头箇官，有一年快过

n̩iẽ˩ liɛ˩, kʻɛ˩ tsʻæ˧ tɕiɔŋ˧ piĩ˧ ɛ˩ siɒ˩ i˥ ko˧ mɐn˧ tʻæ˧ ko˧ "kuæ̃˧" tsʻɿ˧, læ˩ uɔŋ˩
年了，渠在江边欸写一个闷太箇"关"字，来往

ko˧ tɕʻyẽ˩ tau˧ pu˥ lɐn˩ tsɛ˩ liɛ˩。zɐn˩ kʻɛ˥ ɛ˩ iɛ˧ xuəi˩ tɕʻi˧ ko˧ n̩iẽ˩ tɛ˥ tɕiɐn˩,
箇船都不能走了。人渠欸要回去过年得紧，

mɔ˧ tɛ˥ fɒ˥, tsɿ˥ xɔ˩ sɐŋ˧ n̩iɐn˩ tsɿ˩ tɛ˥ kʻɛ˩。lau˩ kɔ˧ tɕiẽ˧ liɛ˩ tsʻiĩ˩ tsʻiu˧ fɔŋ˧
冇得法，只好送银子得渠。卢高见了钱就放

ɕiɐn˩, lɛ˩ sɿ˥ mɔ˧ pɒ˩ tsʻiĩ˩ ko˧ tsʻiu˧ tsɛ˩ pu˥ tsʻɐn˩。tsʻiu˧ sɿ˧ ko˩ i˥ xuəi˩, lau˩
行，勒什冇把钱箇就走不成。就是果一回，卢

kɔ˧ sau˧ ko˧ n̩iɐn˩ tsɿ˩ tsʻiu˧ ko˥ təi˧ təi˧, kʻɛ˩ xæ˩ kɐn˧ kʻɛ˥ tsʻɔŋ˧ lɔ˩ ɕyɛ˥: "tɛ˥
高收箇银子就阁堆堆，渠还跟渠丈老说："嘚

tsʻæ˩ tsɐn˧ ko˧ tɕiɛ˧ tsau˧ i˥ tsʻɿ˧ tsʻɿ˥ tsʻiĩ˧ tɕiɐn˧。"
才真箇叫做一字值千金。"

xɛ˧ læ˩ lau˩ kɔ˧ iau˧ tsau˧ liɛ˩ xɔ˩ to˧ kuæ˩ sɿ˧, zɿ˥ tsʻɔŋ˩ yɛ˥ tɕiau˩ tɛ˥,
后来卢高又做了好多拐事，日长月久得，

tsʻiu˧ fɒ˥ tso˥ liɛ˩。sɔŋ˧ miĩ˧ ko˧ kuœ̃˧ kʻœ̃˧ tɕiẽ˧ kɔ˧ kʻɛ˩ ko˧ zɐn˩ tʻɛ˥ to˧ liɛ˩,
就发作了。上面箇官看见告渠箇人特多了，

iɒ˩ tsʻiu˧ læ̃˩ pɔ˩ kʻɛ˩ tɛ˥ liɛ˩。iɒ˩ sɿ˧ pɔ˧ iɐn˧, tsʻiu˧ tsʻæ˧ tɛ˥ min˧ tsæ̃˩, kʻɛ˥ u˥
也就懒保渠得了。也是报应，就在嘚命盏，渠屋

ɛ˩ iau˧ fɒ˥ liɛ˩ tʻiĩ˧ xo˩, tɐŋ˧ səi˧ sɛ˧ tɛ˥ ko˥ pin˥ kuɔŋ˥, kʻɛ˩ tsɿ˩ kɒ˧ tæ˧ xɛ˧
欸又发了天火，东西烧得阁冰光，渠只家带后

iɒ˩ pu˥ tɛ˥ sɿ˧ xo˩ liɛ˩, fæ̃˩ tsɐn˧ tsæ˧ mɔ˧ xuəi˩ iɔŋ˩ sin˧ liɛ˩。
也不得是何了，反正再冇回阳新了。

[说明] 据阳新县志载：卢高（1625—1667），字远星，号霁庵，兴国州宣化里后坑卢村人。卢少时以学识见著，选入州学。郡进士阅其文，誉为“瀛洲仙才”。1651年中举人，翌年中进士，钦点翰林院庶吉士，后授秘书院检讨；1655年，大考第十三名，加一级外升，又授浙江清军驿传盐道、署理按察司事、杭严兵备道事，虽身摄四职，治事仍游刃有余，有卧治之风。1657年，诰授中宪大夫。主盐政时，易盐引，解除鄂人食劣盐之苦；又被控苛政当道，遂降职。1658年弃官归里，用余奉置义田以济困。著有诗文集多种。1667年卒于家。

二、笑话 趣闻

fu˧ tsʅ˩ təi˧ tɒ˩
父子对打

iɑu˩ i˥ kɒ˧ tsɑu˩ sɐn˧ sæ̃˧ t‘æ˧ zɐn˩, iɒ˩ ts‘iu˧ sʅ˧ kɐŋ˧、tsæ˩、lɔ˩ sɐn˧ i˥
有一家祖孙三代人，也就是公、崽、老孙一

tso˥ tsʅ˩ tɕ‘iɒ˥ fæ̃˧。lɔ˩ sɐn˧ ȵiẽ˩ tɕi˩ səi˧, tsʅ˥ iɑu˩ u˩ lɑu˥ səi˧ tɛ˥, tsɐŋ˩ tsʅ˥
桌子喫饭。老孙年纪细，只有五六岁得，总只

ko˩ tæ˧ iẽ˧, pu˥ xɔ˩ sɐn˧ tɛ˥ tɕ‘iɒ˥ fæ̃˧。kɐŋ˧ ts‘æ˧ sʅ˧ xo˩ tɑu˧ xɐŋ˩ pu˥ tɔ˩ k‘ɛ˩,
果带厌，不好生得喫饭。公在是何都哄不倒渠，

ts‘iu˧ fɒ˥ xo˩ liɛ˩, ko˥ lo˥ k‘uæ˧ tsʅ˩ ɕyɐn˧ sɑu˩ tɒ˩ liɛ˩ lɔ˩ sɐn˧ i˥ pɒ˧ tsɔŋ˩。lɔ˩
就发火了，搁落筷子顺手打了老孙一巴掌。老

sɐn˧ ts‘o˥ liɛ˩ tɒ˩, ts‘iu˧ yɒ˩ tɔ˩ tsəi˩ k‘u。tɛ˥ ŋæ̃˥ ko˧ i˩, iɒ˩ sʅ˧ æ˥ kɐŋ˧
孙撮了打，就□（咧开）倒嘴哭。嘚伢箇爷，也是哎公

ko˧ tsæ˩, pəi˩ sʅ˩ ts‘iu˧ ko˥ tɕ‘y˩ tsʅ˩ tɛ˧ tsʅ˩ kɒ˧ ko˧ ɕiɐŋ˧ p‘u˩ tsʅ˥ ko˩ tɕ‘y˩ tsʅ˥
箇崽，比时就搁拳子兜只家箇胸脯只果捶只

ko˩ tɕ‘y˩。kɐŋ˧ k‘œ̃˧ tɕiẽ˧ æ˥ tsæ˩ tsʅ˩ kɒ˧ tɒ˩ tsʅ˩ kɒ˧ tɑu˧ xu˧ liɛ˩, liĩ˩ mɔŋ˩
果捶。公看见哎崽只家打只家都糊了，连忙

uɐn˧：“ṇ˩ pɒ˩ tsʅ˩ kɒ˧ ko˥ iɔŋ˧ tɒ˩ fɒ˩ tsʅ˩ tsɑu˧ məi˧ lɛ˥?” tsæ˩ ts‘iu˧ ɕyɛ˥：“lɛ˥
问：“你把只家阁样打法子做昧嘞?”崽就说：“勒

tɔŋ˧ zœ̃˩ lo˧, ṇ˩ tɒ˩ ŋo˥ tsæ˩, ŋo˩ ts‘iu˧ tɒ˩ ṇ˥ tsæ˩!”
当然啰，你打我崽，我就打你崽！”

siɔŋ˩ tɛ˥ pu˥ sʅ˧ sʅ˩ xɛ˧
想得不是时候

uɔŋ˩ zʅ˥, iɑu˩ i˥ ko˧ tɕiɛ˧ tsɔŋ˧ u˩ ko˧ zɐn˩, ts‘æ˧ æ˥ uæ˧ miĩ˧ t‘i˧ tæ̃˧ tsʅ˩
往日，有一个叫张五箇人，在哎外面挑担子

mæ˧ uɒ˩ kuœ̃˧, ts'æ˧ lɑu˧ sɔŋ˧ zɐn˧ tɛ˥ liɛ˩ i˥ ko˧ tɕiɛ˧ ləi˩ lɑu˥ ko˧ zɐn˩, iɒ˩ sɿ˧
卖瓦罐，在路上认得了一个叫李六箇人，也是

mæ˧ uɒ˩ kuœ̃˧ ko˧, liɔŋ˩ ko˧ zɐn˩ mæ̃˩ t'æ̃˩ tɛ˥ læ˩。lɛ˥ i˥ zɿ˥ ləi˩ lɑu˥ ts'æ˧ æ˥
卖瓦罐箇，两个人蛮谈得来。勒一日李六在哎

lɑu˧ sɔŋ˧ tsɐŋ˩ sɿ˧ ko˩ tɒ˩ fæ̃˧ ts'əi˧, tsɔŋ˧ u˩ ts'iu˧ uɐn˧ ləi˩ lɑu˥ uəi˧ məi˧ ko˥
路上总是果打饭嚏，张五就问李六为昧阁

ɕi˩ xuœ̃˧ tɒ˩ fæ̃˧ ts'əi˧ fɒ˥ tsɿ˩, ləi˩ lɑu˥ ɕyɛ˥ tɒ˩ fæ̃˧ ts'əi˧ sɿ˧ xɔ˩ sɿ˧, tɒ˩ tɛ˥
喜欢打饭嚏法子，李六说打饭嚏是好事，打得

yɛ˥ to˧ yɛ˥ xɔ˩, tɛ˥ sɿ˧ si˥ fɐn˥ ts'æ˧ u˥ ɛ˩ siɔŋ˩ k'ɛ˩。tsɔŋ˧ u˩ t'in˧ liɛ˩ tɛ˥
越多越好，嘚是媳妇在屋欸想渠。张五听了嘚

xuɒ˧, ts'iu˧ siɔŋ˩: ŋo˥ lɔ˩ p'o˩ k'ɐn˩ t'in˧ mo˧ siɔŋ˩ ŋo˩。
话，就想：我老婆肯定冇想我。

t'əi˧ zɿ˧ zɿ˥, tsɔŋ˧ u˩ xuəi˩ tɔ˧ u˥ ɛ˩, pu˥ uɐn˧ ts'in˩ pu˥ uɐn˧ ləi˩, pɒ˩ æ˥
第二日，张五回到屋欸，不问情不问理，把哎

lɔ˩ p'o˩ tso˥ tɔ˩ ts'iu˧ tɒ˩。k'ɛ˥ lɔ˩ p'o˩ ɕyɛ˥: "n̩˩ uəi˧ məi˧ p'in˩ p'ɛ˥ u˩ ku˧ tɛ˥
老婆捉倒就打。渠老婆说："你为昧平白无故得

tɒ˩ ŋo˩?" tsɔŋ˧ u˩ ts'iu˧ pɒ˩ ləi˩ lɑu˥ tɒ˩ fæ̃˧ ts'əi˧ ko˧ sɿ˧ ts'ɐŋ˩ t'ɛ˩ tsɿ˧ uəi˩ tɛ˥
打我？"张五就把李六打饭嚏箇事从头至尾得

kɐn˧ k'ɛ˩ ɕyɛ˥ liɛ˩ lɔ˩ p'o˩ ɕyɛ˥: "lɛ˥ xɔ˩, i˩ xɛ˧ ŋo˩ tso˥ ləi˥ siɔŋ˩ n̩˩。"
跟渠说了，老婆说："勒好，以后我着力想你。"

ko˧ liɛ˩ tɕi˩ zɿ˥, tsɔŋ˧ u˩ iɑu˧ t'i˧ i˥ tæ̃˧ uɒ˩ kuœ̃˧ tɕ'y˥ tɕ'i˧ mæ˧, tsɛ˩ tɔ˧
过了几日，张五又挑一担瓦罐出去卖，走到

i˥ t'ɔ˧ tɕ'iɛ˩ sɔŋ˧ mĩ˧, tsɔŋ˧ u˩ iɐŋ˧ sɐn˧ ts'iu˧ t'ɛ˩ k'æ˧ xœ̃˧, k'æ̃˥˩ i˥ k'æ˧,
一道桥上面，张五用衫袖头揩汗，嵌眼一揩，

ts'iu˧ tsi˥ lĩ˩ tɒ˩ fæ̃˧ ts'əi˧, i˥ tɒ˩ ts'iu˧ tɒ˩ tɔ˩ pu˥ ɕiɛ˥, tɒ˩ tɛ˥ k'ɛ˩ ŋæ̃˩ iɒ˩
就接连打饭嚏，一打就打倒不歇，打得渠眼也

tsɐn˧ pu˥ k'æ˧, tɕio˥ iɒ˩ ləi˥ pu˥ uɐn˩, lĩ˩ zɐn˩ tæ˧ tæ̃˧ tsɿ˩ i˥ uəi˩ kuɐn˩ tɔ˧ æ˥
睁不开，脚也立不稳，连人带担子一回滚到哎

xo˩ ɛ˩ tɕ'i˧ lɛ˩。yɛ̃˩ læ˩, tsɔŋ˧ u˩ ko˧ lɔ˩ p'o˩ p'ɒ˧ tsæ˧ ts'o˥ tɒ˩, t'ɛ˩ iɒ˧ ts'in˥
河欸去了。原来，张五箇老婆怕再撮打，头夜悄

ts'in˥ tɛ˥ uɔŋ˩ tsɔŋ˧ u˩ ko˧ i˧ ko˥ kɐn˧ lɛ˥ sɐn˧ ts'iu˧ sɔŋ˧ mĩ˧ sɒ˩ liɛ˩ xɔ˩ to˧
悄得往张五箇衣角跟勒衫袖上面撒了好多

lɒ˥ tɕ'in˥ fɐn˩。tsɔŋ˧ u˩ ts'ɐŋ˩ xo˩ ɛ˩ læ˩ tɕ'i˩ læ˩, i˥ pĩ˧ tɒ˩ fæ̃˧ ts'əi˧, i˥
辣□(椒)粉。张五从河欸乃起来，一边打饭嚏，一

pĩ˧ ɕyɛ˥: "tɛ˥ xæ˩ ts'ɒ˧ pu˥ to˧, tsɿ˩ sɿ˧ siɔŋ˩ tɛ˥ pu˥ sɿ˧ sɿ˩ xɛ˧。"
边说："嘚还差不多，只是想得不是时候。"

三、民谣 儿歌

（一）民谣

menɹ k'ɛɹ tiĩɹ tsæ̃ɹ ten˧

门 口 点 盏 灯

ɕyəi˧ to˧ yɛ˥ sæ̃˧ ken˧，menɹ k'ɛɹ ts'æ˧ ko˧ pin˧。
睡 到 月 三 更，门 口 在 过 兵。

p'oɹ p'oɹ ts'o˧ tɕ'iɹ læɹ，ts'ɛ˥ toɹ zʅ˧ toɹ t'in˧。
婆 婆 坐 起 来，侧 倒 耳 朵 听。

pu˥ iɛ˧ ts'ɒɹ ɕyɹ xo˥，pu˥ pɒɹ pɛ˥ sin˧ tɕiɛn˧。
不 要 茶 水 喝，不 把 百 姓 惊。

tsʅɹ t'in˧ tɕio˥ pæ̃ɹ ɕiɔŋɹ，mo˧ tɛ˥ zenɹ tsɑu˧ sen˧。
只 听 脚 板 响，冇 得 人 做 声。

n̩ɹ lɛ˥ pu˥ iɛ˧ p'ɒ˧，tɛ˥ pin˧ sʅ˧ xɐŋɹ tɕyɐn˧。
你 仂 不 要 怕，嘚 兵 是 红 军。

si˥ fu˧ n̩ɹ tɕ'iɹ læɹ，menɹ k'ɛɹ tiĩɹ tsæ̃ɹ ten˧。
媳 妇 你 起 来，门 口 点 盏 灯。

tse˧ ts'æ˧ t'æ˧ lɑu˧ sɔŋ˧，ts'in˧ zenɹ xoɹ ɕiɐnɹ tɕyɐn˧。
照 在 太 路 上，亲 人 好 行 军。

t'i˧ tæ̃˧ sæ̃˧ ko˧ ko˧ tɕiɔŋ˧ xoɹ

挑 担 山 歌 过 江 河

i˥ tsʅ˧ piĩɹ tæ̃˧ t'oɹ iɑu˧ t'oɹ，t'i˧ tæ̃˧ sæ̃˧ ko˧ ko˧ tɕiɔŋ˧ xoɹ。
一 支 扁 担 驼 又 驼，挑 担 山 歌 过 江 河。

lɔɹ ɕyɹ ŋoɹ t'o˥ i˥ p'əiɹ mi˥，lɛ˧ liɛɹ i˥ uæ̃˧ to˧ tsɒ˥ ko˧。
老 鼠 咬 脱 一 皮 篾，漏 了 一 万 多 只 歌。

n̩ɹ ts'ɔŋ˧ ko˧ mo˧ tɛ˥ ŋoɹ ko˧ loɹ k'uɔŋ˧ lɛ˧ ko˧ to˧。
你 唱 箇 冇 得 我 箇 箩 筐 漏 箇 多。

t'in˧ ɕyɛ˥ ts'inɹ ko˧ ɕiɒ˧ lœ̃ɹ tɕiɐn˧

听 说 情 哥 下 南 京

t'in˧ ɕyɛ˥ ts'inɹ ko˧ ɕiɒ˧ lœ̃ɹ tɕiɐn˧，mɔŋɹ tsɑu˧ xuɒ˧ xæɹ lɔŋɹ tsiĩ˧ ɕiɐnɹ
听 说 情 哥 下 南 京，忙 做 花 鞋 郎 践 行。

tsoɹ tɕio˥ siu˧ tɕ'iɹ u˧ yenɹ toɹ，iɑu˧ tɕio˥ siu˧ tɕ'iɹ ts'æɹ yenɹ læɹ，iɑu˧ siu˧
左 脚 绣 起 乌 云 朵，右 脚 绣 起 彩 云 来，又 绣

sæ̃˧ pɛ˥ tsɑu˧ iɐn˧ t'æɹ。
山 伯 祝 英 台。

tʻin˧ ɕyɛ˥ tsʻin˩ ko˧ ɕiɒ˧ lœ̃˩ tɕien˧, mɔŋ˩ siu˧ sɑu˩ tɕien˧ lɔŋ˩ tɕʻi˩ ɕien˩。
听 说 情 哥 下 南 京, 忙 绣 手 巾 郎 起 行。

teŋ˧ siu˧ zʅ˥ tʻɛ˩ səi˧ siu˧ yɛ˥, pɒ˩ lɔŋ˩ siu˧ tsʻæ˧ yɛ˥ tseŋ˧ sin˧, tʻi˩ tʻi˩ tʻɔ˧
东 绣 日 头 西 绣 月, 把 郎 绣 在 月 中 心, 条 条 道

lɑu˧ kʻœ̃˧ tɛ˥ tsʻin˧。
路 看 得 清。

tʻin˧ ɕyɛ˥ tsʻin˩ ko˧ ɕiɒ˧ lœ̃˩ tɕien˧, mɔŋ˩ siu˧ tsɛ˥ sœ̃˧ lɔŋ˩ tæ˧ sen˧。
听 说 情 哥 下 南 京, 忙 绣 折 扇 郎 带 身。

tseŋ˧ kæ̃˧ siu˧ təi˧ leŋ˩ feŋ˧ u˩, sʅ˧ ko˥ xu˩ tʻi˥ fəi˧ tɛ˥ xuœ̃˧, ŋo˩ lɔŋ˩ sœ̃˧
中 间 绣 对 龙 凤 舞, 四 角 蝴 蝶 飞 得 欢, 我 郎 扇

feŋ˧ sin˧ sen˩ ŋœ̃˧。
风 心 神 安。

tʻin˧ ɕyɛ˥ tsʻin˩ ko˧ ɕiɒ˧ lœ̃˩ tɕien˧, mɔŋ˩ siu˧ tsen˩ tʻɛ˩ pʻœ̃˧ lɔŋ˩ tɕyen˧。
听 说 情 哥 下 南 京, 忙 绣 枕 头 伴 郎 君。

tsen˩ sɔŋ˧ siu˧ tsɒ˥ tɕien˧ tɕi˧ tɕiɛ˧, liɔŋ˩ tʻɛ˩ siu˧ təi˧ leŋ˩ feŋ˧ tʻəi˩, ŋo˩
枕 上 绣 只 金 鸡 叫, 两 头 绣 对 龙 凤 啼, 我

lɔŋ˩ iɒ˧ fen˧ pu˥ ku˧ tsʻəi˧。
郎 夜 分 不 孤 凄。

tʻin˧ ɕyɛ˥ tsʻin˩ ko˧ ɕiɒ˧ lœ̃˩ tɕien˧, mɔŋ˩ siu˧ tɑu˩ tɛ˧ tɕi˧ lɔŋ˩ sen˧。
听 说 情 哥 下 南 京, 忙 绣 肚 兜 系 郎 身。

siu˧ təi˧ yɛ̃˧ iɔŋ˧ xu˧ pʻɔ˧ tɕiɔŋ˩, siu˧ tʻi˩ sʅ˧ tæ˧ lɔŋ˩ uæ̃˩ iɛ˧, zʅ˥ tʻiĩ˧ siɔŋ˧
绣 对 鸳 鸯 互 抱 颈, 绣 条 丝 带 郎 挽 腰, 日 添 相

sʅ˧ iɒ˧ kæ˩ tsʻɛ˩。
思 夜 解 愁。

tʻin˧ ɕyɛ˥ tsʻin˩ ko˧ ɕiɒ˧ lœ̃˩ tɕien˧, siu˧ ko˧ xo˩ pɔ˧ lɔŋ˩ tæ˧ sen˧。
听 说 情 哥 下 南 京, 绣 个 荷 包 郎 带 身。

xo˩ pɔ˧ ləi˩ miĩ˧ u˩ pʻi˥ sʅ˧, tsɔŋ˧ iɑu˩ sʅ˥ liɔŋ˩ si˥ xuɒ˧ ȵien˩, iɑu˩ liɛ˩
荷 包 里 面 无 别 事, 装 有 十 两 雪 花 银, 有 了

pʻœ̃˩ tsʻœ̃˩ xɔ˩ xuəi˩ tsʻen˩。
盘 缠 好 回 程。

(二) 儿歌

lœ̃˩ sæ̃˧ ko˧

南 山 歌

tɕio˥ tɕio˥ pæ̃˧ pæ̃˧, tɕio˥ tsʻæ˩ lœ̃˩ sæ̃˧。
脚 脚 班 班, 脚 踩 南 山。

lœ̃˩ sæ̃˧ pe˥ tɛ˩, zʅ˧ sʅ˥ kɔŋ˩ kʻɛ˩。
南 山 北 斗, 二 十 港 口。

kɔŋ˩ k‘ɛ˩ pu˥ tɕiẽ˧, zʅ˧ sʅ˥ læ˩ ɕiẽ˧。
港口不见，二十来县。

sɔŋ˧ mɒ˩ t‘əi˩ t‘əi˩, xɒ˧ mɒ˩ t‘əi˩ t‘əi˩。
上马蹄蹄，下马蹄蹄。

kɛ˩ tsɔ˩ u˧ kuəi˧, sau˥ tɕio˥ i˥ tsʅ˥。
狗爪乌龟，缩脚一只。

iɔŋ˥ xo˩ ts‘ɐŋ˩

萤火虫

iɔŋ˥ xo˩ ts‘ɐŋ˩, tɒ˩ tɐn˧ lɐŋ˩。
萤火虫，打灯笼。

tɐn˧ lɐŋ˩ lo˥, ŋo˩ pu˥ tso˥。
灯笼落，我不捉。

tso˥ tɔ˩ liɛ˩, ŋo˩ fɔŋ˧ lo˥。
捉倒了，我放落。

yɛ˥ liɔŋ˧ kuɔŋ˧ kuɔŋ˧

月亮光光

yɛ˥ liɔŋ˧ kuɔŋ˧ kuɔŋ˧, tɕ‘i˩ mɒ˩ sɛ˧ ɕiɔŋ˧。
月亮光光，骑马烧香。

i˥ lau˩ xɔ˩ ɕiɔŋ˧, i˥ lau˩ kuæ˩ ɕiɔŋ˧。
一炉好香，一炉拐香。

kɔ˧ kɐŋ˧ tɕ‘i˩ læ˩ tsau˧ mo˥ ts‘iɔŋ˧,
高公起来做木匠，

kɔ˧ p‘o˩ tɕ‘i˩ læ˩ tɒ˩ xæ˩ təi˩,
高婆起来打鞋底，

ku˧ n̩in˥ tɕ‘i˩ læ˩ ɕi˥ lo˧ məi˩。
姑娘起来熻（煮）糯米。

ts‘ɒ˩ t‘œ̃˧ liɛ˩ sɛn˥, tau˥ p‘o˧ liɛ˩ tsəi˩,
扯断了绳（小绳索），启（戳）破了嘴，

min˩ zʅ˥ pu˥ lɐn˩ tɕ‘iɒ˥ lɛ˥ kuɐn˩ lo˧ məi˩。
明日不能喫勒滚（烫）糯米。

sɒ˥ kuɐn˩ ko˧

石磙歌

i˥ tsɒ˥ tsin˥, ts‘ɛ˧ sɒ˥ kuɐn˩, t‘æ˧ ko˧ tɕiɛ˧ ŋo˩ tɕ‘i˧ mæ˩ fɐn˩。
一只进（鸟），搊（推）石磙，太哥叫我去买粉。

mæ˩ lɛ˥ fɐn˩ læ˩ pu˥ xuəi˧ ts‘əi˥, zʅ˧ ko˧ tɕiɛ˧ ŋo˩ tɕ‘i˧ mæ˩ pəi˥。
买勒粉来不会揤（擦），二哥叫我去买笔。

mæ˩ lɛ˥ pəi˥ læ˩ pu˥ xuəi˧ siɒ˩, sæ̃˧ ko˧ tɕiɛ˧ ŋo˩ tɕ‘i˧ mæ˩ mɒ˩。
买勒笔来不会写，三哥叫我去买马。

mæ˩ lɛ˥ mɒ˩ læ˩ mɔ˧ tɛ˥ ŋœ̃˧，sʅ˧ ko˧ tɕiɛ˧ ŋo˩ tɕʻi˧ tsɑu˧ kuœ̃˧。
买勒马来冇得鞍，四哥叫我去做官。

tʻæ˧ kuœ̃˧ tsɑu˧ pu˥ tsʻɐn˩，səi˧ kuœ̃˧ tɒ˩ sɒ˥ zɐn˩，u˩ ko˧ tɕiɛ˧ ŋo˩ tɕʻi˧ tsɔŋ˧ fɐn˩。
太官做不成，细官打煞人，五哥叫我去葬坟。

tsɔŋ˧ lɛ˥ fɐn˩ læ˩ pu˥ xuəi˧ ku˥，lɑu˥ ko˧ tɕiɛ˧ ŋo˩ tɕʻi˧ tsɑu˧ u˥。
葬勒坟来不会哭，六哥叫我去做屋。

tsɑu˧ lɛ˥ u˥ læ˩ pu˥ lɐn˩ tɕʻy˧，tsʻəi˥ ko˧ tɕiɛ˧ ŋo˩ tɕʻi˧ kœ̃˩ tɕy˧。
做勒屋来不能住，七哥叫我去赶猪。

kœ̃˩ lɛ˥ tɕy˧ læ˩ pu˥ xuəi˧ sɒ˥，pɒ˥ ko˧ tɕiɛ˧ ŋo˩ tɕʻi˧ kœ̃˩ ŋɒ˥。
赶勒猪来不会杀，八哥叫我去赶鸭。

kœ̃˩ lɛ˥ ŋɒ˥ læ˩ pu˥ sɐn˧ tʻæ̃˧，pɒ˩ lɛ˥ ŋɒ˥ pʻi˥ ku˩ tsʻo˩ tɛ˥ ko˥ læ̃˧ læ̃˧。
赶勒鸭来不生蛋，把勒鸭屁股戳得阁烂烂。

四、俗语　农谚　歇后语

（一）俗语

zɐn˩ iɛ˧ sʅ˥ sin˧，xo˩ iɛ˧ kʻɐŋ˧ sin˧。
人要实心，火要空心。

sʅ˥ ko˧ tsʅ˩ tʻɛ˩ iɑu˩ tsʻɔŋ˩ tœ̃˩，lin˩ tsɐŋ˧ ɕy˧ mo˥ iɑu˩ kɔ˧ təi˧。
十个指头有长短，林中树木有高低。

səi˧ kʻu˥ lɐŋ˩ pu˥ pu˩，tʻæ˧ kʻu˥ lɐŋ˩ tɕiɛ˧ kʻu˩。
细窟窿不补，太窟窿叫苦。

zɐn˩ tsɐn˧ i˥ kʻɛ˩ tɕʻi˧，fu˥ tsɐn˧ i˥ lɑu˩ ɕiɔŋ˧。
人争一口气，佛争一炉香。

ȵiɑu˩ u˩ ləi˥ lɒ˧ xuɐn˩ pʻɒ˧，zɐn˩ u˩ ləi˩ ɕyɛ˥ xuɐn˩ xuɒ˧。
牛无力拉横耙，人无理说横话。

uəi˩ zɐn˩ pu˥ tsʻʅ˧ tsʻæ˧，tsʻʅ˧ tsʻæ˧ pu˥ uəi˩ zɐn˩。
为人不自在，自在不为人。

sɛ˧ tɛ˥ tsʅ˩ to˧，zɒ˩ tɛ˥ kuəi˩ to˧。
烧得纸多，惹得鬼多。

tɕiɛ˧ tsʅ˩ pu˥ ɕiɔ˧，tɕiɛ˧ kɛ˩ sɔŋ˧ tsɔ˧。
娇子不孝，娇狗上灶。

tʻæ˧ zɐn˩ uɔŋ˧ tsʻɒ˥ tʻiĩ˩，ŋæ̃˥ tsæ˩ uɔŋ˧ ko˧ ȵiẽ˩。
太人望插田，伢崽望过年。

kuɹ puɿ t'ɒɹ puɿ ɕiɔŋɹ，xuɒ˧ puɿ ɕyɛɿ puɿ minɹ。
鼓不打不响，话不说不明。

iɿ xɔŋɹ fuɿ iɿ xɔŋɹ，lo˧ məiɹ fuɿ xeŋɹ t'ɔŋɹ。
一行服一行，糯米服红糖。

sɔŋ˧ liɛɹ tɑuɹ ts'ɔŋɹ，puɿ zen˧ t'i˧ ȵiɔŋɹ。
上了赌场，不认爹娘。

zenɹ ts'inɹ tɕiɿ yɹ tsæ˧，t'ɛɹ tinɹ ko˧ zʅɹ mæ˧。
人情急如债，头顶锅儿卖。

fu˧ zenɹ iɿ səiɿ tsiuɹ，tɕ'ieŋɹ zenɹ pœ̃˧ ȵiẽɹ liɔŋɹ。
富人一席酒，穷人半年粮。

tɔŋ˧ kuœ̃˧ iɿ ts'en˧ tsʅɹ，tsɑu˧ zenɹ iɿ pəi˧ tsʅɹ。
当官一阵子，做人一辈子。

loɹ p'uɿ p'ɛɿ ts'æ˧，koɿ iɑuɹ soɹ ŋæ˧。
萝卜白菜，各有所爱。

kuɿ p'ɒ˧ uɹ sʅɹ feŋ˧，zenɹ p'ɒ˧ lɔɹ læɹ tɕ'ieŋɹ。
谷怕午时风，人怕老来穷。

zenɹ p'ɒ˧ sɔŋ˧ sin˧，ɕy˧ p'ɒ˧ kuɒɹ p'əiɹ。
人怕伤心，树怕剐皮。

siɔŋ˧ mɒ˧ uɹ xɔɹ ȵiẽɹ，siɔŋ˧ tɒɹ uɹ xɔɹ tɕ'yẽɹ。
相骂无好言，相打无好拳。

zʅɹ puɿ ɕiẽɹ ȵiɔŋɹ ts'ɑuɹ，keɹ puɿ ɕiẽɹ tɕiɒ˧ p'inɹ。
儿不嫌娘丑，狗不嫌家贫。

puɿ sɔŋ˧ ko˧ sæ̃˧，puɿ tsʅ˧ p'inɹ t'əi˧。
不上高山，不知平地。

xɛɹ tsʅɹ puɿ sɔŋ˧ ɕy˧，to˧ tɒɹ tɕiɹ p'iĩ˧ loɹ。
猴子不上树，多打几遍锣。

iɑuɹ ləiɹ tsɛɹ p'iĩ˧ t'iĩ˧ ɕiɒ˧，uɹ ləiɹ ts'en˧ p'u˧ læ̃ɹ ɕienɹ。
有理走遍天下，无理寸步难行。

（二）农谚

zenɹ u˧ t'əi˧ iɿ sʅɹ，t'əi˧ u˧ zenɹ iɿ ȵiẽɹ。
人误地一时，地误人一年。

iɿ ȵiẽɹ tsʅ˧ tɕi˧ ts'æ˧ yɹ tɕ'yen˧，iɿ zʅɿ tsʅ˧ tɕi˧ ts'æ˧ yɹ senɹ。
一年之计在于春，一日之计在于晨。

zenɹ xeŋɹ t'əi˧ p'əiɹ，t'əi˧ xeŋɹ tɑuɹ p'əiɹ。
人哄地皮，地哄肚皮。

tsɔɹ k'œ̃˧ teŋ˧ lœ̃ɹ，uæ̃ɹ k'œ̃˧ səi˧ pɛɿ。
早看东南，晚看西北。

tsʻin˧ min˩ tʻœ̃˧ si˥，ku˥ y˩ tʻœ̃˧ sɔŋ˧。
清明断雪，谷雨断霜。

lɐn˩ tsʻæ˧ sæ̃˧ tɕiɑu˩，zɛ˥ tsʻæ˧ tsɐŋ˧ fu˥。
冷在三九，热在中伏。

lɑu˥ yɛ˥ pu˥ zɛ˥，u˩ ku˥ pu˥ tɕiɛ˥。
六月不热，五谷不结。

sæ̃˧ fu˥ pu˥ tsɔŋ˩ tɕy˧，sæ̃˧ tɕiɑu˩ pu˥ tsɔŋ˩ y˩。
三伏不长猪，三九不长鱼。

si˩ si˥ pu˥ tɕiẽ˧ si˥，tɒ˧ si˥ mœ̃˩ tʻiĩ˧ fəi˧。
小雪不见雪，大雪满天飞。

u˩ tɕiɑu˩ lɑu˥ tɕiɑu˩，iẽ˩ xo˩ kʻœ̃˧ liu˩。
五九六九，沿河看柳。

tsʻəi˥ tɕiɑu˩ lɑu˥ ʂʅ˥ sæ̃˧，ɕien˩ zen˩ tʻo˥ i˧ tæ̃˧。
七九六十三，行人脱衣单。

ləi˩ tɒ˩ tɐŋ˧，ȵiɑu˩ læ̃˩ kʻɐŋ˧。
雷打冬，牛栏空。

tsɐn˧ yɛ˥ ləi˩ tɒ˩ si˥，zʅ˧ yɛ˥ y˩ pu˥ ɕiɛ˥。
正月雷打雪，二月雨不歇。

y˩ tɕiɒ˥ si˥，pœ̃˧ ko˧ yɛ˥。
雨夹雪，半个月。

u˩ yɛ˥ lœ̃˩ fɐŋ˧ ɕiɒ˧ tɒ˧ y˩，lɑu˥ yɛ˥ lœ̃˩ fɐŋ˧ xæ˩ iɛ˩ kœ̃˧。
五月南风下大雨，六月南风海也干。

yɛ˥ liɔŋ˧ sɐn˧ mɔ˩，tʻæ˧ y˩ tsʻɔ˩ tsʻɔ˩。
月亮生毛，太雨漕漕。

iɑu˩ y˩ ʂʅ˧ fɔŋ˧ liɔŋ˧，u˩ y˩ tin˩ sɔŋ˧ kuɔŋ˧。
有雨四方亮，无雨顶上光。

i˥ zʅ˥ xuɔŋ˩ sɒ˧ sæ̃˧ zʅ˥ y˩，sæ̃˧ zʅ˥ xuɔŋ˩ sɒ˧ tɕiɑu˩ zʅ˥ tsʻin˩。
一日黄沙三日雨，三日黄沙九日晴。

mɔŋ˩ tsɐŋ˧ pu˥ tsɐŋ˧ miĩ˩，ɕiɒ˧ tsʅ˧ pu˥ tsʻɒ˥ tʻiĩ˩。
芒种不种棉，夏至不插田。

iɔŋ˧ xɔ˩ i˥ pœ̃˧ ku˥，tsʻəi˧ xɔ˩ i˥ pœ̃˧ fu˥。
秧好一半谷，妻好一半福。

mɒ˥ pʻɒ˧ liĩ˩ iɛ˧ y˩，ku˥ pʻɒ˧ u˩ ʂʅ˩ fɐŋ˧。
麦怕连夜雨，谷怕午时风。

tʻɔ˩ sæ̃˧ ləi˩ ʂʅ˧ ləi˩ u˩ ȵiẽ˩，tsɔ˩ ɕy˧ tɕiɛ˥ ko˩ tsʻæ˧ tɔŋ˧ ȵiẽ˩。
桃三李四梨五年，枣树结果在当年。

（三）歇后语

piĩ˩ tæ̃˧ u˩ lɒ˥ —— liɔŋ˩ t‘ɛ˩ sʅ˥ t‘ɒ˥。
扁担无捺——两头失塌。

xuɔŋ˩ kuɒ˧ tɒ˩ lo˩ —— tɕ‘i˧ liɛ˩ i˥ t‘æ˧ ts‘o˧。
黄瓜打锣——去了一太厝。

tæ˧ təi˧ tɕ‘iɑu˧ tɒ˩ sʅ˧ tsʅ˩ —— tɕ‘iɒ˥ ləi˥ pu˥ t‘ɔ˩ xɔ˩。
戴碓臼打狮子——喫力不讨好。

xɒ˥ tsʅ˩ ko˧ tɕ‘yɛ˥ —— kɔ˧ lɔ˩ ȵiɐn˥ t‘ɛ˩。
瞎子过缺——交老埂头。

ȵiɑu˩ ko˥ kuɒ˧ tɐn˧ ts‘ɔ˩ —— tɕ‘iɐn˧ tɕ‘iɔ˩。
牛角挂灯草——轻巧。

pu˧ t‘æ˧ tsɔŋ˧ lin˩ ko˥ —— tsiĩ˧ təi˧ tsiĩ˧。
布袋装菱角——尖对尖。

po˩ tsʅ˩ pæ˧ ȵiɛ̃˩ —— ts‘iu˧ tɔ˩ i˥ uæ˧。
跛子拜年——就倒一歪。

xɒ˥ tsʅ˩ tsɛ˩ iɒ˧ lɑu˧ —— tɕiɒ˩ mɔŋ˩。
瞎子走夜路——假忙。

xɛ˩ tsʅ˩ pu˥ tɕ‘iɒ˥ zɐn˩ —— siɔŋ˧ læ̃˩ k‘œ̃˧。
猴子不喫人——相难看。

u˧ kuəi˧ ko˧ min˧ k‘æ̃˩ —— sɒ˩ min˧ i˥ tɒ˥。
乌龟过命（门）槛——舍命一跶。

附　录

阳新县行政区划图

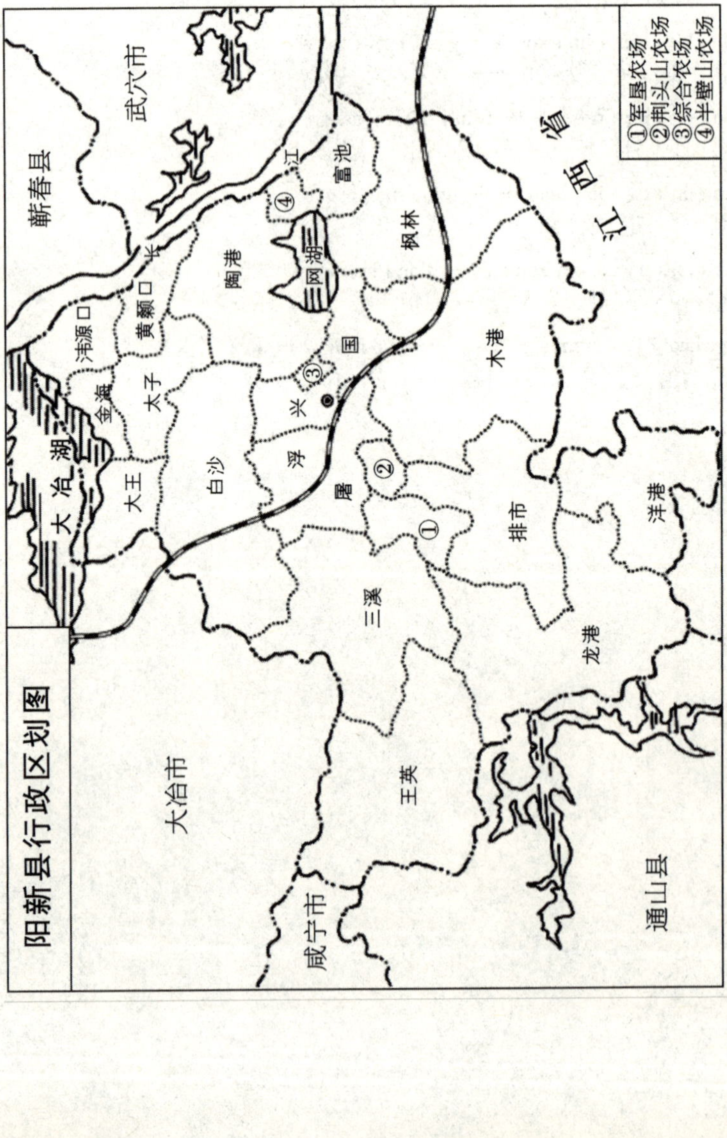
阳新县行政区划图
①军垦农场
②荆头山农场
③综合农场
④半壁山农场
江西省
武穴市
蕲春县
长江
富池
枫林
陶港
网湖
黄颡口
韦源口
太子
金海
大冶湖
大王
白沙
兴国
浮屠
木港
排市
洋港
三溪
龙港
王英
大冶市
咸宁市
通山县

阳新方言调查点分布图

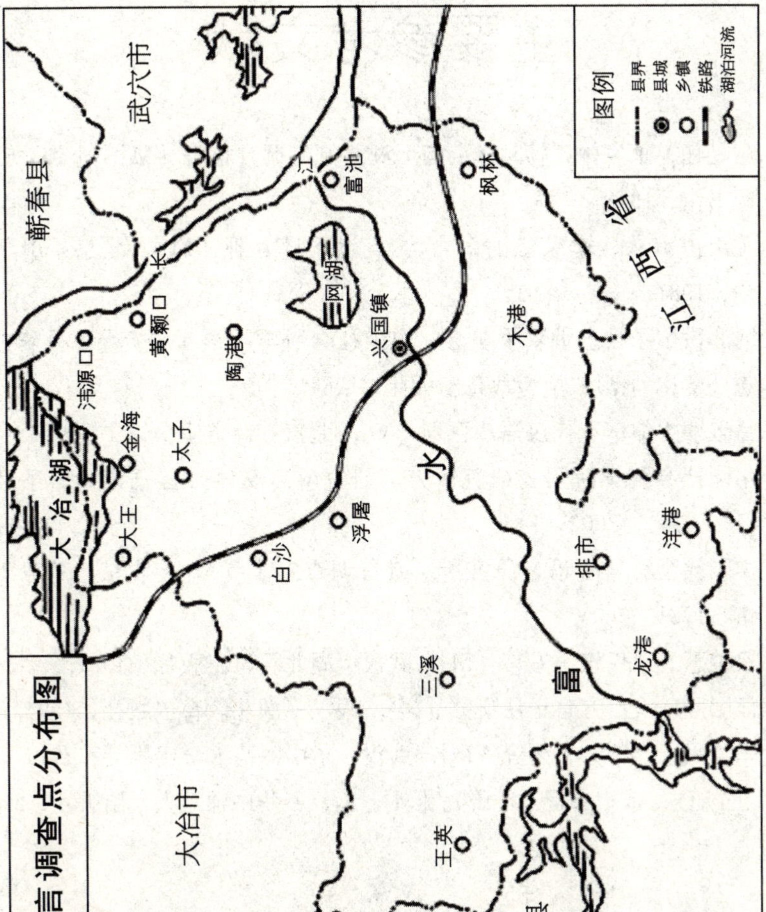
阳新方言调查点分布图
武穴市
蕲春县
长
江
富池
枫林
网湖
兴国镇
黄颡口
湋源口
陶港
金海
太子
大
冶
湖
大王
浮屠
白沙
水
富
木港
江
西
省
排市
洋港
龙港
三溪
王英
大冶市
咸宁市
通山县
图例
县界
县城
乡镇
铁路
湖泊河流

主要参考文献

[1] 赵元任，丁声树，杨时逢，等．湖北方言调查报告［M］．上海：商务印书馆，1948．
[2] 丁声树编录、李荣参订．古今字音对照手册［M］．北京：中华书局，1981．
[3] 河北昌黎县县志编纂委员会，中国社会科学院语言研究所．昌黎方言志［M］．上海：上海教育出版社，1984．
[4] 吕叔湘主编．现代汉语八百词［M］．北京：商务印书馆，1980．
[5] 中国社会科学院语言研究所方言研究室．汉语方言词语调查条目表［J］．方言，2003（1）．
[6] 中国社会科学院语言研究所．方言调查字表［M］．北京：商务印书馆，1981．
[7] 詹伯慧．现代汉语方言［M］．武汉：湖北教育出版社，1981．
[8] 汪国胜．大冶方言语法研究［M］．武汉：湖北教育出版社，1994．
[9] 李崇兴．宜都方言研究［M］．武汉：华中师范大学出版社，2014．
[10] 王宏佳．咸宁方言词汇研究［M］．武汉：华中师范大学出版社，2009．

后　记

早在1995年，我出版过一本《阳新方言志》，当时湖北写方言志的没几个人，草创之作缺乏经验，难免留下一些遗憾。几年前，华中师范大学汪国胜教授找到我，说他们计划出版一套湖北方言研究丛书，约我参加。我一听说这个消息，当即兴奋不已，因为这对于我来说，是一个弥补遗憾的好机会，所以我不揣谫陋，非常乐意地答应了。

然而，方言著作写起来特别劳苦而繁难，要组织并完成这么大的一个工程，并非易事。尽管华中师大力量雄厚，但作者来自五湖四海，有些事情也由不得主编。所以，我答应归答应，但生怕辛辛苦苦写出来的东西不能付梓，一直抱着观望的态度，迟迟没有动笔。直到去年李崇兴先生的《宜都方言研究》正式出版，国胜教授又给我介绍了丛书出版的进程，这才打消了顾虑。于是，从去年六月起我就甩开膀子干了起来。

可是，没想到过了三个月，膀子甩不动了。毕竟年岁不饶人，一不小心，就得了肩周炎，以致背部的神经日夜像扯断了一样的疼痛。不得已只好停止工作，天天找老中医打针灸。半年之后，才勉强开工。也是苍天不负，神经痛再没那样发作，书稿终于在今年八月得以完成。

这部书稿可算是我多年从事阳新方言研究的一个总结，因此对它特别看重。完稿以后，我不觉抚卷慨然。人生何其短暂，尽管我此生涉及的领域不止方言，但在方言这一块，这本书算是打上了一个句号。此时此刻，我真的要感谢国胜教授，如果不是他挺身而出，规划组织，筹措经费，乃至奔走联络，这套丛书恐怕难以问世。如果是那样，我的这个句号也就画不成了。

本书的语音部分与《湖北方言调查报告》（以下简称《报告》）有较大的出入，主要原因是当年写《报告》的老先生们受条件限制未能进行田野调查，而发音人说是阳新三溪人，但《报告》所记与三溪方言的实际有很大的距离。最明显的是，《报告》说三溪话有六个声调，而实际上三溪话和阳新县治兴国镇话一样，只有阴平、阳平、上声、入声四个声调，古去声字及全浊声母上声字皆归阴平。当然，事隔半个多世纪，我们不敢说三溪方言一点细微的变化也没有，但断然不可能在语音上发生如此巨变。因此，我们不得不怀疑当年被调查的发音人操三溪口音的真实性。从《报告》记录的语音来看，可以确定是三溪西部王英乡边境的咸宁话，因为咸宁话刚好六个声调，语音系统也与《报告》基本一致。然而，由于种种原因，长期以来学术界对于这一出入似乎全无所知。对此，我作为一个阳新籍人，深感忧虑。于是，自 1989 年以后，我陆续发表了一些介绍阳新方言的文章，试图引起学术界的注意。二十年前我出版《阳新方言志》的初衷也就是为了让阳新方言的语音事实被更多的人接受。我要真诚地感谢《方言》杂志 1993 年第 1 期的那位编辑先生，我至今不知道他是谁，但我终生都敬重他，是他让我这样一个无门无派、毫无人际资源、默默无闻的人物发表了《湖北阳新方言的小称音变》这篇文章。在这篇文章里，我介绍了阳新方言音系，同时也描述了阳新话最具特色的小称音变现象。这，对于扩大阳新方言的影响起了很大的推动作用。从此以后，阳新方言渐渐被人认知，其真正的语音系统也渐渐被人接受。也许这是我人生最难忘怀的一段往事，乃至在我人生最后的这本学术著作里不得不深情地提起。

本书的语法部分基本上是按照国胜先生拟定的大纲来写的，而且力求写得稳重和详实一点。我觉得这样写有利于将来在湖北省内进行方言与方言的比较，也有利于从中找出一些共同的东西来。当然，语法部分的写作重点，我也和李崇兴先生说的一样，主要是讲与普通话不同的东西，与普通话相同的则相对简略一些。阳新方言的语法也像其语音一样，有不少富有地域特色的东西，我真诚希望通过这本书的介绍，也能得到方言学界广泛的关注。

本书写作得到许多乡亲朋友的帮助，由于人数众多，在这里恕不一一道谢。

书稿完成后，湖北师范大学的张鹏飞、张道俊和湖北科技学院的王宏佳诸君还帮我仔细校对一过，发现和纠正了不少问题，在此谨表示感谢。

这里，还要特别感谢中国社会科学院语言研究所的张振兴教授，张先生为审读本书稿花费了不少心血并多所是正。一件为人作嫁的工作张先生也是如此倾心投入，这不得不令人由衷感佩。

我虽然离开家乡阳新多年，但离得不远，所以还是有机会经常去家乡走走，而浓郁的乡情每每总给我带来感动。现在，这本册子问世了，不知能否算得上是一份我对故乡所作的回报。

最后，请允许我用前几天写的一首拙诗聊表心情：

河汉沉沉夜未眠，暮年寂寞写长篇。
疏疏鬓发何须惜，耿耿身心独可怜。
长恨红尘轻绝学，谁知僻地有真传。
释然掩卷情难尽，也趁馀生结俗缘。

黄群建

2015 年 9 月 12 日

新出图证（鄂）字 10 号
图书在版编目（CIP）数据

阳新方言研究/黄群建 著. —武汉：华中师范大学出版社，2016.4
（湖北方言研究丛书）
ISBN 978-7-5622-7288-5

Ⅰ. ①阳… Ⅱ. ①黄… Ⅲ. ①赣语—方言研究—阳新县
Ⅳ. ①H175

中国版本图书馆 CIP 数据核字（2016）第 043250 号

阳新方言研究

作　　者　黄群建
责任编辑　肖绪旭　冯会平
责任校对　罗　艺
封面设计　罗明波
编 辑 室　学术出版中心
电　　话　027－67863220
出版发行　华中师范大学出版社
社　　址　湖北省武汉市洪山区珞喻路 152 号
电　　话　027－67863426/67863280（发行部）
027－67861321（邮购）
传　　真　027－67863291
网　　址　http://www.ccnupress.com
电子邮箱　press@mail.ccnu.edu.cn
印　　刷　湖北新华印务有限公司
督　　印　王兴平
字　　数　353 千字
开　　本　710mm×1000mm　1/16
印　　张　22.5
版　　次　2016 年 5 月第 1 版
印　　次　2016 年 5 月第 1 次印刷

ISBN 978-7-5622-7288-5

9 787562 272885 >
定价：66.00 元